KB057094

나 혼자만 알고 싶은 영어책

토플맛

나 혼자만 알고 싶은 영어책

피유진 지음

토플맛

시작하며

이 책은 토플에서 출제하는 'Reading', 'Listening', 'Speaking', 'Writing' 네 개 과목 중 'Speaking Section(이하 스피킹 영역)'과 'Writing Section(이하 라이팅 영역)'을 중점적으로 다룹니다. 두 영역의 문제 풀이 방법을 숙지한 후에 연습문제와 모의고사를 통해 훈련해보세요. 토플 수험생들이 가장 힘들어하는 '스피킹 독립형 문제'와 '라이팅 토론형 문제'는 브레인스토밍과 예시 답안을 제공해 든든한 참고 자료로 사용하실 수 있도록 구성했습니다. 지난 14년간 함께 해온 학생들과의 흔적이 녹아 있는 소중한 이 책이 앞으로 토플을 준비할 많은 학생들에게 등불이 되기를 간절히 바랍니다.

아쉽게도 이 책에는 'Reading Section(이하 리딩 영역)'과 'Listening Section(이하 리스닝 영역)'을 다루고 있지 않습니다. 유튜브 채널 '바른독학영어'에서 두 과목에 대한 고득점 팁을 공유하고 있으니 참고해주세요. 또한 영문법이나 용법에 대해서도 크게 다루고 있지 않습니다. 해당 내용은 바른 독학 영어 시리즈의 두 번째 책인《나 혼자만 알고 싶은 영어책: 매운맛》Vol.1, Vol.2를 참고해주시면 됩니다.

본격적으로 공부를 시작하기 전에, 지금까지의 공부 방법을 간단히 점검하는 시간을 가져보는 건 어떨까요? 다음 체크리스트를 먼저 확인해봅시다!

체크리스트 1: 올바른 문제집을 사용하고 있나요?

토플 도서는 보통 다음과 같이 네 개의 레벨로 나뉩니다.

- 베이직Basic: 토플 공부를 처음 시작하는 학생을 위한 가장 쉬운 도서로 총점 60점 이하일 경우 이 레벨에서 시작하는 게 좋습니다.
- 인터미디엇Intermediate: 베이직 도서를 다 공부한 분들을 위한 다음 레벨의 도서입니다. 총점 80점 이하일 경우 이 레벨에서 시작하는 게 좋습니다.
- 정규 도서: 실제 시험과 가장 유사한 난이도의 문제가 실린 도서입니다. 보통 베이직, 인터미디엇 도서를 모두 학습한 후 정규 도서를 풀게 됩니다.
- 액츄얼 테스트Actual Test: 실제 시험보다 어려운 문제나 난해한 문제가 실린 도서입니다. 보통 총점 110점 이상을 희망하는 학생들이 시험 직전에 훈련용으로 사용합니다.

네 개의 레벨 중 가장 많이 팔리는 책은 바로 '정규 도서'입니다. 한국 학생들의 토플 평균 점수가 85~90점대인 걸 고려한다면 당연한 일일지도 모르겠습니다. 하지만 그렇다고 해서 정규 레벨의 도서가 '나와 맞는 책'이라는 보장은 없습니다. 따라서 직접 교재를 펼쳐 살펴본 후 내 실력과 상황에 맞는 책을 구매해서 푸시는 걸 권합니다.

체크리스트 2: 시간을 효율적으로 사용하고 있나요?

토플은 네 개의 과목으로 구성되어 있습니다. 시간을 효율적으로 사용하지 못하면 하루에 두 과목도 공부하기 힘든 경우가 많습니다. 따라서 시간 관리에 도움이 될 몇 가지 팁을 말씀드리겠습니다.

1. 복습하는 데 최대한 적은 시간을 들여야 합니다

네 과목 중 먼저 리딩 영역을 기준으로 풀이 방법을 설명하겠습니다. 대다수의 학생들이 리딩을 다음과 같이 공부합니다.

1) 지문을 읽고 문제를 푼다.
2) 답안지를 확인해 정답을 매긴다.
3) 다시 지문을 처음부터 읽으며 제대로 해석했는지 확인한다.
4) 해석이 안 되는 부분과 모르는 단어를 따로 정리한다.

여기서 문제가 되는 건 '다시 지문을 처음부터 읽으며'입니다. 지문을 처음부터 다시 살펴보면 복습에 너무 많은 시간이 듭니다. 따라서 최초에 지문을 읽을 때 잘 읽히지 않는 문장, 모르는 단어를 미리 살짝 표시해두어야 합니다. 문제를 모두 푼 후에 답안지와 비교해 내가 표시해둔 부분만 빠르게 확인하고 다음 문제로 넘어가세요.
리스닝 영역도 마찬가지로 효율적인 연습 방법이 필요합니다. 만약 복습 과정에서 섀도잉(외국어를 듣는 동시에 따라 말하는 행위)을 한다면 발췌 연습을 통해 특히 잘 안 들리는 부분만 집중적으로 연습하세요. 또한 문제에 등장하는 배경지식이 부족하거나 익숙하지 않은 주제는 영어 문장뿐만 아니라 내용도 기억해두는 게 좋습니다.

2. 단어 암기는 자투리 시간에

단어 암기는 이동 중이나 산책 중에 하는 게 좋습니다. 몸이 움직일 때 뇌 활동이 촉진된다는 연구 결과가 많으니 이를 활용해 암기 효율을 높이세요. 또한 많은 학생이 단어 암기장을 깔끔하게 정리하는 데 힘을 쓰고, 외워야 할 단어를 몇 주 이상 쌓아두는 실수를 합니다. 평소 노트 정리를 즐겨 한다면 더욱 주의해야 합니다. 실제 학습보다 외형에 더 많은 시간을 할애하면 안 됩니다. 효과적인 학습을 위해서는 단어를 정리하고 반복 연습하는 게 중요합니다. 토플 시험 준비는 취미 활동이 아니라 높은 점수라는 실질적인 목적이 있습니다. 따라서 단어 암기는 A4 용지(또는 주변에 있는 노트의 낱장)를 네 번 접어서 칸을 나눠 사용하는 등 간단한 방식으로 하는 게 좋습니다.

3. 동일한 아이디어를 재사용하세요

스피킹 영역과 라이팅 영역에서는 동일한 아이디어를 재사용하는 게 매우 중요합니다. 같은 아이디어로 중복해 답할 수 있는 문제는 다시 브레인스토밍하지 않는 것이 좋습니다. 예를 들어 다음 여섯 가지 템플릿은 스피킹 독립형 문제에 답변할 때 자주 사용할 수 있습니다.

1) I can save time. 내가 선택한 옵션은 시간을 절약하게 해준다.
   ('요즘 학교에 다니느라 바빠서 시간이 없다', '요즘 야근이 많아서 시간이 없다' 등의 개인적인 예시를 더한다)
2) I can save money. 내가 선택한 옵션은 돈을 절약하게 해준다.
   ('학생이라서 돈을 아껴서 써야 한다', '요즘 ~을 사기 위해 돈을 모으고 있는 중이라 돈을 절약하고 싶다' 등의 개인적인 예시를 더한다)
3) It can reduce stress. 내가 선택한 옵션은 스트레스를 줄이는 데 도움이 된다.
4) I can have a healthy lifestyle. 내가 선택한 옵션은 더 건강한 라이프 스타일을 가능하게 한다.
5) I can meet new people and learn new things. 내가 선택한 옵션은 새로운 경험을 가능하게 한다.
6) Because of my personality, … 개인적인 성향때문에 이 옵션을 선택했다.
   – extroverted, proactive, energetic… 외향적, 주도적, 에너지가 넘치는…
   – introverted, thoughtful, well-organized… 내향적, 심사숙고하는, 잘 정리된…

물론 다양한 주제에 대해 생각하고 표현하는 건 영어 실력 향상에 큰 도움이 됩니다. 하지만 시험 준비 기간을 단축하기 위해서는 먼저 성적 향상에 집중한 후 추가 학습을 고려하는 게 좋습니다. 시험 준비와 실전 영어 능력 향상을 위한 균형을 잘 맞추시길 바랍니다.

체크리스트 3: 충분히 많이, 자주 영어로 말하고 글 쓰고 있나요?

스피킹 영역에 대비해 매일 영어로 말하는 연습을 하고 있나요? 반드시 녹음 앱을 사용해 자신의 발음과 말하기 능력을 자주 점검해야 합니다. 라이팅 영역에 대비하는 방식은 어떤가요? 매일 영어로 글쓰기 연습을 하고 있나요? 다른 수험생들이 쓴 글이나 교재만 읽고 있는 건 아니겠지요? 많은 학생들이 예시를 보기만 하고 실제로 에세이를 쓰지 않는 경우가 많습니다. 에세이를 직접 써보지 않으면 자신이 어떤 부분에서 부족한지 파악하기 어렵습니다. 매일 일정한 분량을 정해두고 다양한 주제에 대해 에세이를 작성하세요. 자신이 작성한 에세이를 직접 검토하거나, 타인에게 피드백을 받는 것도 좋습니다.

체크리스트 4: 시험 시간에 맞춰 문제 푸는 연습을 자주 하시나요?

토플 시험을 준비할 때는 시험 시간에 맞춰 문제를 푸는 연습을 자주 해야 합니다. 하지만 많은 학생들이 이 부분을 간과합니다. 리딩 영역의 경우 지문이 두 개 출제되며 약 35분이 주어집니다. 초보자의 경우 한 지문씩 풀고 답을 적는 방식으로 시작할 수 있지만, 고득점을 목표로 한다면 여러 개의 지문을 연속으로 푸는 연습이 필요합니다. 리스닝 연습도 마찬가지로 집중력 훈련이 중요합니다. 한 번에 한 개 세트 또는 두 개 세트를 연속으로 푸는 연습을 통해 집중력을 유지하는 능력을 길러야 합니다.

체크리스트 5: 영어 발음은 어떤가요?

토플 스피킹 영역 준비에 있어서 발음의 중요성을 간과하면 안 됩니다. 리딩 영역과 리스닝 영역의 점수가 높다고 해서 또는 원어민과의 가벼운 대화가 원활하다고 해서 발음이 좋다고 생각하면 안 됩니다. 토플 스피킹 영역에서는 '발음이 분명치 않아 내용 이해가 어렵다'는 평가가 감점 요인으로 작용합니다. 따라서 현재 발음 수준을 알기 위해 간단히 '시리Siri'나 '빅스비Bixby'와 같은 음성 인식 기능을 활용해보세요. 발음이 정확하지 않다면 발음 전문 선생님의 수업이나 유튜브 영상 등을 통한 훈련이 필요합니다. 요즘은 '엘사 스피크ELSA Speak' 같은 AI를 이용한 영어 발음과 억양 교정 앱이 많으니 검색을 통해 마음에 드는 서비스를 찾아보세요.

체크리스트 6: 혹시 걱정이 많은 성격인가요?

토플 시험 장수생의 경우 내 힘으로 어찌할 수 없는 것들에 대해 과도하게 걱정하느라 정작 공부에는 집중하지 못하는 모습을 보일 때도 있습니다. 하지만 언어 공부에 있어서 불필요한 걱정은 학습 효율을 크게 떨어뜨립니다. 토플 공부법을 끊임없이 찾아보고, 높은 점수를 단기간에 달성할 수 있는지 고민하는 건 시간 낭비입니다. 다른 수험생의 수기를 읽는 것만으로는 영어 실력이 향상되지 않습니다. 토플 공부에 필요한 건 내가 실제로 단어를 외우고 문제를 푸는 것입니다. 남의 이야기보다는 자신의 학습에 집중해야 합니다. 성적이 얼마나 오를지, 얼마나 걸릴지는 결코 자신이 결정할 수 없습니다. 오늘 얼마만큼의 지문을 풀고, 단어를 암기할지만 결정할 수 있습니다. 그러니 내가 통제할 수 있는 부분에 대해 걱정하고, 공부한 만큼 결과가 나올 거라고 긍정적으로 생각하세요. 매일 해야 하는 학습 분량을 미루지 않고 꾸준히 수행하는 게 중요합니다.

이 책의 사용법

1. 이 책은 리딩과 리스닝 영역을 다루고 있지 않습니다. 이미 출간된 수많은 책이 두 영역에 관한 예상 문제를 충분히 다루고 있기 때문입니다. 이 책은 학생들에게 정말 필요하지만 아직 정식으로 출판되지 않은 내용들, 그중에서도 스피킹과 라이팅 영역을 위주로 다룹니다.

2. 스피킹과 라이팅 영역에 대한 방대한 자료를 포함하고 있습니다. 따라서 처음부터 끝까지 순서대로 읽는 것이 아니라, 필요에 따라 원하는 부분을 선택적으로 참고하는 게 좋습니다. 책의 구성 요소와 활용 방법은 다음과 같습니다.

Part 1. 스피킹 영역

- 영역 소개 및 문제 풀이: 토플 스피킹 영역에서 출제되는 네 가지 유형의 문제를 소개하고 풀이법을 안내합니다. 현재 상태를 파악하기 위한 진단고사로 활용할 수 있으며, 읽기 및 듣기 자료에서 주요 내용을 필기할 때 유의할 점, 답변에 사용할 수 있는 템플릿, 시간 관리 방법, 그리고 강의 주제 샘플을 제공합니다.
- 샘플 답안: 고득점을 위한 템플릿과 예시 답안을 제공합니다. 이를 참고해 답변을 구조화하고, 논리적이고 명확하게 표현하는 방법을 배울 수 있습니다. 교재가 제시하는 스크립트를 통째로 암기하는 게 가장 좋지만 이 방법이 부담스러울 경우 마음에 드는 표현을 발췌하여 나만의 템플릿을 만든 후 암기해도 좋습니다.
- 모의고사: 실제 시험처럼 문제들을 풀어봅니다. 이때 자신의 답변을 녹음해 반복 청취하며 개선점을 찾아야 합니다.

Part 2. 라이팅 영역

- 영역 소개 및 문제 풀이: 토플 라이팅 영역에서 출제되는 두 가지 유형의 문제를 소개하고 풀이법을 안내합니다. 스피킹 영역과 마찬가지로 진단고사로 활용해 효율적인 학습 전략을 세울 수 있습니다. 읽기 및 듣기 자료에서 주요 내용을 필기하는 방법, 답변에 사용할 수 있는 템플릿, 내 에세이를 스스로 평가하는 방법, 샘플 답안에 대한 유진쌤의 평가, 그리고 반드시 암기해야 하는 전치사 구문을 제공합니다.
- 샘플 답안: 효과적인 에세이 작성을 위한 템플릿과 예시 답안을 제공합니다. 샘플 에세이를 통해 고

급 영어 표현을 습득하고 논리적이고 일관된 글을 작성하는 방법을 배울 수 있습니다.

- 모의고사: 실제 시험처럼 문제들을 풀며 시험에 대비할 수 있습니다. 작성한 글을 스스로 점검하는 방법도 안내하니, 평가 기준을 참고해 내가 쓴 에세이를 채점해보세요.

3. 스피킹 영역에 실린 대부분의 답안은 실제 시험에서 필요로 하는 모범 답안보다 길이가 긴 편입니다. 이는 학습자가 답안을 작성할 때보다 풍부한 내용을 참고할 수 있도록 하기 위함입니다. 실제 스피킹 문제의 답안은 70~100단어의 길이가 적절합니다. 모든 답안에는 다양한 어휘와 표현이 포함되어 있으니 이를 참고해 영어 실력을 높이는 데 집중해보세요.

4. 라이팅 토론형 문제는 열 개의 연습문제와 그에 대한 샘플 답안이 수록되어 있으며, 추가로 기출 변형 문항이 53개 실려있습니다. 스피킹 독립형에 비해 문제의 수가 적은 이유는 라이팅 토론형이 스피킹 독립형과 매우 유사한 질문 패턴을 가지고 있기 때문입니다. 토론형 훈련을 위해 스피킹 독립형 문제 및 답안을 사용할 것을 권장합니다.

5. 듣기 자료가 필요한 경우, 오디오 파일이 제공되며 해당 부분에 '🎧' 표시를 해두었습니다. 책의 앞날개에 있는 QR코드를 통해 재생목록을 확인할 수 있습니다.

6. AI 기술은 적절히 사용하되, 내가 쓴 답안을 채점하거나 보완할 때만 사용해야 합니다. 스크립트 작성 자체를 맡기거나 한국어로 작성한 에세이를 영어로 변환해달라고 하지 말아야 합니다. 다음은 이러한 원칙을 지켰을 때 학습에 도움이 되는 추천 앱들입니다.

1) 챗GPT ChatGPT

챗GPT를 이용해 작성한 답안을 점검하고 보완합니다. 구체적인 피드백을 받고 논리적 흐름이나 문법적 오류를 수정합니다. '내가 작성한 토플 시험용 에세이를 검토해줘' 또는 '이 답안의 논리적 흐름을 개선하려면 어떻게 해야 할까?'와 같은 프롬프트를 사용해 피드백을 받습니다.

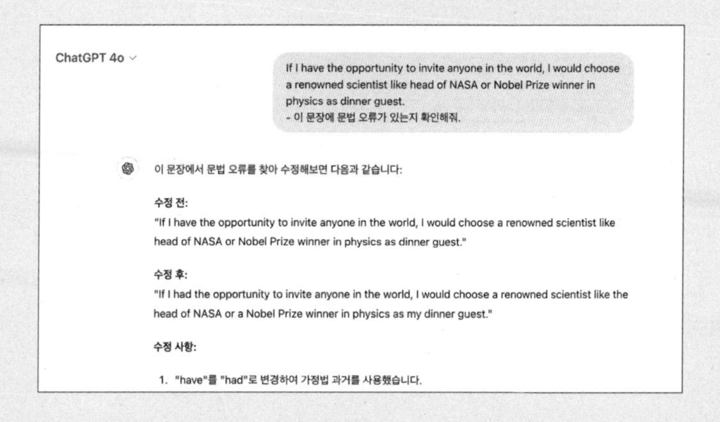

2) 노타Notta

스피킹 연습을 녹음한 후 노타를 통해 텍스트로 변환해 분석합니다. 연습한 내용을 문서화해 자신의 발음을 점검하고, 문법이나 논리적 흐름 등을 확인하면서 개선점을 찾아냅니다. 노타와 문법 체크 프로그램을 함께 사용하면 시너지를 낼 수 있습니다.

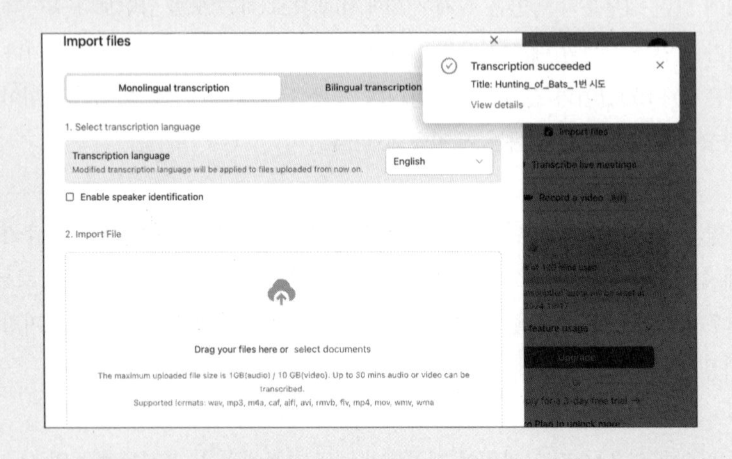

3) 아마존 폴리Amazon Polly

내가 쓴 스피킹 스크립트를 원어민의 발음으로 들어보고 싶은 경우, 아마존 폴리를 통해 스크립트를 음성으로 변환하여 들어봅니다. 폴리는 신경망 기반의 텍스트 음성 변환(TTS) 서비스를 제공하여, 매우 자연스러운 발음과 억양을 들을 수 있습니다.

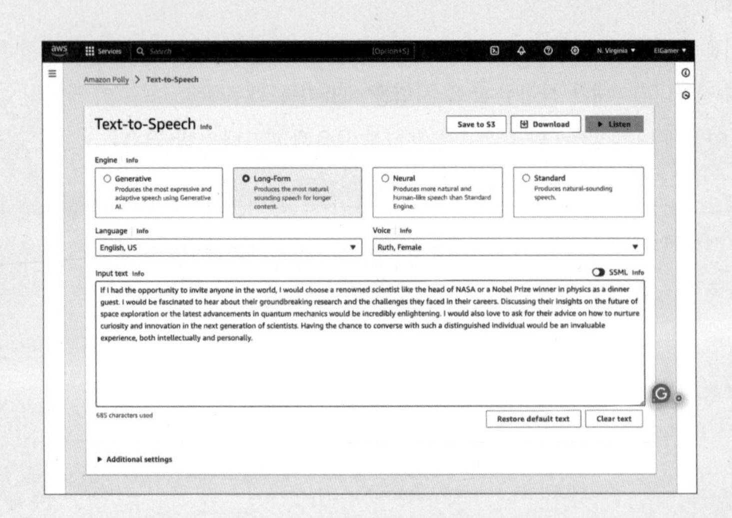

4) 그래멀리Grammarly

작성한 에세이의 문법, 철자, 스타일을 교정합니다. 문법적으로 정확한 글을 작성하는 데 도움이 됩니다. 토플 시험 대비를 위해서는 무료 버전도 충분합니다.

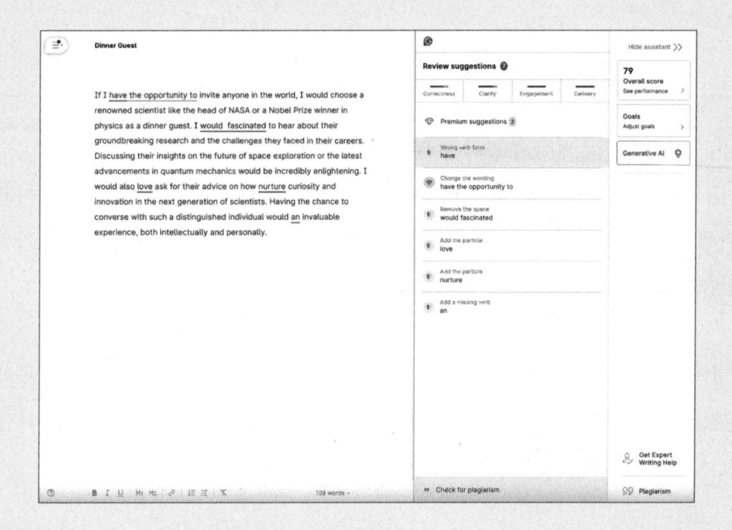

5) 구글 독스Google Docs

구글Google에서 제공하는 구글 독스 프로그램을 이용해 에세이를 작성하고 맞춤법을 점검합니다. 구글 독스는 실시간 맞춤법 및 문법 검사 기능을 제공해, 글을 작성하면서 바로 오류를 수정할 수 있습니다. 또한 제안 기능을 사용해 내가 쓴 글을 채점하듯 코멘트를 달 수 있습니다

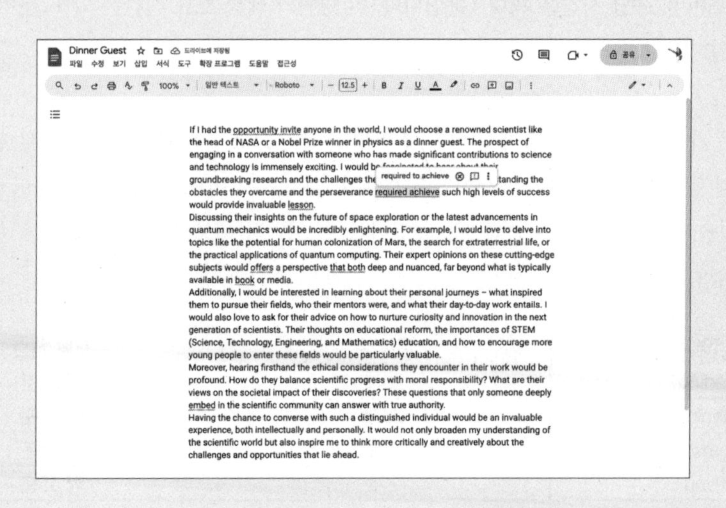

TOEFL iBT® 시험 구조

미국 ETSEducational Testing Service에서 주관하는 TOEFL iBT®Test of English as a Foreign Language Internet-Based Test는 영어 능력을 평가하는 시험으로, 주로 비영어권 국가의 학생들이 미국이나 다른 영어권 국가의 대학에 입학하기 위해 치르는 시험입니다. 시험은 인터넷을 통해 진행되며, 다음과 같은 네 가지 주요 영역으로 구성되어 있습니다.

1) **리딩(독해)**: 이 영역은 두 개의 장문의 지문으로 구성되며, 각 글은 약 700단어입니다. 글의 내용은 비교/대조, 원인/결과 등 다양한 초점을 가지고 있습니다. 각 지문에는 열 개의 문항이 주어집니다. 이 영역의 예상 소요 시간은 약 35분이며, 점수 범위는 0~30점입니다.

2) **리스닝(듣기)**: 이 영역은 총 세 개의 강의와 두 개의 대화로 구성됩니다. 강의는 각각 3~5분 길이이며, 일부는 교실 토론을 포함합니다. 각 강의에는 여섯 개의 문항이, 대화에는 각각 다섯 개의 문항이 주어집니다. 이 영역의 예상 소요 시간은 약 36분이며, 점수 범위는 0~30점입니다.

3) **스피킹(말하기)**: 총 네 개의 문항이 있으며, 이 중 한 개는 독립형 문제로 친숙한 주제에 대한 의견을 표현하는 것입니다. 나머지 세 개는 통합형 문제로, 읽고 들은 내용을 기반으로 합니다. 응답을 준비할 시간은 최대 30초이며, 응답 시간은 최대 1분입니다. 이 영역의 예상 소요 시간은 약 17분이며, 점수 범위는 0~30점입니다.

4) **라이팅(쓰기)**: 두 가지 작문 문제가 출제됩니다. 첫 번째 문제는 읽고 들은 내용을 바탕으로 한 통합형 글쓰기이며, 20분 동안 약 250단어의 에세이를 작성해야 합니다. 두 번째 문제는 10분 동안 온라인 수업 토론에서 의견을 제시하고 이를 뒷받침하는 것입니다. 이 영역의 예상 소요 시간은 약 35분이며, 점수 범위는 0~30점입니다.

영역	문항 수	시험 시간
Reading	20개	약 35분
Listening	28개	약 36분
Speaking	4개	약 17분
Writing	2개	약 35분
전체 시험 시간	약 2시간	

CONTENTS

PART 1

SPEAKING SECTION

스피킹 영역 소개

토플 스피킹 영역은 영어권 국가에서 학습할 때 반드시 갖춰야 할 말하기 능력을 평가하며, 총 네 개 문항이 출제됩니다. 1번 문항은 일상적인 관심사나 익숙한 주제에 대해 답변하는 '독립형 문제Independent speaking task'이며, 2~4번 문항은 학교 내 정책 변화에 대한 공지 또는 대학교 교양 과목 수준의 강의를 읽고 들은 후 정리해서 말하는 '통합형 문제Integrated speaking task'입니다.

Question 1. 독립형 문제 Independent Speaking Task

독립형 문제에서는 익숙한 주제에 대해 수험자의 생각과 의견, 경험을 묻는 질문이 출제됩니다. 예를 들어 가장 좋아하는 휴식 방법은 무엇인지, 아침 또는 저녁 중 언제 공부하는 걸 선호하는지, AI가 인간을 대체하게 될 것인지 등 다양한 주제를 제시하고 개인적인 의견을 묻습니다. 아래의 예시 문제를 통해 문제 유형을 먼저 파악해봅시다.

Some people prefer to read nonfiction, while others enjoy fiction more. Which do you think is a better choice for you, and why?

어떤 사람은 비소설을, 어떤 사람은 소설을 읽는 걸 선호한다. 어떤 종류의 글을 더 선호하는가? 그 이유는 무엇인가?

수험자는 문제에 제시된 두 가지 행동이나 의견, 상황 중 하나를 택합니다. 그리고 그 이유를 구체적인 근거를 들어 말하면 됩니다. 답변 준비 시간은 총 15초가 주어지며 이때 보통 다섯 개 전후의 단어를 필기할 수 있습니다. 따라서 평소 연습할 때도 답변에 도움이 될 만한 단어 다섯 개 정도를 적어두고 이어 말하는 연습을 하는 게 좋습니다. 다음 페이지에 나오는 샘플 답안을 보기 전에 먼저 스스로 답변해볼까요?

My Response

Brainstorming(답변에 참고할 단어를 써보세요)

단어 1:

단어 2:

단어 3:

단어 4:

단어 5:

✍ **Script(단어만으로 문장을 이어 말하기 힘들다면, 대본을 써보는 것도 좋습니다)**

앞 페이지 문제의 샘플 답안을 살펴봅시다.

Sample Response 🎧 1_1

Fiction, in my opinion, is more interesting for several reasons.
내 생각에는 소설이 더 흥미로운 것 같다. 여기에는 몇 가지 이유가 있다.

First and foremost, fiction is more engaging than nonfiction. In novels, people can fly, be attacked by dragons, and experience all sorts of adventures. Take the 'Harry Potter' series, for example. Reading it allows you to indirectly experience all types of magic, like flying cars, crying plants, and flying horses. In contrast, nonfiction is confined to real events, which I personally find less entertaining.
첫 번째로, 소설은 비소설보다 더 매력적이다. 소설에서 사람들은 날 수도 있고, 용에게 공격을 받을 수도 있다. 예를 들어 《해리포터Harry Potter》를 보면 하늘을 나는 자동차, 우는 식물, 하늘을 나는 말과 같은 다양한 종류의 마법을 간접적으로 경험할 수 있다. 하지만 비소설에서 다루는 이야기는 우리의 실제 생활과 비슷하다. 그래서 아주 지루하다.

Second, reading fiction has helped me develop a vivid imagination. I read a lot of novels when I was in elementary school, and that enriched my imagination, which comes in handy now that I am an art major.
두 번째로, 소설을 읽으면 상상력을 발달시킬 수 있다. 나는 초등학교에 다닐 때 소설을 아주 많이 읽었다. 그 결과, 나는 아주 멋진 상상력을 가지게 되었는데, 이 능력은 나의 전공인 미술에 큰 도움이 된다.

수험자는 첫 문장에서 소설과 비소설 중 하나를 선택해 답변합니다. 그리고 이어서 두 가지 이유를 들어 입장을 설명합니다. 1번 문항은 내 생각을 묻는 질문이므로 정해진 답은 없습니다. 18페이지 샘플 답안은 생각을 하기 위해 잠시 멈추는 구간Pause이나 'hmm', 'umm'과 같은 공백을 채울 때 쓰는 추임새Filler words가 포함되어 있지 않습니다. 하지만 실제로 답변할 때는 말하는 도중 멈추는 순간이 있을 수 있으며, 추임새를 낼 수도 있습니다. 이 책의 모든 답안은 이를 제거한 버전으로 제공됩니다. 하지만 시험 중 위와 같은 소리가 녹음되어도 감점 요인은 아니니 걱정하지 않아도 됩니다. 18페이지 샘플 답안을 조금 더 현실적인 답변으로 바꾼다면 다음과 같습니다.

Sample Response 1_2

Well … I think fiction, in my opinion, is more interesting. There are several reasons for this. First… fiction is more engaging than nonfiction, for me. Reading novels… people can either fly or be attacked by dragons or something like that. For instance, if you read the Harry Potter series, which is my favorite … you can indirectly experience all types of magic, such as flying cars, crying plants … and flying horses. But in nonfiction, it is the same as in real life, which is extremely boring. Second, reading fiction can help you develop your imagination. I used to read a lot of novels when I was in elementary school. As a result, I have a very clever imagination … which comes in handy because I am an art major.

내 답변을 스스로 평가해보고 싶다면 다음 세 가지 기준을 참고해보세요.

1. 전달력

1) 말하는 속도가 너무 빠르거나 느리지 않도록 유의해야 합니다. 채점자가 응답을 알아들을 수 있도록 적당한 말하기 속도를 유지합니다.
2) 수험자는 답변 중 다음 내용을 생각하며 잠시 말을 멈출 수도 있습니다. 하지만 너무 자주 멈추거나 적절하지 않은 곳에서 말이 멈추지는 않는지 확인합니다.
3) 부정확한 발음이나 강세가 없었는지 확인합니다.

2. 답변의 구조와 아이디어 전개

1) 반복적인 내용으로 답하거나 답변이 너무 짧지는 않은지 확인합니다. 1번 문항의 경우 40초 이상, 2~4번 문항의 경우 50초 이상 답변할 수 있도록 연습해야 합니다.
2) 독립형 문제의 경우 아이디어가 서로 논리적으로 적절히 연결되는지 확인합니다.
3) 통합형 문제의 경우 세부 사항을 많이 생략하지는 않았는지, 주요 아이디어가 적절하게 전달되었는지 확인합니다.

3. 영어의 사용(문법 및 용법)

1) 사용된 어휘와 단어 종류가 다양한지 확인합니다. 어휘 사용이 제한적이거나 문맥에 어울리지 않을 때 감점 요소가 됩니다.
2) 문장의 문법 구조가 올바른지 확인합니다. 주어나 동사, 관사 등이 빠졌거나, 올바르지 않은 시제나 전치사를 쓰지는 않았는지 확인합니다.

스피킹 독립형을 대비하려면 이제 어떻게 공부해야 할까요? 45페이지에 이어지는 '스피킹 독립형 연습문제: 기본편'에 수록된 질문과 답안, 그리고 아래 세 가지 전략을 참고해 나만의 답안을 100개 이상 만들어보세요.

전략1: 매직 아이디어

스피킹 독립형에서는 기발한 아이디어나 참신한 아이디어를 말할 필요가 없습니다. 설득력 있는 주장을 최대한 끊김이 없이 답변하면 됩니다. 전략1에서 알려드리는 여섯 개의 매직 아이디어는 지금까지 출제된 스피킹 독립형 문제의 90퍼센트 이상을 풀 수 있는 정말 마법 같은 해결책입니다. 독립형 문제를 보면 가장 먼저 아래 여섯 개의 아이디어를 사용할 수 있는지 생각해봅니다.

1) I can save time.
   내가 고른 선택지가 시간을 절약해준다고 주장할 수 있습니다. 예를 들어 요즘 학교에 다니느라 바빠서 시간이 없다고 설명하거나, 요즘 야근이 많아서 시간이 없다는 근거를 들 수 있습니다.
2) I can save money.
   내가 고른 선택지가 돈을 절약해준다고 주장할 수 있습니다. 예를 들어 학생이라서 돈을 아껴서 써야 한다고 주장하거나, 요즘 A를 사기 위해 돈을 모으는 중이라 돈을 절약하고 싶다고 말할 수도 있습니다.
3) It can help me reduce stress.
   내가 고른 선택지가 스트레스를 줄이는 데 도움이 된다고 설명할 수 있습니다. 예를 들어 좋아하는 활동이나 취미에 관련된 선택지를 고른 후 이를 통해 마음의 평안을 찾을 수 있다고 말할 수 있습니다.
4) I can have a healthy lifestyle.
   내가 고른 선택지가 더 건강한 생활을 영위하는 데 도움이 된다고 주장할 수 있습니다. 예를 들어 해당 선택지가 장기적으로도 건강한 생활 습관을 형성하는 데 도움이 되어, 삶의 질을 높이고 더 행복한 생활을 유지하는 데 기여할 수 있다고 말합니다.
5) I can meet new people and learn new things.
   내가 고른 선택지를 통해 새로운 기술이나 지식을 습득할 기회를 얻을 수 있다고 주장할 수 있습니다. 예를 들어, 워크숍, 세미나 또는 커뮤니티 활동에 참여함으로써 개인의 역량을 강화하고, 지속적인 자기계발을 도모할 수 있다고 설명합니다.
6) Because of my personality, I prefer A.
   개인적인 성향 때문에 특정 선택지를 골랐다고 주장할 수 있습니다. 개인적 성향을 묘사하는 데 사용할 수 있는 단어는 다음과 같습니다.
   - extroverted, proactive, energetic, sociable, ambitious…

● introverted, thoughtful, well-organized, reserved, analytical…

전략 2: 하프 앤 하프(Half and half) 전략

하프 앤 하프 전략은 주제에서 제시된 두 가지 선택지의 장단점을 간략히 언급한 후, 내가 선호하는 선택지를 추가로 설명하는 방식입니다. 답변은 45초 동안 이어져야 합니다. 이 전략은 한 가지 선택지만 선택하고 그 이유를 설명하기에는 근거나 예시가 부족하다고 느낄 때 유용합니다.

● 교재 내 예시 보기 : 기본편 23번 문제 (p.79), 기본편 36번 문제 (p.97), 기본편 48번 문제 (p.113)

전략 3: It depends 전략

대부분의 문제에 'It depends …'로 답변을 시작할 수 있습니다. 만약 문제에서 제시된 두 선택지 모두 일리가 있다면, 둘 중 하나를 선택하기보다는 상황에 따라 다르다고 답변할 수도 있습니다.

● 교재 내 예시 보기 : 기본편 18번 문제 (p.72), 고급편 1번 문제 (p.154), 고급편 16번 문제 (p.172)

Question 2. 통합형 문제 Integrated Speaking Task(Campus Life)

통합형 문제인 2번 문항은 대학의 정책이나 규정, 대학의 계획 등이 주제로 등장합니다. 100단어 정도의 짧은 안내문이 읽기 지문으로 등장하며, 듣기 자료에서는 안내문에 관한 한 명의 독백 또는 두 학생의 대화가 나옵니다. 대화는 통상 80초 동안 진행됩니다. 통합형 문제에서는 읽기 지문과 듣기 자료가 제공되므로 독립형 문제인 1번 문항과 달리 영어 읽기와 듣기 실력을 함께 요합니다.

읽기 지문은 다음과 같이 PC 화면에 나타납니다. 지문을 읽는 시간은 지문 길이에 따라 45초 또는 50초가 주어집니다.

Cancellation of Volunteer Work at the Social Welfare Center

Reading Time: 50 seconds

The university administration has made the difficult decision to terminate the volunteer program at the social welfare center, a move driven by two significant concerns that emerged over the past semesters. First, it became increasingly apparent that a substantial portion of the students enrolled in the program were motivated primarily by the prospect of earning academic credit, rather than a genuine desire to contribute to community service. This lack of sincere engagement undermined the program's goals and effectiveness. Second, there have been troubling reports of inappropriate and disrespectful behavior by some volunteers towards the individuals and families relying on the social welfare center's services.

My Note

✍ **Reading passage :** ______________________

____

지문 읽기 시간이 종료되면 화면에서 지문이 사라지고 대화를 하는 두 학생의 사진으로 전환됩니다. 다음 파일명을 참고해 두 사람의 대화를 들어봅시다.

1_3

My Note

Conversation : man / woman, agree / disagree

1. ______________________________

____

____

____

____

2. ______________________________

____

____

____

____

대화가 끝나면 학생들의 사진이 화면에서 사라지고 문제가 나타납니다.

The woman expresses her opinion of the cancellation of the volunteer program. State her opinion and explain the reasons she gives for holding that opinion.

여자는 자원봉사 프로그램 취소에 대해 자신의 생각을 말하고 있다. 그녀의 의견이 무엇인지 설명하고, 그 의견을 갖게 된 이유를 설명하라.

답변을 준비할 수 있는 시간이 30초 제공되며 이후 60초간 답변해야 합니다. 타이머를 사용해 실제 시험과 같이 2번 문항을 풀어보세요. 지문을 읽는 시간 그리고 준비 시간, 답변 시간은 총 어느 정도 걸렸나요? 아마 처음 시도해본 학생이라면 많이 힘들었을 거라 예상합니다. 앞으로 연습을 거듭하면 점점 나아질 테니 너무 상심하지 않으셔도 됩니다. 읽기, 듣기 실력이 뒷받침되고, 또 문제 유형에만 익숙해진다면 통합형 문제는 꽤 쉬워질 수 있습니다.

자, 이제 읽기 지문을 해석해보고 두 사람의 대화도 대본을 통해 살펴보도록 합시다.

Cancellation of Volunteer Work at the Social Welfare Center
사회복지관 봉사 프로그램 취소

Reading Time: 50 seconds

The university administration has made the difficult decision to terminate the volunteer program at the social welfare center, a move driven by two significant concerns that emerged over the past semesters. First, it became increasingly apparent that a substantial portion of the students enrolled in the program were motivated primarily by the prospect of earning academic credit, rather than a genuine desire to contribute to community service. This lack of sincere engagement undermined the program's goals and effectiveness. Second, there have been troubling reports of inappropriate and disrespectful behavior by some volunteers towards the individuals and families relying on the social welfare center's services.

대학교 행정부는 사회복지관에서 진행되던 자원봉사 프로그램을 종료하는 어려운 결정을 내렸습니다. 이 결정은 지난 학기 동안 드러난 두 가지 주요 문제 때문입니다. 첫째, 프로그램에 등록한 상당수의 학생들이 지역 봉사에 진심으로 타인을 돕고자 하는 마음보다는 학점을 얻기 위한 목적으로 참여하는 것이 점점 더 명백해졌습니다. 이러한 진정성 없는 참여는 프로그램의 목표와 효과를 약화시켰습니다. 둘째, 일부 자원봉사자들이 사회복지관에서 봉사 대상자들과 그 가족들에게 부적절하고 무례한 행동을 했다는 심각한 보고가 있었습니다.

주어진 50초 동안에는 지문을 처음부터 끝까지 빠르게 읽으면서 전체적인 내용을 파악해야 합니다. 위 읽기 지문에서는 '교내의 자원봉사 프로그램이 중단된다'는 내용이 나옵니다. 중심 내용에 해당하므로 필기해둡니다. 이어 그런 결정에 대한 이유도 나옵니다. 프로그램에 등록한 학생들이 봉사에 관심이 없고, 무례한 행동을 했다고 쓰여 있습니다. 이 지문에서 반드시 필기해야 하는 내용은 바로 '교내의 자원봉사 프로그램이 이제 중단됨'입니다. 언급된 두 가지 이유는 세부 사항에 해당하므로 가볍게 읽고 넘어갑니다.

이제 교내 공지에 관한 두 학생의 대화를 살펴봅시다.

M: Jennie, you were part of the volunteer program at the social welfare center, right?
제니, 너 사회복지관에서 자원봉사 프로그램에 참여했었지?

W: Yes, I've been actively participating this semester. But, after reading the reasons the university provided for ending the program, I started to see their point of view more clearly.
응, 이번 학기에 열심히 참여하고 있었어. 그런데 학교에서 프로그램 종료에 대해 제시한 이유들을 읽고 나니 왜 그런 결정을 내렸는지 알겠어.

M: What do you mean? I thought we had plenty of volunteers.
무슨 말이야? 봉사자 수는 충분했다고 생각했는데.

W: Well, it was not about the number of participants. A significant issue was that many students signed up only to gain academic credits, without a real intention to contribute. Beyond that, there were students who would register but not show up, or if they did, they'd arrive late. Even more problematic was the lack of focus during the activities. Some were more interested in their phones than the actual volunteer work.
봉사자 수가 문제가 아니었어. 주요 문제 중 하나는 많은 학생이 실제로 기여하고자 하는 의도 없이 학점을 얻기 위해서 등록했다는 거야. 거기다가 등록만 하고 실제로 봉사하러 오지 않거나, 오긴 해도 늦게 오는 학생들도 많았어. 더 큰 문제는 활동 중에 집중을 하지 않는 거였어. 일부는 실제 자원봉사 활동보다 휴대폰에 더 관심이 많았으니까.

M: That's incredibly frustrating.
정말 답답하네.

W: Absolutely, and it gets worse. Some volunteers were downright rude, especially considering we were working at a center with a lot of elderly people. There was this one time I saw a volunteer just ignoring an elderly person asking for help, all because he was too busy on his phone. It was so disrespectful.
맞아, 그리고 더 심각한 문제가 있어. 특히 우리가 일하는 곳이 노인들이 많은 복지센터였는데, 봉사자 중에는 진짜 무례한 사람들도 있었어. 한번은 봉사자가 휴대폰만 만지작거리면서 도움을 요청하는 노인을 완전히 무시하는 걸 봤어. 너무 무례했어.

M: That's really disappointing to hear. Do you think these issues could have been prevented?
정말 실망스러워. 이런 문제들을 방지할 수 있었을까?

W: Possibly. If there had been stricter criteria for selecting volunteers or more

comprehensive training, it might have made a difference. Many of us came in with the right intentions but lacked the skills or understanding necessary to effectively support the people we were there to help.
어쩌면 그랬을지도 몰라. 봉사자를 선정하는 데 있어서 더 엄격한 기준을 적용하거나 보다 체계적인 교육을 제공했다면 더 나았을 수도 있어. 많은 봉사자들이 좋은 의도로 시작했지만 실제로 우리가 도와야 할 사람들을 효과적으로 지원하는 데 필요한 기술이나 이해가 부족했어.

M: It sounds like the program was valuable, but faced significant challenges.
의도는 좋았지만 문제가 많았구나.

위 대화에서 밑줄이 그어진 부분들은 답변할 때 반드시 언급해야 하는 주요 정보에 해당합니다. 여학생은 이 프로그램이 취소된 것에 유감을 표하고 있지만 학교의 결정을 이해할 수 있다는 입장입니다. 읽기 지문에서 필기한 내용과 대화에서 필기한 내용은 다음과 같이 정리할 수 있습니다. 통합형 문제에서 주요 정보를 필기할 때는 빠르게, 또 약어를 사용하여 필기하도록 합니다. 문장을 통째로 옮겨 적기보다는 단어나 구문으로 필기해야 하며, 화살표, 가위표와 같은 특수 기호를 적절히 섞는 것을 권합니다.

Reading Note	Listening Note
terminate the volunteer program social welfare center	understand the decision 1. stds - sign up only for credit X interest X show up, late, x focus 2. downright rude witness - a volunteer ignore elderly person cuz phone 3. stricter criteria, training

위와 같이 필기가 완성되었다면 이제 답변해봅시다. 짧은 단어만 가지고 논리적인 문장을 만드는 건 생각보다 어렵습니다. 문제 유형에 익숙하지 않다면, 또 평소에 영어로 말하는 시간을 거의 갖지 않는다면 이미 잘 알고 있는 쉬운 단어도 생각나지 않아 더듬댈 수 있습니다. 따라서 단어를 연결해 문장을 만드는 연습을 많이 하셔야 합니다. 하나의 문제로 최소 다섯 번 이상 말해보고, 또 녹음해보세요. 녹음된 파일을 들을 때는 다음과 같은 점을 유의하여 스스로 채점하고 다음 녹음 시에 참고하도록 합니다.

1) 충분한 정보를 제공했는지 확인하세요. 읽기 지문과 듣기 자료에 나오는 내용을 모두 요약할 필요는 없습니다. 하지만 답변을 통해 지문과 듣기 자료의 내용을 전혀 모르는 사람을 이해시킬 수 있을 정도로 충분한 정보를 제공해야 합니다.

2) 정확한 발음과 효과적인 문법, 어휘, 표현 등을 사용했는지 점검하세요. 관사를 많이 빠뜨리지는 않았는지, 동사의 시제는 올바른지, 전치사는 적절히 사용했는지, 단어와 단어 사이에 쉬는 구간이 너무 길지는 않았는지 확인해 개선하는 게 좋습니다.

Sample Response 1_4

According to the notice, the university has decided to terminate the volunteer program at the social welfare center. In the conversation between the two students, the woman said she understood the university's decision.
공지에 따르면 대학은 사회복지관에서 진행되던 자원봉사 프로그램을 종료하기로 결정했다. 두 학생 간의 대화에서 여학생은 대학의 결정을 이해한다고 말했다.

First, she pointed out that many students were only signing up to earn academic credits and were not actually interested in volunteering. They either failed to show up or arrived late, and even when they did attend, they were not truly focused or committed to the work.
첫째, 그녀는 많은 학생들이 실제로 자원봉사에 관심이 없고 학점을 얻기 위해서 등록했다고 지적했다. 그들은 등록한 후에 봉사에 나타나지 않거나 늦게 도착했으며, 참석했을 때에도 일에 전념하지 않았다.

Second, she mentioned that some of the volunteers were downright rude. She recalled witnessing a volunteer ignoring an elderly person's request for help because they* were too engrossed in their phone.
둘째, 그녀는 일부 자원봉사자들이 명백히 무례했다고 언급했다. 그녀는 한 자원봉사자가 휴대폰에 너무 몰두해 노인의 도움 요청을 무시하는 걸 목격했다고 회상했다.
*영어에서는 한 사람을 가리킬 때도 성별을 특정하지 않기 위해 'they'를 단수로 사용할 수 있음

Lastly, she added that the program might have been more effective if there had been stricter criteria for volunteer selection and more comprehensive training.
마지막으로, 그녀는 자원봉사자 선발에 더 엄격한 기준이 있었더라면 그리고 더 포괄적인 훈련이 제공되었다면 프로그램이 더 효과적이었을 거라고 덧붙였다.

2번 문항은 미리 준비된 템플릿을 이용하여 답변하면 조금 더 수월합니다.

답변을 돕는 템플릿

According to the notice,/The notice says the university has decided to … [변경된 정책]
In the conversation between the two students, the woman/man says/agrees/disagrees … [학생의 의견]
First, she/he points out that … [첫 번째 이유]
Second, she/he mentions … [두 번째 이유]

Question 3. 통합형 문제 Integrated Speaking Task(Lecture)

통합형 문제인 3번 문항은 자연과학, 사회과학, 인문학 등 다양한 분야에서 발췌한 읽기 지문과 짧은 강의가 출제됩니다. 특정 학문 분야의 사전 지식을 요구하지는 않지만 어휘 수준이 높은 편이므로 토플 리딩 영역과 리스닝 영역의 점수가 높을수록 유리한 문항입니다. 45초간 100단어 정도의 짧은 읽기 지문을 읽고 이어지는 교수의 강의를 듣습니다. 강의는 통상 2~3분 동안 진행됩니다.

읽기 지문은 다음과 같이 PC 화면에 나타납니다. 지문을 읽는 시간은 지문 길이에 따라 45초 또는 50초가 주어집니다.

Creative Destruction: Innovation's Impact on Industries

Reading Time: 45 seconds

Creative destruction is a term often used in economics to describe the process where old industries or technologies are destroyed and replaced by new ones. This concept is crucial for economic growth and innovation, as it clears the way for fresh ideas and technologies to emerge. Just as in nature, where forest fires can lead to the regeneration of ecosystems by clearing out old, decaying trees and making room for new growth, creative destruction in the economic realm facilitates the emergence of new sectors, ideas, and improvements in efficiency. Despite its benefits, creative destruction can be a double-edged sword. It leads to the obsolescence of products, companies, and even entire industries, causing economic and social upheaval for those involved. Workers may lose their jobs, and companies may go bankrupt, creating a cycle of disruption and adaptation.

My Note

✍ **Reading passage :** ______________________

____

지문 읽기 시간이 종료되면 화면에서 지문이 사라지고 교수의 사진이 나타납니다. 다음 파일명을 참고해 강의를 들어봅시다.

1_5

My Note

Examples/Experiments from the lecture

1. ______________________________

____

____

____

____

2. ______________________________

____

____

____

____

강의가 종료되면 사진이 화면에서 사라지고 문제가 나타납니다.

The professor describes two new technological innovations. Explain how these are related to creative destruction.

교수는 두 가지 새로운 기술 혁신에 대해 설명한다. 두 가지 혁신이 어떻게 창조적 파괴와 관련이 있는지 설명하라.

2번 문항과 마찬가지로 답변을 준비할 수 있는 시간이 30초 제공되며 이후 60초간 답변해야 합니다. 타이머를 사용해 시험 때와 같이 3번 문항을 풀어보세요. 지문 읽기 시간, 준비 시간, 답변 시간은 총 어느 정도 걸렸는지도 기록해둡니다. 2번에 비해 3번은 체감 난이도가 더 올라갑니다. 평소 리스닝 영역에서 강의 부분을 소홀히 해왔다면 3번 문항은 정말 어렵게 느껴질 수 있습니다. 만약 강의의 내용을 이해하거나 필기하기 어려웠다면 스피킹 통합형 문제를 많이 풀기보다는 듣기 공부를 더 열심히 해야 합니다.

자, 이제 읽기 지문을 해석해보고 강의 내용도 살펴봅시다.

Creative Destruction: Innovation's Impact on Industries

창조적 파괴: 혁신이 산업에 미치는 영향

Reading Time: 45 seconds

Creative destruction is a term often used in economics to describe the process where old industries or technologies are destroyed and replaced by new ones. This concept is crucial for economic growth and innovation, as it clears the way for fresh ideas and technologies to emerge. Just as in nature, where forest fires can lead to the regeneration of ecosystems by clearing out old, decaying trees and making room for new growth, creative destruction in the economic realm facilitates the emergence of new sectors, ideas, and improvements in efficiency. Despite its benefits, creative destruction can be a double-edged sword. It leads to the obsolescence of products, companies, and even entire industries, causing economic and social upheaval for those involved. Workers may lose their jobs, and companies may go bankrupt, creating a cycle of disruption and adaptation.

창조적 파괴는 경제학에서 종종 사용되는 용어로, 구시대의 산업이나 기술이 파괴되고 새로운 것들로 대체되는 과정을 설명한다. 이 개념은 경제 성장과 혁신에 있어 중요한데, 새로운 아이디어와 기술이 등장할 수 있는 길을 마련해준다. 자연에서 산불이 오래되고 썩은 나무들을 제거해 새로운 성장을 위한 공간을 만들어주는 것처럼, 경제 영역에서의 창조적 파괴는 새로운 분야, 아이디어 그리고 효율성의 향상을 촉진한다. 그러나 창조적 파괴는 이점이 있음에도 불구하고 양날의 검과 같다. 이는 제품, 회사, 심지어는 전체 산업의 구시대화를 초래해 관련된 이들에게 경제적, 사회적 혼란을 일으킨다. 근로자들은 일자리를 잃을 수 있고, 회사들은 파산할 수 있어 혼란과 적응의 순환을 만들어낸다.

주어진 45초 동안 우리는 무엇을 해야 할까요? 3번 문항에서는 지문에서 소개하는 새로운 개념이 어떤 것인지 잘 살펴야 합니다. 여기에서는 '창조적 파괴Creative Destruction'의 정의와 예시에 대해 이야기하고 있습니다. 'Creative Destruction'이라는 단어를 필기해둬야 하며 그 정의가 무엇인지도 적어두는 게 좋습니다. 자연, 산불, 양날의 검 등의 부기 설명은 세부 사항에 해당하므로 필기하지 않고 가볍게 읽고 넘어갑니다.

이제 교수의 강의를 함께 봅시다.

Professor: Creative destruction has both positive and negative impacts on society. While it disrupts well-established industries, shaking up the market system, it also introduces waves of innovation, which most economists view as positive.
교수: 창조적 파괴는 사회에 긍정적인 결과와 부정적인 결과를 동시에 가져옵니다. 창조적 파괴는 기존에 잘 만들어진 산업을 파괴하기 때문에 시장 체제가 다소 붕괴할 수 있습니다. 하지만 동시에 새로운 혁신의 물결을 몰고 오기 때문에 전부는 아닐지라도 많은 경제학자가 이를 긍정적으로 생각합니다.

In today's lecture, I'll discuss some examples where creative destruction has had a positive influence. For instance, the syllabus for this course recommends purchasing the eleventh edition of Modern Economics, which is a printed book. However, let's talk about your personal reading habits. These days, many students and casual readers opt for e-readers over traditional printed books. E-readers are generally lighter, can store an almost unlimited number of books, and offer adjustable font sizes. You can even read in the dark. Owing to these advantages, the traditional printing industry is being increasingly replaced, exemplifying creative destruction in action.
오늘 강의에서는 이 개념에 대한 긍정적인 예를 다루려고 합니다. 여러분 모두 인쇄된 책을 본 적 있을 거라 생각합니다. 사실 이 강의의 강의 계획서에도 《현대 경제학》 11판을 준비하라고 되어 있지요. 하지만 우리가 책을 개인적으로 어떻게 사용하는지 이야기해봅시다. 요즘 대부분의 학생과 평범한 독자들은 인쇄된 책 대신 전자책 리더기를 구매하는 걸 선호합니다. 그런 장비들은 일반적으로 인쇄된 책보다 가볍고, 원하는 만큼의 책을 넣을 수 있습니다. 글자 크기를 늘리거나 줄일 수 있으며, 무엇보다도 불을 켜지 않고 책을 읽을 수 있습니다. 이러한 장점 때문에 인쇄 산업은 내리막을 걷고 있습니다.

Now, let's consider the DVD industry. There was a time when people rented videos from local stores. Video streaming services have largely replaced that model. I suspect only a few of you still use physical DVD players or CDs. Streaming services offer a vast selection of viewing options at a reasonable cost, making them a more flexible and convenient choice compared to the hassle of handling and storing physical DVDs or CDs.
자, 그럼 DVD 산업은 어떨까요? 예전에 사람들은 동네 가게에서 비디오를 빌려서 봤지만, 지금은 비디오 스트리밍 서비스가 이미 대부분의 기존 산업을 대체했습니다. 지금까지 DVD 플레이어나 CD를 사용하는 사람은 많지 않을 겁니다. 비디오 스트리밍 서비스는 엄청난 양의 옵션을 합리적인 가격에 제공합니다. 그렇기 때문에 우리는 번거롭게 DVD나 CD를 보관하고 사용하는 대신 유연한 스트리밍 서비스를 선택합니다.

위 강의에서 밑줄이 그어진 부분들은 답변할 때 반드시 언급해야 하는 주요 정보에 해당합니다. 교수는 창조적 파괴의 긍정적인 예시에 대해 이야기하고 있습니다. 첫 번째 예시로는 종이책 산업과 전자책 산업이, 두 번째 예시로는 DVD, CD 산업과 스트리밍 서비스 산업이 등장합니다. 통합형 문제에서 주요 정보를 필기할 때는 빠르게, 또 약어를 사용해 필기합니다. 문장을 통째로 옮겨 적기보다는 단어나 구문으로 필기해야 하며 화살표, 가위표와 같은 특수 기호를 적절히 섞는 것을 권합니다.

Reading Note	Listening Note
creative destruction	positive influence
process where old industries are destroyed and replaced by new ones	printed books → e-readers lighter, unlimited number of books adjustable font sizes, read in the dark printing - replaced
	the DVD industry rent @ stores video streaming vast selection, reasonable cost

위와 같이 필기가 완성되었다면 이제 정리해서 말해봅시다. 3번 문항에서는 답변할 때 지문에 등장한 개념의 정의를 먼저 말하는 게 좋습니다. 그래야 이어서 강의에서 들었던 예시를 말할 때 깔끔하게 답변이 정리됩니다. 이번에도 역시 하나의 문제로 최소 다섯 번 이상 말해보고, 또 녹음해보세요. 녹음된 파일을 다시 들으면서 어떤 내용이 빠졌는지 혹은 어떤 문장을 말할 때 특히 더듬게 되는지 잘 확인하고 개선해 봅시다.

Sample Response 🎧 1_6

The professor discusses the concept of creative destruction. It refers to a process where old industries are destroyed and replaced by new ones. He provides some positive examples of this.

교수는 창조적 파괴라는 개념에 대해 설명한다. 이는 오래된 산업이 파괴되고 새로운 산업으로 대체되는 과정을 의미한다. 교수는 창조적 파괴의 긍정적인 예를 소개한다.

First, he talks about the shift from printed books to e-readers. Nowadays, students prefer e-readers because they're lighter than printed books. They can adjust the font size and even read in the dark. As a result, the traditional printing industry is gradually being replaced.

첫 번째로, 교수는 종이책에서 전자책 리더기로의 변화에 대해 말한다. 요즘 학생들은 종이책보다 가벼운 전자책 리더기를 선호한다. 전자책 리더기를 이용하면 글자 크기를 조절할 수 있고 불을 켜지 않고도 책을 읽을 수 있다. 그래서 인쇄 산업은 대체되고 있다.

Secondly, he brings up the DVD industry. In the past, people would rent videos from local stores, but now, video streaming services have taken over. These services offer a wide variety of options at reasonable prices, which is why they're becoming the go-to choice for most people.

두 번째로, 교수는 DVD 산업을 언급한다. 사람들은 과거에 동네 가게에서 비디오를 대여했지만 지금은 비디오 스트리밍 서비스를 이용한다. 스트리밍 서비스는 합리적인 가격에 많은 선택지를 제공한다. 그래서 사람들은 스트리밍 서비스를 더 자주 사용한다.

3번 문항은 아래와 같이 미리 준비된 템플릿을 이용하여 답변하면 조금 더 수월합니다.

답변을 돕는 템플릿

• 듣기 강의에서 개념에 대한 예시가 두 개 나오는 경우

The professor talks about … [새로운 개념 + 정의].
He gives two examples to explain this concept.
First, …
Second, …

According to the reading passage, … [새로운 개념 + 정의].
In the lecture, the professor gives two examples to explain this concept.
First, …
Second, …

• 듣기 강의에서 실험이 나오는 경우

The professor talks about … [새로운 개념 + 정의].
He describes an experiment (that he conducted) to prove this concept.
In the experiment, students/participants/subjects were asked to do …
First, …
Second, …

• 듣기 강의에서 교수의 개인적인 일화가 예시로 나오는 경우

The professor talks about … [새로운 개념 + 정의].
He tells his personal story to explain this concept.

Question 4. 통합형 문제 Integrated Speaking Task(Lecture)

통합형 문제인 4번은 3번 문항과 마찬가지로 자연과학, 사회과학, 인문학 등 다양한 분야에서 발췌한 짧은 강의가 출제됩니다. 다만 읽기 지문이 제공되지 않으며, 강의를 듣고 정리하기만 하면 됩니다. 2, 3번 문항은 30초간 답변을 준비할 수 있었던 데 반해 4번은 읽기 지문이 없으므로 준비 시간이 조금 더 짧은, 20초만 주어집니다. 강의가 끝나면 20초 동안 답변을 정리한 후 60초간 답하면 됩니다. PC 화면에는 읽기 지문이 아닌 교수의 사진이 나타납니다. 다음 파일명을 참고해 강의를 들어봅시다.

1_7

My Note

Concept discussed in the lecture: Examples/Experiments

1. ______________________________

2. ______________________________

강의가 종료되면 사진이 화면에서 사라지고 문제가 나타납니다.

Using points and examples from the talk, explain how echolocating bats hunt for prey.

강의에서 언급된 요점과 예시를 사용하여, 반향정위를 사용하는 박쥐의 사냥 방법을 설명하라.

4번 문항은 읽기 지문이 없으므로 교수가 강의에서 어떤 내용을 다룰지 미리 짐작할 수 없습니다. 따라서 듣기 실력이 더욱 중요한 문항입니다. 만약 강의의 내용을 이해하기 어렵거나 필기에 어려움이 있었다면 스피킹 통합형 문제를 많이 풀기보다는 리스닝 영역을 더 열심히 공부해야 합니다.

이제 교수의 강의를 함께 봅시다.

Professor: Bats, like many other animals, have developed a range of hunting techniques. One of the most fascinating is echolocation, a method they use to navigate and locate prey due to their poor eyesight. By emitting ultrasonic waves and listening for the returning echoes, bats can pinpoint the location of objects they can't see.

교수: 다른 동물들과 마찬가지로 박쥐도 다양한 방법으로 사냥을 합니다. 가장 흥미로운 건 박쥐는 시력이 좋지 않기 때문에 먹이를 찾기 위해 반향정위*를 사용한다는 것입니다. 박쥐는 초음파를 보내고 메아리를 들어 직접 볼 수 없는 물체의 위치를 알아냅니다.

*반향정위: 초음파의 반향으로 물체의 존재를 측정하는 능력

When it comes to hunting, how do bats employ echolocation? Historically, echolocating bats have been divided into two groups: aerial hawkers, who catch flying insects while flying themselves, and gleaners, who pick up prey from the ground.

사냥할 때 박쥐는 어떻게 반향정위를 사용할까요? 역사적으로 보면 반향정위를 사용하는 박쥐는 두 그룹으로 나뉩니다. 스스로 날면서 다른 날아다니는 곤충을 잡는 aerial hawkers와 땅에서 먹이를 잡는 gleaners가 이에 해당합니다.

Airborne insects such as flies, moths, and beetles are captured by aerial hawkers. They typically fly to catch their prey in mid-air. These skilled predators are often observed soaring through the skies, poised to catch their prey with precision and agility. The barbastelle, for example, is a bat species known for its remarkable echolocation skills and swift maneuvers, allowing it to deftly navigate dense environments while hunting for flying insects. Their calls are much quieter, ranging from 10 to 100 times quieter than the calls produced by other bats that hunt while flying. Because of this, moths might not hear them coming until they're really close, making it easy for them to catch the moths.

파리, 나방, 딱정벌레와 같은 날아다니는 곤충들은 aerial hawkers에게 잡힙니다. aerial hawkers는 공중에서 먹이를 잡아야 하므로 주로 날아다닙니다. 이 숙련된 포식자들은 종종 하늘을 향해 날아가는 모습이 포착되며, 정확하고 민첩하게 먹이를 잡기 위해 자세를 취하는 모습을 보입니다. 예를 들어 바바스텔 박쥐는 뛰어난 반향정위 기술과 민첩성을 갖춘 것으로 알려져 있으며 날아다니는 곤충을 사냥하는 동안 우거진 숲과 같은 환경을 재빨리 돌아다닙니다.

그들의 울음소리는 날면서 사냥하는 다른 박쥐들의 소리보다 10배에서 100배 정도 작아 훨씬 더 조용합니다. 그 때문에 나방은 바바스텔 박쥐가 아주 가까이 올 때까지 그들이 오는 걸 알아차리지 못해 쉽게 먹잇감이 됩니다.

Ok, then how about gleaning bats, I mean, gleaners? Gleaning bats have long ears, so they can perceive subtle sound signals. They usually look for surface-dwelling animals by listening to prey-generated sounds. You would think that gleaning bats have no chance amid dense forest vegetation, yet you couldn't be more wrong. True, gleaning bats that use echolocation to forage in thick forest plants have sensory challenges due to the complexity of the surrounding environment. However, the gleaning bat, the 'brown long-eared bat', makes their echolocation calls in a special way. Their calls are like short, quick bursts of sound, and they make them even higher pitched than usual. This approach helps them navigate without confusion in the cluttered environment. It's like they're sending out quick, tiny pings to see what's nearby.

자, 이제 gleaning bats, 그러니까 gleaners에 대해서 알아봅시다. gleaning bats는 긴 귀를 가지고 있어서 미묘한 소리를 감지할 수 있습니다. 그들은 보통 땅에서 사는 동물들의 소리에 귀를 기울여 먹이를 찾아냅니다. 여러분은 울창한 숲속에서는 gleaning bats가 사냥하기 어렵다고 생각하겠지만, 이것은 사실이 아닙니다. 물론 gleaning bats가 먹이를 찾기 위해 나무가 무성한 숲에서 반향정위를 사용할 때 주변 환경 때문에 감각에 문제가 생깁니다. 하지만 흔히 '토끼박쥐'라고 불리는 gleaning bat은 특별한 방식의 반향정위를 사용합니다. 그들의 울음소리는 짧고 빠른 파열음이며, 평소보다 훨씬 더 높은 음고를 사용합니다. 따라서 그들 주변의 사물에 의해 혼란을 겪지 않습니다. 마치 근처에 무엇이 있는지 알기 위해 빠르고 작은 신호를 보내는 것과 같습니다.

위 강의에서 밑줄이 그어진 부분들은 답변할 때 반드시 언급해야 하는 주요 정보에 해당합니다. 강의를 요약하는 문제에서는 어떤 부분이 주요 내용이고, 어떤 부분이 세부 내용에 해당하는지 헷갈릴 때가 종종 있습니다. 그럴 때는 강의의 도입부를 보고 판단해야 합니다. 위 강의에서 교수는 도입부에 박쥐의 시력, 반향정위의 사용, 그리고 사냥 방법에 따른 두 종류의 박쥐(aerial hawkers, gleaners)를 언급합니다. 이 외에 주요 먹잇감으로 등장하는 '파리, 나방, 딱정벌레' 또는 '정확하고 민첩하게 먹이를 잡기 위해 자세를 취하는 모습' 등은 모두 세부 사항에 해당합니다. 핵심 내용을 분명히 언급한 후 시간 분배를 잘하여 세부 사항을 추가하세요. 또한 강의 내용 중 동식물의 이름이나 전문 용어가 언급되었을 때 정확한 스펠링을 모르는 경우, 한국어로 필기하는 것을 권합니다. 예를 들어 'barbastelle'로 필기할 수 없다면 '바바스텔'로 필기한 후 영어식 발음과 유사하게 답변합니다.

통합형 문제에서는 약어를 사용해 필기할 뿐 아니라 내용 단위로 필기할 수 있도록 연습해야 합니다. 영어 듣기 실력이 부족한 경우 들리는 단어를 무엇이든 필기하려는 습관이 생길 수 있습니다. 예를 들어 강의에서 나온 다음 대사를 봅시다.

Historically, echolocating bats have been divided into two groups: aerial hawkers, who catch flying insects while flying themselves, and gleaners, who pick up prey from the ground.

- 올바른 필기: echolocating bats, aerial hawkers, flying insects, gleaners, prey, ground
- 잘못된 필기: historically, divided into, aerial, catch flying, while, pick up

Listening Note	
Bats echolocation (poor eyesight) emit ultrasonic waves - listen echoes / pinpoint location echolocating bats 2 groups	
1) aerial hawkers catch flying insects, flying themselves ex) barbastelle remarkable echolocation skills swift maneuvers calls - quieter moths might not hear them coming	2) gleaners gather prey from the ground perceive subtle sound signals dense forest, sensory x ex) brown long-eared bat calls - a special way short, quick bursts, higher pitched x confuse

위와 같이 필기가 완성되었다면 이제 정리하여 말해봅시다. 3번 문항에서 참고했던 템플릿을 4번 문항에서도 활용해보세요. 2~4번 문항에 답변할 때는 강의나 지문의 문장을 패러프레이징(다른 말로 바꿔 표현하는 것)할 필요가 없습니다. 대신 필기한 걸 중심으로 여러 번 답변해보면서 이음말을 즉흥적으로 끼워 넣는 연습을 해야 합니다. 이번에도 역시 하나의 문제로 최소 다섯 번 이상 말해보고, 또 녹음해보세요. 녹음된 파일을 다시 들으면서 어떤 내용이 빠졌는지 혹은 어떤 문장을 말할 때 특히 더듬게 되는지 잘 확인하여 개선해봅시다.

Sample Response 🎧 1_8

According to the lecture, bats use echolocation to hunt because of their poor eyesight. They emit ultrasonic waves and listen to echoes to pinpoint items in their environment.

강의에 따르면 박쥐들은 시력이 좋지 않기 때문에 사냥을 위해 반향정위를 사용한다. 박쥐는 초음파를 보내고 소리의 울림을 이용해 주변 환경에서 사물의 위치를 찾는다.

The professor mentions that there are two types of echolocating bats. The first type, aerial hawkers, catches flying insects while in flight. For example, the barbastelle bat has remarkable echolocation skills and swift maneuvers. Their calls are much quieter, so moths might not hear them coming.
교수는 반향정위를 사용하는 박쥐가 두 종류가 있다고 말한다. 첫 번째 종류는 aerial hawkers이다. 그들은 비행하며 날아다니는 곤충을 잡는다. 예를 들어 바바스텔 박쥐는 뛰어난 반향정위 기술과 빠른 움직임을 가지고 있다. 바바스텔 박쥐의 울음소리는 조용해 나방은 그들이 오는 걸 알아차리지 못할 수도 있다.

The second type mentioned in the lecture is gleaners, who gather prey from the ground and are adept at perceiving subtle sound signals. In dense forest vegetation, they may face sensory challenges. For instance, the professor mentions brown long-eared bats as typical gleaners. Their calls are special, so they can hunt effectively in a dense forest. They use short, quick bursts of higher-pitched sounds. Therefore, they can avoid getting confused.
강의에서 언급된 두 번째 예는 gleaners이다. 그들은 땅에서 먹이를 모으고, 미묘한 소리 신호를 감지한다. 울창한 숲에서는 감각에 문제가 있을 수 있다. 예를 들어 교수는 gleaners에 속하는 토끼박쥐를 언급한다. 그들의 울음소리는 특별해서 빽빽한 숲에서도 사냥할 수 있다. 그들은 짧고 빠른 파열음과 더 높은 음고를 사용한다. 따라서 그들은 혼란을 피할 수 있다.

스피킹 통합형 문제를 풀 때 가장 흔한 실수는 필기해둔 내용을 모두 말하지 못하고 60초가 종료되는 것입니다. 이러한 실수를 방지하기 위해, 평소 아래 시간 배분표를 참고해 연습하는 것이 중요합니다.

스피킹 영역 2번 문항

1) 읽기 지문에 나오는 교내 정책 변경 사항에 대해 설명한다. [10초]
2) 대화에 등장하는 한 학생의 의견(동의 또는 비동의)을 제시하고, 그 첫 번째 이유를 설명한다. [25초]
3) 두 번째 이유를 설명한다. [25초]

스피킹 영역 3번 문항

1) 읽기 지문에 나오는 학술적 개념과 그 정의를 설명한다. [10초]
2) 학술적 개념과 관련해 교수가 언급한 첫 번째 예시를 설명한다. [25초]
3) 학술적 개념과 관련해 교수가 언급한 두 번째 예시를 설명한다. [25초]

스피킹 영역 4번 문항

1) 강의 초반에 언급된 학술적 개념과 그 정의를 설명한다. [10초]
2) 학술적 개념과 관련해 교수가 언급한 첫 번째 예시를 설명한다. [25초]
3) 학술적 개념과 관련해 교수가 언급한 두 번째 예시를 설명한다. [25초]

강의 주제 샘플

스피킹 영역에서 출제되는 네 가지 유형의 문제를 모두 살펴봤습니다. 스피킹 영역은 목표 점수에 따라 전략적으로 접근하는 게 좋습니다. 20점 정도를 목표로 한다면 1번 문항의 경우 매번 다양한 아이디어를 전개하기보다는 다섯 개에서 열 개 정도의 아이디어와 예시를 미리 만들어두고 템플릿으로 사용하는 게 좋습니다. 반면 25점 이상이 목표라면 템플릿보다는 다양한 아이디어를 전개해보고 새로운 영어 표현을 사용하고 암기하는 데 더 집중해야 합니다. 통합형 문제인 2~4번의 경우 20점 정도를 목표로 한다면 세부 사항에 집중하기보다는 주요 내용만 필기하는 방식으로 연습하는 게 더 효과적이며, 25점 이상을 목표로 한다면 최대한 많은 내용을 필기하여 전달하는 게 좋습니다.

마지막으로 아래에 강의 주제 샘플을 추가했습니다. 강의는 역사, 문학, 심리학, 경제학, 사회학, 환경학, 철학, 생물학, 예술, 음악, 정치학, 디자인, 테크놀로지 등 어떤 분야에서든 나올 수 있으니 평소에 다양한 글을 읽어 배경지식을 쌓는 게 중요합니다.

샘플1) Parallel Evolution 평행 진화*

*서로 관련이 있는, 즉 공통의 조상을 가진 종들이 비슷한 환경에 적응하면서 유사한 특징을 개발하는 과정

Parallel evolution occurs when two related species, having shared a common ancestor, embark on separate evolutionary journeys, only to evolve similar traits independently in response to similar environmental pressures. This remarkable phenomenon highlights the deterministic nature of evolution, suggesting that life, when faced with similar challenges, often converges on similar solutions despite diverging paths. Through parallel evolution, we see the emergence of analogous structures, behaviors, and functions in species that, although genetically drifting apart, continue to mirror each other's evolutionary adaptations.

샘플2) Aposematic Coloration 경계색*

*경고색으로 불리며 눈에 잘 띄는 색상을 이용해 포식자가 피해야 할 독성이나 위험을 경고하는 데 사용

In the natural world, vivid hues often serve as a visual alarm system, a phenomenon known as aposematic coloration. This strategy is employed by various species to signal potential danger or unpalatability to predators, effectively using their bright colors as a defense mechanism. Creatures ranging from the poison dart frog's electric blues and yellows to the monarch butterfly's striking orange and black patterns utilize these warning colors to communicate toxicity or a bad taste. This evolutionary adaptation benefits both the prey, by deterring potential threats, and the predator, by preventing them from ingesting harmful or lethal meals.

샘플3) Dolphin Hunting 돌고래의 사냥 방법

Dolphins employ a variety of sophisticated strategies to catch their prey, highlighting their cognitive abilities and social coordination. One common method is herding, where dolphins work together to corral fish into tight balls, making it easier to catch them. Additionally, some dolphins have been observed using tools, like sponges, to flush out fish from the sea floor. These hunting techniques not only demonstrate the dolphins' advanced problem-solving skills but also their ability to communicate and collaborate effectively within their pods.

샘플4) Cooperative Behavior of Wolves 늑대의 협동

Wolves are renowned for their cooperative behavior, epitomizing teamwork in the animal kingdom. This intricate social structure is centered around the wolf pack, a tight-knit family unit that works together to ensure survival. Within the pack, roles are clearly defined, from the alpha leaders who make decisions and lead hunts to the betas and omegas who have their own responsibilities in supporting the group. Cooperation is key in their hunting strategies, as wolves coordinate their movements to outsmart and outmaneuver their prey. This collaboration extends beyond hunting to raising pups, defending territory, and maintaining social order.

샘플5) Systematic Desensitization 단계적 탈감작법*

*특정한 외부 자극이나 환경 변화에 적응할 때 자극에 대한 민감도를 점차 감소시키는 방법

Systematic desensitization is a method used to gently conquer fears and anxieties, guiding individuals through a process of facing their fears in a controlled and gradual way. Imagine you're afraid of spiders. Instead of throwing you into a room full of spiders, systematic desensitization starts with something much less scary, like looking at a picture of a spider. Once you're comfortable with that, the next step might be watching a video of spiders, followed by being in the same room as a spider that's safely contained. At each step, you learn to stay calm and relaxed, often through techniques like deep breathing or visualization.

샘플6) Time-Out Procedure 타임아웃 훈육*

*부정적인 행동에 대한 제재로, 해당 행동이 발생한 경우 아이를 사회적 활동에서 일정 시간 동안 격리해 반성할 수 있도록 돕는 방법

The time-out procedure is a behavior management strategy used to help children learn about the consequences of their actions in a safe and structured way. Imagine a scenario where a child is playing too roughly with their toys, despite being asked to play gently. Instead of immediately resorting to harsh punishments, the time-out procedure involves removing the child from the situation for a brief period. This isn't about isolation but creating a moment of pause, where the child is placed in a designated "time-out" area—like a quiet corner of the room—where they can calm down, away from distractions.

샘플7) Customer Retention 고객 유지

In the competitive world of business, mastering the art of customer retention is akin to finding the secret sauce for long-term success. Customer retention is the art of keeping your customers engaged and loyal to your brand over many years. This process involves several key strategies, one of which is creating a personalized customer experience. By tailoring interactions and offerings to meet individual preferences and needs, businesses can foster a deep sense of value and connection among their customers. Another vital component is quality customer service, which not only addresses issues and concerns promptly but also anticipates customer needs, going above and beyond expectations.

샘플8) Guerrilla Marketing 게릴라 마케팅*

*전통적인 광고 및 마케팅 방법과는 달리 큰 예산이나 대규모 광고 캠페인을 사용하지 않고, 창의적이고 대중의 관심을 끄는 방법을 사용해 제품이나 브랜드를 홍보하는 비전통적인 마케팅 전략

By leveraging elements of surprise and creativity, marketing strategies often seek to engrain products and services in the public's memory without relying on hefty budgets. Among many, guerrilla marketing is the art of unexpected and unconventional advertising strategies that captivate audiences in memorable ways. This approach leverages the element of surprise to create a lasting impression, making the campaign stand out in a sea of traditional advertisements. One common tactic involves interactive public installations or unexpected performances that spark curiosity and encourage social sharing.

샘플9) Nostalgia Marketing 노스탤지어 마케팅*

*소비자들의 추억과 감정에 호소해 제품이나 브랜드를 홍보하는 전략

Oftentimes, marketing taps into the warm, fuzzy feelings we get from our past to create a powerful connection with brands and products. Nostalgia Marketing, for instance, brings back beloved memories and experiences, often from our childhood or a time perceived as simpler or happier. By re-introducing vintage designs, and classic products, or reviving old advertising campaigns, companies bridge the gap between the past and present. The strategy plays on the emotional ties consumers have with the past, making products more appealing through the lens of nostalgia.

샘플10) Mission Statement 강령*

*브랜드나 제품의 목적이나 가치를 설명하는 문구로, 브랜드나 제품의 포지셔닝을 강화

In the realm of marketing, a mission statement acts as a compass, guiding a company's strategies, actions, and ethos. It articulates the organization's core purpose and values, outlining not just what the company does, but why it exists and who it serves. This concise declaration serves multiple vital functions: it inspires employees, aligning their efforts towards a common goal; it differentiates the company in a crowded marketplace by highlighting its unique vision and commitment; and it communicates to customers, investors, and partners the company's intentions and its pledge to uphold certain standards and values.

샘플11) Internet Piracy 인터넷 해적 행위*

*인터넷을 통해 불법적으로 저작권을 침해하거나 소프트웨어, 음악, 영화, 책 등의 디지털 콘텐츠를 불법적으로 배포하는 행위

Internet piracy, the unauthorized use or distribution of copyrighted material, presents a tough challenge in the digital age. This phenomenon spans various forms, including the illegal downloading of music, movies, books, and software, undermining the rightful earnings of creators and industries. At its core, piracy is fueled by the ease of access and the perceived anonymity provided by the internet. Despite efforts to curb these activities through legal measures and digital rights management technologies, piracy persists, often justified by pirates as a protest against high costs or limited availability.

샘플12) The Regenerative Power of Forest Fires 산불의 장점

While often perceived solely as destructive forces, forest fires play a crucial role in the health and renewal of ecosystems. These natural occurrences can stimulate the growth of new plants, maintain diverse habitats, and even increase biodiversity. By clearing away dense underbrush, fires allow sunlight to reach the forest floor, encouraging the growth of a variety of plant species that were previously unable to thrive under the canopy's shade. This rejuvenation of plant life supports a wider range of animal species, enhancing ecosystem diversity. Furthermore, certain species of trees and plants have evolved to depend on the heat from fires to release their seeds, ensuring their propagation and survival.

샘플13) Curbing Carbon Dioxide Emissions 이산화탄소 줄이기

In the face of escalating climate change, curbing carbon dioxide (CO_2) emissions has become a global imperative. This greenhouse gas, while a natural component of Earth's atmosphere, has reached concentrations not seen in millions of years, primarily due to human activities like fossil fuel combustion and deforestation. Addressing this challenge requires a multifaceted approach. One key strategy is transitioning to renewable energy sources, such as wind, solar, and hydroelectric power, which produce electricity without emitting CO_2. Enhancing energy efficiency in industries, buildings, and transportation can also significantly reduce emissions by minimizing the amount of energy required for daily operations.

샘플14) Visual Learning 시각적 학습

Visual learning harnesses the power of sight to enhance education and understanding. This approach leverages diagrams, videos, images, and maps to convey information more effectively, catering to those who best absorb knowledge through visual stimuli. By translating complex concepts into visual formats, learners can grasp difficult subjects more easily, often leading to deeper comprehension and retention. Visual learning not only supports academic achievement but also encourages critical thinking and problem-solving skills, as students learn to analyze and interpret visual information.

샘플15) Batesian Mimicry 베이츠 의태*

*유해한 종의 외관이나 행동을 모방해 자신을 보호하려는 모방 방식

Deceptive communication in animals is a fascinating dance of cunning and survival, showcasing the complex strategies some species employ to thrive. This phenomenon occurs when an animal sends misleading information to others, be it predators, prey, or even members of its own species, to gain an advantage. Mimicry is a common form of deception, where harmless species imitate the warning signals of poisonous ones to avoid predation. This evolutionary strategy, known as Batesian mimicry, allows non-toxic organisms to capitalize on the fear and avoidance predators have learned towards their toxic counterparts, thus reducing the likelihood of being eaten.

샘플16) Mutualistic Symbiosis 상리 공생*

*양쪽 모두에게 이익이 되는 공생 관계

Symbiosis is the fascinating ecological interaction where different species live in close association with each other, showcasing the complexity and interdependence of life forms. Within this broad spectrum, mutualistic symbiosis stands out as a particularly positive relationship, where all involved parties benefit and thrive together. In these partnerships, each organism contributes something that the other needs but cannot provide for itself, resulting in a win-win situation. One of the most celebrated examples is the relationship between bees and flowers; bees collect nectar for food while pollinating the flowers in the process, facilitating plant reproduction.

샘플17) Social Hierarchy in Ant Colonies 개미 왕국

Social hierarchy is a universal concept, structuring not only human societies but also those of many animals, creating order and defining roles and responsibilities. This layered system of ranking individuals is particularly pronounced and fascinating in the world of ants, where each member of the colony knows its place and purpose. Within this structured society, roles are clearly defined, from the queen, the sole egg-layer who is the heart of the colony, to the diligent workers who forage for food, care for the queen's offspring, and maintain the nest.

샘플18) Cognitive Dissonance 인지부조화

*개인의 사고, 감정, 행동이 일치하지 않거나 모순되어 심리적 불편함을 유발하는 상태

Cognitive dissonance is the psychological discomfort experienced when holding two or more conflicting beliefs, values, or attitudes. This internal conflict often arises in situations where an individual's actions contradict their beliefs, leading to feelings of unease and tension. To alleviate this discomfort, people may change their beliefs, justify their behavior, or seek new information that aligns with their actions. For example, if someone who values environmental conservation finds themselves regularly using single-use plastics, the clash between their actions and beliefs can trigger cognitive dissonance.

샘플19) Anchoring Bias 앵커링*

*이전에 받아들인 정보나 첫인상에 과도하게 의존해 판단을 내리는 심리적 경향

Anchoring bias is a cognitive bias that influences how we perceive and interpret new information based on previous data or first impressions. This psychological phenomenon occurs when an individual relies too heavily on an initial piece of information (the 'anchor') to make subsequent judgments and decisions. For example, if you first see a shirt priced at $100 and then find the same shirt on sale for $50, you might perceive the sale price as a significant bargain, influenced by the initial $100 anchor. This bias can impact various aspects of life, from financial decisions to social perceptions, often leading people to under or overestimate the value or relevance of new information.

샘플20) Surrealism 초현실주의*

*상상력과 비현실적인 원소를 강조하는 걸 특징으로 하는 20세기 미술 사조

Originating in the early 20th century, the artistic and literary movement called Surrealism combines elements of fantasy with everyday reality, aiming to create an altered sense of the world that challenges our perceptions and rationality. Surrealist artists and writers draw heavily on dream imagery and the irrational, employing techniques such as automatic writing, random image generation, and the juxtaposition of incongruous elements to explore the workings of the unconscious mind. This exploration results in striking, dream-like scenes that defy conventional logic and invite viewers to reinterpret their understanding of reality.

스피킹 독립형 연습문제: 기본편

'스피킹 독립형 연습문제: 기본편(이하 연습문제 기본편)'에서는 스피킹 독립형 문제에서 자주 출제되는 유형을 정리했습니다. 질문을 읽은 후 직접 스크립트를 적어봅시다. 20점 전후가 목표라면 70단어, 25점 전후가 목표라면 100단어 전후가 적절합니다. 'Sample Response'에서는 적절한 샘플 답안을 볼 수 있습니다. 최대한 다양한 표현을 경험할 수 있도록 모든 샘플 답안은 실제 시험에서 요구하는 답변과 길이가 비슷하거나 조금 더 길게 작성되었습니다.

연습문제 기본편에서는 모든 샘플 답안에 오디오 파일을 제공합니다. 🎧 표시와 파일명을 따로 표기하지 않았지만 재생목록에서 각 문제의 샘플 답안을 오디오 파일로 들을 수 있으니 꼭 확인해주세요(예를 들어 1번 문제는 '2_1' 파일을 들으면 됩니다)!

기본편 워크시트

스피킹 독립형 연습문제 기본편을 보기 전에 노트와 필기구를 준비해주세요. 낱장으로 사용하는 메모지보다는 한 권의 노트를 사용해서 기록을 차곡차곡 모으는 게 좋습니다. 만약 전자기기를 선호한다면 워드 파일, 개인 블로그, 노션 등의 기록 앱을 켜봅시다. 그리고 아래의 워크시트를 참고해 스크립트를 작성해보세요.

Question

____

____

____

My Response

____

____

____

____

____

____

____

____

기본편을 학습하는 동안에는 각 문제마다 스크립트를 작성한 후 암기하는 연습을 해보세요. 스크립트를 만들 때는 샘플 답안에서 마음에 드는 표현을 가져와서 따라 써보고, 영어 사전이나 AI 도구를 사용해 필요한 표현을 추가합니다. 결이 비슷한 질문에는 똑같은 답안을 할 수 있도록 나만의 템플릿을 만들어보는 것도 좋은 방법입니다.

워크시트 작성 예시

Question

Do you agree or disagree with the following statement? We should help our friends only when they ask for help because unsolicited assistance might not be appreciated and can potentially harm the relationship.

다음 주장에 동의하는가? 우리는 친구들이 도움을 요청할 때만 도와주어야 한다. 부탁하기도 전에 먼저 나서게 되면 관계를 해칠 수 있기 때문이다.

My Response

I disagree with the statement because sometimes our friends might be too shy or embarrassed to ask for help. If we notice they are struggling, offering a hand can show we care and understand them. It's true that we should be careful not to overstep boundaries or make them feel uncomfortable, but communicating and asking if they need help before jumping in can avoid this. Being thoughtful and supportive can actually make our friendship stronger because it shows we are paying attention and truly care about their wellbeing. So, helping our friends shouldn't only happen when they ask for it.

나는 이 의견에 동의하지 않는다. 어떤 친구들은 너무 소심하거나 창피해서 도움을 요청하지 못하기도 한다. 친구들이 힘들 때 미리 알아채고 도와주면, 우리가 그들을 이해하고 신경 쓰는 마음을 전할 수 있다. 물론 서로 간의 경계를 존중하고, 그들을 불편하게 만들지 않도록 해야 한다. 따라서 사전에 그들에게 도움이 필요한지 물어보는 게 좋다. 친구를 배려하는 마음을 보이고 문제가 있을 때 도와준다면 우정이 더 돈독해진다. 이런 과정을 통해 우리가 그들의 삶에 관심이 있다는 뜻을 전할 수 있기 때문이다. 그래서 친구들이 요청할 때만 도움을 주는 건 별로 바람직하지 않을 수 있다.

1. Would you rather work with more autonomy or work with strict supervision?

더 많은 자율성을 가지고 일하는 걸 선호하는가, 아니면 엄격한 감독 아래에서 일하는 걸 선호하는가?

Sample Response

I prefer to work alone without tight supervision.
나는 엄격한 감독 없이 혼자 일하는 걸 선호한다.

In most cases, I am very **proactive** and **well-organized**. When I was in school, I met all the deadlines and **finished my projects on time**, and they had excellent quality. Even without any type of supervision, I think I can perform well, or even better because I hate the feeling that someone is **breathing down my neck** all the time.
대부분의 경우, 나는 매우 적극적이고 체계적이다. 학교에 다닐 때는 마감일을 다 맞춰서 프로젝트를 제시간에 마쳤고, 뛰어난 결과물을 제출했다. 나는 감독 없이도 잘할 수 있다고 생각한다. 아니, 감독이 없으면 오히려 더 잘할 수 있다고 생각한다. 항상 누군가가 감시하고 있는 느낌을 받는 건 싫기 때문이다.

Now I'm working for **a semiconductor company**, and I'm glad that I have a lot of freedom in my job. I get to **take ownership of my tasks** and **work at my own pace** without feeling like someone's constantly **watching my every move**. This has motivated me to **put in more effort** and produce high-quality work that helps with the company's success.
나는 지금 반도체 회사에서 일하고 있는데, 자유롭게 일할 수 있어서 좋다. 누군가가 일거수일투족을 계속 지켜보고 있다는 느낌 없이 내 일에 대한 책임을 가지고 내 속도대로 일을 할 수 있다. 결과적으로 동기부여를 받아 더 노력하게 되고, 회사의 성공에 기여할 수 있도록 더 좋은 성과를 내게 된다.

TIP

문제에 제시된 두 개의 옵션 중 더 선호하는 쪽을 택하고 그 이유를 설명하면 됩니다. 이유는 한두 개 정도 언급하면 충분합니다. iBT 토플은 주장에 관한 설득력 있고 구체적인 근거를 기대하니 적절한 예시를 말해주는 것도 잊지 마세요!

Words & Expressions

proactive 적극적인, 상황을 앞서서 주도하는, 사전에 행동하는

I have a proactive personality, always planning ahead.
나는 적극적인 성격으로 항상 미리 계획을 세우는 편이다.

well-organized 정리가 잘된, 잘 조직된

a well-organized book
(이야기가) 잘 짜인 책

finish something on time ~을 제시간에 마치다

Jack was worried about whether he'd be able to finish it on time.
잭은 그가 그것을 제시간에 끝낼 수 있을지 걱정했다.

breathe down one's neck 철저히 감시하다

It's awful having a boss who breathes down your neck all the time.
항상 감시하는 상사가 있다는 건 끔찍한 일이다.

a semiconductor company 반도체 회사

a multinational semiconductor company that designs and manufactures microprocessors
마이크로프로세서를 설계하고 제조하는 다국적 반도체 회사

take ownership of something ~을 책임지다

We need someone to take ownership of the issue.
우리는 그 문제를 책임지고 해결할 사람이 필요하다.

work at my own pace 내 속도에 맞춰 일하다

I really appreciate my new job because it allows me to work at my own pace.
새 직장에서는 내 속도에 맞춰 일할 수 있어서 정말 만족스럽다.

watch one's every move 일거수일투족을 지켜보다

I felt like the supervisor was watching my every move.
상사가 내 모든 행동을 감시하는 것처럼 느꼈다.

put in effort 노력을 기울이다

He put in a lot of effort to improve his math skills.
그는 수학 실력을 향상시키기 위해 많은 노력을 기울였다.

2. When assigning research topics to students, should the professor assign specific topics or allow students the freedom to choose their own?

학생들에게 연구 과제를 낼 때, 교수는 연구 주제를 정해줘야 하는가, 아니면 학생들이 스스로 선택할 수 있는 자유를 주어야 하는가?

Sample Response

I prefer to choose my own research for the assignment. By doing so, I can focus more on what I really want to know more about.
나는 내가 직접 연구 과제의 주제를 선택하고 싶다. 그렇게 하면 내가 정말 더 알고 싶은 분야에 집중할 수 있다.

When I was in college, I majored in **statistics**, and there were many fascinating **case studies**, including analyzing the results of **clinical trials** and exploring trends in **market research**. I **undertook** personal projects such as developing my own statistical models to analyze trends in sports data. They allowed me to **not only improve my skills but also gain a sense of personal fulfillment.**

대학에 다닐 때 통계학을 전공했는데 임상 시험 결과를 분석하고, 시장 조사에서 동향을 살피는 등 흥미로운 사례 연구가 많았다. 나는 스포츠 데이터의 동향을 분석하기 위해 나만의 통계 모델을 만드는 등 개인적인 프로젝트를 수행할 수 있었고, 이는 나의 실력을 향상시킬 뿐 아니라 개인적인 성취감도 주었다.

Also, I think it would be very difficult for the professor to give each one of us different and unique topics to **work on**. This is because he must have his own preferences and **areas of expertise**.

또한 교수님은 저마다 취향과 전문 분야가 있기 때문에 학생들 각자가 작업할 각기 다른, 독특한 주제를 주기 매우 어려울 것이라 생각한다.

TIP

답변의 길이를 늘리기 위해 가짜 예시를 만들어내는 경우가 종종 있습니다. 시험을 치르는 급박한 상황에서는 주제에 맞는 예시를 억지로 만들어야 할 수도 있지만, 연습할 때만큼은 최대한 실제 내 경험을 이야기하는 게 좋습니다. 그 과정에서 새로운 표현을 학습할 수 있고, 내 이야기를 전달하는 연습을 할 수 있습니다.

Words & Expressions

statistics 통계, 통계학

The speech included shocking statistics about unemployment rates.
그 연설은 실업률에 대한 충격적인 통계를 포함했다.

case study 사례 연구

She co-authored a case study on child development.
그녀는 아동 발달에 대한 사례 연구를 공동 집필했다.

clinical trial/clinical study 임상 시험

The drug is undergoing clinical trials.
그 약은 임상 시험 중이다.

market research 시장 조사

They worked for a market research organization.
그들은 시장 조사 기관에서 일했다.

undertake 어떤 일을 맡다

Students were required to undertake simple experiments.

학생들은 간단한 실험을 하도록 요구받았다.

not only … But also … ~뿐만 아니라 ~도

Not only did he win, (but) he (also) won by a landslide.

그는 우승했을 뿐만 아니라 압도적인 승리를 거두었다.

a sense of fulfillment 충만감

a sense of fulfillment one receives from a job

직업에서 얻는 성취감

work on something ~을 하다, 작업하다

The director is working on a new movie.

그 감독은 새 영화를 만들고 있다.

one's area of expertise 전문 분야

This question falls outside his area of expertise.

이 문제는 그의 전문 분야에서 벗어난다.

3. Some students choose the books they read from their schools' recommended reading lists. Other students choose their own books. Which do you prefer?

어떤 학생들은 학교의 추천 도서 목록에서 책을 고른다. 반면 다른 학생들은 스스로 읽을 책을 선택한다. 둘 중 어떤 것을 선호하는가?

Sample Response

I prefer to choose books based on my interests for several reasons.

나는 여러 가지 이유로 내 취향에 따라 책을 선택하는 걸 선호한다.

First, I believe that reading should be an enjoyable experience. I don't want to **waste my time on something** that I don't find **engaging** or interesting. While I appreciate that school reading lists are carefully **curated** by **certified** teachers with a **rigorous evaluation process**, I often find that the selected books are not **to my taste** and tend to be quite boring.

첫째로, 독서는 즐거운 경험이 되어야 한다고 생각한다. 내가 매력적이거나 흥미롭다고 생각하지 않는 것에 시간을 낭비하고 싶지 않다. 학교에서 주는 도서 목록은 엄격한 평가 과정을 통해 공인된 선생님들이 세심하게 선별한 책들을 싣고 있다는 점에서 좋긴 하지만, 나는 그 책들이 내 취향에 맞지 않고 꽤 지루하다고 생각한 적이 많다.

Second, I believe that reading books that interest me allows me to learn more effectively. When I am genuinely interested in the content, I am more motivated to read and **retain information**. Conversely, when I am forced to read something that doesn't interest me, I

often **find myself struggling to focus and remember information**.
둘째로, 나는 내가 흥미를 느끼는 책을 읽어야 더 효과적으로 학습할 수 있다고 생각한다. 내가 진짜 그 내용에 관심이 있어야 책을 읽고 싶고, 또 정보를 기억하게 된다. 반대로 흥미가 없는 책을 억지로 읽을 때면 집중하기도, 내용을 기억하기도 어렵다.

Words & Expressions

waste one's time on something ~에 시간을 낭비하다

Don't waste your time on that idiot.
그 바보한테 시간 낭비하지 마.

engaging 매력적인

a very engaging story
매우 매력적인 이야기

curated 전문적인 식견으로 엄선한

This is a curated collection of articles about digital music.
이것은 디지털 음악에 대한 엄선된 기사들이다.

certified 증명된, 보증된

a certified instructor
공인된 강사

rigorous 철저한, 엄격한

The team adopted a much more rigorous approach to the issue.
팀은 그 문제에 대해 훨씬 더 철저한 접근법을 채택했다.

evaluation process 평가 과정

Developing a rigorous evaluation process is never an easy task.
엄격한 평가 과정을 개발하는 건 결코 쉬운 일이 아니다.

to one's taste/to one's liking 취향에 맞는

The movie was not to their taste.
그 영화는 그들의 취향에 맞지 않았다.

retain information 정보를 저장하다, 정보를 기억하다

He finds it difficult to retain information.
그는 정보를 기억하기 어려워한다.

find oneself struggling to do something/find oneself struggling with something
~을 하기 위해 애를 쓰다

Do you find yourself struggling to fall asleep at night?
밤에 잠을 잘 못 자나요?

4. Some people prefer hosting their own parties, while others enjoy being invited to attend them. Which one do you prefer?

어떤 사람들은 자신만의 파티를 여는 걸 선호하는 반면, 다른 사람들은 파티에 초대받는 걸 즐긴다. 둘 중 어떤 것을 선호하는가?

Sample Response

I prefer to be invited to parties. There are two reasons for this preference.
나는 파티에 초대받는 걸 선호한다. 두 가지 이유가 있다.

Firstly, organizing a party can be quite **time-consuming** and stressful. There are several things to consider, such as creating **a guest list**, **deciding on the food and drinks**, and finding **a suitable venue**. It takes a lot of effort to plan and execute everything perfectly, and it can **leave me feeling exhausted.**
첫 번째로, 파티를 준비하는 건 시간도 많이 걸리고 스트레스를 유발한다. 누구를 초대할지, 어떤 음식과 음료를 살지, 어디에서 파티를 할지 등 고려해야 할 게 많다. 모든 걸 완벽히 계획하고 실행하려면 노력이 많이 들고, 그건 매우 피곤한 일이다.

Secondly, hosting a party can be expensive. As a student, I have **a limited budget,** and throwing a party means I have to purchase drinks, snacks, decorations, and other party essentials. Costs can quickly **add up**, and if something breaks during the party, that's an additional expense I'd rather not have.
두 번째로, 파티를 열려면 돈이 많이 든다. 나는 학생이라 한정된 예산으로 살고 있는데 파티를 열면 음료나 과자, 장식품이나 다른 파티 용품들을 사야 한다. 순식간에 엄청난 지출로 불어나게 되는데, 만약 파티 장소에서 물건이라도 부수게 된다면 추가 비용이 들 것이다.

TIP

'돈' 또는 '시간'을 아낄 수 있다는 근거는 다양한 질문에서 사용할 수 있는 답변이니 꼭 기억해 두세요!

Words & Expressions

time-consuming (많은) 시간이 걸리는

a difficult and time-consuming process
어렵고 시간이 많이 걸리는 과정

a guest list 손님 명단

I put her name on the guest list for our annual event.

나는 그녀의 이름을 연례 행사의 손님 명단에 올렸다.

decide on something 여러 옵션 중에 정하다

We decided on Paris for our holiday this summer.

우리는 이번 여름 휴가 때 파리에 가기로 결정했다.

a suitable venue 적당한 장소

This isn't a suitable venue for a children's show.

이곳은 어린이를 위한 쇼에 적합한 장소가 아니다.

leave me feeling exhausted 나를 지치게 하다

These days, talking to others leaves me feeling exhausted.

요즘은 다른 사람들과 이야기를 하는 게 피곤하다.

a limited budget 한정된 예산

It was a project with a limited budget.

그것은 예산이 한정된 프로젝트였다.

add up (조금씩) 늘어나다

I believe even small savings can add up.

적은 돈이라도 모으다 보면 큰돈이 되는 법이다.

5. Which opinion do you agree with? Should parents provide financial support for their children attending college, or should the students work part-time jobs to support themselves?

부모는 대학에 다니는 자녀들을 위해 재정적인 지원을 해야 하는가? 아니면 학생들은 아르바이트를 하면서 부모로부터 독립해야 하는가?

Sample Response

I think parents should provide financial support for their children who are in college.

부모가 대학에 다니는 자녀를 위해 재정적으로 지원해야 한다고 생각한다.

First of all, tuition fees these days are very expensive. Even if a student worked more than two part-time jobs, it would still be very difficult to **make ends meet**. They must **pay for textbooks**, notebooks, and **room and board.** The costs can really add up over a four-year university course.

첫째로, 요즘 대학 수업료는 매우 비싸다. 두 개 이상의 아르바이트를 한다고 해도 생활비를 대기 빠듯할 것이다. 교재나 공책도 구입해야 하고, 기숙사 방값과 식비도 든다. 만약 대학 4년 동안 비용이 모이면 그 양이 엄청나다.

Second, even if they manage to earn enough money from part-time jobs, it's likely to affect their studies because they'll be too exhausted. I think it's smarter to focus on studies, aim for good grades, and try to secure **scholarships**. This approach would be beneficial for **landing a good job** in the future.
둘째로, 만약 충분한 돈을 벌 수 있다고 해도 너무 지쳐서 학업에 영향을 줄 가능성이 높다. 학교에서 공부를 열심히 해서 좋은 성적을 얻어 장학금을 받는 게 더 현명하다. 나중에 좋은 직장을 구하고 싶다면 역시나 이 방법이 더 낫다.

Words & Expressions

make ends meet 수입과 지출의 균형을 맞추다

Many families struggle to make ends meet these days.
요즘 많은 가족들이 생계를 유지하기 위해 고군분투하고 있다.

pay for something ~에 대한 대가를 지불하다

[비교] pay 납부하다, 돈을 내다(pay 다음에는 액수나 납부해야 하는 내역 등을 말함)

I paid for the concert tickets online yesterday.
나는 어제 온라인으로 콘서트 티켓을 결제했다.

I paid a thousand dollars for the new smartphone.
나는 새 스마트폰을 사기 위해 1,000달러를 썼다.

I paid the rent for the apartment yesterday.
나는 어제 아파트 임대료를 지불했다.

room and board 숙식, 하숙비

How much will the student have to pay for room and board?
학생은 숙식비로 얼마를 지불해야 하는가?

a scholarship 장학금

She won a scholarship to study at Harvard.
그녀는 하버드대학교에서 장학금을 받았다.

land a good job/land a decent job 괜찮은 직장에 들어가다

Gaining relevant experience through internships can significantly improve your chances of landing a decent job.
인턴십을 통해 관련 경험을 쌓으면 괜찮은 직장에 들어갈 기회를 크게 향상시킬 수 있다.

6. Some people enjoy asking their parents for help, while others prefer advice from friends. Which do you prefer? Give specific reasons to support your opinion.

어떤 사람들은 부모님에게 도움을 요청하는 걸 선호하는 반면, 다른 사람들은 친구들에게 도움을 요청하는 걸 선호한다. 둘 중 어떤 것을 선호하는가? 당신의 의견을 뒷받침하는 구체적인 이유를 제시하라.

Sample Response

I prefer to get advice from my friends rather than my parents.

나는 부모님보다는 친구들에게 조언을 받는 걸 선호한다.

First, I believe my parents tend to suggest the safest options from their own perspectives. They are not always up-to-date with **current trends**. For instance, when discussing my future career, my mom suggested becoming a doctor, as it was considered the only **stable job in her day**.

첫 번째로, 부모님은 항상 자신의 관점에 따라 가장 안전한 방법을 제안한다고 생각한다. 부모님은 최신 트렌드를 잘 모른다. 내가 엄마에게 앞으로 어떤 직업을 가져야 하는지 물었을 때 엄마는 의사가 되어야 한다고 말했다. 왜냐하면 엄마가 어릴 때는 의사가 유일하게 안정적인 직업이었기 때문이다.

Second, I think my friends understand me better, especially in relationships. When I had a disagreement with my girlfriend/boyfriend, my friends were there to **console me**, and to give me ideas on how to solve relationship problems. But my parents don't want me to date a boy/girl. Therefore, I turn to my friends for advice.

두 번째로, 나는 내 친구들이 특히 인간관계에 있어 나를 더 잘 이해한다고 생각한다. 내가 여자친구/남자친구와 싸웠을 때 친구들은 곁에서 나를 위로하고 문제를 해결하는 방법에 대해 아이디어를 준다. 하지만 우리 부모님은 내가 데이트하는 걸 원하지 않는다. 그래서 나는 내 친구들에게 조언을 받는 게 더 좋다고 생각한다.

TIP

각 근거에 대한 예시는 위와 같이 짧게 말해도 괜찮습니다. 엄마에게 직업에 관한 질문을 했을 때 엄마가 했던 대답 또는 부모님이 나의 연애에 대해 어떻게 생각하는지에 대해 한두 문장으로만 짧게 설명해도 충분합니다.

Words & Expressions

current trends 최근 동향

current trends in education

교육계의 최근 동향

a stable job 안정적인 직장

He's now got a stable job in a bank.
그는 이제 은행에서 안정적으로 일한다.

in one's day 젊었을 때, 한창일 때

In my day, boys usually asked girls out on dates.
내가 젊었을 때는 남자들이 보통 여자들에게 데이트를 신청했다.

console someone ~을 위로하다

She consoled him after his mom died.
그녀는 그의 어머니가 돌아가신 후 그를 위로했다.

7. Some people prefer to be friends with a similar person, while others prefer to make friends who are different from them. Which one do you prefer?
어떤 사람들은 비슷한 사람과 친구가 되는 걸 선호하는 반면, 다른 사람들은 그들과 성향이 다른 친구를 사귀는 걸 선호한다. 둘 중 어떤 것을 선호하는가?

Sample Response

I prefer to be friends with people who are different from me.
나는 나와 다른 사람과 친구가 되는 걸 선호한다.

First, meeting different people on a regular basis helps me **grow as a person**. By interacting with various friends, I **pick up unique and valuable characteristics** from each one. For instance, I've learned generosity from my neighbor Ellen and politeness from my friend Andrew.
우선 나는 나와 다른 사람을 만남으로써 더 좋은 사람이 될 수 있다고 생각한다. 다양한 친구들과 교류하면서 각자 다르게 유익한 면을 배울 수 있는데, 예를 들어 이웃인 엘렌에게는 관대함을 배우고, 다른 친구인 앤드루에게는 공손함을 배운다.

Also, I think it's going to be much more fun that way. If all my friends were just like me, we'd end up doing the same things all the time. We'd eat the same food and go to the same places, which could get boring. But if I meet someone more **outgoing** and energetic, my life will be more **colorful** and **full of life**, and I'll be able to try all kinds of different things, such as **extreme sports** or new activities.
또 나와 다른 친구를 사귀면 더 재미있을 것 같다. 만약 내 친구들이 나와 같다면 우리는 항상 똑같은 걸 할 것이다. 지루하게 매번 같은 음식을 먹고, 같은 장소에 갈 것이다. 하지만 만약 좀 더 외향적이고 활기찬 사람을 만난다면 내 인생이 더 다채롭고 활기가 있을 것 같다. 또한 익스트림 스포츠나 새로운 활동 등 색다른 걸 시도해볼 수 있게 된다.

답변에서 친구의 이름, 이웃의 이름을 직접 언급하는 것도 좋습니다. 예시를 더 구체적으로 만들고 싶을 때는 실제 친구를 등장시켜보세요!

Words & Expressions

grow as a person 철이 들다

Over the years, I've faced many challenges, but each one has helped me grow as a person.
여러 해 동안 많은 어려움이 있었지만 모든 일들이 나를 개인적으로 성장하게 도왔다.

pick up something (습관 등을) 익히다

I've been trying to pick up new skills during my free time, like learning how to play the guitar.
나는 여가 시간에 기타를 배우는 등 새로운 기술을 익히려고 노력해왔다.

outgoing 외향적인, 사교적인

His outgoing personality made him popular at work.
그는 외향적인 성격으로 직장에서 인기가 있었다.

colorful 흥미진진한

I wanted my life to be more colorful, so I decided to travel to different countries and experience diverse cultures.
삶이 좀 더 다채로워지길 원했기 때문에 나는 다른 나라를 여행하고 다양한 문화를 경험하기로 결심했다.

full of life 활기가 있는

She's always so full of life.
그녀는 항상 생기가 넘친다.

extreme sports 익스트림 스포츠*

*익스트림 스포츠: 스카이 다이빙 또는 번지 점프와 같은 극한으로 위험한 스포츠

She loves to travel and do extreme sports.
그녀는 여행과 익스트림 스포츠를 좋아한다.

8. some people like to have a large circle of friends, while others choose to have a small, intimate group of close friends. Which do you prefer?

많은 친구를 사귀는 걸 좋아하는 사람들이 있는가 하면, 다른 사람들은 소수의 친밀한 친구를 사귀는 걸 선택한다. 둘 중 어떤 것을 선호하는가?

Sample Response

I prefer making many friends to having a small number of close friends.
나는 소수의 친구보다는 많은 친구를 사귀는 게 좋다.

First, having many friends allows me to become a better person, as I am exposed to diverse personalities and characteristics. So, I can learn different and beneficial things from each friend, such as generosity from my neighbor Ellen or politeness from Andrew.
우선 나는 많은 친구들과 지내며 더 나은 사람이 될 수 있다. 왜냐하면 사람들은 성격과 특징이 다 다르기 때문이다. 그래서 나는 이웃인 엘렌에게 관대함을 배우고, 앤드루에게는 공손함을 배우는 등 각 친구에게서 다르고 유익한 것들을 배울 수 있다.

Also, I can spend more time socializing if I have many friends. Since I'm in my **third year of college**, both my friends and I **have busy schedules**, so it is hard to **find times when** we can all hang out. For example, I am **free** on Mondays, but some of my friends are not. But if I have many friends, I can hang out with different people every day.
게다가 친구가 많으면 노는 시간이 더 많아진다. 나는 대학교 3학년이라 친구들도 나도 많이 바빠서 만날 계획을 세우기가 힘들다. 예를 들어 나는 월요일에 시간이 있는데, 친구들은 아닌 경우다. 하지만 친구가 많으면 매일 다른 친구들을 만날 수 있다.

Words & Expressions

third year of college 대학 3학년

I am currently in my third year of college, studying computer science.
나는 대학교 3학년 학생이며, 현재 컴퓨터 과학을 전공하고 있다.

have busy schedules 바쁜 일상을 보내다

Since we all had busy schedules, our team needed to prioritize tasks to meet our deadlines.
우리 모두 바빴기 때문에, 우리 팀은 마감 기한을 맞추기 위해 업무를 우선순위에 따라 정리할 필요가 있었다.

find times when ~할 시간을 내다

I'm dedicated to my fitness goals, so I always try to find times when I can squeeze in a workout.
나는 운동 목표를 달성하는 걸 중요하게 생각해서, 항상 운동할 시간을 내려고 노력한다.

free 시간이 있는

Are you free on Saturday?
이번 주 토요일에 시간 있어?

9. Do you agree or disagree with the following statement? Even if you are aware that others will disagree, it is best to express your honest opinion.

다음 주장에 동의하는가? 다른 사람들이 내 의견에 동의하지 않을 걸 알고 있더라도 솔직한 의견을 표현하는 게 가장 좋다.

Sample Response

In my personal relationships, I believe it's important to be honest with others. It's good to let others know how I feel, and it's good to be myself. Therefore, I share my honest opinions in most situations. However, if I know that my opinion will **lead to disagreement**, particularly on **sensitive topics** such as religion or politics, I don't think it's necessary to express my opinion.

나는 개인적인 관계에서 상대에게 솔직해지는 게 중요하다고 생각한다. 다른 사람들에게 내 생각을 알려줄 수 있어서 좋고, 내가 내 자신으로 살 수 있어서 좋다. 그래서 대부분의 상황에서 나는 솔직한 의견을 공유한다. 하지만 만약 내 의견이 종교나 정치와 같은 민감한 주제에서 충돌로 이어질 거라는 걸 안다면, 굳이 내 의견을 말할 필요가 없다고 생각한다.

Everyone is **entitled** to their own **viewpoint**, and if I already know that our opinions are different, **there's no point in bringing it up.** Furthermore, I think it's best to avoid unnecessary conflict, so if I **anticipate** that my opinion will cause an argument, I **see no benefit in expressing it**.

사람들은 다들 각자의 관점을 가질 권리가 있고, 우리의 의견이 다르다는 걸 내가 이미 안다면 그 주제에 대해 논하는 건 의미가 없다. 게다가 불필요한 갈등은 피하는 게 최선이라고 생각하기 때문에 내 의견이 논쟁을 일으킬 거라 예상하면 그것을 표현하는 건 아무런 이득이 없다고 생각한다.

TIP

질문에서 주어진 옵션 중 반드시 하나에 대해서만 이야기해야 하는 건 아닙니다. 만약 두 가지 옵션 모두에 대해 논하고 싶다면 위와 같은 답변도 가능합니다. 다만 하나의 옵션을 반드시 고르고, 그에 더 치중해 설명하는 편을 추천합니다.

Words & Expressions

lead to something ~로 이어지다

Her volunteer work in the hospital led to a career in nursing.

병원에서의 봉사활동을 기반으로 그녀는 간호사가 되었다.

sensitive topics 민감한 주제들

It's important to approach sensitive topics with care and empathy to avoid causing harm.
민감한 주제에 대해서는 피해를 주지 않도록 주의와 공감을 갖고 접근하는 게 중요하다.

entitled 자격이 있는

You're entitled to your opinion.
너는 너만의 의견을 가질 자격이 있다.

viewpoint 관점, 시각

She has her own viewpoint on the matter.
그녀는 그 문제에 대해 자기 나름의 견해를 가지고 있다.

there's no point in doing something ~해봐야 의미가 없다

There's no point in getting angry.
화를 내봐야 의미가 없다.

bring something up 말을 꺼내다

We are waiting for a suitable moment to bring up the issue.
우리는 그 문제에 대해 언급할 적절한 시기를 기다리고 있다.

anticipate 예상하다, 기대하다

I eagerly anticipated the day I would leave school.
나는 학교를 졸업할 날을 애타게 기다렸다.

see no benefit in doing something ~해봐야 도움이 될 게 없다고 생각하다

I see no benefit in changing the system now.
나는 지금 그 시스템을 바꿔봐야 이득이 될 게 없다고 생각한다.

10. Do you agree or disagree with the following statement? Being truthful is not as important as being polite.

다음 주장에 동의하는가? 진실한 건 공손한 것만큼 중요하지 않다.

Sample Response

In my opinion, telling the truth is crucial in any relationship, far more important than being polite.
내 생각에는 어떤 관계에서든 진실을 말하는 게 예의를 지키는 것보다 훨씬 중요하다.

Without honesty, there can be a lack of understanding and **miscommunication**. People are not **mind readers**, so it's important to communicate truthfully to **ensure that the message is clear**.
정직하지 않으면 서로에 대해 이해하기 힘들고 오해가 생길 수 있다. 사람들은 서로의 마음을 읽을 수 없기 때문에 의미가 분명히 전달되도록 진실된 소통을 하는 게 중요하다.

For instance, the other day my friends wanted to hang out with me, but I was exhausted. Instead of being polite and going out with them, I chose to be honest and explained that I needed to rest. This was a better decision for me and my friends because if I had gone out, I would have been just **irritable** and no **fun to be around**. By being honest, I was able to avoid potentially negative interactions and **maintain our friendships**.
예를 들어 며칠 전 내 친구들이 나와 함께 놀고 싶어 했지만 나는 지쳐 있었다. 그래서 친구들 기분이 상하지 않게 외출하는 대신 솔직하게 휴식이 필요하다고 설명하는 걸 선택했다. 이것은 나와 내 친구들에게 더 나은 결정이었다. 만약 내가 외출했다면 짜증을 내며 같이 어울리기 싫은 사람이 되었을 것이다. 솔직히 말함으로써 부정적인 결과를 피하고 우정을 유지할 수 있었다.

TIP

추상적인 문제일수록 짧은 시간 안에 준비해서 답변하기가 곤란할 수 있습니다. 이때는 거창한 예시보다 최근에 일어났던 사소한 일에 대해 떠올려 보는 것도 좋습니다.

Words & Expressions

miscommunication 오해

To avoid miscommunication, it's important to be clear and concise when expressing your thoughts.
오해를 피하기 위해서는 명확하고 간결하게 생각을 표현해야 한다.

mind readers 독심술사

I'm not a mind reader.
나는 독심술사가 아니다.

ensure that/ensure something 보장하다

I believe the government needs to ensure (that) all workers' rights are respected.
나는 정부가 모든 노동자들의 권리가 존중되도록 보장해야 한다고 생각한다.

irritable 짜증을 잘 내는

My son is so irritable after a bath.
내 아들은 목욕을 하고 나면 너무 짜증을 낸다.

fun to be around 함께 있으면 재미있는

Sarah is so friendly and fun to be around.
세라는 매우 친근하고 함께 있으면 즐겁다.

maintain relationships/maintain friendships 관계를 유지하다

To maintain concrete relationships, it's important to communicate often.
좋은 관계를 유지하기 위해서는 자주 의사소통하는 게 중요하다.

11. Do you pay more attention to domestic news or international news? Give examples to support your choice.

국내 뉴스와 국제 뉴스 중 어디에 더 관심을 두고 있는가? 당신의 선택을 뒷받침하는 예시를 들어라.

Sample Response

I pay more attention to domestic news in general.
나는 일반적으로 국내 뉴스에 더 많은 관심을 가지고 있다.

First, there's the **weather forecast**. I want to know every morning whether I should bring my umbrella to work or not. It's really important to me since I always wear a suit to work. I don't want to **end up getting wet just because** I missed the forecast.
먼저 일기 예보를 본다. 나는 매일 아침 직장에 우산을 가지고 가야 하는지 아닌지 알고 싶다. 항상 정장을 입고 출근하기 때문에 날씨 확인은 매우 중요하다. 일기 예보를 놓쳐 비를 맞고 싶지는 않다.

Moreover, recently, I started paying more attention to local news, especially reports about **house prices**. It's really interesting how things like the economy, **interest rates**, and what the government decides can change **property prices**. Knowing about these things helps me better understand the process of buying properties. I believe this will help me **make more informed financial decisions** in the future.
최근에 나는 지역 뉴스, 특히 주택 가격에 더 많은 관심을 기울이기 시작했다. 부동산 가격을 변화시키는 경제 흐름, 이자율, 정부 정책 등을 알아가는 게 흥미롭다. 이런 것들을 알면 부동산 매매를 더 잘 이해할 수 있다. 이를 통해 미래에 돈과 관련된 더 현명한 결정을 내릴 수 있을 거라 믿는다.

주제에서는 뉴스에 관한 의견을 물어봅니다. 최근에 본 뉴스 내용을 사실적으로 전달하는 게 어렵다면 '일기 예보'와 같은 가벼운 주제로 예시를 만들어보세요.

Words & Expressions

weather forecast 일기 예보

What is the weather forecast for next week?
다음 주 일기 예보가 어떻게 되나요?

end up doing something 결국 ~하게 되다

I ended up doing all the work myself.
결국 모든 일을 내가 하게 되었다.

just because/only because 단지 ~라는 이유로

Just because my friends do it, that doesn't mean that I should do it, too.

내 친구들이 그걸 한다고 해서 나도 해야 하는 건 아니다.

house prices/property prices 주택 가격, 부동산 가격

House prices are very high in this area.

이 지역은 주택 가격이 매우 높다.

interest rates 이자율

The government cut interest rates to boost growth.

정부는 경제 성장 촉진을 위해 금리를 인하했다.

make informed decisions 정보에 입각한 결정을 내리다

I have enough experience to make informed decisions.

나는 정보에 입각한 결정을 내릴 수 있는 충분한 경험을 가지고 있다.

12. If given the option, do you prefer to read the news daily or at regular intervals? Give specific reasons to support your opinion.

매일 뉴스를 읽는 게 좋은가, 아니면 정기적으로 뉴스를 읽는 게 좋은가? 당신의 의견을 뒷받침할 구체적인 이유를 제시하라.

Sample Response

Except for weather forecasts, I like to read the news regularly, not every day.

일기 예보를 제외하고는 매일이 아니라 규칙적으로 뉴스를 읽는 걸 좋아한다.

It's sufficient to read the news **once or twice a week**. Reading the news helps me stay updated on current trends, like whether I should wear a mask this week or how the stock market is doing. However, I find that the news often doesn't have the depth and quality of information that books or documentaries offer, so I don't like to spend too much time on it.

일주일에 한두 번 뉴스를 읽는 데 시간을 보내는 것으로도 충분하다. 뉴스를 읽으면 '이번 주에 마스크를 써야 할까' 혹은 '주식 시장은 어떻게 흘러가고 있는가'와 같은 최근 동향을 이해하는 데 도움이 된다. 하지만 뉴스는 책이나 다큐와 같은 양질의 정보만을 포함하지는 않아서 뉴스에 많은 시간을 투자하는 건 선호하지 않는다.

Also, **news outlets** tend to focus on the most **provocative** and dramatic events, like **murder cases** and **thefts**, which can be distressing. I don't think it's healthy to be exposed to such negative content **every single day.**

게다가 뉴스는 항상 살인 사건이나 절도와 같은 내 주변에서 일어나는 아주 자극적이고 극적인 사건을 방송한다. 나는 매일같이 그런 내용에 노출되는 게 그리 건강하다고 생각하지 않는다.

Words & Expressions

once a week/twice a week 일주일에 한 번/일주일에 두 번

How often do you use the app? Once a week?
얼마나 자주 그 앱을 사용하니? 일주일에 한 번?

news outlets 언론 매체, 언론 기관

News outlets covered the surprise announcement from the Prime Minister.
언론 매체들은 수상의 깜짝 발표를 보도했다.

provocative 자극적인, 도발적인

a provocative remark
도발적인 발언

murder cases 살인 사건

Unsolved murder cases are also known as cold cases.
미해결 살인 사건은 콜드 케이스라고도 한다.

thefts 절도

Several car thefts have been reported.
자동차 절도 사건이 여러 건 보고되었다.

every single day 날이면 날마다, 매일 매일

I used to work every single day.
나는 매일 일하곤 했다.

13. Among the listed features of smartphones, which one is the most useful for students: taking photos, listening to music, or recording lectures?
스마트폰의 기능 중 사진 촬영, 음악 감상 또는 강의 녹음 중 학생에게 가장 유용한 기능은 무엇일까?

Sample Response

I think, for students, the best feature would be recording lectures.
내 생각에 학생들을 위한 가장 좋은 기능은 강의를 녹음하는 기능이다.

First off, you don't have to worry about **writing everything down**. If you just **turn on the recorder**, you can focus better on listening to the professor and understanding the material. You can always go back and listen to the recordings at home when you want to review something. You can even increase or decrease the volume or **play them back** at slower or faster speeds.

우선 모든 걸 적어야 한다는 걱정을 할 필요가 없어진다. 녹음기만 켜두면 교수님의 말씀을 듣고 자료를 이해하는 데 더 집중할 수 있다. 뭔가를 검토하고 싶을 때는 집에서 녹음된 파일을 다시 들을 수 있다. 볼륨을 낮추거나 높이는 것도 가능하고 재생 속도를 느리게 하거나 빠르게 바꿀 수도 있다.

Also, recording is helpful when you are not able to attend classes. Sometimes, students miss a couple of lectures because of **scheduling conflicts**, illness, **family matters**, or other reasons. If your friend in the same class records the lecture and shares it with you, you can **catch up on missed material** so easily.
또한 수업에 참석할 수 없을 때도 이 기능이 유용하다. 가끔 다른 일과 수업이 겹치거나, 아프거나, 가족 문제 또는 여러 이유로 수업을 몇 차례 놓칠 수도 있다. 같은 반 친구가 강의 내용을 녹음해준다면 놓친 부분을 쉽게 따라잡을 수 있다.

TIP

피치 못할 사정으로 수업에 빠졌을 때 '친구의 노트보다 강의 내용이 녹음된 파일이 있다면 좋았을 걸'이라 생각해본 적이 있나요? 내 상황에 들어맞는 문제의 경우 객관적인 사실을 나열하는 것보다는 내 이야기와 의견을 꼭 말해보세요.

Words & Expressions

write something down/write down something ~을 적어 놓다, 기록하다

I want you to write down your ideas.
네 생각을 적어봐.

turn on something ~을 켜다

Is your computer turned on?
컴퓨터 켜져 있어?

play something back 재생하다

Play back the phone message right now.
지금 바로 전화 메시지 재생해봐.

at slow speeds 느린 속도로

Back in 1990, images were sent at slow speeds.
1990년에는 이미지 파일 전송 속도가 느렸다.

scheduling conflicts 일정이 겹침

Because of scheduling conflicts, we had to reschedule the meeting for next week.
일정이 맞지 않아서, 우리는 다음 주로 회의 일정을 변경해야 했다.

family matters 가족 문제

I took a leave of absence to deal with family matters.
나는 가족 문제를 처리하기 위해 휴직했다.

catch up on something ~을 따라잡다

I just hoped to catch up on some much-needed sleep.

지금까지 못 잔 잠을 좀 보충하고 싶을 뿐이었다.

14. Some people believe that printed materials, like books and newspapers, will eventually be replaced by electronic versions. Some say that people will always be interested in printed materials. Which point of view do you agree with?

어떤 사람들은 책이나 신문과 같은 인쇄물이 결국 전자 버전으로 대체될 것이라고 믿는다. 반면 항상 인쇄물에 관심이 있으리라 생각하는 사람도 있다. 둘 중 어떤 생각에 동의하는가?

Sample Response

I don't think electronic books can completely replace **printed books**, but they might replace them by like 99 percent. When we learn math or science, it's often easier to write down **formulas** and **make calculations** on paper. If we want to do that, it's easier to use **paper books** rather than **digital books**.

전자책이 오래된 종이책을 완전히 대체하지는 않겠지만, 종이책을 99퍼센트 정도는 대체할 거라고 생각한다. 우리가 수학이나 과학을 배울 때, 공식을 종이에 적고 무언가를 계산할 필요가 있다. 그렇게 하려면 전자책보다는 종이책을 사용하는 게 더 쉽다.

But apart from that, I think most people would choose e-books because they're convenient. You can carry them on your **lightweight** phones or tablets. Moreover, you can download a lot of books on one device, unlike physical books, which are too heavy to carry in large numbers. For example, when I travel, I usually bring my **Kindle device** with me to read books.

하지만 그런 경우를 제외하고는 나는 대부분의 사람들이 전자책을 선택할 거라고 생각한다. 왜냐하면 편리하기 때문이다. 휴대폰이나 태블릿 PC에 책을 담아 다닐 수 있다. 그리고 휴대폰과 태블릿 PC는 아주 가볍다. 또한 하나의 기기에 많은 책을 다운로드할 수 있다. 반면에 한 번에 많은 종이책을 가지고 다니기에는 너무 무겁다. 예를 들어 나는 여행 다닐 때 책을 읽기 위해 킨들 기기를 주로 가지고 다닌다.

TIP

둘 중 하나의 옵션을 고른 후 그에 관해 두 가지 이유를 말해도 되지만, 위와 같이 상황별로 다른 옵션을 선택할 거라는 이야기를 해도 좋습니다. 특히 내 주장에 대한 근거가 두 가지 이상 생각나지 않을 경우 위와 같이 답변해보세요.

Words & Expressions

printed books/paper books/printed version 출판물

Most online dictionaries are updated monthly, much more frequently than the printed version.
대부분의 온라인 사전은 매달, 인쇄된 버전보다 훨씬 더 자주 업데이트된다.

formula (수학) 공식

The teacher explained the formulas needed to solve the equations.
선생님은 방정식을 푸는 데 필요한 공식들을 설명했다.

make calculations 계산하다

I used my notes to make calculations.
나는 노트에 쓰면서 계산했다.

digital books 전자책

Are you team physical or digital books?
종이책이 좋아 아니면 전자책이 좋아?

lightweight 가벼운, 경량의

a lightweight jacket
가벼운 재킷

Kindle device 킨들 기기*

*킨들 기기: 온라인 쇼핑몰 아마존에서 출시한 전자책 리더기

On Friday nights, I curl up on the couch with my Kindle device.
금요일 밤에 나는 소파에 웅크리고 킨들로 책을 본다.

15. Do you agree or disagree with the following statement? For business conferences, people should meet each other in person instead of using video calls.
다음 주장에 동의하는가? 비즈니스 회의를 위해 사람들은 화상 통화를 하는 대신에 직접 만나야 한다.

Sample Response

If I think about it, **meeting face-to-face** for business conferences has its advantages. For one, people can develop more **intimacy**. Before and after meetings, they usually grab a cup of coffee or tea, have some biscuits, and **engage in small talk.** Also, people who are not **familiar with new technologies** can easily and comfortably participate in face-to-face meetings.
생각해보면, 모든 사람들이 회의를 위해 직접 만나는 것에는 장점이 있다. 일단 친밀감이 더 높아질 것이다. 왜냐하면 회의 전후에 보통 커피나 차를 마시고 과자를 먹으며 잡담을 하기 때문이다. 또 새로운 기술에 익숙하지 않은 사람들

도 모두 회의에 참여할 수 있다.

On the other hand, if in-person meetings become **mandatory**, it won't be very **flexible**. Many businesses have branch offices worldwide. Meeting face-to-face would require significant spending on **accommodations** and flight tickets. Also, video calls offer more convenience in unexpected situations, like the recent COVID-19 pandemic. Therefore, I believe that depending on the specific needs and circumstances, they should make flexible choices about whether to hold meetings in person or virtually.

다른 한편으로는 만약 직접 만나 회의하는 게 의무가 된다면 유연성이 떨어질 것이다. 많은 기업들이 전 세계에 지사를 두고 있다. 직접 만나기 위해서는 숙박비와 항공권에 많은 돈을 써야 한다. 또한 화상 통화는 최근 코로나 유행과 같은 예상치 못한 상황을 경험할 때 더 편리하게 사용할 수 있다. 따라서, 필요와 상황에 따라 대면 회의를 할지 화상 회의를 할지 유연하게 선택해야 한다고 생각한다.

Words & Expressions

meet face-to-face 대면하다

They met face-to-face today for the first time.
그들은 오늘 처음 실제로 만났다.

intimacy 친밀함

the intimacy of old friends
오랜 친구 사이의 친밀감

engage in small talk/have small talk 잡담하다

Modern people simply don't have the time to engage in small talk.
현대인들은 소소한 대화에 시간을 할애할 여유가 없다.

(be) familiar with new technologies 새로운 기술에 익숙한

Employees who are familiar with new technologies can significantly streamline workflow and enhance productivity within the company.
새로운 기술에 익숙한 직원들은 회사 내에서 업무 흐름을 대폭 간소화하고 생산성을 크게 향상시킬 수 있다.

mandatory 의무적인

The afternoon meeting is mandatory for all employees.
오후 회의에는 모든 직원들이 의무로 참여해야 한다.

flexible 유연한, 융통성 있는

My schedule for the weekend is very flexible.
나의 주말 일정은 매우 유연하다.

accommodations 숙소, 숙박 시설

You should book your travel accommodations and flights today.
여행 숙소와 비행기를 오늘 예약해야 한다.

16. Schools should ban accessing social media websites from library computers. Do you agree or disagree with such a plan?
다음 계획에 동의하는가? 학교는 도서관 컴퓨터에서 소셜 미디어 웹사이트에 접속하는 걸 금지해야 한다.

Sample Response

I understand the school's intention because many students **get distracted by social media** these days, but I don't think this is a good idea.
요즘 많은 학생이 소셜 미디어(또는 SNS) 때문에 집중을 잘 못하기 때문에 학교의 의도를 이해하긴 하지만, 나는 이 계획이 좋은 생각은 아닌 것 같다.

I'm a college student, and we do a lot of **homework assignments** through social media, especially group assignments. We share our schedules and make plans to discuss things using social media. We can easily do all this on our phones, but what happens if our phones aren't available? Sometimes, the battery dies, or we **misplace** our phones.
나는 대학생이고 우리는 SNS를 통해 과제를 많이 하는데, 특히 그룹 과제를 할 때 SNS를 자주 이용한다. SNS에서 일정을 공유하고 과제에 관해 의논할 계획을 세운다. 물론 휴대폰으로 접속해도 되지만, 만약 휴대폰을 사용할 수 없다면 어떻게 될까? 가끔 배터리가 방전되거나 휴대폰을 다른 곳에 두고 다니기도 한다.

Also, it **varies by major**, but for me, I **draw a lot of inspiration from social media accounts**. As a design major, I spend at least 30 minutes every day searching for good designs online, and I often **print them out** at the school library. If I can't access social media platforms at school, I'll have to find another place.
또한 전공마다 다르겠지만 나는 다른 SNS 계정에서 많은 영감을 얻는다. 나는 디자인을 전공하는데, 매일 적어도 30분 동안 온라인에서 좋은 디자인을 찾아 학교 도서관에서 작품을 인쇄한다. 만약 학교에서 그런 사이트에 접속할 수 없다면 나는 다른 장소를 찾아야 할 것이다.

Words & Expressions

get distracted by something ~에 의해 정신이 산만해지다

She crashed the car in front when she got distracted by looking at her phone.
그녀는 휴대폰을 보고 정신이 팔려 앞차를 들이받았다.

homework assignments 숙제

The homework assignments are worth 50% of the grade.
숙제는 성적의 50퍼센트를 차지한다.

misplace 제자리에 두지 않아 찾지 못하다

He misplaced his keys.

그는 열쇠를 잃어버렸다.

vary by something ~에 따라 다르다

Prices vary by location.

지역에 따라 가격이 다르다.

draw inspiration from something ~에서 영감을 얻다

She draws inspiration from nature.

그녀는 자연에서 영감을 얻는다.

print out (프린터로) 출력하다

I printed out the document for review.

나는 검토를 위해 서류를 출력했다.

17. Do you agree or disagree with the following statement? It's crucial to give kids access to computers and other technology as early as possible.

다음 주장에 동의하는가? 아이들이 가능한 한 빨리 컴퓨터를 비롯한 다른 기술을 사용할 수 있도록 해야 한다.

Sample Response

Well, on the one hand, if we limit children's access to computers or electronic devices at a young age, it might help protect their health, like maintaining good **eyesight** or better **posture**.

한편으로는 아이들이 어렸을 때 컴퓨터나 전자기기 사용을 제한한다면 시력을 보호할 수 있고 더 나은 자세를 유지하는 등 건강을 지킬 수 있을 거란 생각이 든다.

On the other hand, if kids are allowed to use these devices, they can learn essential skills like doing assignments, **researching** information, and creating things using various types of software.

하지만 다른 한편으로는 만약 컴퓨터나 전자기기를 사용하게 한다면 과제를 하고, 새로운 정보를 찾아보고, 여러 종류의 소프트웨어를 사용해 무언가를 만들어낼 수 있을 것이다.

I teach young children how to code, and the earlier they start, the better. Starting early not only helps them develop better **typing skills** but also fosters a deeper understanding of both software and hardware. I believe that in the future, many jobs will require basic **coding skills**. Therefore, I think they should start using them early.

나는 어린아이들에게 코딩하는 법을 가르치고 있는데, 이 분야는 일찍 시작할수록 더 좋다. 타이핑도 더 빨리 할 수 있고, 소프트웨어와 하드웨어에 대한 이해도 더 낫다. 내 생각에 미래에는 많은 직업이 기본적인 코딩 실력을 요구할 것이다. 그래서 나는 아이들이 이런 기기를 일찍 사용하기 시작해야 한다고 본다.

Words & Expressions

eyesight 시력

Grandma has started to lose her eyesight.
할머니는 시력이 나빠지기 시작했다.

posture 자세

Try to maintain an upright posture.
바른 자세를 유지하도록 노력해.

research 조사하다

I researched the topic thoroughly.
나는 그 주제를 철저히 연구했다.

typing skills 타이핑 실력

My grandmother's typing skills improved significantly after taking the course.
우리 할머니는 수업을 들은 후 타이핑 실력이 크게 향상되었다.

coding skills 코딩 실력

I wanted to develop my coding skills.
나는 코딩 실력을 키우고 싶었다.

18. Do you agree or disagree with the following statement that online video games help students learn better?

다음 주장에 동의하는가? 온라인 비디오 게임은 학생들의 학습에 도움이 된다.

Sample Response

I think it depends on what kinds of things students are trying to learn. If they want to learn **strategic thinking**, it might help because there are lots of games that **require** this type of skill.
학생들이 어떤 것을 배우고 싶어 하는지에 따라 다르다고 생각한다. 만약 그들이 전략적 사고를 배우고 싶다면, 도움이 될 것이다. 왜냐하면 이런 종류의 기술을 필요로 하는 게임들이 많기 때문이다.

However, in a traditional school learning environment, especially for subjects like math or science, most online video games aren't really helpful. They can be **addictive** and tend to **distract** kids. Even with a lot of schoolwork, students addicted to these games **have the hardest time focusing on their homework**.
하지만 수학이나 과학 같은 과목을 배우는 전통적인 학교 학습 환경에서 온라인 비디오 게임은 실제로 도움이 되지 않는다. 그런 게임은 다소 중독성이 있고 아이들을 산만하게 한다. 학교 숙제가 아무리 많아도 학생들이 만약 그러한 게임에 이미 중독되어 있다면, 그들은 숙제에 집중하기 매우 어렵다.

I think most online video games are just for fun unless they're specifically designed for **educational purposes** and carefully curated by teachers and professionals.
교육적인 목적으로만 만들어졌고, 선생님들과 전문가들에 의해 세심하게 관리되지 않는 한, 대부분의 온라인 비디오 게임은 단지 재미를 위한 것이라고 생각한다.

Words & Expressions

strategic thinking 전략적 사고

Her strategic thinking impressed everyone in the meeting.
그녀의 전략적 사고는 회의에 참석한 모든 사람들에게 깊은 인상을 남겼다.

require 요구하다

Experience is required for this job.
이 일을 하려면 경력이 요구된다.

addictive 중독성이 있는

The game was so engaging that many people found it addictive.
그 게임은 너무 재미있어서 많은 사람들이 중독성이 있다고 생각했다.

distract 산만하게 하다

I usually put my phone on silent because I don't want to be distracted while studying.
나는 공부할 때 방해받고 싶지 않아서 보통 휴대폰을 무음으로 해둔다.

have the hardest time focusing on something ~에 집중하는 데 매우 어려움을 겪다

I had the hardest time focusing on math problems.
나는 수학 문제에 집중하는 게 가장 힘들었다.

educational purposes 교육적인 목적

This software is made for educational purposes.
이 소프트웨어는 교육용으로 만들어졌다.

19. If a driver is stopped by the police while driving under the influence, do you believe that the driver's license should be taken away?

음주운전을 하다가 단속될 경우 운전면허를 취소해야 한다고 생각하는가?

Sample Response

Yes, I believe that if a driver is caught **driving under the influence**, their license should be revoked.
그렇다. 음주운전을 하다가 경찰에 단속되었을 경우 앞으로 운전을 못하게 해야 한다고 생각한다.

First, it's for **public safety**. If someone is reckless enough to drive after drinking, they are not only risking their own life but also **endangering** everyone around them. Since this person has shown that they don't care about crucial **safety rules**, I believe they shouldn't be allowed to drive.
우선 공공의 안전을 위해서이다. 만약 누군가가 술을 마신 후 운전할 정도로 무모하다면 그는 자신의 목숨뿐 아니라 주변 모든 사람들을 위험에 빠뜨리게 된다. 이 사람은 가장 중요한 안전 수칙 중 하나를 무시하는 경향이 있기 때문에 그가 운전하는 걸 허용해서는 안 된다고 생각한다.

Second, if this rule is **in place**, many people will **think twice before deciding** to drive after drinking. They are more likely to choose **a designated driver** beforehand, or they will **call a taxi** if they've had too much to drink. If you **crack down** hard, it really makes people think twice.
두 번째로, 이 규칙이 시행된다면, 많은 사람들이 음주운전을 하기 전에 다시 생각하게 될 것이다. 미리 지명 운전자를 선택해두거나, 술을 너무 많이 마셨을 때 택시를 부를 가능성이 더 크다. 엄하게 처벌하면 사람들이 신중하게 행동하게 된다.

Words & Expressions

drive under the influence 음주운전하다

[비교] under the influence 과음한 상태에서

Driving under the influence is a very serious offense.
음주운전은 매우 심각한 범죄이다.

He was arrested for driving under the influence twice this year.
그는 올해 두 차례 음주운전으로 체포되었다.

public safety 치안, 대중의 안전

Public safety is of utmost significance to the use of nuclear weapons.
핵무기 사용과 관련해 가장 중요한 사안은 공공의 안전이다.

endanger 위험에 빠뜨리다

The severe drought has endangered crops in the area.
극심한 가뭄으로 그 지역의 농작물들이 위기에 처했다.

safety rules 안전 규칙

New food safety rules come into effect this Tuesday.
새로운 식품 안전 규칙이 이번 주 화요일에 시행된다.

in place 사용 중인, 시행 중인

The new security measures are now in place to ensure the safety of the building.
건물의 안전을 보장하기 위한 새로운 보안 조치가 시행되고 있다.

think twice before doing something ~하기 전에 두 번 생각하다

Everyone should think twice before spending that much on a car.

누구든 차에 그렇게 많은 돈을 쓰기 전에 다시 한번 생각해야 한다.

a designated driver 지명 운전자*

*지명 운전자: 함께 파티나 바 등에 가면서 나중에 운전을 하기 위해 술을 마시지 않기로 한 사람

It's always a good idea to have a designated driver if you plan on drinking.

술을 마실 계획이라면, 지명 운전자를 두는 게 좋다.

call a taxi 택시를 부르다

Let's just call a taxi!

그냥 택시를 부르자!

crack down 엄중 단속하다

The police decided to crack down on illegal parking in the neighborhood.

경찰이 동네의 불법 주차를 단속하기로 결정했다.

20. Voting is mandatory for all citizens in some countries. However, in other nations, voting is optional. Which system do you think is better?

일부 국가에서는 모든 시민이 의무적으로 투표해야 한다. 하지만 투표가 선택 사항인 국가들도 있다. 둘 중 어떤 것을 선호하는가?

Sample Response

On the one hand, if voting were **obligatory**, many people would be interested in politics, because, **like it or not,** they have to choose one out of many candidates.

한편으로는 투표가 의무적이라면 많은 사람들이 정치에 관심을 가질 것이다. 왜냐하면 좋든 싫든 많은 후보자 중 하나를 선택해야 하기 때문이다.

On the other hand, it can be an **infringement** upon **basic human rights**, such as freedom. Everyone should have the right to vote or not. Whenever there's an election for mayor or president, I read the news to understand their **campaign promises** and watch their **public appearances** on TV. But unfortunately, even after days of consideration, there are times when I feel there's no suitable candidate to vote for. **In those instances,** I choose not to vote, which I believe is also a right that all citizens should have.

하지만 다른 한편으로는 자유와 같은 기본적인 인권이 침해될 수 있다. 모든 사람은 투표하거나 하지 않을 권리가 있어야 한다. 나는 시장이나 대통령을 뽑을 때 뉴스를 보며 선거 공약을 확인하고 텔레비전에서 그들의 모습을 지켜본다. 하지만 때때로 며칠 동안 고민해봐도 투표할 사람이 없을 때도 있다. 그래서 이럴 때는 투표하지 않는다. 내 생각에 투표를 하지 않는 것도 모든 시민의 권리라고 생각한다.

TIP

주어진 옵션에 대해 상반된 의견을 둘 다 가지고 있다면 그에 관해 모두 이야기해보세요. 내가 선택하지 않은 옵션에 대해 일부 설명하며 10~15초 정도를 할애하면 전체 답을 완성하기가 더 수월합니다.

Words & Expressions

obligatory 의무적인

These courses are obligatory for all first-year students.

모든 1학년 학생은 의무적으로 이 과정들을 들어야 한다.

like it or not 좋든 싫든 상관없이

Whether you like it or not, we are part of this team.

네가 좋든 싫든, 우리는 이 팀의 일원이다.

infringement 위반, 위배

copyright infringement

저작권 침해

basic human rights 기본 인권

The constitution guarantees basic human rights.

헌법은 기본적인 인권을 보장한다.

campaign promises/campaign pledges 선거 공약

We monitor the most important campaign promises of President Biden.

우리는 바이든 대통령의 가장 중요한 선거 공약이 잘 지켜지는지 감시한다.

public appearances 공식 석상(에 등장, 참여)

After the controversy, he limited his public appearances for a while.

논란이 일자 그는 한동안 공식 석상에 모습을 드러내지 않았다.

in those instances 그런 경우에는

In those instances, I just try to keep my cool and focus on the task at hand.

그런 경우에 나는 침착하게 당면한 일에 집중하려고 한다.

21. State whether you agree or disagree with the following statement. Then explain your reasons using specific details in your explanation. The government should force wealthy individuals to share their wealth with less fortunate people by imposing higher taxes on them.

다음 주장에 동의하는가? 구체적인 예시를 들어 이유를 설명하라. 정부는 부유한 사람들에게 더 높은 세금을 부과함으로써 불우한 사람들과 부를 나누도록 강제해야 한다.

Sample Response

I do not agree with the statement.
나는 이 주장에 동의하지 않는다.

The government should not force anybody to do anything. The role of the government does not include forcing someone to do something, **however** good their intentions may be. **As far as I'm concerned**, governments exist to protect human rights and **regulate the market**.
정부는 누구에게 어떤 일도 강요해서는 안 된다. 아무리 좋은 일이라고 해도 정부의 존재 이유는 뭔가를 강요하기 위함이 아니다. 내가 아는 한 정부는 인권을 보호하고 시장을 규제하기 위해 존재한다.

Also, no one should **be obligated to share their wealth**. If wealthy people choose to help **less fortunate people**, they should do it **voluntarily**. They might donate some money or start an organization to help people. I also think that intention matters. Any act of sharing wealth should **come from a place of genuine goodwill**. If such sharing is forced by law, many **lucrative** businesses will relocate abroad, which is a huge loss to a nation.
또한 어느 누구도 부를 공유할 의무가 있어서는 안 된다. 부유한 사람들이 불우한 사람을 돕고 싶다면 이 과정은 자발적이어야 한다. 부자들은 돈을 기부하거나 사람들을 돕기 위한 단체를 만들 수도 있다. 나는 의도 역시 중요하다고 생각한다. 이 행동은 선의에서 나온 것이어야 한다. 만약 이것이 법에 의해 강요된다면 수익성 있는 산업들이 해외로 이주할 것이고 이는 국가에 큰 손실을 준다.

Words & Expressions

however 아무리 ~해도

However repeatedly I explained, he still didn't understand the mechanism.
내가 아무리 반복해서 설명해도 그는 여전히 그 메커니즘을 이해하지 못했다.

as far as I'm concerned 내 입장은, 내가 아는 한

As far as I'm concerned, this place has the best pizza.
내가 아는 한 피자는 여기가 가장 맛있다.

regulate the market 시장을 규제하다

I believe the press regulates the market in a way.
나는 어떤 면에서는 언론이 시장을 규제한다고 생각한다.

be/feel obligated to do something ~할 의무가 있다, ~할 의무가 있다고 느끼다

I felt obligated to return his call right away.
나는 당장 그의 전화에 답해야 할 것 같은 느낌이 들었다.

less fortunate people/the less fortunate 불우한 사람들, 소외계층

When talking to less fortunate people, it is important to approach them with empathy and understanding.

불우이웃과 대화할 때는 공감과 이해로 다가가는 게 중요하다.

voluntarily 자발적으로

Their confession was made voluntarily.

그들의 자백은 자발적으로 이뤄졌다.

come from a place of something ~에서 기인하다

My father's advice seemed to come from a place of genuine concern and experience.

아버지의 충고는 진정한 관심과 경험에서 나온 것 같았다.

goodwill 호의, 친절

His goodwill towards others made him a well-liked person in the neighborhood.

그의 타인에 대한 호의는 동네 사람들의 호감을 사게 했다.

lucrative 수익성이 좋은

He inherited a lucrative business from his mother.

그는 어머니로부터 수익성이 좋은 사업을 물려받았다.

22. Do you believe that 16-year-olds are skilled and mature enough to drive safely?

16세는 안전하게 운전할 수 있을 만큼 충분히 능력 있고 성숙한 나이인가?

Sample Response

I don't think 16-year-olds are responsible enough to drive.

나는 16세 아이들이 운전할 만큼 충분히 책임감이 있다고 생각하지 않는다.

First of all, they are **impulsive**. **As a rule of thumb**, we don't let impulsive people handle something as dangerous as a car. Cars, when used well, are very convenient and give us a lot of benefits. But in the hands of a speeding **maniac**, they will bring about **disastrous outcomes**.

첫 번째로, 그들은 충동적이다. 경험에 비춰볼 때 우리는 충동적인 사람들에게 차와 같은 위험한 것을 다루도록 허락하지 않는다. 자동차는 잘 사용하면 매우 편리하고, 우리에게 많은 이점을 준다. 하지만 속도를 내는 미치광이에게 주어진다면 재앙을 가져올 것이다.

Secondly, even if they drive carefully, they could get into an accident. On the road, accidents can happen at any time, **no matter how** careful you are. Even with something small like **a fender bender**, most 16-year-olds just don't have the money to handle insurance or the costs of an accident. This means they can't **take on all that financial responsibility**.

두 번째로, 아이들이 조심스럽게 운전하더라도 사고가 날 수 있다. 도로에서는 언제든 사고가 날 수 있다. 아무리 주의를 기울인다고 해도 말이다. 단순한 접촉사고라고 해도 대부분의 16세는 보험료나 사고 시 보상금을 지불할 돈이 없으므로 그들은 절대로 전적으로 사고를 책임질 수 없다.

Words & Expressions

impulsive 충동적인

I used to be impulsive, so I did things that I later regretted.

나는 한때 충동적이어서 나중에 후회하는 일들을 했었다.

as a rule of thumb 일반적으로, 경험에 비춰볼 때

As a rule of thumb, investing in stocks involves high risk.

경험상 주식에 투자하는 건 높은 위험을 수반한다.

maniac 미치광이

She drives like a maniac.

그녀는 너무 험하게 운전한다.

disastrous outcomes 처참한 결과

My lack of preparation resulted in disastrous outcomes in the meeting.

나의 준비 부족은 회의에서 처참한 결과를 낳았다.

no matter how 아무리 ~해도

No matter how much you protect your kids, they will still encounter various challenges in life.

아무리 보호하려고 해도 아이들은 살아가면서 여전히 다양한 도전 과제를 마주하게 될 것이다.

a fender bender (자동차의) 가벼운 사고, 접촉 사고

She was in a fender bender.

그녀는 가벼운 교통사고를 당했다.

take on something 부담하다, 책임을 지다

He wasn't sure if he was ready to take on the responsibilities of being a manager.

그는 매니저로서 책임을 질 준비가 되었는지 확신이 서지 않았다.

23. State whether you agree or disagree with the following statement. Then explain your reasons using specific details in your explanation. The government should impose more taxes on people who drive non-environmentally friendly cars.

다음 주장에 동의하는가? 구체적인 예시를 들어 이유를 설명하라. 정부는 친환경 자동차가 아닌 차를 운전하는 사람들에게 더 많은 세금을 부과해야 한다.

Sample Response

On the one hand, if you **impose** more taxes on people who drive non-environmentally friendly cars, it could encourage people to buy more eco-friendly vehicles like electric cars, which could reduce air pollution.
한편으로, 만약 비친환경적인 자동차를 운전하는 사람들에게 더 많은 세금을 부과한다면 사람들이 앞으로 전기 자동차와 같은 친환경 자동차를 선택하도록 장려할 수 있고, 따라서 대기 오염이 줄어들 수도 있다.

On the other hand, if drivers **have no choice but to purchase** non-environmentally friendly cars due to factors like **company policies** or **their budget**, this policy could be problematic. Electric cars are generally more expensive than cars that **run on diesel or gasoline**. For example, my father drives a diesel truck every day for his job. He chose a diesel truck because it's more powerful and **affordable**. If my father had to pay extra taxes **solely because** his job requires a more powerful, environmentally unfriendly vehicle, that wouldn't be fair.
그러나 다른 한편으로는 운전자들이 회사 정책이나 예산 때문에 비친환경 자동차를 구매할 수밖에 없다면 이 정책은 별로 훌륭하지 않다. 보통 전기 자동차는 디젤이나 가솔린을 사용하는 다른 차들보다 훨씬 더 비싸다. 예를 들어 매일 트럭을 운전하는 우리 아빠는 더 강력하고 훨씬 더 저렴하다는 이유로 디젤 트럭을 사용하고 있다. 만약 아빠가 하는 일이 더 강력하고 친환경적이지 않은 자동차를 필요로 한다는 이유만으로 세금을 더 내야한다면 그런 처사는 불공평하다고 생각한다.

Words & Expressions

impose 도입하다, 부과하다
A curfew has been imposed upon teenagers.
십대 청소년에게 통행금지령이 내려졌다.

have no choice but to do something ~하는 수밖에 없다
After missing the last train, I had no choice but to walk home in the pouring rain.
막차를 놓친 나는 빗속을 걸어서 집으로 돌아갈 수밖에 없었다.

company policies 회사 정책
Company policies often shape workplace culture.
회사 정책은 종종 직장 문화를 형성한다.

one's budget 예산
Your budget determines your spending limits.
예산에 따라 지출 한도가 결정된다.

run on diesel/run on gasoline 디젤(휘발유)을 연료로 사용하다
Many cars still run on gas.
여전히 많은 차들이 휘발유를 연료로 사용한다.

affordable (금전적, 시간적으로) 감당할 수 있는

Many families are struggling to find affordable housing in the city.
많은 가정이 도시에서 저렴한 주택을 구하는 데 어려움을 겪고 있다.

solely because 단지 ~라는 이유만으로

I attended the event solely because I promised my friend I would.
나는 친구와 약속을 지키려고 그 행사에 참석했다.

24. Do you agree or disagree with the following statement? Watching TV is a good way to acquire knowledge about the culture of a particular country.
다음 주장에 동의하는가? 텔레비전을 보는 건 특정 국가의 문화에 대한 지식을 얻는 좋은 방법이다.

Sample Response

I think watching TV is a good way to learn about a country's culture, including practices that have been discontinued or modified over time.
나는 텔레비전을 보는 게 그 나라의 문화에 대해 배울 수 있는 좋은 방법이라 생각한다. 특히 더 이상 존재하지 않거나 변형된 문화에 대해 알고 싶을 때 말이다.

For example, **social documentaries** cover **a wide range of cultures** from various countries. I recently watched **a 40-minute-long documentary** about Chinese culture that focused on how women in China have suffered due to extreme **beauty standards.** The director took a closer look at the history of **foot-binding**. It was an old Chinese practice where young girls' feet were **bound with cloth** to stop them from growing naturally. This practice was once seen as a symbol of beauty and **social status**. I found the documentary both shocking and informative.
예를 들어 사회 다큐멘터리는 다양한 나라의 다양한 문화를 다룬다. 나는 최근에 중국 문화에 대한 40분짜리 다큐멘터리를 보았다. 그것은 주로 중국 여성들이 말도 안 되는 미의 기준을 충족시키기 위해 어떤 고통을 받았는지를 다뤘다. 감독은 고대 중국의 관행인 전족 문화에 초점을 맞췄다. 전족 문화는 어린 소녀들의 발이 본래대로 자라지 않도록 천으로 단단히 묶는 중국의 오래된 관행이다. 이 관행은 아름다움과 사회적 지위의 상징으로 여겨졌으며 다큐멘터리의 내용은 충격적이면서도 유익했다.

TIP

문제에서 주어진 주제가 너무 방대하다면 답변을 통해 범위를 줄일 수 있습니다. 문제에서는 '문화'라는 단어가 주어졌지만 답변에서는 '존재하지 않는 문화'에 대해 알고 싶을 때 텔레비전을 이용하는 것에 관해 이야기하면서 범위를 줄이고 있습니다.

Words & Expressions

social documentaries 사회 다큐멘터리

Social documentaries shed light on important societal issues.
사회 다큐멘터리는 중요한 사회 문제들을 조명한다.

a wide range of something 다양한

The store provides a wide range of products to accommodate diverse customer preferences.
그 가게는 다양한 고객의 취향을 위해 다양한 상품을 제공한다.

a (40-minute-long) documentary (40분짜리) 다큐멘터리

The 20-minute-long documentary provided an insightful look into the history of the city's cultural heritage.
20분짜리 다큐멘터리는 그 도시의 문화 유산의 역사에 대한 통찰력을 제공했다.

beauty standards/standards of beauty 미의 기준

Standards of beauty vary across different cultures and time periods.
미의 기준은 문화와 시대에 따라 다양하다.

foot-binding (culture) 전족 (문화)

Foot-binding caused severe physical deformities and lasting pain for countless women.
전족 문화는 수많은 여성들에게 심각한 신체적 기형과 지속적인 고통을 주었다.

bound with something ~로 묶여 있는

The pages of this book are bound with delicate leather covers.
이 책은 섬세한 가죽 커버로 묶여 있다.

social status 사회적 지위

Everyone wants to have a job with a high social status.
모든 사람들은 사회적 지위가 높은 직업을 갖고 싶어 한다.

25. Do you agree or disagree with the following statement? It is necessary to learn a country's primary language in order to understand the country and its culture fully.
다음 주장에 동의하는가? 어떤 국가와 그 국가의 문화를 제대로 이해하려면 그 나라의 주요 언어를 배워야 한다.

Sample Response

While knowing the primary language of a country can be helpful, I don't believe it's absolutely necessary for understanding the country and its culture.
만약 그들의 언어를 구사한다면 도움이 될 수도 있다. 하지만 나는 그 나라와 문화에 대해 진정으로 알기 위해 주요

언어를 배우는 게 절대적으로 필요하다고 생각하지는 않는다.

First, let's clarify what it means to 'truly know' a country. In my view, it involves understanding its culture, **political landscape**, and history. There are various resources, like movies and documentaries, that can teach us about different cultures around the world without needing **linguistic proficiency**.
우선, 이 질문에 답하기 위해 한 나라에 대해 '진정으로 아는 것'이 무엇을 의미하는지 분명히 이해할 필요가 있다. 내 생각에 그것은 문화, 정치적 상황, 역사 등을 이해하는 걸 의미한다. 세계 각지의 문화는 언어 능력이 없더라도 많은 영화와 다큐멘터리 등에서 접할 수 있다.

Moreover, these days, online newspapers **carry** lots of reports about foreign countries **in detail**. Therefore, if we have the right translators or interpreters, all the necessary information is easily **accessible**.
게다가 요즘은 온라인 신문이 외국에 대해 상세히 보도하고 있어서 적절한 번역과 통역이 있다면 필요한 모든 정보를 쉽게 얻을 수 있다.

Words & Expressions

political landscape 정치 상황, 정치 세계

Our voices can transform the political landscape.
우리의 목소리(의견)는 정치 지형을 바꿀 수 있다.

linguistic proficiency 언어 실력, 언어 능력

To achieve linguistic proficiency. consistent practice is recommended.
언어 능력을 갖추기 위해서는 꾸준한 연습이 권장된다.

carry 보도하다

The newspaper carried her story in China.
신문은 중국에서 있었던 그녀의 이야기를 보도했다.

in detail 상세하게

I believe his speech was well delivered but lacking in detail.
그의 연설은 잘 전달되었지만 세부 사항이 부족했다고 생각한다.

accessible 이용가능한

The gallery is easily accessible by public transportation.
그 미술관은 대중교통을 이용해 쉽게 갈 수 있다.

26. Do you agree or disagree with the following statement? Instead of requiring elementary school students to do experiments themselves, schools should only allow them to watch experiments demonstrated by their teachers. Use specific reasons and examples to support your answer.

다음에 동의하는가 아니면 반대하는가? 초등학생들이 직접 실험을 하도록 하는 대신, 선생님이 실험을 하고 학생들은 지켜보게만 해야 한다. 구체적인 이유와 예시를 들어 답변을 뒷받침하라.

Sample Response

I agree with the statement that instead of requiring students to perform experiments themselves, schools should only allow them to watch experiments demonstrated by their teachers.

나는 학생들이 스스로 실험하는 대신 선생님이 하는 실험을 보도록 해야 한다는 말에 동의한다.

First of all, it is **time-efficient**. If students were to conduct experiments themselves, teachers would have to **monitor** each group and wait for them to complete things **step by step**. The class time is usually limited to 40 to 50 minutes, but if everyone participates in experiments, it takes too much time to finish them.

첫 번째로, 그렇게 하면 시간을 절약할 수 있다. 만약 학생들이 직접 실험하게 되면 선생님은 각 그룹을 살펴야 하고 아이들이 단계적으로 실험을 수행할 때까지 기다려야 한다. 수업 시간은 보통 40~50분으로 제한되어 있는데 모두가 실험에 참여한다면 너무 많은 시간이 소요된다.

Second, it is more **cost-efficient**. Elementary school students can be **careless**. They might break things or mix the wrong chemicals. Lab chemicals and equipment are very expensive. So, I think **it's best if** they just watch.

둘째로, 비용을 절감할 수 있다. 초등학생들은 부주의하다. 그들은 실험 도구를 망가뜨리거나 잘못된 화학 물질을 첨가할 수 있다. 실험실 화학 물질과 장비는 매우 비싸다. 그래서 그냥 실험을 지켜보는 게 좋을 것 같다.

Words & Expressions

time-efficient 시간을 절약해주는

Using a planner can make your day more time-efficient.

플래너를 사용하면 하루를 더 알차게 보낼 수 있다.

monitor 감시하다, 관찰하다

At most public schools, each student's progress cannot be closely monitored.

대부분의 공립학교에서는 각 학생들의 진도를 면밀히 관찰할 수 없다.

step by step 단계적으로, 하나씩

If you see here, you can find step-by-step instructions and warnings.

여기에서 단계별 지침과 경고문을 확인할 수 있다.

cost-efficient 비용을 절약해주는

Working as a manager, I came up with more than a few cost-efficient strategies.

매니저로 일하면서 나는 꽤 많은 비용 절감 전략을 생각해냈다.

careless 부주의한

He is a careless driver.

그는 운전할 때 조심성이 없다.

it's best if ~하는 게 가장 좋다

It's best if you go now.

너 지금 가는 게 좋을 것 같아.

27. Some people enjoy going to watch a show or sports game in person, while others prefer to watch it from the comfort of their own home using a TV or electronic device. Which do you choose? Give specific reasons to support your opinion.

어떤 사람들은 공연이나 스포츠 경기를 직접 보러 가는 걸 즐기지만, 다른 사람들은 텔레비전이나 전자기기를 사용해 집에서 편안하게 보는 걸 선호한다. 둘 중 어떤 것을 선호하는가? 당신의 의견을 뒷받침하는 구체적인 이유를 제시하라.

Sample Response

I prefer to stay home and watch shows on TV or on my phone.

나는 집에서 텔레비전이나 휴대폰으로 공연을 보는 게 더 좋다.

Firstly, it is more cost-effective. Most live performances, concerts, and sporting events can be expensive. For example, my dad and I went to see the Yankees last week. The **outing** cost us more than $300, including **parking fees** and snacks. I think **that's too much**.

첫 번째로, 그게 더 저렴한 방식이기 때문이다. 대부분의 라이브 공연이나 콘서트, 스포츠 행사는 비용이 비싸다. 예를 들어 지난주에 아빠와 양키스 경기를 보러 갔는데 주차비와 간식비를 포함해서 300달러가 넘게 들었다. 너무 비싼 것 같다.

Secondly, I love the edited, **directorial** versions of performances. When **attending an event in person**, my perspective is limited to my seat location. But with these versions, I get to see cool drone shots and different angles that make watching much more fun. That's

why I prefer to watch shows at home.
두 번째로, 나는 항상 공연을 볼 때 편집된 감독판을 보는 걸 좋아한다. 실제로 극장이나 경기장에 가면 나는 전체 공연의 극히 일부만 볼 수 있다. 하지만 감독판에는 멋진 드론 촬영이 포함되어 있고 내가 볼 수 없는 각도의 장면도 들어가 있다. 그래서 나는 집에서 공연을 보는 걸 선호한다.

Words & Expressions

outing 소풍, 나들이, 외출

I used to go on outings with my grandma all the time.
나는 항상 할머니와 나들이를 가곤 했다.

parking fees 주차 요금

I was surprised by the exorbitant parking fees at the downtown garage.
나는 시내 주차장의 터무니없이 비싼 주차 요금에 놀랐다.

that's too much 너무 부담된다, 너무하다

That's too much work for one person!
그건 한 사람이 하기엔 너무 힘들어!

directorial (특히 영화) 감독의

Directorial shots refer to the specific camera angles, movements, and compositions chosen by the director.
감독 샷은 촬영 감독이 선택한 특정 카메라 각도, 움직임, 구도를 말한다.

attend something in person 직접 참석하다

I can't wait to attend his piano concert in person!
그의 피아노 연주회를 보러 얼른 가고 싶어!

28. A person can travel to a country in one of two ways. One is to really take a trip. The other is to travel virtually by reading books and articles. Which do you prefer?
나라를 여행하는 데는 두 가지 방법이 있다. 하나는 실제로 여행을 떠나는 것이고, 다른 하나는 책과 기사를 읽으며 가상으로 여행하는 것이다. 둘 중 어떤 것을 선호하는가?

Sample Response

I prefer to travel virtually by reading books and articles because I am busy these days.
나는 요즘 바쁘기 때문에 책과 기사를 통해 가상으로 여행하는 걸 선호한다.

Firstly, it is a more time-efficient option. Traveling to another country requires a significant amount of time. For example, Japan is quite close to my country. It is only **a two-hour flight away**. However, to **make the most of the trip**, I would need at least three days. Given the price of **air tickets**, a trip lasting only one or two days would not be cost-effective. Instead, if I read books about Japan, I don't have to **carve out** that much time.
첫 번째로, 시간을 절약할 수 있다. 다른 나라를 여행하려면 많은 시간을 내야 한다. 예를 들어 일본은 우리 나라와 아주 가깝다. 비행기로 두 시간 밖에 걸리지 않지만 실제로 간다면 적어도 3일 이상은 있는 게 좋다. 일본에서 하루 이틀만 있을 거라면 항공권 비용이 아까워서 아쉽다. 대신 일본에 대한 책을 읽으면 그렇게 많은 시간을 할애할 필요가 없다.

Second, I can save money. If I travel to another country, it's going to be expensive. It's expensive to buy US dollars these days. I don't think I can afford the **accommodation**, the flight, and all the other expenses like car rental fees or **food expenses**.
두 번째로, 돈을 절약할 수 있다. 실제로 다른 나라를 여행하는 건 돈이 많이 든다. 요즘 달러 가격이 아주 비싸다. 숙박비와 항공권비, 렌터카 비용, 식비 등 모든 비용을 감당하긴 어려울 것 같다.

Words & Expressions

a two-hour flight away 비행기로 두 시간 거리에 있는

The big city is a two-hour flight away, so it's not easy to visit.
대도시는 비행기로 두 시간 거리에 있어서 방문하기 쉽지 않다.

make the most of something ~을 최대한으로 활용하다

I wanted to make the most of my weekend, so I planned a variety of fun activities.
주말을 최대한 활용하고 싶어서 재미있는 활동을 여러 개 계획했다.

air tickets 항공권

I just bought an air ticket to New York for my summer vacation.
나는 방금 여름 방학을 위해 뉴욕행 항공권을 샀다.

carve out 자르다, 할애하다

I try to carve out some time every day for reading.
나는 매일 독서에 시간을 할애하려고 노력한다.

accommodations 숙소, 숙박 시설

I booked a cozy accommodation near the beach for our vacation.
나는 휴가 동안 지낼 해변 근처의 아늑한 숙소를 예약했다.

food expenses 식비

To manage my budget wisely, I keep a close eye on my food expenses.
예산을 잘 관리하기 위해 식비에 신경 쓰고 있다.

29. There are different opinions on whether it is possible to learn a new language while staying in one's own country, with some arguing that immersion in a country where the language is spoken is necessary. Which idea do you prefer?

어떤 사람들은 자기가 살고 있는 나라에서 새로운 언어를 배울 수 있다고 말한다. 또 다른 사람들은 언어를 배우려면 그 언어가 사용되는 나라에 가야 한다고 생각한다. 둘 중 어떤 의견에 동의하는가?

Sample Response

I prefer to go to a country where the language that I'm learning is spoken.

나는 내가 배우고 있는 언어가 사용되는 나라에 가는 걸 선호한다.

First of all, I know that there are lots of **educational materials** online, but they are too **impersonal**. I love to meet new people and learn about new cultures. To do that, I have to visit the country myself. When I was learning Japanese in high school, I visited Japan several times. And I made a couple of Japanese friends and experienced many aspects of their culture, like tea drinking and fishing.

우선, 나는 온라인에 많은 교육 자료가 있다는 걸 알지만, 그것들은 너무 인간미가 없다. 나는 새로운 사람들을 만나고 새로운 문화를 배우는 걸 좋아한다. 그러기 위해서는 내가 직접 그 나라를 방문해야 한다. 고등학교 때 일본어를 배우면서 여러 번 일본을 방문해 일본인 친구들을 사귀었고, 차를 마시고 낚시를 하는 등 일본 문화의 여러 측면을 경험했다.

Second, I think it's related to my personality. I'm very **extroverted**, and I hate being **stuck at home** reading books. My brain functions best when I interact with other people outdoors. So, I prefer to visit the country and practice the language with native speakers.

두 번째로, 이 답변은 내 성격과 관련이 있다고 생각한다. 나는 매우 외향적이고 집에 틀어박혀 책 읽는 걸 싫어한다. 내 뇌는 밖에서 다른 사람들과 교류할 때 가장 잘 기능한다. 그래서 나는 그 나라를 방문해서 실제 사람들과 함께 언어를 연습하고 싶다.

Words & Expressions

educational materials 교육 자료

Public schools provide us with a wide range of educational materials, including textbooks, online resources, and interactive learning tools.

공립학교는 교과서, 온라인 자료 그리고 대화형 학습 도구 등 광범위한 교육 자료를 제공한다.

impersonal 인간미 없는, 비인간적인

The email response I received from customer support felt impersonal.
고객 지원팀으로부터 받은 이메일 답변은 비인간적으로 느껴졌다.

extroverted 외향적인

Extroverted people love to socialize and meet new people.
외향적인 사람들은 새로운 사람들을 만나 어울리는 걸 좋아한다.

stuck at something ~에 갇힌

Due to the heavy snowfall, we found ourselves stuck at the airport for several hours.
폭설 때문에 우리는 공항에 몇 시간 동안 갇혀 있었다.

30. When given the choice between field trips to zoos or natural history museums, which destination would you prefer to visit?

동물원과 자연사 박물관 중에서 현장 학습 장소를 선택할 수 있다면, 어떤 곳을 방문하고 싶은가?

Sample Response

I'd rather go on field trips to natural history museums. It's not that I enjoy looking at **stuffed animals**. It's that I really **dislike** zoos.
나는 자연사 박물관으로 현장 학습을 가는 게 차라리 나을 것 같다. 박제 동물을 보는 게 좋아서가 아니라 동물원의 존재 자체를 경멸하기 때문이다.

Some people say that zoos are educational, but that comes **at the expense of the animals' well-being**. No matter how big the cages are, the animals are still fed without the chance to hunt or **chase**. If we want to learn about animals, we should either visit their **natural habitats** or, if that's not an option, be happy with books and online resources. That's why I'd rather learn in a way that's less **abusive** to animals.
어떤 사람들은 동물원에 교육적인 목적이 있다고 하지만 이는 동물의 권리를 침해하면서 달성된다. 아무리 우리가 커도 어쨌든 동물들은 갇혀 있고 사냥하거나 사냥감을 추적할 기회도 없이 먹이를 먹는다. 만약 우리가 정말 동물에 대해 배우고 싶다면 자연 서식지를 실제로 방문하는 게 더 상식적이라 본다. 만약 그게 어렵다면 책과 온라인 자료에 만족해야 한다. 그러므로 나는 동물을 훨씬 덜 학대하는 형태의 교육을 선택하고 싶다.

Words & Expressions

stuffed animals 박제 동물

The museum I visited last month showcased an impressive collection of stuffed animals.
내가 지난달에 방문한 박물관에서는 인상적인 박제 동물 컬렉션을 선보였다.

dislike 싫어하다

I dislike dishonesty and deceitfulness in people.
나는 사람들의 부정직함과 기만을 싫어한다.

at the expense of something ~을 희생하면서

Working long hours may increase productivity at the expense of your health.
장시간 노동하면 생산성을 높일 수 있을지 몰라도 건강을 해치게 된다.

chase 추적하다

The kids were chasing colorful butterflies in the garden.
아이들은 정원에서 알록달록한 나비들을 쫓고 있었다.

natural habitats 자연 서식지

Animals living in their natural habitats can freely roam and find food.
자연 서식지에서 사는 동물들은 자유롭게 돌아다니며 먹이를 찾을 수 있다.

abusive 학대하는

It is important to speak up and seek help if you find yourself in an abusive situation.
학대를 받고 있다면 그 사실을 알리고 도움을 구해야 합니다.

31. Do you agree or disagree with the following statement? Animals should be granted comparable rights to humans and treated with the same level of respect.

다음 주장에 동의하는가? 동물들은 인간과 동등한 권리를 부여받고 같은 수준의 존중을 받아야 한다.

Sample Response

As much as I want to say that animals should be granted equal rights to humans, I don't think that's the **case** in real life.
동물에게 인간과 동등한 권리가 주어져야 한다고 말하고 싶지만, 현실은 그렇지 않다고 생각한다.

Humans are **omnivores**, and many people believe we need meat—*or at least protein—to survive. That's why **slaughterhouses** exist, even if some people view them as **inhumane** and **brutal**. If we were to fully protect the rights of animals like pigs, cows, and chickens, we wouldn't be able to eat them **daily**, which seems unrealistic to most people. The best we can do is ensure they're killed without pain or suffering **unless** we all decide to become vegetarians. I know some house pets live comfortably with their owners, but they're not like most animals.

*Em dash(—): 문장 내 추가 정보를 제공할 때 사용

인간은 잡식 동물이고 살아남기 위해 고기, 즉 단백질을 먹어야 한다. 그래서 우리는 비인간적이고 잔인하다는 걸 알면서도 여전히 도살장을 운영한다. 우리는 돼지와 소, 닭을 매일 먹는데 그들의 권리를 보호하려면 더 이상 고기를 먹

을 수 없게 되고, 이는 비현실적이다. 우리가 할 수 있는 최선은 고통이나 괴로움 없이 동물을 죽이는 것이다. 우리 모두가 채식주의자가 되지 않는 한 그게 우리가 할 수 있는 전부이다. 애완동물의 일부는 주인에게 사랑을 듬뿍 받으며 살고 있다는 걸 알지만 그들이 세상의 모든 동물을 대표할 수는 없다.

가끔은 둘 중 하나만을 골라 답하기 곤란한 문제를 만날 수도 있습니다. 만약 문제에서 제시한 주제를 생각해봤을 때 이상과 현실의 차이가 있다고 생각하면 그에 관해서 이야기해도 됩니다.

Words & Expressions

case 실정, 사실

As much as I want to say that everything will work out perfectly, I don't think that's the case.

모든 게 완벽하게 해결될 거라고 말하고 싶지만 현실은 그렇지 않다고 생각한다.

omnivores 잡식 동물

Omnivores, such as bears and humans, have a diverse diet that includes both plants and animals.

곰과 인간 같은 잡식성 동물은 식물과 동물 모두를 포함하는 다양한 식단을 가지고 있다.

slaughterhouses 도축장

Ethical treatment for animals should be prioritized in slaughterhouses.

도축장에서는 동물에 대한 윤리적 대우가 우선되어야 한다.

inhumane 비인간적인

The inhumane treatment of animals in factory farms has sparked widespread outrage.

공장형 농장에서 발생한 동물들에 대한 비인간적인 대우는 광범위한 분노를 불러일으켰다.

brutal 잔혹한, 혹독한

The brutal winter weather in Korea brought freezing temperatures and heavy snowfall.

한국의 겨울 날씨는 혹독해서 영하의 기온에 폭설도 내렸다.

daily 매일

I added exercise to my daily routine.

나는 하루 일과에 운동을 더했다.

unless ~하지 않는 한

Unless I'm mistaken, she was out of town last week.

내가 틀리지 않는 한(내 기억이 맞는다면), 그녀는 지난주에 타지역에 있었다.

32. Do you agree or disagree? A zoo does not fulfill any practical or useful purpose.

다음 주장에 동의하는가? 동물원은 실용적이지 않으며 쓸모없다.

Sample Response

I can see why this is a concern in modern society, **what with all the petting zoos** and safari parks in big cities **profiting from animals**. However, I disagree with the idea that a zoo has no useful purpose.

현대 사회에서 이것이 왜 논쟁거리가 되는지 알 것 같다. 대도시에는 동물을 이용해서 돈을 버는 페팅 동물원*이나 사파리 공원이 많다. 하지만 나는 동물원이 유용한 목적이 없다는 의견에 동의하지 않는다.

*페팅 동물원: 직접 우리 안에 들어가 동물을 만질 수 있는 동물원

National zoos protect many **endangered** animals. Ever since humans started developing large areas of land and forests, animals have been losing their natural habitats and food sources. Some have either **starved to death** or been **poached** for their hides and tusks. Many people think zoos are just **enclosures**, but that's not true. These days, zookeepers are aware of the dietary and physical needs of their animals. While living in a zoo cannot completely replicate their natural hunting or migration behaviors, it does help keep them **mentally alert** and healthy.

국립 동물원은 멸종 위기에 처한 많은 동물을 보호한다. 인간이 땅과 숲을 대부분 개발한 이후로 동물들은 자연 서식지나 음식을 구할 곳을 잃었다. 그들 중 일부는 굶어 죽거나 가죽, 엄니 때문에 밀렵을 당했다. 많은 사람이 동물원에는 단지 동물들을 우리에 가두는 기능만 있다고 생각하지만 이는 사실이 아니다. 오늘날 사육사들은 각 동물의 식습관과 신체적 요구 사항을 알고 있다. 이것이 일상적인 사냥 본능이나 이주 습성을 완전히 만족시킬 수는 없지만 동물들의 정신적인 민첩성과 건강을 유지하는 데 도움을 줄 것이다.

Words & Expressions

what with something ~때문에

What with deadlines and family commitments, I've been really busy lately.

마감일과 가족 일 때문에 요즘 정말 바빴다.

profit from something ~로부터 이익을 얻다

Many companies profit from consumer loyalty.

많은 회사들이 소비자의 충성도를 통해 이익을 얻는다.

endangered 멸종 위기에 처한

endangered plants

멸종 위기에 처한 식물들

starve to death 굶어 죽다

During the famine, many villagers starved to death.

기근 동안, 많은 마을 사람들이 굶어 죽었다.

poach 밀렵하다

Elephants are poached for their ivory tusks.

코끼리들은 상아 때문에 밀렵을 당한다.

enclosure 울타리로 가둔 장소, 울타리로 가두는 것

Lions are now confined and kept in an enclosure.

사자들은 이제 감금되어 울타리 안에 갇혀 있다.

mentally alert 방심하지 않는, 정신이 맑은

Despite her advanced age, my grandmother was mentally alert.

할머니는 나이에 비해 정정하셨다.

33. University students have two options for housing: they can rent an apartment in the neighborhood or live on campus. Which option sounds better?

대학생들은 학교 근처 아파트 또는 캠퍼스 기숙사에 살 수 있다. 둘 중 어떤 선택지가 더 나은가?

Sample Response

Between the two options I have—renting an apartment or living in a dorm—I'd prefer to rent an apartment off-campus.

아파트를 빌리는 것과 기숙사에서 사는 것 중 나는 캠퍼스 밖의 아파트를 빌리는 걸 선호한다.

For starters, I want to **decorate** my **living space** however I want. I mean, if I have to live somewhere for a while, I want it to **feel like home**. Living in a dorm just wouldn't give me the same level of freedom to **make it my own**.

우선 나는 내가 원하는 대로 내 생활 공간을 꾸미고 싶다. 내 말은, 만약 내가 잠시 어딘가에 산다면 그곳이 집처럼 느껴지면 좋겠다. 기숙사에서 살면 나만의 공간을 만들 수 있는 자유가 충분치 않다.

Plus, if I rent an apartment, I can invite my friends over whenever I want. Dorms can be noisy and crowded, so it's not always the best place to hang out. But in my apartment, I can have people over for movie nights, dinner parties, or just to **chill out**.

게다가 아파트를 빌리면 원할 때 언제든지 친구들을 초대할 수 있다. 기숙사는 시끄럽고 사람이 많아서 친구들과 어울리기에 최적의 장소는 아니다. 하지만 내 아파트에서는 영화를 같이 보거나 저녁 식사를 하거나, 아니면 그냥 시간을 같이 보내기 위해 친구를 초대할 수 있다.

Words & Expressions

decorate 장식하다

I always enjoy decorating the Christmas tree.
크리스마스 트리를 장식하는 건 항상 즐겁다.

living space 생활 공간

Having one's own living space provides him with a sense of independence.
자신만의 생활 공간을 갖게 되면 독립심이 생긴다.

feel like home 집처럼 편하게 느끼다

As soon as I stepped inside, the warm ambiance of the small apartment made it feel like home.
안으로 들어서자마자 작은 아파트의 따뜻한 분위기가 집처럼 느껴졌다.

make it my own 나만의 것으로 만들다

When I first moved out of my parents' house, I relished the freedom to make it my own.
내가 처음 독립했을 때, 나는 자유롭게 집을 꾸몄다.

chill out 쉬다, 머리를 식히다

After a long day at work, I like to chill out by listening to jazz music.
퇴근 후 피곤할 때는 재즈 음악을 들으며 쉬는 걸 좋아한다.

34. The university is planning to give students more entertainment choices, and here are three options. Which one do you like the most, and why?
(1) A play by student actors, (2) A live music performance by a professional musician, or (3) A lecture by a professor
더 다양한 엔터테인먼트 옵션을 제공하기 위해 대학교에서 세 가지 대안을 만들었다. 다음 중 어떤 선택지를 선호하는가?
(1) 학생 배우들이 선보이는 연극 (2) 전문 음악가의 라이브 음악 공연 (3) 교수의 강연

Sample Response

I would choose the second one: a live music performance by a professional musician.
나는 두 번째 옵션인 전문 음악가가 제공하는 공연을 선택할 것이다.

The first reason is that it **makes the most sense** financially. If we went to see a live performance by a professional musician **off-campus**, it would cost hundreds of dollars. Most students can't afford that, and even if they could, it probably wouldn't be **a top priority** for them.

첫 번째 이유는 금전적으로 그것이 가장 현명한 결정이기 때문이다. 만약 캠퍼스 밖에서 전문 음악가의 라이브 공연을 보려면, 수백 달러를 지불해야 한다. 하지만 대부분의 학생들은 그럴 돈이 없고, 돈이 있다고 해도 라이브 공연은 우선순위에서 밀릴 것이다.

Second, I'm not a fan of the other two options. A play could be entertaining, but if it's done by student actors, it might be **sloppy**. And a lecture by a professor, while **informative**, is more like a class than entertainment.
두 번째로, 나는 다른 두 옵션이 마음에 들지 않는다. 연극 공연도 재미있겠지만 학생들이 배우라면 아주 엉성할 것 같다. 그리고 교수님의 강의는 유익할 수도 있지만 그것은 수업이지 놀거리가 아니다.

Words & Expressions

makes the most sense 가장 말이 되는, 합리적인

Pursuing a career in computer science makes the most sense for me given the industry's growth and my interest in technology.
산업의 성장 속도와 기술에 대한 내 관심을 고려할 때 컴퓨터 과학 분야에서 일하는 게 가장 합리적인 선택이다.

off-campus 캠퍼스 밖의, 캠퍼스 밖에 있는

Off-campus parties can be a fun way to socialize.
캠퍼스 밖에서 열리는 파티에 가는 건 친구를 사귈 수 있는 좋은 방법이다.

a top priority 최우선 순위

As a student, my top priority is to excel in my studies.
학생으로서 나의 최우선 순위는 성적을 잘 받는 것이다.

sloppy 엉성한

My term paper was sloppy and full of errors.
내 학기 말 리포트는 엉성하고 오류투성이였다.

informative 유익한

The talk with Dr. Ramani was both informative and entertaining.
라마니 박사와의 대화는 유익하면서도 재미있었다.

35. Which assignment will you choose to complete for the presentation? (1) Performing a scene from a play, (2) Presenting your review of a recently read novel, or (3) Reading a selection of poems

발표 과제로 다음 중 어떤 걸 선택하는 게 좋을까?
(1) 연극의 한 장면 따라 하기 (2) 최근에 읽은 소설에 대한 감상문 발표하기 (3) 시 낭송하기

Sample Response

I think I'd pick the second one, presenting my review of a recently read novel.
나라면 최근에 읽은 소설에 대한 감상문을 발표하는 두 번째 옵션을 선택할 것 같다.

I don't think I'd choose the first option because I'm a shy **introvert**. Also, I'm not into poems, so the third option is **out** as well. But I do love reading novels, especially romantic comedies or historical ones. If I **go with** the second option, I won't even have to worry about what book to pick because I read about three novels a month.
나는 수줍음이 많고 내성적이라 첫 번째 옵션은 선택하지 않을 것 같다. 게다가 나는 시에 관심이 없기 때문에 세 번째 선택지도 고르지 않을 것이다. 하지만 나는 소설을 읽는 걸 정말 좋아한다. 특히 로맨틱 코미디나 역사 소설을 즐긴다. 두 번째 옵션을 선택하면 어떤 책을 고를지 고민할 필요조차 없을 것이다. 왜냐하면 나는 한 달에 소설을 세 권 정도 읽기 때문이다.

Also, I think sharing a review would get me some feedback from my classmates. And I find this process interesting because it **opens my eyes to something new and diverse**.
또한 책을 리뷰하면서 친구들로부터 피드백을 받을 수 있을 것 같다. 새롭고 다양한 것에 눈을 뜨게 한다는 점에서 이 과정이 정말 흥미롭다고 생각한다.

Words & Expressions

introvert 내성적인 사람

Because I am an introvert, I often prefer spending quiet evenings at home with a good book rather than going to crowded social events.
나는 내성적이라 사람들이 많은 모임에 가는 것보다 주로 집에서 좋은 책을 읽으며 조용한 저녁을 보내는 걸 선호한다.

out 제외된

She felt left out when her friends planned a surprise party without her.
그녀는 친구들이 그녀를 빼고 깜짝 파티를 계획했을 때 소외감을 느꼈다.

go with 선택하다

I had multiple assignments to choose from, so I decided to go with the one that interested me the most.
여러 과제 중에 가장 관심이 가는 걸 선택하기로 했다.

open my eyes to something ~에 눈을 뜨다, ~를 알게 되다

Traveling to different countries opened my eyes to the incredible diversity of cultures.
다른 나라들을 여행하면서 나는 믿을 수 없을 정도로 다양한 문화가 있다는 걸 알게 되었다.

36. Do you agree or disagree with the following statement? It is important to teach philosophy in high schools or colleges.

다음 주장에 동의하는가? 고등학교나 대학에서 철학을 가르쳐야 한다.

Sample Response

On the one hand, if students learn philosophy at school, they might learn about the great ideas out there and what we should **think about when we live our lives**.

한편으로는 학생들이 학교에서 철학 수업을 들으면 세상에 존재하는 훌륭한 아이디어와 우리가 살아가며 어떤 생각을 해야 하는지 배울 수 있을 것이다.

On the other hand, if these philosophy classes are too boring or take up too many **college credits**, it's going to be troublesome for students.

다른 한편으로는 이러한 철학 수업들이 너무 지루하거나 대학교에서 학점을 너무 많이 차지한다면 학생들에게 문제가 될 것 같다.

Personally, I took only one philosophy class in college and stopped taking them because the professor focused too much on memorizing ideas and philosophers. I didn't agree with **his way of delivering lectures.** However, once I settled into my first job and found myself with some free time, I naturally **developed a habit** of reading philosophy books and watching online philosophy lectures. It just **came to me naturally**. So, I don't think teaching philosophy in school is that critical.

개인적으로 나는 대학에서 철학 수업을 딱 하나 듣고 그만두었는데 그 이유는 교수님의 수업이 사상과 철학가들을 암기하는 데 너무 치중했기 때문이다. 나는 그의 강의 방식에 동의하지 않았다. 하지만 첫 직장을 갖고 시간이 좀 생기자 나는 자연스럽게 철학 책을 읽고 온라인 철학 강의를 듣는 습관이 생겼다. 그런 것들은 내게 자연스레 다가왔다. 그래서 나는 학교에서 철학을 가르치는 게 그렇게 중요하다고 생각하지 않는다.

Words & Expressions

think about something ~에 대해 고려하다

[비교] think of something ~을 생각해내다

I need some time to think about whether I should accept the job offer.

채용 제안을 수락할지 생각할 시간이 좀 필요하다.

Can you think of a good movie to watch tonight?

오늘 밤에 볼만한 좋은 영화 있어?

college credit 대학 학점

I enrolled in summer courses to earn more college credits.
나는 대학 학점을 더 따기 위해 여름 학기에 등록했다.

one's way of doing things ~가 ~하는 방식

My father loves gardening. His way of taking care of plants is meticulous and attentive.
아빠는 정원 가꾸기를 좋아하신다. 아빠가 식물을 관리하는 방식은 꼼꼼하고 세심하다.

develop a habit ~하는 버릇이 생기다

In my mid-twenties, I developed a habit of reading before bed.
20대 중반이 되었을 때 나에게는 자기 전 책을 읽는 습관이 생겼다.

come to me naturally 자연스럽게 내게 다가오다

My artistic talent came to me naturally, as if I was born with a paintbrush in my hand.
마치 손에 화필을 들고 태어난 것처럼 예술적 재능은 자연스럽게 내게 다가왔다.

37. If given a choice, as a college student, would you rather work independently or work collaboratively as a part of a group?

내가 대학생이라고 가정해보자. 선택권이 주어진다면 혼자 일하는 걸 선택하겠는가 아니면 그룹에 참가해 타인과 협력하겠는가?

Sample Response

As a college student, I prefer to work in a group.
대학생으로서 나는 그룹으로 일하는 걸 선호한다.

Working in a group, I believe, offers the opportunity to learn from others. For a recent college project, I had to create a PowerPoint presentation filled with animated characters. I had no **prior knowledge** in this area. Fortunately, one of my classmates, who has always been passionate about 2D and 3D animations, was a great help to us.
그룹으로 일하면 다른 사람에게서 배울 수 있다. 최근 학교 프로젝트에서 애니메이션 캐릭터가 많이 포함된 발표 자료를 만들게 되었는데 나는 이 분야에 대해 사전 지식이 없었다. 다행히 학급 친구 중 한 명은 항상 2D와 3D 애니메이션을 만드는 것에 관심이 있었고, 그는 우리를 많이 도와주었다.

Additionally, working alone means handling everything by myself. In contrast, working in a group, we can **divide heaps of work** and utilize our time **in a more efficient way**. While scheduling and planning meetups can be **tiresome**, I firmly believe **it's all worth it.**
또한 혼자 일을 하게 되면 모든 걸 다 혼자 해야 한다. 그룹에서는 많은 일들을 쉽게 나눌 수 있고 시간을 더 효율적으로 사용할 수 있다. 스케줄을 조절하고 만날 계획을 세우는 건 귀찮지만 그럴 만한 가치가 있다.

Words & Expressions

prior knowledge 사전 지식

It is essential to have prior knowledge before attempting to solve complex mathematical problems.

복잡한 수학 문제를 풀려면 사전 지식을 갖추는 게 필수이다.

divide work 일을 분담하다

As the project deadline approached, we had to divide the work among team members.

프로젝트 마감일이 다가오면서 우리는 팀원들끼리 일을 분담해야 했다.

heap 더미

a heap of old newspapers

헌 신문 더미

in a more efficient way 더 효율적인 방법으로

My boss implemented a new project management software, allowing our team to track tasks in a more efficient way.

상사는 새로운 프로젝트 관리 소프트웨어를 구현하여 우리 팀이 보다 효율적인 방식으로 작업을 추적할 수 있도록 했다.

tiresome 귀찮은, 지루한

The repetitive and tiresome routine drained my energy.

반복적이고 지루한 일상이 나의 에너지를 고갈시켰다.

it's all worth it 다 그럴 가치가 있다

I spent countless hours studying for the exam, sacrificing leisure time and social activities. But when I received my top score, I realized it was all worth it.

나는 여가 시간과 사회 활동을 희생하면서 시험 공부에 수많은 시간을 보냈다. 하지만 지금까지 점수 중 가장 높은 성적을 받았을 때, 이 모든 게 가치 있었다는 걸 깨달았다.

38. Do you agree or disagree with the following statement? Teaching in an elementary school is less challenging compared to teaching at a university.

다음 주장에 동의하는가? 초등학생을 가르치는 건 대학생을 가르치는 것에 비해 덜 힘들다.

Sample Response

I don't think teaching in an elementary school is easier than teaching at a university.

초등학교에서 가르치는 게 대학에서 가르치는 것보다 쉽다고 생각하지 않는다.

Firstly, elementary school children don't have basic knowledge or skills, meaning everything

must be taught **from the start.** This process is not only **tedious** and **time-consuming**, but it's also quite challenging. It's like building something **out of nothing.** On the other hand, university students usually possess a foundational or advanced understanding of their subjects, which I believe simplifies the process of delivering lectures.
첫 번째로, 초등학생은 기본적인 지식이나 기술이 없다. 모든 걸 처음부터 가르쳐야 한다. 이는 매우 지루하고 시간이 많이 걸릴 뿐 아니라 어렵다. 나는 무에서 유를 창조하는 게 가장 어려운 과정이라 생각한다. 하지만 대학교에서는 모든 학생이 학교 과목에 기본적인 지식 또는 고급 지식을 가지고 있다. 그러므로 강의하기가 더 쉬울 것이다.

Secondly, elementary school children find it challenging to follow instructions. They tend to do things their way, frequently ignoring their teachers' directions. Since they are not fully socialized yet, teachers often have to monitor their actions **every second.**
두 번째로, 초등학생은 지시를 잘 따르지 않는다. 아이들은 항상 선생님의 말을 무시하고 자기 방식대로 하기를 원한다. 초등학생은 아직 사회화되지 않았기 때문에 선생님들은 항상 아이들을 지켜봐야 한다.

Words & Expressions

from the start/from scratch 시작부터, 처음부터

From the very start, I knew my journey through Eastern Europe would be filled with challenges.
처음부터 나는 동유럽 여행이 어려운 일들로 가득할 거라는 걸 알았다.

tedious 지루한, 싫증나는

The repetitive tasks at work got tedious, making the days feel longer and more monotonous.
직장에서의 반복적인 업무는 지루해졌고, 하루가 더 길고 심심하게 느껴졌다.

time-consuming (많은) 시간이 걸리는

a difficult and time-consuming process
어렵고 많은 시간이 걸리는 과정

out of nothing 무無에서, 아무것도 없는 상태에서

With a stroke of creativity, artists make masterpieces out of nothing.
예술가들은 창의력을 발휘해 무에서 유를 만든다.

every second 매초, 항상

Dedicated parents cherish their kids every second, always striving to create lasting memories and provide unconditional love.
헌신적인 부모들은 매 순간 아이들을 소중히 여기며, 항상 좋은 추억을 만들고 무조건적인 사랑을 주기 위해 노력한다.

39. While some people consider music education and learning a musical instrument to be crucial in one's education, others do not regard it as significant. Which point of view do you agree with?

어떤 사람들은 음악 수업을 듣고 악기를 배우는 게 중요하다고 생각하는 반면, 다른 사람들은 그것을 중요하게 여기지 않는다. 둘 중 어떤 의견에 동의하는가?

Sample Response

I don't believe it's imperative to learn music or a musical instrument. I think it's something that should be pursued **by choice**. Most of us already know how to appreciate good music, even without any **formal training. It's in our genes, so to speak.** When some catchy tunes come on, everyone just naturally starts enjoying it. We feel it deep in our hearts and instinctively know how to **move to the rhythm.**

나는 음악이나 악기를 배우는 게 필수적이라고 생각하지 않는다. 그런 건 본인이 원할 때 배워야만 한다. 우리 대부분은 이미 어떤 공식적 훈련 없이도 좋은 음악을 즐기는 방법을 알고 있다. 말하자면 이미 우리 유전자에 있다고도 할 수 있다. 신나는 음악이 들리면 사람들은 자연스럽게 음악을 즐긴다. 그 선율을 마음 깊숙이 느끼며, 리듬에 맞춰 본능적으로 몸을 움직인다.

Furthermore, mastering a musical instrument demands considerable effort, time, and financial investment. These instruments certainly don't **come cheap**. For many families, paying for both the lessons and the instruments can be a significant challenge. Given that only a select few will **pursue a career in the music industry**, I think that music education isn't an absolute necessity.

게다가 악기를 배우는 건 많은 노력과 시간, 돈을 필요로 한다. 악기는 저렴하지 않다. 많은 가정이 수업료와 악기값을 지불하는 데 어려움을 겪을 수도 있다. 우리 중 소수만이 음악 산업에 진출하게 된다. 그러니 나는 음악 교육이 필수라고 생각하지 않는다.

Words & Expressions

by choice 원해서, 자진해서

I decided to learn swimming by choice, driven by the desire to conquer my fear of water.

나는 물에 대한 두려움을 극복하고 싶어 자진해서 수영을 배우기로 결정했다.

formal training 정식 교육, 정규 교육

After years of formal training, my sister became a skilled pianist.

수년간의 정식 교육을 받은 후에 내 여동생은 숙련된 피아니스트가 되었다.

something is in our genes ~은 우리 유전자에 있다, 당연히 ~할 수 있다, ~하는 게 자연스럽다

The ability to adapt to new environments and challenges is in our genes.
새로운 환경과 도전에 적응하는 능력은 우리의 유전자에 있다.

so to speak 말하자면, 이를테면

Back then, I was a jack of all trades, or a 'master of none,' so to speak, with a wide range of skills but no particular expertise.
그 당시에 나는 여러 방면에 지식이 있는, 이를테면 '특별히 잘하는 게 없는 상태'였는데 다양한 기술을 가지고 있었지만 특별한 전문 지식은 없었다.

move to the rhythm 리듬에 맞춰 움직이다, 춤추다

Everyone couldn't help but move to the groovy rhythm on the dance floor.
무도장에 나오는 세련된 음악에 맞춰 다들 홀린 듯 춤을 췄다.

come cheap 싸게 나오다, 싸게 먹히다

I couldn't resist buying those shoes—they were on sale and came cheap!
나는 그 신발을 사지 않을 수 없었다. 세일 중이었는데 가격이 저렴했다!

pursue a career in something ~(분야)에서 일하다

I pursued a career in graphic design, following my passion for creative expression.
나는 창의적 표현에 대한 열정을 바탕으로 그래픽 디자인 분야에서 경력을 쌓았다.

40. Do you agree or disagree with the following statement? Children must attend school until the age of 16.

다음 주장에 동의하는가? 아이들은 16세까지 의무적으로 학교에 다녀야 한다.

Sample Response

I believe that it should be mandatory for children to attend school until the age of 16.
나는 아이들이 16세까지 학교에 의무적으로 다녀야 한다고 생각한다.

First of all, in school, children can interact with a diverse group of students and teachers. This helps them develop the ability to communicate effectively with people from different **backgrounds**. However, if they don't go to school or if they're **homeschooled**, they will only meet the same people **over and over again.**
첫 번째로, 학교에서 아이들은 다양한 그룹의 학생 및 선생님들과 상호작용할 수 있다. 그래서 아이들은 다른 배경을 가진 사람들과 효과적으로 의사소통하는 능력을 기르게 된다. 하지만 만약 아이들이 학교에 가지 않거나 홈스쿨링을 받는다면 항상 만나던 사람만 계속 만나게 될 것이다.

Second, attending school provides **access to a wide range of subjects**. This will help children discover their interests and strengths. For instance, a student who is **passionate about science** may choose to pursue a career in medicine or engineering, while a student

who enjoys literature may decide to become a writer or a journalist.
두 번째로, 학교에 다니면 여러 과목을 배울 수 있다. 이것은 아이들이 본인의 흥미와 장점을 발견하는 데 도움이 될 것이다. 예를 들어 과학 과목에 열정적인 학생들은 의학이나 공학 분야의 직업을 선택할 수 있고, 문학을 즐기는 학생은 작가나 언론인이 되기로 결정할 수도 있다.

Words & Expressions

background 성장 배경, 경력, 학력

We came from very different cultural backgrounds, but we got on well.
우리는 매우 다른 문화적 배경을 가지고 있지만 잘 지냈다.

homeschool 홈스쿨링하다

My uncle homeschooled his children.
내 삼촌은 자녀들을 홈스쿨링했다.

over and over again 반복해서

I replayed my favorite song over and over again.
나는 내가 가장 좋아하는 노래를 반복해서 재생했다.

access to something ~에 대한 접근(성)

[비교] access 접근하다(access 다음 to의 유무에 주목)

Employees have access to the company's internal network.
직원들은 회사 내부 네트워크에 접근할 수 있다.

I need to access my email to check for any new messages.
이메일에 접속해서 새로운 메시지가 있는지 확인해야 한다.

passionate about something ~에 열정적인

From a young age, I was always passionate about art.
어렸을 때부터, 나는 항상 예술에 관심이 많았다.

41. Some parents choose to educate their own children at home rather than send them to public schools. Which do you prefer?
일부 부모들은 아이들을 공립학교에 보내는 것보다 집에서 교육하는 걸 선택한다. 둘 중 어떤 것을 선호하는가?

Sample Response

I think it is better to send children to public schools rather than choose to home-school them.
나는 아이들을 홈스쿨링하는 것보다 공립학교에 보내는 게 더 낫다고 생각한다.

First and foremost, children need to develop **social skills** at a young age. Attending school offers numerous opportunities for such growth. In school, children have abundant opportunities for **social interactions** with both peers and teachers, and they have the chance to make many new friends every year. Through these interactions, they learn how to act **in a proper manner.**
첫 번째로, 아이들은 어릴 때 남들과 어울리는 방법을 터득해야 한다. 학교에 다니면 그러한 성장을 위한 다양한 기회를 얻을 수 있다. 학교에 다니는 아이들은 친구, 선생님들 사이에서 많은 사회적 교류를 경험하게 되고 매년 새로운 친구들을 많이 사귈 수 있다. 이런 상호작용을 통해 아이들은 올바른 방식으로 행동하는 방법을 배울 것이다.

Also, they can access a **diversified** curriculum in public schools. This can help them discover their interests for the future. But at home, it's tough to cover so many subjects since parents might not have all the resources or **expertise**.
게다가 아이들은 공립학교에서 다양한 과목을 배울 수 있다. 미래를 위해 자신의 적성을 찾는 데 도움이 될 것이다. 하지만 부모들은 충분한 교육 자료나 전문 지식을 가지고 있지 않기 때문에 집에서 다양한 과목의 수업을 제공하기 어렵다.

Words & Expressions

social skills 사회성, 사교 능력

My social science teacher once mentioned how important it is to develop good social skills.
나의 사회 선생님은 좋은 사회성을 기르는 게 얼마나 중요한지 언급한 적이 있다.

social interactions 사회적 상호작용

The professor shared her insights on the impact of social interactions on our mental well-being.
교수님은 사회적 상호작용이 우리의 정신적 행복에 미치는 영향에 대해 이야기했다.

in a proper manner 올바른 방식으로, 적절한 방법으로

He emphasized the importance of expressing oneself respectfully and in a proper manner during discussions.
그는 토론 중에 정중하고 적절한 방식으로 자기 의견을 표현하는 것의 중요성을 강조했다.

diversified 다각적인, 여러 가지의

My university offered a diversified curriculum, allowing students to explore various subjects.
내가 다녔던 대학교에서는 학생들이 다양한 과목을 탐구할 수 있도록 다각적인 교육 과정을 제공했다.

expertise 전문 지식

My mom had the expertise to help me start my first business.
우리 엄마는 내가 첫 사업을 시작할 수 있도록 도와줄 전문 지식을 가지고 있었다.

42. Do you think parents should be allowed to educate their children at home, or should they be required to send them to school?
부모가 아이를 홈스쿨링하는 걸 허용해야 하는가, 아니면 아이들을 반드시 학교에 보내야 하는가?

Sample Response

I believe giving **autonomy** to each **household** is important. **When it comes to educating children**, I think parents should decide based on their **observations** and **home environments**.
각 가정에 자율성을 주는 게 중요하다고 생각한다. 아이들 교육은 부모가 직접 관찰한 것들과 가정 환경에 따라 결정하면 된다.

I went to a public elementary school. However, when it was time to go to junior high, my mom **took me out of the system** because we lived in a very small town and we didn't have many options. We had two junior high schools, and both of them were **notoriously understaffed** and full of **juvenile delinquents**. Because of this, I was homeschooled, and I could stay safe.
나는 공립 초등학교에 다녔지만 중학교에 진학할 때 자퇴했다. 왜냐하면 우리는 아주 작은 마을에 살았는데 선택의 여지가 없었기 때문이다. 동네에는 두 개의 중학교가 있었는데 모두 선생님이 부족했고, 비행 청소년들이 많았다. 그래서 나는 홈스쿨링을 받았고 안전하게 지낼 수 있었다.

Also, if your kids are exceptionally gifted or have **special needs**, I believe homeschooling can be a better option to ensure they receive appropriate education. This way, they can learn without having to deal with any unfair treatment or getting bored.
또한 만약 아이가 아주 똑똑하거나 특별한 도움이 필요하다면 홈스쿨링이 적절한 교육을 보장하는 더 나은 선택이 될 수 있다고 생각한다. 이 방법을 통해 아이들은 차별받지 않고 지루하지 않게 공부할 수 있다.

Words & Expressions

autonomy 자율성

I value my autonomy, so I strive to maintain independence.
나는 자율성을 중시하기 때문에 독립성을 유지하기 위해 노력한다.

household 가정

At that time, not many households had cars.
그 당시에는 차를 소유한 가정이 많지 않았다.

when it comes to something/to doing something ~에 관한 한

When it comes to playing chess, Maggie is the best I know.

내가 아는 사람 중에 체스는 매기가 제일 잘한다.

observation 관찰, 관찰에 따른 의견

I recorded my observations in a notebook.

나는 관찰한 걸 노트에 기록했다.

home environments 가정 환경

Home environments play a significant role in shaping a child's development.

가정 환경은 아이들의 발달을 형성하는 데 중요한 역할을 한다.

take someone out (of something) ~에서 빼내다

My parents took me out of public school and enrolled me in a private school.

부모님은 나를 공립학교에서 빼내어 사립학교에 입학시켰다.

the system 정해진 시스템

After years of frustration with the traditional education system, Sarah's parents decided to homeschool her.

전통적인 교육 시스템에 수년간 실망한 세라의 부모님은 아이를 홈스쿨링하기로 결정했다.

notoriously 악명 높게

My friend Tom is notoriously bad at math.

내 친구 톰이 수학을 못하는 건 다들 아는 사실이다.

understaffed 인원이 부족한

The local hospital's emergency department is notoriously understaffed.

지역 병원의 응급실은 일손이 부족하기로 악명 높다.

juvenile delinquents (18세 미만의) 소년 범죄자들

Early intervention programs help identify and support potential juvenile delinquents.

조기 중재 프로그램은 잠재적 비행 청소년을 찾아내고 지원하는 데 도움이 된다.

special needs (신체적 또는 정신적 문제를 가진 사람에게 필요한) 특별한 도움, 특수 교육

They are working hard to help a child with special needs.

그들은 특수 교육이 필요한 아이를 돕기 위해 노력하고 있다.

43. Do you agree or disagree with the statement that young people should learn basic domestic skills such as how to cook for themselves, sew on a button, and take care of others?

다음 주장에 동의하는가? 청년들은 스스로 요리하는 법, 단추를 꿰매는 법, 그리고 다른 사람을 돌보는 법과 같은 기본적인 기술을 배워야 한다.

Sample Response

These days, cooking, sewing, and caregiving are services provided by **professionals**. There

are professional cooks, **laundrymen**, and **caregivers** in many cities around the world.
요즘에는 요리나 바느질, 그리고 사람을 돌보는 건 전문가들이 제공하는 일종의 서비스가 되었다. 세계 많은 도시에서 요리사나 세탁업자, 간병인들을 찾을 수 있다.

But on the other hand, these services are very expensive. If you go to a restaurant for every meal, it's not going to be very **economical**. By doing grocery shopping and buying things **in bulk**, you can save a lot of money.
하지만 다른 한편으로는 이런 서비스들은 아주 비싸다. 매 식사마다 레스토랑에 간다면 그건 매우 경제적이지 못하다. 마트에서 대량으로 물건을 구매하면 돈을 많이 절약할 수 있다.

Also, what if your favorite shirt is missing a button in the morning, and you need to deliver a presentation at work? You can't wait for the **dry cleaner** to open, so having basic sewing skills can be **a lifesaver**.
게다가 만약 직장에서 발표를 해야 하는 데 아침에 보니 가장 좋아하는 셔츠에 단추가 하나 없다면 어떻게 할 것인가? 세탁소에서 문을 열 때까지 기다리긴 어려우니 기본적인 바느질 기술을 가지고 있는 게 훨씬 낫다.

Words & Expressions

professionals 전문가들

The AC was installed by a professional.
에어컨은 전문가가 와서 설치했다.

laundryman 세탁업자, 세탁소 종업원

[비교] laundromat 코인 세탁소

The laundryman removed the stubborn stain from my favorite shirt.
세탁소 직원은 내가 좋아하는 셔츠에 묻은 강력한 얼룩을 제거했다.

If you don't have a washing machine at home, you need to go to a laundromat.
집에 세탁기가 없다면 코인 세탁소에 가야 한다.

caregivers 간병인

After completing her training in healthcare, she worked as a caregiver.
의료 서비스에 관한 교육을 마친 후 그녀는 간병인으로 일했다.

economical 경제적인, 알뜰한

Big grocery stores offer quality products at economical prices.
대형 식료품점은 양질의 제품을 경제적인 가격으로 제공한다.

in bulk 대량으로

We buy rice in bulk.
우리는 쌀을 대량으로 산다.

dry cleaner 세탁소

My wool coat is still at the dry cleaner's.
내 모직 코트는 아직 세탁소에 있다.

a lifesaver 구세주, 목숨을 살려주는 것

The paramedic's medical expertise was a lifesaver for the injured hiker.
구급대원은 의학적 전문 지식으로 부상당한 등산객의 생명을 구했다.

44. Do you agree or disagree? Secondary schools such as high schools should permit students to study only the subjects they are interested in learning.

다음 주장에 동의하는가? 중고등학교는 학생들이 관심이 있는 과목만 공부할 수 있도록 허용해야 한다.

Sample Response

I disagree with the idea that high schools should allow students to choose only the courses they want to study.
고등학교에서 학생들이 공부하고 싶은 과목만 공부할 수 있도록 허용해야 한다는 생각에 반대한다.

First, the high school curriculum includes **fundamental courses** that everyone should learn, such as basic math and science. However, most students do not like these courses, finding them tedious. If schools allow them to choose only the courses they prefer, they may **opt for easier ones**.
첫 번째로, 고등학교 교육 과정에는 기초 수학, 과학 등 모두가 배워야 하는 기초 과정이 포함되어 있다. 하지만 대부분의 학생들은 그런 과목들을 지루하다고 생각하며 싫어한다. 그래서 만약 학교가 선호하는 과목만 듣도록 허용하면 학생들은 쉬운 과목만 선택할 것이다.

Secondly, many high school students have no idea what they are interested in. Therefore, high schools should **provide students with opportunities** to **explore** their interests by offering a wide range of subjects.
게다가 많은 고등학생들이 자신이 무엇에 관심있는지 전혀 모른다. 따라서 학생들에게 가능한 한 많은 과목을 들을 기회를 주어서 관심사를 찾을 수 있도록 해야 한다.

Words & Expressions

fundamental courses 기본적인 수업들

Fundamental college courses lay the groundwork for specialized fields of study.
대학의 기초 과정 수업들은 전문적인 학문 분야를 위한 기초를 다져준다.

opt for something ~을 선택하다

I opted for a better education to improve my career prospects.
나는 좋은 직장에 들어가기 위해 더 나은 교육을 선택했다.

provide someone with something ~에게 ~을 제공하다

Attending the conference provided me with an opportunity to network with industry leaders.
컨퍼런스에 참석함으로써 업계 리더들과 네트워크를 구축할 기회를 얻었다.

explore 탐구하다, 살피다

My parents encouraged me to explore my interests.
부모님은 스스로 관심사를 탐색할 수 있도록 나를 격려해주셨다.

45. Do you agree or disagree? Children must help with household tasks as soon as they can do so.

다음 주장에 동의하는가? 아이들은 가능한 한 빨리 집안일을 도와야 한다.

Sample Response

I disagree with the idea that children should be required to help with household tasks as soon as they can do so.
나는 아이들이 가능한 한 빨리 집안일을 도와야 한다는 생각에 동의하지 않는다.

First of all, it does not help develop their **creativity**. For example, playing with friends and learning new things are much more important during childhood than helping with household chores. Such chores are mostly **repetitive** and **laborious**. Learning by playing will **inspire** them to find what they're interested in.
첫 번째로, 그것은 아이들의 창의력을 키우는 데 도움이 되지 않는다. 예를 들어 대부분 반복적이고 힘든 집안일을 돕는 것보다는 친구들과 놀면서 새로운 걸 배우는 게 훨씬 더 중요하다. 놀이를 통해 학습하면서 아이들은 자기가 무엇에 관심이 있는지 찾을 수 있게 될 것이다.

Also, if children are required to do household tasks, it will **negatively affect the relationship** between parents and children because doing housework is too tiring and not fun for kids. As a result, they wouldn't enjoy being at home if they had to help with household tasks.
게다가 아이들이 집안일을 반드시 해야 한다고 요구받는다면 부모와 아이들 관계에 부정적인 영향을 미칠 것이다. 왜냐하면 집안일은 힘들고 재미없기 때문이다. 그래서 집안일을 도와야 한다면 아이들은 집에 있기 싫어할 것이다.

Words & Expressions

creativity 창의력, 창조성

IT companies welcome new ideas, innovation, and creativity.
IT 기업들은 새로운 아이디어와 혁신, 창의성을 환영한다.

repetitive 반복적인

I was sick and tired of my boring repetitive job.
나는 지루하고 반복적인 일에 진절머리가 났다.

laborious 힘든, 고된

Rebuilding the old house from the ground up turned out to be a slow and laborious process.
오래된 집을 처음부터 다시 짓는 건 시간이 많이 걸리는 고된 과정이라는 걸 알게 되었다.

inspire 영감을 주다, 격려하다

My homeroom teacher did his best to inspire us to reach for our dreams.
담임 선생님은 우리가 꿈을 향해 나아가도록 격려하기 위해 최선을 다했다.

negatively affect something ~에 부정적 영향을 끼치다

I'm concerned that the new policy could negatively affect our work-life balance.
새로운 정책이 우리의 일과 삶의 균형에 부정적인 영향을 미칠까 걱정된다.

46. Do you agree or disagree with the following statement? Children should receive money for doing household tasks such as cleaning their rooms or washing dishes. Use specific examples and details to support your opinion.

다음 주장에 동의하는가? 아이들은 방 청소, 설거지 등과 같은 집안일을 하면 돈을 받아야 한다. 당신의 의견을 뒷받침할 구체적인 예시와 이유를 제시하라.

Sample Response

I disagree with the idea that children should receive money for doing household tasks.
나는 아이들이 집안일을 하고 돈을 받아야 한다는 생각에 반대한다.

If you give money to children for their chores, some might choose to stay at home to **earn** more instead of **going out and playing**. This could negatively affect their well-being. I think it is more important for them to play with friends and learn new things than to help with household chores.
아이들에게 집안일을 하는 대가로 돈을 주면 밖에 나가 놀지 않고 집에서 돈을 벌려고 하는 아이들이 있을 수 있는데, 이는 아이들의 건강에 좋지 않다. 나는 집안일을 돕는 것보다 다른 친구들과 놀면서 새로운 걸 배우는 게 더 중요하다

고 생각한다.

Also, it's only natural to help one's parents at home. They can **accumulate** the necessary skills for when they go to college or eventually **leave their hometown**. For example, they should know how to **do laundry** or cook for themselves. These are **basic survival skills**. So, I don't think they need to get paid for **doing their part.**
또한 집에서 부모님을 돕는 건 자연스러운 일이다. 대학에 갈 때 혹은 나중에 고향을 떠날 때 필요한 기술을 미리 배울 수 있다. 예컨대 그들은 스스로 빨래하거나 요리할 줄 알아야 한다. 이것들은 기본적인 생존 기술이다. 그래서 나는 아이들이 당연히 해야 할 일을 하는 데 돈을 줄 필요는 없다고 생각한다.

Words & Expressions

earn (돈을) 벌다

Most people in the city earn about 70,000 dollars a year.
이 도시의 사람들 대부분은 1년에 약 7만 달러를 번다.

go out and play 나가 놀다

Parents should encourage their children to go out and play.
부모는 아이들이 밖에 나가 놀도록 격려해야 한다.

accumulate 축적하다, 모으다

Over the years, my advisor had accumulated hundreds of books about astronomical anomalies.
수년간 내 지도 교수는 천문학적 이상 현상에 관한 책을 수백 권 모았다.

leave one's hometown 고향을 떠나다

When I was only 16, I left my hometown and went to college.
나는 겨우 열여섯 살에 고향을 떠나 대학교에 갔다.

do laundry 빨래하다

Every weekend, I set aside time to do laundry.
나는 주말마다 빨래할 시간을 따로 마련한다.

basic survival skills 기본적인 생존 기술

Learning basic survival skills is crucial for outdoor enthusiasts.
야외에서 모험을 즐기는 사람들이라면 기본적인 생존 기술을 반드시 배워야 한다.

do one's part 자기의 본분을 다하다

By recycling and conserving water, I'm doing my part to protect the environment.
재활용하고 물을 절약함으로써 나는 환경을 보호하기 위한 의무를 다하고 있다.

47. Do you agree or disagree with the following statement? One's childhood years are crucial for growth and development. Therefore, this period is the most significant in a person's life.

다음 주장에 동의하는가? 어린 시절은 성장과 발전에 매우 중요하다. 따라서 이 시기는 사람의 인생에서 가장 중요하다.

Sample Response

I agree with that. Childhood is indeed the most crucial phase of a person's life.
나는 위 주장에 동의한다. 어린 시절은 분명히 한 사람의 인생에서 가장 중요한 시기이다.

First, children acquire many social skills at a young age. For example, when children go to school, they make a lot of new friends every year and meet different teachers in each class. Through these interactions, they will learn how to **behave** properly.
첫 번째로, 어릴 때 아이들은 많은 사회적 기술을 습득한다. 예를 들어 학교에 가서 매년 새로운 친구들을 많이 사귀고, 각 반에서 여러 선생님을 만난다. 이러한 상호작용을 통해 아이들은 올바르게 행동하는 방법을 배울 것이다.

Also, in childhood, most people **realize their own personalities** and **discover their interests**. Discovering their passions and understanding their personality early on can **go a long way** when they pursue higher education or start their career.
또한 어린 시절에 대부분 자기의 성격을 알게 되고 관심사도 발견한다. 일찍이 자신이 어떤 유형의 사람인지, 어떤 과목에 관심이 있는지 알게 되면 대학에 가거나 직장을 구할 때 큰 도움이 될 것이다.

Words & Expressions

behave 행동하다

He behaved like a child the whole time at the party!
그는 파티에서 내내 어린아이처럼 행동했어!

realize one's own personalities 자신의 성격을 알게 되다

Through introspection and self-reflection, I began to realize my own unique personality.
반성과 자기 성찰을 통해 나는 나만의 독특한 성격을 깨닫기 시작했다.

discover one's interests 자신의 관심사를 알게 되다

I believe exploring various activities and hobbies is a great way to discover your interests.
다양한 활동과 취미를 경험해보는 게 각자의 관심사를 발견하는 좋은 방법이라고 생각한다.

go a long way 오래 가다, 크게 도움이 되다

Consistent practice and dedication can go a long way in achieving success.
꾸준한 훈련과 헌신은 성공에 큰 도움이 된다.

48. Do you agree or disagree with the following statement? Talented children should receive different treatment.
다음 주장에 동의하는가? 재능 있는 아이들은 다른 대우를 받아야 한다.

Sample Response

On the one hand, if talented children are treated the same as other typical students, they will learn how to be social and make more friends.
한편으로는 만약 재능 있는 아이들이 다른 평범한 학생들과 동등한 대우를 받는다면, 사회성을 배우고 더 많은 친구들을 사귀게 될 것이다.

On the other hand, if they do not receive any education **tailored to their talent and aptitude**, they might feel bored. Their talent could gradually **fade** and **go to waste**, which would be a huge loss for the country **in the long run**.
반면에 자신의 재능과 적성에 맞는 특별한 교육을 받지 못하면 지루함을 느낄 수 있다. 그리고 재능은 점차 사라져서 장기적으로 국가에 큰 손실이 된다.

Personally, I was advanced for my age in school, so I **skipped four grades** after taking some tests. If I had taken classes with kids my age, I might have made more friends, but I would not have found meaning in life working as a physicist **early on**.
개인적으로 나는 똑똑한 아이였고, 몇 번의 시험으로 네 개 학년을 건너뛰었다. 내 또래 아이들과 함께 수업을 들었다면 친구는 많이 사귀었을지 몰라도 일찍부터 물리학자로 일하면서 내 삶에서 의미를 찾지는 못했을 것이다.

Words & Expressions

tailored to something ~에 맞게 만들어진

I love that this course is tailored to my learning style.
이 수업은 내 학습 스타일에 맞춰져 있어서 정말 좋다.

fade 사라지다, 희미해지다

As time passed, the memories of that summer vacation slowly faded away.
시간이 지나면서 여름방학의 추억은 기억에서 서서히 사라졌다.

go to waste 낭비되다

It's a shame to see all that food go to waste.
음식이 전부 버려지는 걸 보니 안타깝다.

in the long run 결국에는, 장기적으로

Investing in renewable energy sources can be costly upfront, but it pays off in the long run.
재생 가능한 에너지원에 투자하는 건 초기에는 비용이 많이 들 수 있지만, 장기적으로는 성과가 있다.

skip grades 학년을 월반하다

Due to exceptional academic performance, I was able to skip grades and graduate early.
뛰어난 학업 성적 덕분에 월반을 몇 번 하고 일찍 졸업할 수 있었다.

early on 초기에

I learned the importance of time management early on.
나는 일찍부터 시간 관리의 중요성을 배웠다.

49. What do you think is the best way to prepare for a test? Studying alone, studying with friends, or asking a teacher for help.

다음 중 시험을 준비하는 가장 좋은 방법이 무엇이라고 생각하는가? 혼자 공부하는 것, 친구들과 공부하는 것 또는 선생님에게 도움을 요청하는 것.

Sample Response

In most cases, I prefer to work alone, but if I have to **prepare for a test**, I would like to ask a teacher for help.
대부분의 경우 혼자 공부하는 걸 선호하지만, 시험을 준비해야 한다면 선생님에게 도움을 청하고 싶다.

First, teachers make quizzes and test questions. They know which part of the textbook is important and which I can **disregard**. If I ask them questions while studying, I can **narrow down** the scope and focus on what's really important.
첫 번째로, 선생님이 퀴즈와 시험 문제를 만든다. 선생님은 교과서의 어떤 부분이 중요하고, 어떤 부분은 무시해도 되는지 알고 있다. 공부를 하면서 질문을 하면 전체 범위를 간추릴 수 있고, 정말 중요한 것에 집중할 수 있다.

Second, they have all the right answers. If I study alone or with friends, I might get wrong answers or **come up with incorrect conclusions**. But if I ask teachers for help, they can help me in the most productive and accurate way.
두 번째로, 선생님은 정답을 다 가지고 있다. 내가 혼자 공부하거나 친구들과 공부한다면 틀린 답을 얻거나 잘못된 결론을 내릴 수 있다. 하지만 선생님께 도움을 요청한다면 그들은 가장 생산적이고 정확한 방법으로 나를 도와줄 것이다.

Words & Expressions

prepare for something ~을 대비하다
[비교] prepare 준비하다

I need to prepare for the upcoming final exam in mathematics.

곧 있을 수학 기말고사를 대비해야 한다.

I am responsible for preparing an exam for my students to assess their knowledge of the subject.

나는 내 학생들이 과목을 잘 이해했는지 평가하기 위해 시험을 준비해야 할 책임이 있다.

disregard 무시하다

He disregarded my opinions and made the decision unilaterally.

그는 내 의견을 무시하고 일방적으로 결정을 내렸다.

narrow down 좁히다, 줄이다

The choices have been narrowed down to two.

선택지가 두 개로 좁혀졌다.

come up with something ~을 생각해내다

After brainstorming for hours, we finally came up with a creative solution to the problem.

몇 시간 동안 의논한 후에 우리는 마침내 그 문제를 해결할 창의적인 방법을 생각해냈다.

50. Do you agree or disagree with the given statement? If assignments are submitted after the due date, students should be subject to penalties. Use specific reasons and examples to support your answer.

다음 주장에 동의하는가? 마감일 이후에 과제를 제출하면 불이익을 받아야 한다. 구체적인 이유와 예시를 들어 답변을 뒷받침하라.

Sample Response

On the one hand, if students get penalties for handing in assignments late, they will learn **a sense of responsibility** and the importance of **sticking to a schedule**.

한편으로는 숙제를 늦게 제출하는 학생들이 벌을 받게 되면 그들은 책임감과 일정을 준수하는 것의 중요성을 배울 수 있을 것이다.

But on the other hand, what's the meaning of education? And why do teachers **assign homework**? It is to encourage students to learn something new. It is never about getting a good grade. It might seem unfair not to **give them any penalties** for **missing the deadline**, but some kids learn slowly, and some kids need more time to do the same thing. If a teacher believes that education is not about competition, penalties should not be given to those who miss the deadline.

하지만 반면에 교육과 숙제를 내주는 것의 의미는 무엇일까? 그것은 학생들이 새로운 걸 배우도록 격려하기 위함이다. 성적을 잘 받기 위해서만은 아니다. 마감일을 놓친 것에 대해 어떤 처벌도 주지 않는 게 불공평하게 들릴 수 있지만, 어떤 아이들은 천천히 배우고, 어떤 아이들은 같은 일을 해도 더 많은 시간이 필요하다. 만약 교사가 교육을 경쟁이라고 생각하지 않는다면, 늦게 제출한 아이들에게 벌을 주는 건 피해야 한다.

Words & Expressions

a sense of responsibility 책임감

I accepted the promotion with enthusiasm and a sense of responsibility.

나는 열의와 책임감을 가지고 승진에 응했다.

stick to a schedule 일정을 준수하다

To accomplish tasks efficiently, it is essential to stick to a schedule.

업무를 효율적으로 수행하기 위해서는 반드시 일정을 지켜야 한다.

assign homework 숙제를 내주다

The teacher decided to assign homework at the end of the class.

선생님은 수업 말미에 숙제를 내주기로 결정했다.

give penalties 불이익을 주다, 벌을 주다

I believe that the government should give penalties to companies that do not adhere to environmental regulations.

환경 규제를 지키지 않는 기업에게는 정부가 불이익을 줘야 한다고 생각한다.

miss the deadline 마감일을 놓치다

Just once, I missed the deadline for submitting my essay.

딱 한 번 에세이 제출 마감일을 놓쳤다.

51. Do you agree with the following statement? One needs to make enemies in order to succeed.

다음 주장에 동의하는가? 성공하기 위해서는 적을 만들어야 한다.

Sample Response

I don't believe it is necessary to make enemies to succeed. **It is quite the opposite.** If you want to succeed, you need to make as many friends as possible.

나는 성공하기 위해 적을 만들어야 한다고 생각하지 않는다. 오히려 정반대로 생각한다. 성공하기 위해서는 가능한 한 많은 친구를 사귈 필요가 있다.

For example, if you're going to open a shop that sells designer clothes and shoes, you need **connections** to get those products **at a reasonable price**, and you also need people to **market** your shop online. Everyone around you should be willing to help you, especially when you're just starting.

예를 들어 유명 디자이너의 의류와 신발을 파는 가게를 연다고 생각해보자. 그러면 그 제품들을 합리적인 가격에 얻기 위해 연락할 사람들이 필요하고, 또 가게를 온라인에서 홍보할 마케터들이 필요하다. 주변의 모든 사람들이 나를

기꺼이 도울 마음이 있어야 한다. 특히나 이제 막 사업을 시작했다면 말이다.

Also, to maintain a successful business for a long time, you need a good **clientele**. This means you need many connections, and the fewer enemies you have, the better.
또한 오랫동안 사업을 잘 유지하려면 단골이 필요하다. 이것은 친한 사람들이 많이 필요하다는 걸 의미하고 나를 싫어하는 사람은 적을수록 좋다.

Words & Expressions

it is quite the opposite 사실 그와 정반대이다

He expected her to be angry, but it was quite the opposite; she greeted him with a warm smile and open arms.
그는 그녀가 화를 낼 거라고 예상했지만, 사실은 정반대였다. 그녀는 따뜻한 미소를 지으며 두 팔을 벌려 그를 맞이했다.

connections 연결, 인맥

Having connections with important individuals in your field can provide valuable opportunities.
몸담은 분야에서 유명한 사람들과 인맥이 있으면 귀중한 기회를 얻을 수 있다.

at a reasonable price 적당한 가격으로

I could finally afford to purchase the high-end camera I'd been eyeing for months, thanks to a limited-time sale that offered it at a reasonable price.
적당한 가격에 제품을 판매하는 기간 한정 세일 덕에 나는 마침내 몇 달 동안 눈여겨보던 고급 카메라를 살 수 있었다.

market 광고하다

My company is planning to market this new product aggressively to reach a wider audience.
우리 회사는 이번 신제품을 더 많은 고객에게 소개하기 위해 공격적인 마케팅을 계획하고 있다.

a clientele 단골, 단골 명단

As a freelance graphic designer, I take pride in the loyalty and satisfaction of my clientele.
프리랜서 그래픽 디자이너로서 나는 내 고객들의 충성도와 만족도에 자부심을 느낀다.

52. Some people prefer handling multiple tasks at once. Some people like focusing on a single task or project at a time. Which way of working do you prefer and why?

어떤 사람들은 한 번에 여러 작업을 처리하는 걸 선호한다. 반면 다른 사람들은 한 번에 하나의 작업이나 프로젝트에만 집중하고 싶어 한다. 둘 중 어떤 것을 선호하고 이유는 무엇인가?

Sample Response

Well, as far as I'm concerned, if I do just one task at a time, I can deeply concentrate on the task. I wouldn't **get easily distracted**, and I wouldn't have to worry about **the quality of the task** or the project.
음, 내가 생각하기에는 한 번에 한 가지 일만 한다면 그 일에 깊이 집중할 수 있을 것 같다. 쉽게 산만해지지 않고, 그 일이나 프로젝트의 품질에 대해 걱정할 필요가 없을 것이다.

On the other hand, if I do several tasks at once, I can **finish many projects all at once** and much faster. I am currently a college student, and I take about 5 to 6 courses each semester. And every month, the professors for these courses give me different assignments. If I **go back and forth** between tasks and take care of as many projects as possible at once, I can finish all of them **by the deadline.**
하지만 동시에 여러 작업을 하게 되면 한 번에 많은 프로젝트를 훨씬 더 빨리 끝낼 수 있다. 나는 지금 대학생인데 한 학기에 대여섯 과목을 듣는다. 그리고 매달 각 과목 교수님들은 나에게 다른 과제를 내준다. 만약 한 번에 최대한 많은 프로젝트를 왔다 갔다 하며 처리한다면 마감일 안에 모두 끝낼 수 있다.

Words & Expressions

get distracted 주의가 흐트러지다, 산만해지다

When studying in a noisy environment, it's easy to get distracted by the surrounding conversations.
시끄러운 곳에서 공부하면 주변에서 들려오는 대화에 산만해지기 쉽다.

the quality of something ~의 품질

The quality of their customer service was exceptional.
그 회사의 고객 서비스 품질은 아주 우수했다.

finish something all at once ~을 한 번에 끝내다

To maximize efficiency, it is better to prioritize tasks and focus on finishing many small assignments all at once.
효율성을 극대화하기 위해서는 업무의 우선순위를 정하고 한 번에 여러 개의 작은 과제를 끝내는 데 집중하는 게 좋다.

go back and forth 오락가락하다, 왔다 갔다 하다

Living in different cities, we had to go back and forth to visit each other.
서로 다른 도시에 살아서 우리는 서로를 방문하기 위해 왔다 갔다 해야 했다.

by the deadline 마감일 안에

Despite facing unexpected challenges, my team managed to complete the project by the deadline.
예상치 못한 어려움에도 불구하고, 우리 팀은 기한 내에 프로젝트를 완료했다.

53. Some people work in the same field their entire lives, while others opt to explore different job types during various stages of their lives. Which do you think is better?

어떤 사람들은 평생을 같은 분야에서 일하지만, 다른 사람들은 삶의 다양한 단계에서 다른 직업을 갖길 원한다. 둘 중 어떤 방식의 삶을 선호하는가?

Sample Response

I prefer to have one career throughout my life.
나는 평생 한 가지 직업을 갖는 걸 선호한다.

First, I can save time. For a career, there's a lot I'd need to learn. I may have to go to school, **earn a degree**, or undergo **formal training**. Getting a college degree takes us at least four years, and professions like medicine can take up to ten years of training. By choosing one career, I can avoid additional years of training.
첫 번째로, 시간을 절약할 수 있다. 직업을 가지려면 무언가를 배워야 한다. 학교에 가거나, 학위를 따거나, 정식 훈련을 받아야 할 수도 있다. 대학 학위를 따기 위해 우리는 최소 4년을 투자하며, 의사와 같은 일부 직업의 경우 훈련을 받는 데 최소 10년을 보낸다. 그래서 한 가지 직업만 선택하면 더 이상 훈련에 시간을 투자하지 않아도 된다.

Second, this is a more economically **sensible** option. **Job training programs** are expensive. If I keep changing career paths, I'd end up spending a lot on educational programs. Additionally, if I change jobs frequently, I will have to **start from the bottom**, which means staying in **a low-paying position** for a long time.
두 번째로, 이것이 더 경제적으로 합리적인 선택이다. 직업 훈련 프로그램은 비용이 많이 든다. 만약 내가 자꾸 마음을 바꾼다면 교육 프로그램에 그만큼 많은 돈을 써야 한다. 그리고 또 다른 문제도 있다. 이직을 자주 하면 밑바닥부터 시작해야 하는데, 그만큼 오랫동안 저임금을 받게 된다.

Words & Expressions

earn a degree 학위를 따다

After years of hard work and dedication, I finally earned a degree in computer science.
수년간의 노력과 헌신 끝에, 나는 마침내 컴퓨터 과학 학위를 취득했다.

formal training 정식 교육

Even with formal training, sometimes it's the on-the-job experience that teaches you the most.
정규 교육을 받더라도 때로는 현장 경험을 통해 가장 많은 걸 배울 수 있다.

sensible 분별 있는, 합리적인

Wearing comfortable shoes to the party was a sensible choice.
파티에 편한 신발을 신고 간 건 합리적인 선택이었다.

job training programs 직업 훈련 프로그램

Job training programs can be a great opportunity to learn new skills.
직업 훈련 프로그램은 새로운 기술을 배우는 좋은 기회가 될 수 있다.

start from the bottom 처음부터 시작하다

Everyone has to start from the bottom, but with hard work, you can climb your way to the top.
누구나 밑바닥부터 시작해야 하지만, 열심히 하면 정상에 오를 수 있다.

a low-paying position 저임금 일자리

Because of my low-paying position, I try to make the most of every dollar.
월급이 적어서 나는 돈을 최대한 아껴 쓰려고 노력한다.

54. The school intends to change the cafeteria menu to provide healthier, low-calorie food options. What do you think about this change?
학교는 더 건강하고 칼로리가 낮은 음식을 제공하기 위해 구내식당 메뉴를 변경할 계획이다. 이와 같은 변화를 어떻게 생각하는가?

Sample Response

I think the school's decision would have both **pros and cons**.
나는 학교의 결정이 장단점을 모두 가지고 있다고 생각한다.

First of all, if they provide healthier **food options**, students can get **better nutrition**, which will lead to better academic performance and a lower **risk of chronic diseases**. Many college students spend lots of time sitting, so I think this would help them **manage their weight** easily.
첫 번째로, 만약 학교에서 더 건강한 음식을 제공한다면, 학생들은 더 나은 영양분을 섭취할 수 있고 결과적으로 학업 성취도를 높이고 만성 질환의 위험이 줄어들 것이다. 많은 대학생들이 오랜 시간을 앉아서 보내기 때문에, 이 결정으로 학생들은 체중을 더 쉽게 관리할 수 있게 될 것이다.

However, I'm also worried about the price of those foods. Ironically, salads and healthy foods are more expensive and therefore not very **accessible**. The cost of **procuring** and preparing healthy ingredients doesn't **sound cheap**.
하지만 나는 그 음식들의 가격이 걱정된다. 아이러니하게도 샐러드나 건강한 음식은 더 비싸기 때문에 자주 사 먹기 어렵다. 건강한 재료를 조달하고 준비하는 비용은 저렴하지 않을 것 같다.

If the school implements this new policy, I think they should consider how to **lower the**

price while providing good quality meals.
만약 학교에서 새로운 정책을 시행하게 된다면 품질 좋은 식사를 제공하면서 가격을 낮추는 방안을 고려해야 한다고 생각한다.

주어진 조건에 장단점이 모두 있다고 생각될 경우 둘 다 이야기해도 됩니다. 어떤 점이 좋을지, 어떤 점이 우려되는지 자유롭게 말해보세요!

Words & Expressions

pros and cons 장단점, 찬반 양론

Considering the pros and cons, I'm still undecided about going on that road trip.
장단점을 고려해봤으나 나는 아직도 장거리 자동차 여행을 갈지 말지 결정하지 못했다.

food options 메뉴, 먹을 것들

I want the cafe to have a wide variety of food options.
카페에서 더 다양한 음식을 팔면 좋겠다.

better nutrition 더 나은 영양 섭취, 더 나은 음식물

I've been trying to improve my eating habits and go for better nutrition lately.
나는 최근에 식습관을 개선하고 더 나은 영양 섭취를 하려고 노력 중이다.

risk of chronic diseases 만성 질환에 걸릴 위험

It's important to make healthier food choices to lower the risk of chronic diseases.
만성 질환의 위험을 낮추려면 더 건강한 음식을 선택하는 게 중요하다.

manage one's weight 체중을 관리하다

She's been trying different exercises and watching her diet to manage her weight.
그녀는 체중을 관리하기 위해 다양한 운동을 시도하고 식단을 조절하고 있다.

accessible 이용 가능한, 접근 가능한

Unfortunately, the hiking trail we wanted to explore is not accessible at the moment.
안타깝게도, 우리가 가고 싶었던 등산로는 현재 접근이 불가능하다.

procure (어렵게) 구하다

If we ask around, I'm sure we could procure some extra chairs for the party.
주변에 물어보면 파티에 쓸 의자를 좀 더 마련할 수 있을 거야.

sound cheap 저렴하게 들리다

The price of luxury vacations in that exclusive resort doesn't sound cheap.
그 고급 리조트의 이용료는 저렴할 것 같지 않다.

lower the price 가격을 내리다

I hope they lower the price of those concert tickets.
콘서트 티켓 가격이 내렸으면 좋겠다.

55. Do you prefer to eat fast food that is prepared quickly or other types of food? Include details and examples in your explanation.

빨리 준비된 패스트푸드를 선호하는가, 아니면 다른 종류의 음식을 먹는 걸 선호하는가? 구체적인 예시와 이유를 들어 의견을 뒷받침하라.

Sample Response

I prefer a variety of healthier foods, such as seafood, salads, and **fermented** options. These not only make me feel happier but also support **a healthier lifestyle**.
나는 해산물이나 샐러드, 발효 음식과 같은 다양하고 건강한 음식을 선호한다. 이 음식들은 나를 더 행복하게 만들 뿐 아니라 더 건강하게 생활하도록 한다.

During my high school years, due to a busy schedule, I relied heavily on fast food, which **resulted in gaining 20 pounds** and more stress. I've since lost the weight, but I prefer to maintain **a balanced diet** to avoid any **setbacks**.
고등학교에 다닐 때는 바빠서 패스트푸드를 많이 먹었고, 그 결과 체중이 20파운드(약 9킬로그램) 증가하고 스트레스도 많이 받았다. 이후 체중은 줄었지만, 다시 살이 찌지 않도록 균형 잡힌 식단을 유지하는 걸 선호한다.

Fast foods contain a lot of sugar, **unhealthy fats**, and **sodium**. They are known to cause **obesity** and **diabetes**. Therefore, I choose healthier options like salads or **lean meats** to keep my body in shape.
패스트푸드는 종종 설탕, 건강에 해로운 지방, 그리고 나트륨이 많이 들어 있다. 그것들은 비만이나 당뇨병의 원인으로 알려져 있다. 그래서 나는 내 몸을 건강하게 유지하기 위해 샐러드나 살코기와 같은 더 건강한 메뉴를 선택한다.

Words & Expressions

fermented 발효된

I tried some fermented pickles yesterday.
나는 어제 발효된 피클을 먹어보았다.

a healthier lifestyle 더 건강한 생활 방식

I'm working on living a healthier lifestyle by exercising regularly and eating more veggies.
나는 규칙적으로 운동하고 채소를 더 많이 먹으면서 건강하게 생활하려고 노력 중이다.

result in something 그 결과 ~가 되다

Skipping breakfast can result in feeling tired and sluggish throughout the day.
아침을 거르면 하루 종일 피곤하고 나른한 느낌을 받을 수 있다.

a balanced diet 균형 잡힌 식단

Eating a balanced diet is key to maintaining good health.
균형 잡힌 식사가 건강 유지의 핵심이다.

setbacks (일의 진행에 있어) 차질, (다이어트 중) 요요 현상

Despite some setbacks, I'm determined to reach my weight loss goals.
차질이 조금 있었지만 나는 반드시 체중 감량 목표를 달성할 것이다.

unhealthy fats 몸에 해로운 지방

I try to avoid foods high in unhealthy fats.
나는 몸에 해로운 지방이 많은 음식을 피하려고 노력한다.

sodium 나트륨

I'm watching my sodium intake.
나는 나트륨 섭취량을 조절 중이다.

obesity 비만

Obesity rates are on the rise.
비만율이 증가하고 있다.

diabetes 당뇨병

My grandmother manages her diabetes by monitoring her blood sugar levels and following a healthy diet.
우리 할머니는 당뇨병을 관리하기 위해 혈당 수치를 관찰하고 건강한 식단을 지킨다.

lean meats 지방이 적은 고기, 살코기

I prefer lean meats for a healthier meal choice.
나는 보다 건강한 식사를 위해 살코기를 선호한다.

56. Some people like to travel and explore new destinations, while others find it to be a stressful experience. What is your opinion and why?

어떤 사람들은 여행하며 새로운 장소에 가보는 걸 좋아하는 반면, 다른 사람들은 그런 경험이 스트레스를 준다고 생각한다. 둘 중 어떤 의견에 동의하는가?

Sample Response

Traveling to new places is stressful for me.
나는 새로운 장소로 여행하는 게 스트레스라고 생각한다.

First, to travel to new places, I have to carve out a lot of time from my schedule. Because it's a new place, I have to **make a plan,** like **booking a hotel** or searching for information about **bus fares** and different **customs**. Some might say this is quite exciting, but not for me.
첫 번째로, 새로운 장소를 여행하기 위해서 너무 많은 시간을 할애해야 한다. 새로운 곳이기 때문에 계획을 세워야 하

는데, 예를 들어 호텔을 예약하거나 버스 요금이나 그들의 관습 등 정보를 검색해야 한다. 어떤 사람들은 이 과정이 꽤 흥미롭다고 말할지 모르지만 내게는 그렇지 않다.

Second, it can be quite expensive. There are going to be **hidden expenses** that I might not anticipate. In some places, even if I prefer to **take public transportation** as an affordable option, it might not be available. So, I could end up having to rent a car. Therefore, in general, I'm concerned about unexpected expenses when traveling.
두 번째로, 비용이 많이 들 것이다. 내가 처음에는 알 수 없는 숨겨진 비용이 있을 것이다. 어떤 곳에서는 대중교통을 이용하고 싶어도 아예 서비스가 제공되지 않을 수도 있다. 그래서 차를 빌려야 할 수도 있다. 나는 여행할 때 숨겨진 비용이 걱정된다.

Words & Expressions

make a plan 계획을 세우다

We made a plan to go hiking this weekend.
우리는 이번 주말에 하이킹을 갈 계획을 세웠다.

book a hotel 호텔을 예약하다

We booked hotels for our upcoming vacation.
우리는 다가오는 휴가 때 머물 호텔을 예약했다.

bus fares 버스 요금

The bus fares have increased again.
버스 요금이 또 올랐다.

customs 관습

I was introduced to Korean customs during my trip to Seoul.
나는 서울 여행 중에 한국의 관습에 대해 알게 되었다.

hidden expenses 숨겨진 비용

When planning a trip, it's important to account for hidden expenses that may pop up along the way.
여행을 계획할 때는 갑자기 생길 수 있는 숨겨진 비용을 반드시 고려해야 한다.

take public transportation 대중교통을 이용하다

I often take public transportation to avoid traffic and save on parking costs.
나는 교통 체증을 피하고 주차비를 절약하기 위해 종종 대중교통을 이용한다.

57. Some people prefer to spend time with their friends at home, while others usually meet them outside. Which do you prefer and why?

어떤 사람들은 집에서 친구들과 시간을 보내는 걸 선호하는 반면, 다른 사람들은 보통 밖에서 친구들을 만난다. 둘 중 어떤 것을 선호하고 이유는 무엇인가?

Sample Response

I prefer to meet my friends at home for two main reasons.

나는 집에서 친구들을 만나는 걸 선호하는데, 여기에는 두 가지 이유가 있다.

First of all, I can save time. Since everyone comes to my house, I don't need to go out. If I **meet someone downtown**, or in another city, I have to **put on makeup**, choose what to wear, and drive to the destination. That can be stressful.

우선 시간을 절약할 수 있다. 모두가 우리 집에 올 예정이니 나는 아무 데도 갈 필요가 없다. 시내나 다른 도시에서 누군가를 만난다면 화장을 해야 하고, 어떤 옷을 입을지 선택해야 하며, 차를 타고 목적지까지 가야 한다. 그건 너무 번거로운 일이다.

Second, I can save money. **Everything costs a lot of money** these days. If we go out to eat, it's costly. If we want to see a movie, we have to buy tickets, and they've become very expensive over the years. But if we **hang out at home**, we don't have to spend that much money.

두 번째로, 돈을 절약할 수 있다. 요즘은 모든 것에 많은 돈이 든다. 만약 밖에 나가서 외식을 하면 돈이 많이 들 것이다. 만약 영화를 보고 싶다면 표를 사야 하는데 영화 표 가격도 많이 올랐다. 하지만 집에서 놀면 그렇게 많은 돈을 쓸 필요가 없다.

Words & Expressions

meet someone downtown 시내에서 누구를 만나다

I met them downtown and we grabbed some coffee at my favorite cafe.

나는 시내에서 그들과 만나서 내가 가장 좋아하는 카페에서 함께 커피를 마셨다.

put on makeup 화장하다

I don't usually put on makeup.

나는 평소에 화장을 잘 안 한다.

everything costs money 모든 것은 돈이 든다

Everything costs money these days, so it's important to budget wisely.

요즘은 모든 것에 돈이 들기 때문에 현명하게 예산을 짜는 게 중요하다.

hang out at home 집에서 놀다

Let's just hang out at home tonight.
오늘 밤은 그냥 집에서 놀자.

58. Some students find pleasure in embellishing their environment such as their rooms or desks, while some prefer to maintain plain and unadorned surroundings. Which do you prefer and why?
어떤 학생들은 책상이나 방 등 자기 주변 환경을 꾸미는 데 즐거움을 느끼는 반면, 어떤 학생들은 평범하고 꾸미지 않은 환경을 유지하는 걸 선호한다. 둘 중 어떤 것을 선호하고 이유는 무엇인가?

Sample Response

I prefer to keep my surroundings simple and **free of any decorations.**
나는 주변이 깔끔하고 장식이 없는 상태인 걸 선호한다.

First, I can save more money this way. When I was younger, I was different. I loved having **desk decorations.** But those little things are getting quite expensive. **All my money is being spent on rent, groceries, and books.** I don't think I can afford **luxuries.**
첫 번째로, 이렇게 하면 돈을 절약할 수 있다. 어렸을 때는 생각이 달랐다. 나는 책상 장식들을 아주 좋아했다. 하지만 장식품 가격이 점점 오르고 있다. 나는 요즘 집세나 식료품, 책을 사는 데 돈을 쓰고 있다. 나는 사치품을 살 여유가 없다고 생각한다.

Second, if I don't have any desk decorations, it takes less time to clean the desk. My younger sister has little clown **ornaments** on her desk, and every time she tries to clean the desk, she has to move them and then **replace** them one by one.
두 번째로, 장식이 없으면 책상 청소에 시간이 덜 걸린다. 내 여동생은 책상 위에 작은 광대 피규어들이 있는데 책상을 청소할 때마다 그것들을 하나씩 옮겨야 한다.

Words & Expressions

free of something ~가 없는

After finishing my assignment, I felt a sense of relief and freedom, free of any obligations.
과제를 마친 후 나는 어떤 의무감도 없이 안도감과 자유를 느꼈다.

desk decorations 책상 위에 두는 장식품들

I like to add some fun desk decorations to brighten up my workspace.

나는 작업 공간에 활기를 더하기 위해 책상 위에 재미있는 장식품을 두는 걸 좋아한다.

all my money is being spent on something 나의 돈은 현재 모두 ~에 사용된다

All my money is being spent on bills and groceries.

나의 돈은 모두 공과금을 내고 식료품을 사는 데 사용되고 있다.

luxuries 사치품

I love indulging in little luxuries every now and then.

나는 가끔 사치하는 걸 즐긴다.

ornament 장식품

She used to wear a lot of hair ornaments.

예전에 그녀는 머리 장식을 많이 했었다.

replace (원래 있던 자리에) 다시 놓다

After cleaning up, I replaced everything in its proper place on the shelves.

청소를 마친 후, 나는 모든 걸 선반 위의 제자리에 다시 놓았다.

59. Do you agree or disagree with the statement? How a person dresses can be a reliable indicator of their personality or character.

다음 주장에 동의하는가? 사람들이 입는 옷은 그들의 성격과 개성을 보여준다.

Sample Response

I think the way we dress only shows what we like to wear or what we must wear. For instance, we sometimes have to wear a suit or formal dress for certain occasions. And it has nothing to do with our personality or character. **You can never tell who's more generous or loving based on one's outfit** or who's more **introverted** or **extroverted**.

나는 우리의 패션이 개인의 선호도와 복장 규정에 대한 정보만 준다고 생각한다. 예를 들어 우리는 때때로 정장이나 예복을 입어야 한다. 그리고 그것은 한 사람의 성격과 관련이 없다. 옷차림에 따라 누가 더 너그럽고 다정한지, 누가 더 내향적이고 외향적인지 절대 알 수 없다.

If someone loves to wear **a pair of leggings** and **a hoodie**, she could be someone who enjoys running in the morning, but she could also be someone who prefers to **stay indoors** and play games. We can never know. What we do know is that she **feels comfortable wearing these clothes**.

만약 누군가가 레깅스와 후드 티를 입는 걸 좋아한다면, 그녀는 아침에 달리기를 즐기는 사람일 수도 있지만, 그녀는 또한 실내에서 게임하는 걸 좋아하는 사람일 수도 있다. 우리는 절대 알 수 없다. 우리가 알 수 있는 건 그녀가 그런 옷을 편안하게 느낀다는 것뿐이다.

Words & Expressions

you can never tell something ~을 절대 알 수 없다

You can never tell what to expect in life.
인생은 어떻게 흘러갈지 절대 알 수 없다.

based on something ~을 기반으로

Based on my previous attempts, I've learned that practice truly does make perfect.
이전 경험을 바탕으로 말하자면 나는 연습만이 살길이라는 걸 배웠다.

introverted 내향적인

My dad is quite introverted, but he's always there to offer wise advice when I need it.
우리 아빠는 꽤 내향적이지만 내가 필요로 할 때 항상 현명한 조언을 해주신다.

extroverted 외향적인

Extroverted people usually light up the room with their outgoing and friendly personalities.
외향적인 사람들은 대개 사교적이고 친근한 성격으로 모임에 활기를 더한다.

a pair of leggings 레깅스 한 벌

I usually wear a comfy pair of leggings for running errands.
나는 보통 심부름할 때 편안한 레깅스를 입는다.

a hoodie 모자가 달린 옷, 후드 티

I love throwing on a cozy hoodie and curling up with a good book on a rainy day.
비가 오는 날이면 나는 포근한 후드 티를 입고 편안한 자세로 좋은 책을 읽는 걸 좋아한다.

stay indoors 실내에 머무르다

My adventurous friend never likes to stay indoors.
모험심이 강한 내 친구는 실내에서 시간을 보내는 걸 전혀 좋아하지 않는다.

feel comfortable doing something ~하는 걸 편하게 느끼다

He felt comfortable expressing his creativity through painting.
그는 그림을 그리면서 창의성을 표현하는 데에 편안함을 느꼈다.

60. Would you rather receive cash or a physical gift from your parents as a birthday present?

부모님으로부터 생일 선물을 받는다면 현금 또는 선물 중 어떤 게 더 받고 싶은가?

Sample Response

Well … cash is **just fine** because I can buy something I want with it. But if I must choose, I prefer a gift for my birthday for sentimental reasons.
음, 내가 원하는 걸 살 수 있으니 현금을 받는 것도 괜찮지만, 만약 내가 두 옵션 중 하나를 골라야 한다면 지극히 감

상적인 이유로, 선물을 선택할 것이다.

For example, I got a necklace from my parents for my birthday last year, and I was so **happy to have it**. There is this small jewelry shop near my house. Whenever we **went past** it, I would **press my nose up against the shop window** and admire one pink necklace. My parents saw me doing this a couple of times, so they got that necklace for my birthday. I was so **moved** by their kind gesture.
예를 들어 작년 생일에 부모님께 목걸이를 선물 받았는데 너무 행복했다. 우리 집 근처에 작은 보석 가게가 있는데 우리가 그 가게를 지날 때마다 나는 잠시 동안 가게 창문에 얼굴을 대고 분홍색 목걸이를 쳐다보곤 했다. 부모님은 내가 이러는 걸 몇 번 보셨는데, 이후 생일 선물로 그 목걸이를 사주셨고, 나는 부모님의 사랑에 크게 감동받았다.

TIP

두 가지 선택지 중 하나를 선택할 때 객관적인 이유가 없다면 예시만으로 답변할 수 있습니다.
두 가지 선택지 중 하나를 경험해보았고, 그 경험이 좋았다면 그에 관해 이야기해주세요!

Words & Expressions

just fine 나름 괜찮은, 잘

Despite the minor setback, I assured myself that everything was just fine.
일에 차질이 조금 있긴 했지만, 나는 아무 문제없다고 스스로를 다독였다.

happy to have something ~을 가지게 되어 좋은

I am so happy to have you around.
네가 곁에 있어서 너무 행복해.

go past (some place) ~을 지나가다

As I was walking down the street, I went past many car stores.
거리를 걸으며 많은 자동차 가게를 지나쳤다.

press one's nose up against something ~에 코를 대고 있다

The little girl pressed her little nose up against the window, eagerly watching the snowfall outside.
어린 소녀는 밖에 내리는 눈을 열심히 바라보며 작은 코를 창문에 바짝 붙였다.

moved 감동한

I attended the concert last night, and I was so moved by the incredible performance.
어젯밤에 콘서트를 보러 갔는데, 멋진 공연에 엄청나게 감동했다.

61. Some consumers prefer to hold off on purchasing a new product until the price has decreased. Others would rather purchase it right away, even if it costs a little more. Which do you prefer and why?

일부 소비자들은 신제품의 가격이 내려갈 때까지 기다리는 걸 선호한다. 반면 다른 사람들은 비용이 조금 더 들더라도 신제품을 바로 구매하고 싶어 한다. 둘 중 어떤 것을 선호하고 이유는 무엇인가?

Sample Response

On the one hand, if I buy new products immediately, I will be able to enjoy **the perks of having them**. If it's a phone, there will be **new functionalities**, and it will be faster.

한편으로, 만약 내가 바로 신제품을 산다면 그만의 혜택을 누릴 수 있을 것이다. 만약 그게 휴대폰이라면 새 기능이 있을 것이고, 더 빠를 것이다.

On the other hand, if I wait until **the price goes down**, I can save a lot of money.

반면 가격이 내려가는지 지켜본다면 돈을 절약할 수 있다.

Personally, I wait because usually, the prices of new products go down in a week or two. If it's **an electronic gadget** such as a phone or a tablet, we can buy the same product **at half the price** after several weeks. I'm a sophomore in college, and since I am **living on a tight budget**, it is a smarter choice for me.

개인적으로 나는 기다리는 편인데 그 이유는 신제품 가격은 1~2주 안에 내려가고, 휴대폰이나 태블릿 PC와 같은 전자기기라면 몇 주 안에 같은 제품을 반값에 살 수 있기 때문이다. 나는 대학교 2학년 학생이고 예산이 아주 빠듯하기 때문에 그게 내게는 더 현명한 선택인 것 같다.

Words & Expressions

the perks of something ~에서 오는 추가적인 혜택

The perks of getting hired at this company are free snacks in the break room and flexible work hours.

이 회사에서 일하면 휴게실에서 무료 간식을 먹을 수 있고, 탄력적인 근무를 할 수 있다.

new functionalities 새로운 기능들

I can't wait to check out the new functionalities of the latest iPhone.

최신 아이폰에 있는 새로운 기능들을 빨리 써보고 싶다.

the price goes down 가격이 내려가다

The price goes down when you use discount codes.

할인 코드를 사용하면 가격이 내려간다.

an electronic gadget 전자기기, 전자제품

My friend has a small startup where they produce electronic gadgets like smartwatches.
내 친구는 스마트 워치와 같은 전자기기를 만드는 작은 스타트업을 하고 있다.

at half the price 반값으로

I bought a brand-new smartphone at half the price during the flash sale.
반짝 세일 기간 동안 새 스마트폰을 반값에 샀다.

live on a tight budget 빠듯하게 살다

Most students live on a tight budget.
대부분의 학생들은 빠듯한 예산으로 생활한다.

62. Do you agree or disagree with the given statement? Advertisements have a profound impact on the decision-making process of individuals. Give specific details and examples to support your idea.
다음 주장에 동의하는가? 광고는 개인의 의사결정 과정에 지대한 영향을 미친다. 구체적인 이유와 예시를 들어 답변을 뒷받침하라.

Sample Response

I believe advertisements have a strong influence on people's decisions.
광고는 사람들의 결정에 큰 영향을 미친다.

First of all, advertisements tell people what kinds of products are **out there.** If it weren't for ads, we wouldn't know about all the different products. When people see ads, they become curious about new products and decide to purchase them and **try them out.**
첫 번째로, 광고는 사람들에게 어떤 제품이 있는지 알려준다. 광고가 없으면 우리는 다양한 제품의 존재를 알지 못했을 것이다. 광고를 봄으로써 사람들은 새로운 제품에 호기심을 갖게 되고, 그것을 구입해 사용해보기로 결정한다.

Secondly, sometimes, even if people know certain products are out there, they might not be interested at first. However, advertisements present the products **in the best possible light**. They **emphasize** the benefits of having them, and **commercial jingles** are very **addictive**, too.
두 번째로, 간혹 사람들은 특정 제품이 판매 중이라는 걸 알고 있더라도 처음에는 관심이 없을 수 있다. 그러나 광고는 제품을 가능한 한 좋아 보이도록 만든다. 광고는 제품의 장점을 강조하며, 광고 음악은 매우 중독성 있다.

Words & Expressions

out there 시중에 (파는)

There are so many awesome beauty products out there.
시중에는 좋은 미용 제품을 정말 많이 판다.

try something out 시험 삼아 해보다, 사용해보다

I recently bought a couple of new skincare products, and I can't wait to try them out.
최근에 스킨케어 신제품을 몇 개 샀는데, 얼른 써보고 싶다.

in the best possible light 가장 보기 좋게

We should try to present ourselves in the best possible light during job interviews.
취업 면접을 볼 때는 가능한 한 자신의 장점을 보여주려고 노력해야 한다.

emphasize 강조하다

My father always emphasizes the importance of hard work.
아버지는 항상 근면의 중요성을 강조한다.

commercial jingles 광고용 음악

The advertising team came up with some incredibly catchy and effective commercial jingles.
광고팀에서는 엄청나게 매력적이고 효과적인 광고 음악을 생각해냈다.

addictive 중독적인, 중독성이 있는

These songs are addictive.
이 노래들은 중독성이 있다.

63. Do you agree or disagree with the following statement? Artists and musicians play a vital role in society, contributing to the cultural and intellectual fabric of our communities.
다음 주장에 동의하는가? 예술가와 음악가는 사회에서 공동체의 문화적, 지적 구조를 만들고 유지하는 중요한 역할을 한다.

Sample Response

I agree with the statement that artists and musicians play a vital role in society. There are many important people in society, and artists are one of them.
나는 예술가와 음악가가 사회에서 중요한 역할을 한다는 말에 동의한다. 사회에는 많은 중요한 사람들이 있고 예술가도 그 중 하나이다.

First of all, artists are **historians** in a way. They record and explain many **facets** of society in their work. For example, if we read Jane Austen's works, we can **indirectly experience**

the life of 18th-century women.
첫 번째로, 예술가는 어떤 면에서는 역사가라고 볼 수 있다. 그들은 사회의 많은 측면을 기록하고 설명한다. 예를 들어 제인 오스틴의 작품을 읽으면 18세기 여성들의 삶을 간접적으로 경험할 수 있다.

Secondly, musicians are also important. Many psychologists believe music helps us **regulate** our anger, **resolve** our loneliness, and excite our brains. There are so many **pleasurable** songs out there that we **cannot live without.**
두 번째로, 음악가도 중요하다. 많은 심리학자는 음악이 우리의 분노를 조절하고, 외로움을 해소하고, 뇌를 자극하는 데 도움을 준다고 한다. 세상에는 안 듣고는 못 배길 좋은 노래들이 아주 많다.

Words & Expressions

historian 역사가

He is a writer as well as a historian.
그는 역사가일 뿐 아니라 작가이기도 하다.

facet 측면

There are so many facets to learning a new language, such as mastering vocabulary, pronunciation, and grammar.
새로운 언어를 배우는 것에는 어휘, 발음, 문법을 숙달하는 것과 같은 많은 측면들이 있다.

indirectly experience 간접적으로 경험하다

By watching travel documentaries, you can indirectly experience the beauty and wonder of far-off places.
여행 다큐멘터리를 보면 멀리 떨어진 장소의 아름다움과 경이로움을 간접적으로 경험할 수 있다.

regulate 규제하다, 조절하다

We need better laws to regulate the use of social media.
소셜 미디어의 사용을 규제하기 위한 더 나은 법이 필요하다.

resolve 해결하다

Seeking counseling can help resolve underlying mental issues.
상담을 받으면 근본적인 정신적 문제를 해결하는 데 도움이 될 수 있다.

pleasurable 즐거운

Old photo albums brought back pleasurable memories.
오래된 사진첩은 즐거운 추억을 떠올리게 했다.

cannot live without something ~없이 살지 못하다

I cannot live without my morning cup of coffee.
나는 아침에 커피를 마시지 않고는 못 배긴다.

64. Some people think that it is acceptable to take photos when visiting a museum, while others believe that it is not appropriate to do so. What is your opinion?

어떤 사람들은 박물관에서 사진을 찍어도 된다고 생각하는 반면, 다른 사람들은 그렇게 하는 게 적절하지 않다고 생각한다. 둘 중 어떤 의견에 동의하는가?

Sample Response

I don't think this is acceptable.
나는 이것을 용납할 수 없다고 생각한다.

First, people who take photos can **distract** others. Many visitors are there to **appreciate** exhibits without distractions like camera flashes or shutter clicks. If there are people taking pictures **on every corner**, other visitors would have to go around them, and it's very **disruptive**.
우선 사진을 찍는 사람은 다른 사람들을 방해할 수 있다. 많은 방문객이 카메라의 플래시나 셔터 소리와 같은 방해 없이 전시물을 감상하기 위해 그곳에 간다. 만약 사방에 사진을 찍는 사람들이 있다면 다른 방문객들은 그들을 피해서 돌아가야 하니 매우 불편할 것이다.

Secondly, a camera flash can damage artworks. It will cost a lot of money to **restore** them. Instead, we can find pictures of the artworks in catalogs, or we can even find them online. Some of my friends occasionally order prints through online shops and keep them at home. I think this is **a better way to appreciate art**.
두 번째로, 카메라 플래시는 예술품을 손상시킬 수 있다. 작품을 복원하는 데는 많은 돈이 든다. 대신 카탈로그에서 예술품의 사진을 찾아볼 수 있고, 온라인으로도 찾아볼 수 있다. 내 친구들 중에는 가끔 온라인에서 예술 작품의 복사본을 주문하고 집에 걸어 두는 경우도 있다. 내 생각엔 이게 예술을 감상하는 더 좋은 방법인 것 같다.

Words & Expressions

distract 산만하게 하다, 집중을 방해하다
I was distracted from my studies.
나는 공부에 집중할 수 없었다.

appreciate 감상하다, 진가를 알아보다
Last weekend, I went to a wine tasting event to appreciate good wine.
지난 주말에 나는 좋은 와인을 음미하기 위해 와인 시음회에 갔다.

on every corner 모퉁이마다

In my city, there seems to be a cafe on every corner.
내가 사는 도시에는 모퉁이마다 카페가 있는 것 같다.

disruptive 파괴적인, 지장을 주는

Innovative startups have introduced disruptive technologies.
혁신적인 스타트업들이 와해성 기술*을 도입했다.

*와해성 기술: 기존 업계를 재편성하고 시장 대부분을 점유하게 될 신제품 또는 서비스

restore 회복시키다, 복원하다

My brother restores old paintings.
내 동생은 오래된 그림을 복원하는 일을 한다.

a better way to do something ~을 하는 더 좋은 방법

After experimenting with various products, I finally found a better way to clean my kitchen.
다양한 제품을 사용해본 결과, 나는 드디어 부엌을 청소하는 더 나은 방법을 찾았다.

65. Do you agree or disagree with the following statement? A famous person needs to serve as a positive role model for youth.
다음 주장에 동의하는가? 연예인들은 젊은이들에게 좋은 본보기를 보여야 한다.

Sample Response

I think that celebrities should serve as positive role models for young people.
나는 연예인들이 젊은이들에게 긍정적인 롤모델이 되어야 한다고 생각한다.

First, young people **idolize** them a lot. They always care about the **outfits** they wear, the places they visit, and the opinions they have. Celebrities should know their actions and words **carry some weight**.
첫 번째로, 젊은이들은 그들을 매우 우상화한다. 연예인들이 어떤 옷을 입고 어디를 방문하고, 어떤 생각을 가지고 있는지에 대해 신경 쓴다. 연예인들은 그들의 행동과 말이 어느 정도 무게를 지니고 있다는 걸 알아야 한다.

Second, if these artists set a good example, young people will follow them, demonstrating the power of positive influence. Once in Korea, a boy band made a huge donation to **flood victims** during the summer, and it **led to more donations** from their fans, ultimately **helping** thousands of people.
두 번째로, 연예인들이 좋은 본보기를 보인다면 젊은이들이 그들을 따라할 것이고, 이는 매우 긍정적 효과가 있다고 생각한다. 한국에서 한번은 한 보이밴드가 홍수 피해자들을 위해 여름 동안 엄청난 기부를 했고, 이는 팬들의 더 많은 기부로 이어져 결국 수천 명의 사람들을 도왔다.

Words & Expressions

idolize 우상화하다, 숭배하다

He idolized his father.

그는 아버지를 우상화했다.

outfit 옷, 복장

I bought another ski outfit.

스키복을 하나 더 샀다.

carry weight 중요하다, 영향력이 있다

His opinion carries some weight in the team's decision-making process.

그의 의견은 팀의 의사결정 과정에서 어느 정도 영향력을 가지고 있다.

flood victims 홍수 피해자

The government provided emergency relief and shelter for the flood victims.

정부는 홍수 피해자들을 위해 긴급 구호와 피난처를 제공했다.

lead to something ~로 이어지다

The research led to remarkable advancements in cancer treatment.

그 연구로 인해 암 치료에 있어 괄목할 만한 발전이 있었다.

help (out) 도와주다

Dad helped out with the bills whenever he could.

아빠는 가능할 때마다 공과금 내는 걸 도와줬다.

스피킹 독립형 연습문제 기본편 65개 문항을 모두 보았습니다. 영어 실력이 부족한 경우 자유롭게 말하는 연습과 스크립트 암기를 병행하는 게 좋습니다. 스피킹 스크립트를 암기하는 방법은 크게 세 가지 단계가 있습니다.

1단계. 한국어로 작성한 스크립트를 보며 영어로 떠올려보세요. 떠오른 문장들을 반드시 큰소리로 발화하세요. 1단계가 충분히 익숙해지면 2단계로 넘어갑니다.

2단계. 영어 스크립트를 일부 가린 후, 가린 부분에 있는 내용을 영어로 떠올려봅니다. 마찬가지로 떠오른 문장들을 큰소리로 발화하세요. 예를 들어 다음과 같은 문장이 있다고 가정합시다.

I think that celebrities should serve as positive role models for young people. First, young people idolize them a lot. They always care about the outfits they wear, the places they visit, and the opinions they have. Celebrities should know their actions and words carry some weight.

이 문장에서 일부를 가리세요. 아래와 같이 문장을 토막 내는 걸 추천 드립니다.

I think that celebrities should serve as ______________________________. First, young people idolize them a lot. They always care about the outfits they wear, ________________________ ______________. Celebrities should know ________________________________.

3단계. 전체 스크립트에서 다섯 개에서 열 개 정도의 단어만 추출하여 그 단어들만 보고 이어서 말하는 연습을 하셔야 합니다. 예를 들어 아래와 같은 스크립트를 암기한다고 생각해봅시다.

I think that celebrities should serve as positive role models for young people. First, young people idolize them a lot. They always care about the outfits they wear, the places they visit, and the opinions they have. Celebrities should know their actions and words carry some weight. Second, if these artists set a good example, young people will follow them, demonstrating the power of positive influence. Once in Korea, a boy band made a huge donation to flood victims during the summer, and it led to more donations from their fans, ultimately helping thousands of people.

여기서 다섯 개에서 열 개 단어(핵심 단어)만 뽑아서 적으세요. 'positive, idolize, outfit, places, positive influence…' 이렇게 일부 단어만 뽑아둔 후에 내용을 이어 말해봅니다.

스피킹 독립형 연습문제: 고급편

'스피킹 독립형 연습문제: 고급편(이하 연습문제 고급편)'에서는 25점 이상이 목표인 수험생들을 위해 전체 출제 경향을 정리한 문제를 제공합니다. 다음 페이지에는 브레인스토밍을 위해 문제만 따로 모아두었습니다. 모든 문제는 총 열다섯 개의 주제로 분류했습니다. 이렇게 나누어보면 어떤 주제가 문제로 나오는지 대략적으로 파악할 수 있습니다. 문제를 하나씩 풀어보며 자신의 강점과 약점을 파악해보고 답변이 어려운 주제들을 집중적으로 연습해보길 권합니다.

스피킹 독립형 문제는 지금까지 출제된 문항이 1,000개가 넘습니다. 따라서 다양한 주제로 말해보는 연습을 해야 합니다. 이유와 구체적인 내용을 직접 생각해내면 가장 좋지만, 생각이 잘 나지 않는 경우 154페이지부터 이어지는 답안을 참고해도 좋습니다. 이유 하나와 예시 하나 이상을 구체적으로 준비해봅시다. 스크립트를 작성한 후에는 지인, 선생님, 각종 AI 서비스 등을 이용해 반드시 첨삭을 받는 걸 추천합니다. 이후 오류가 없다고 확신하는 문장들은 최대한 많이 암기하는 게 좋습니다. 문장이나 표현은 많이 알고 있을수록 유리합니다. 그러니 암기를 피하지 마세요!

연습문제 고급편에서는 모든 샘플 답안에 오디오 파일을 제공합니다. 🎧 표시와 파일명을 따로 표기하지 않았지만 재생목록에서 각 문제의 샘플 답안을 오디오 파일로 들을 수 있으니 꼭 확인해주세요(예를 들어 1번 문제는 '3_1' 파일을 들으면 됩니다)!

TOPIC QUESTION 1
Would you rather work with more autonomy or work with strict supervision?

TOPIC QUESTION 2
When assigning research to students, should the professor give a particular research topic or grant students the freedom to choose their own?

TOPIC QUESTION 3
Some students choose the books they read from their schools' recommended reading lists. Other students choose their own books. Which do you prefer?

TOPIC QUESTION 4
When hanging out with your friends, do you prefer to make decisions on your own or let your friends decide for you?

TOPIC QUESTION 5
Some people prefer hosting their own parties, while others enjoy being invited to attend them. Which one do you prefer?

TOPIC QUESTION 6
Some people believe that being a leader in a group setting is preferable to working under someone else. Which do you prefer?

TOPIC QUESTION 7
Some people believe that family members have the biggest impact on young adults. Others consider friends to be the most significant influence. Which do you agree with?

TOPIC QUESTION 8
Some college students prefer to make friends with people of the same age. Other students prefer to make friends with people of different ages. Which way do you prefer? Use specific reasons and examples to support your choice.

TOPIC QUESTION 9
Some people enjoy asking their parents for help, while others prefer advice from friends. Which do you prefer?

TOPIC QUESTION 10
Some people prefer to be friends with a similar person, while others prefer to make friends who are different from them. Which one do you prefer?

TOPIC QUESTION 11
Some people like to have a large circle of friends, while others choose to have a small, intimate group of close friends. Which do you prefer?

TOPIC QUESTION 12
Do you agree or disagree with the following statement? Your friends are the most important influence in your life.

TOPIC QUESTION 13
Do you prefer to work with individuals who share your way of thinking or those who have a distinct perspective?

TOPIC QUESTION 14
Do you agree or disagree with the following statement? We should help our friends only when they ask for help because unsolicited assistance might not be appreciated and can potentially harm the relationship.

TOPIC QUESTION 15
Do you agree or disagree with the following statement? Even if you are aware that others will disagree, it is best to express your honest opinion. Give specific reasons to support your opinion.

TOPIC QUESTION 16
Do you agree or disagree with the following statement? Being truthful is not as important as being polite.

TOPIC QUESTION 17
Some people would rather express their ideas right away. Some might prefer to wait and hear what others have to say before expressing their viewpoint. Which one do you think is better?

TOPIC QUESTION 18
Would you want to persuade friends or family members who have different opinions from your own or would you prefer to let them hold their original opinions?

TOPIC QUESTION 19
While some individuals prefer to watch television news programs to learn about current events, others prefer to read about them in newspapers or on the Internet. Which do you think is better: watching the news or reading newspapers?

TOPIC QUESTION 20
Do you agree or disagree with the following statement? Compared to people in the past, modern-day youth are better informed about global affairs.

TOPIC QUESTION 21
Do you pay more attention to domestic news or international news? Give examples to support your choice.

TOPIC QUESTION 22
Do you prefer to read the news daily or at regular intervals? Give specific reasons to support your opinion.

TOPIC QUESTION 23
Do you agree or disagree with the following statement? Knowing the background of the city you live in is crucial.

TOPIC QUESTION 24
Do you agree or disagree with the following statement? Learning about other cultures is crucial.

TOPIC QUESTION 25
One question that may arise in community planning is whether the government should allocate resources toward building a library or a parking lot. Should your government build a library or a parking lot in your community?

TOPIC QUESTION 26
Suppose a person has given some land to your community. Some members of the community desire to use the land for cultivating plants or flowers, while others would like to see the land utilized for constructing a playground for children. Which do you think is better? Use specific reasons and examples to support your answer.

TOPIC QUESTION 27
Which feature of smartphones is the most useful for students: taking photos, listening to music, or recording lectures?

TOPIC QUESTION 28
There are conflicting views on the role of robots in the future. Some people believe that robots have the potential to replace humans in various types of work, whereas others hold the belief that robots will never surpass humans in intelligence or usefulness. Which do you agree with?

TOPIC QUESTION 29
Do you agree or disagree with the following statement? With the advent of new technology capable of performing mathematical operations, the significance of teaching young people to do mental math has decreased in schools.

TOPIC QUESTION 30
Do you agree or disagree with the following statement? New technology has made our life more convenient and comfortable.

TOPIC QUESTION 31
Some people believe that printed materials, like books and newspapers, will eventually be replaced by electronic versions. Some say people will always be interested in printed materials. Which point of view do you agree with?

TOPIC QUESTION 32
Do you agree or disagree with the following statement? For business conferences, people should meet each other in person instead of using video calls.

TOPIC QUESTION 33
There are different views regarding the future of libraries with the rise of technology and the Internet. While some individuals believe that libraries will become obsolete, others argue that libraries will always be an essential resource. Which opinion do you agree with?

TOPIC QUESTION 34
Do you agree or disagree with such a plan? Schools should ban accessing social media websites from library computers.

TOPIC QUESTION 35
Some people enjoy uploading their day-to-day activities online, while others choose not to share their routines on social media. What is your preference?

TOPIC QUESTION 36
Some people thoroughly read a product manual before using a new product, whereas others completely disregard it. Which do you think is better?

TOPIC QUESTION 37
Do you agree or disagree with the following statement? Children should not have cell phones. Give reasons and details to support your answer.

TOPIC QUESTION 38
Do you agree or disagree with the following statement? Children need to start using computers at a young age.

TOPIC QUESTION 39
Do you agree or disagree with the following statement? It's essential to educate children about Internet safety in schools.

TOPIC QUESTION 40
Do you agree or disagree with the following statement? Schools should not allow students to use cell phones during school hours.

TOPIC QUESTION 41
Do you agree or disagree with the following statement? Incorporating educational games into classroom activities is a beneficial approach.

TOPIC QUESTION 42
Do you agree or disagree with the following statement? Online video games help students learn better.

TOPIC QUESTION 43
If a driver is stopped by the police while driving under the influence, do you believe that the driver's license should be taken away?

TOPIC QUESTION 44
Can we freely choose what we watch, or is it necessary to impose censorship on film and television?

TOPIC QUESTION 45
Voting is mandatory for all citizens in some countries. However, in other nations, voting is optional. Which system do you think is better?

TOPIC QUESTION 46
Do you believe that the government should pass laws that impose fines on individuals who use mobile phones while crossing roads or intersections?

TOPIC QUESTION 47
In the present day, traffic jams are on the rise. What recommendations would you suggest to the government to alleviate this issue?

TOPIC QUESTION 48
Do you agree or disagree with the following statement? It is suggested that private vehicles should be prohibited from entering downtown areas of major cities. Use details and examples to explain your opinion.

TOPIC QUESTION 49
State whether you agree or disagree with the following statement. Then explain your reasons using specific details in your explanation. The government should force wealthy individuals to share their wealth with less fortunate people by imposing higher taxes on them.

TOPIC QUESTION 50
Do you believe that 16-year-olds are skilled and mature enough to drive safely? Use specific reasons and examples in your explanation.

TOPIC QUESTION 51
State whether you agree or disagree with the following statement. Then explain your reasons using specific details in your explanation. The government should impose more taxes on people who drive non-environmentally friendly cars.

TOPIC QUESTION 52
Do you agree or disagree with the following statement? Watching TV is a good way to acquire knowledge about the culture of a particular country.

TOPIC QUESTION 53
There are a lot of ways to learn about life. Some people like to learn about life by listening to others, while others think you should learn about life from your own experience. Which do you prefer?

TOPIC QUESTION 54
Do you agree or disagree with the following statement? It is necessary to learn a country's primary language in order to understand the country and its culture fully.

TOPIC QUESTION 55
Do you agree or disagree with the following statement? Instead of requiring elementary school students to do experiments themselves, schools should only allow them to watch experiments demonstrated by their teachers.

TOPIC QUESTION 56
Some people enjoy going to watch a show or sports game in person, while others prefer to watch it from the comfort of their own home using a TV or electronic device. Which do you choose?

TOPIC QUESTION 57
A person can travel to a country in one of two ways. One is taking a real trip. The other is traveling virtually through reading books and articles. Which do you prefer?

TOPIC QUESTION 58
There are different opinions on whether it is possible to learn a new language while staying in one's own country, with some arguing that immersion in a country where the language is spoken is necessary. Which idea do you prefer?

TOPIC QUESTION 59
When given the choice between field trips to zoos or natural history museums, which destination would you prefer to visit?

TOPIC QUESTION 60
Do you agree or disagree with the following statement? Animals should be granted comparable rights to humans and treated with the same level of respect.

TOPIC QUESTION 61
Do you agree or disagree? A zoo does not fulfill any practical or useful purpose.

TOPIC QUESTION 62
If your friend is interested in getting a pet but lacks experience in pet ownership and is unsure what to pick, what recommendations would you make, and why?

TOPIC QUESTION 63
Which opinion do you agree with? Should parents provide financial support for their children attending college, or should students work part-time jobs to support themselves?

TOPIC QUESTION 64
Do you agree or disagree with the following statement? Having friends in the same class can enhance students' learning experience.

TOPIC QUESTION 65
Do you believe that it would be beneficial for university students to gain work experience through part-time jobs before entering their careers? Give specific reasons to support your opinion.

TOPIC QUESTION 66
Humanities subjects such as philosophy, history, and literature studied in universities have no value for future careers. To what extent do you agree or disagree with this statement?

TOPIC QUESTION 67
In college, some students choose diverse classes for a broad education, while others concentrate on a single subject for deeper understanding. Which do you agree with and why? Use details and examples to explain your opinion.

TOPIC QUESTION 68
Some people believe that college students should enroll in specialized courses such as teaching or engineering, while others argue that they should pursue general courses such as liberal arts classes. Which point of view do you agree with?

TOPIC QUESTION 69
Imagine your university has a budget to help students improve academically. Which of the two options would you choose?
1) Improve the quality of technology, such as computers and printers.
2) Redesign the library and purchase more books and periodicals.

TOPIC QUESTION 70
Some professors allow students who have performed poorly on graded assignments to complete supplementary tasks in order to boost their overall grades for the course. Do you think this is a good idea?

TOPIC QUESTION 71
Do you agree or disagree with the following statement? Faculty members who have obtained favorable reviews from their students should be promoted.

TOPIC QUESTION 72
Do you agree or disagree with the following statement? At the end of the semester, university students should be required to assess their professors.

TOPIC QUESTION 73
University students have two options for housing: they can rent a studio apartment in the neighborhood or live on campus. Which option sounds better?

TOPIC QUESTION 74
The university intends to offer students more entertainment options. Which of the following do you favor?
(1) A play presented by student actors, (2) A live music performance by a professional musician, or (3) A lecture by a professor

TOPIC QUESTION 75
Given an overwhelming amount of schoolwork this semester, if you had to choose between resigning from the hiking club or the debate club at your school, which one would you leave and why?

TOPIC QUESTION 76
Due to limited financial resources, your university intends to reduce expenses. Some students suggest eliminating sports clubs like the ski club, while others propose cancelling academic clubs like the biology club. Which do you agree with?

TOPIC QUESTION 77
Which history course would you prefer to take as a requirement for your degree: Roman history, twentieth-century world history, or the history of Asia?

TOPIC QUESTION 78
Which assignment will you choose for the presentation?
(1) Performing a scene from a play, (2) Presenting your review of a recently read novel, or (3) Reading a selection of poems

TOPIC QUESTION 79
Do you agree or disagree with the following statement? It is important to teach philosophy in high schools or colleges.

TOPIC QUESTION 80
Which option do you prefer for your midterm project?
(1) delivering a presentation, (2) writing a paper, or (3) producing a video

TOPIC QUESTION 81
Which course would you choose from the following options if your degree requires you to take one course?
(1) Renewable Energy, (2) Health Science, or (3) World History

TOPIC QUESTION 82
On a special day arranged by the International Student Office, there will be three types of events. Which one would you like to choose from? The options are an international food fair, an international music festival, and an international film festival.

TOPIC QUESTION 83
Do you agree or disagree with the following new policy? Three professors take turns overseeing a class together for the semester.

TOPIC QUESTION 84
Your professor has requested your assistance with research over the weekend, but you have previously arranged to attend your sister's birthday celebration. What will you do in this situation?

TOPIC QUESTION 85
If given a choice, as a college student, would you rather work independently or work collaboratively as a part of a group?

TOPIC QUESTION 86
Do you agree or disagree with the following statement? First-year students should share dorm rooms with students in the same grade rather than with students from other grades.

TOPIC QUESTION 87
Do you agree or disagree with the following statement? The most important trait of a teacher is the ability to acknowledge their errors or lack of knowledge on a subject.

TOPIC QUESTION 88
Do you agree or disagree with the statement? Older people cannot learn anything from young people.

TOPIC QUESTION 89
Do you agree or disagree with the following statement? Teaching in an elementary school is less challenging compared to teaching at a university.

TOPIC QUESTION 90
Some people consider music education and learning a musical instrument to be crucial, while others do not. Which point of view do you agree with?

TOPIC QUESTION 91
Do you agree or disagree with the following statement? Children must attend school until the age of 16.

TOPIC QUESTION 92
Some parents choose to educate their own children at home rather than send them to public schools. Which do you prefer?

TOPIC QUESTION 93
Do you think parents should be allowed to homeschool their children, or should they be required to send them to school?

TOPIC QUESTION 94
Some people prefer to study in open spaces where others are present. Others prefer to study in quiet places with few distractions. Which do you prefer?

TOPIC QUESTION 95
Do you agree or disagree with the following statement? A quiet studying environment helps maintain focus and concentration.

TOPIC QUESTION 96
Your school plans to establish a dedicated space where students can take breaks and work on academic projects. Do you think this is a good idea?

TOPIC QUESTION 97
Some students prefer to take classes alone, and others prefer to go to lectures with friends. Which do you prefer and why? Use specific examples to support your choice.

TOPIC QUESTION 98
Do you agree or disagree with the statement that young people should learn basic domestic skills like cooking, sewing on a button, and taking care of others?

TOPIC QUESTION 99
Do you agree or disagree? Secondary schools such as high schools should permit students to study only the subjects they are interested in learning.

TOPIC QUESTION 100
Do you agree or disagree with the following statement? Children must acquire skills in drawing or painting.

TOPIC QUESTION 101
Some think primary schools should prioritize teaching children how to type on a computer over handwriting skills. Others believe schools should still teach good handwriting skills. Which point of view do you agree with? Explain why.

TOPIC QUESTION 102
Do you agree or disagree with the following statement? It is beneficial for a child to occasionally spend brief vacations living with other relatives or acquaintances.

TOPIC QUESTION 103
Do you agree or disagree? Children must help with household tasks as soon as they can do so.

TOPIC QUESTION 104
Do you agree or disagree with the statement? Parental involvement in a child's education positively impacts their academic performance and overall development.

TOPIC QUESTION 105
Do you agree or disagree with the following statement? Children should receive money for doing household tasks such as cleaning their rooms or washing dishes. Use specific examples to support your opinion.

TOPIC QUESTION 106
Do you agree or disagree with the following statement? Childhood years are crucial for growth and development, making this period the most significant in a person's life.

TOPIC QUESTION 107
Do you agree or disagree with the following statement? It is beneficial for children to acquire a second language at a young age.

TOPIC QUESTION 108
Do you think it's a good idea for schools to teach character education to help children develop morals and values?

TOPIC QUESTION 109
Do you agree or disagree with the following statement? Talented children should receive different treatment.

TOPIC QUESTION 110
What do you think is the best way to prepare for a test? Studying alone, studying with friends, or asking a teacher for help.

TOPIC QUESTION 111
Do you agree or disagree that assignments submitted after the due date should be subject to penalties?

TOPIC QUESTION 112
Do you agree or disagree with the following statement? One needs to make enemies in order to succeed.

TOPIC QUESTION 113
Imagine your company has money in its budget to help its employees improve their performance. Which option would you choose?
1) Improve the quality of technology, such as computers and printers that employees use.
2) Redesign the offices into comfortable spaces for employees to work and have meetings.

TOPIC QUESTION 114
Some businesses have begun to provide their employees with additional time to engage in social activities or non-work-related tasks during the workday, with the belief that it can enhance productivity. Do you think this is a good idea?

TOPIC QUESTION 115
Some people prefer handling multiple tasks at once, while others focus on a single task or project at a time. Which way of working do you prefer and why? Give specific reasons to support your opinion.

TOPIC QUESTION 116
Some people prefer a job that involves diverse responsibilities and different tasks, whereas others want a job with predictable and routine tasks. What is your preference and the reason behind it?

TOPIC QUESTION 117
Some people work in the same field their entire lives, while others opt to explore different job types during various stages of their lives. Which do you think is better? Explain why.

TOPIC QUESTION 118
Do you prefer cooking and eating at home or dining out at a restaurant? Explain why.

TOPIC QUESTION 119
The school intends to change the cafeteria menu to provide healthier, low-calorie food options. What do you think about this change?

TOPIC QUESTION 120
Do you prefer to eat fast food that is prepared quickly or other types of food?

TOPIC QUESTION 121
Some people like to travel and explore new destinations, while others find it stressful. What is your opinion and why?

TOPIC QUESTION 122
Some people prefer solitary activities during their leisure time, such as reading, thinking, or writing, while others enjoy communal activities with other people. Which do you prefer and why?

TOPIC QUESTION 123
Some people prefer to spend time with their friends at home, while others prefer meeting them outside. Which do you prefer and why?

TOPIC QUESTION 124
Do you agree or disagree with the following statement? Being sociable and amiable is crucial for achieving success in the business world.

TOPIC QUESTION 125
Do you prefer your friend to give you prior notice before visiting your house, or do you like it when they surprise you?

TOPIC QUESTION 126
Some students enjoy decorating their environment, such as their rooms or desks, while others prefer to keep their surroundings plain and undecorated. Which do you prefer and why?

TOPIC QUESTION 127
Do you agree or disagree with the following statement? As people age, they experience various changes in their personalities, which can be influenced by a range of factors such as biological, social, and environmental factors.

TOPIC QUESTION 128
Do you agree or disagree with the statement? How a person dresses can be a reliable indicator of their personality or character.

TOPIC QUESTION 129
Would you rather receive cash or a physical gift from your parents as a birthday present?

TOPIC QUESTION 130
Do you prefer to keep or discard old items like books and newspapers? What are your reasons for this preference?

TOPIC QUESTION 131
Some consumers prefer to hold off on purchasing a new product until the price has decreased. Others would rather purchase it right away, even if it costs a little more. Which do you prefer and why?

TOPIC QUESTION 132
When people get a sudden windfall, some spend it on useful things such as a new car, while others spend it on enjoyable experiences such as traveling to Europe. Which do you think is better and why?

TOPIC QUESTION 133
Some people do not find shopping enjoyable, and only do it when they have a particular item to purchase. Meanwhile, others enjoy shopping as an activity, regardless of whether they have a specific purchase in mind. Which type of person are you?

TOPIC QUESTION 134
Some people prefer to purchase new books every time while others like to buy used ones. Which one do you think is better and why?

TOPIC QUESTION 135
When you want to purchase something, do you prefer to save money to buy it yourself, or do you ask someone to lend you money to buy it?

TOPIC QUESTION 136
Some people choose to buy movies or books they enjoy, while others choose to rent them. Which would you choose?

TOPIC QUESTION 137
Do you agree or disagree with the following statement? Saving money is becoming increasingly challenging compared to the past.

TOPIC QUESTION 138
Which option do you believe has the most significant influence on environmental conservation?
(1) Regulations imposed by the government
(2) Groups promoting environmental awareness
(3) Individual actions and initiatives

TOPIC QUESTION 139
Which of the following factors, in your opinion, has a greater impact on a country's success? The presence of numerous business opportunities or the development of a strong education system.

TOPIC QUESTION 140
Do you agree or disagree with the statement? Advertisements have a profound impact on the decision-making process of individuals. Give specific details and examples to support your idea.

TOPIC QUESTION 141

Do you agree or disagree with the following statement? Artists and musicians play a vital role in society, contributing to the cultural and intellectual fabric of our communities. Use details and examples to explain your answer.

TOPIC QUESTION 142

Some people think that it is acceptable to take photos when visiting a museum, while others believe that it is not appropriate to do so. What is your opinion?

TOPIC QUESTION 143

Do you agree or disagree with the following statement? A famous person needs to serve as a positive role model for youth.

고급편 워크시트

스피킹 독립형 연습문제 고급편을 보기 전 노트와 필기구를 준비해주세요. 낱장으로 사용하는 메모지보다는 한 권의 노트를 사용해서 기록을 차곡차곡 모으는 게 좋습니다. 만약 전자기기를 선호한다면 워드 파일, 개인 블로그, 노션 등의 기록 앱을 켜봅시다. 그리고 아래의 워크시트를 참고해 답변을 작성해보세요.

Question

My Response

•

•

•

•

•

고급편을 학습하는 동안에는 전체 스크립트를 작성하는 것보다는 단어를 중심으로 답변을 만드는 연습을 해보세요. 각자 준비한 노트에는 다섯 개 정도의 단어만 써두는 게 좋습니다. 더 많은 단어를 쓰는 건 권장하지 않습니다. 독립형 문제는 보통 답변하기 전 15~20초 정도의 여유가 있으므로 그 시간 동안 쓸 수 있는 최대 단어 개수인 다섯 개를 준수하며 연습하세요. 노트에 위와 같은 워크시트를 준비해두고 단어를 써보세요.

워크시트 작성 예시

Question

Do you agree or disagree with the following statement? We should help our friends only when they ask for help because unsolicited assistance might not be appreciated and can potentially harm the relationship.

다음 주장에 동의하는가? 우리는 친구들이 도움을 요청할 때만 도와주어야 한다. 부탁하기도 전에 먼저 나서게 되면 관계를 해칠 수 있기 때문이다.

My Response

- disagree(동의하지 않음)
- embarrassed(어떤 사람들은 창피하다고 생각해서 도움을 요청하지 않을 수 있다)
- exp – math(고등학교에 다닐 때 수학 문제가 어려워서 친구에게 물어보고 싶었지만 부끄러워서 도움을 요청하지 못했던 경험)
- ask(먼저 요청하지 않아도 도움이 필요한지 물어보는 것 정도는 괜찮다)
- strengthen(도움이 필요한지 항상 살피면서 먼저 손을 내민다면 관계가 더 좋아질 것)

1. 다양한 상황에서 스스로 결정해 행동할 것인지, 타인의 결정을 따를 것인지를 묻는 질문

TOPIC QUESTION 1

Would you rather work with more autonomy or work with strict supervision?
더 많은 자율성을 가지고 일하는 걸 선호하는가, 아니면 엄격한 감독 아래에서 일하는 걸 선호하는가?

Idea 1

엄격한 감독이 있는 게 좋다.
It's better to have strict supervision.

나는 잘 짜인 계획이 없으면 시간을 허비하는 경향이 있다. 그래서 누군가 내 시간 또는 해야 할 일을 관리해주는 게 더 좋다.
I usually end up wasting time if I don't have a well-structured plan. That's why I like having someone else manage my time and tasks.

나는 회로를 설계하는 일을 하는데, 아직 신입이라 회사에서 어떤 프로젝트를 어떤 방향으로 진행하고 있는지 잘 모른다. 그래서 선임 프로젝트 매니저가 내 일에 어느 정도 간섭해주기를 원한다.
Now, I am working on circuit design. However, as a new employee, I'm not familiar with the direction of the company's projects. Therefore, I appreciate it when a senior project manager gives me some guidance and input on my work.

만약 내가 조금 더 연차가 쌓이고 일하는 방법을 터득하게 된다면 감독은 필요 없어질 것이다. 하지만 당장 내 상황을 고려한다면 엄격한 감독 아래 일하는 걸 고를 수밖에 없다.
If I had more years of experience and had mastered my job, I wouldn't need supervision. But considering my current situation, I have no choice but to work under strict supervision.

Idea 2

엄격한 감독은 필요하지 않다.
I don't think strict supervision is necessary.

물론 개인이 처한 상황에 따라 다른 걸 선호할 수 있다. 만약 내가 신입 직원이라면 엄격한 감독을 통해 회사에 더 빨리 적응하는 편을 선택할 것이다.
Of course, depending on an individual's situation, they might have different preferences. If I were a new employee, I'd choose to adapt more quickly to the company through strict supervision.

나는 회로를 설계하는 일을 10년째 하고 있다. 그래서 회사가 어떤 프로젝트를 진행하고 있고, 어떤 걸 요구하는지 잘 알고 있으므로 감독이 필요하지 않다.
I've been in circuit design for a decade now. So, I am familiar with the projects we are working on and understand what is expected here, which means I don't really need someone looking over my shoulder.

나는 혼자서도 계획을 잘 짠다. 오히려 감독하는 사람이 있으면 눈치를 많이 보고 일의 능률이 저하된다.
I can plan things out well by myself. When someone's watching over me, I get self-conscious, and it slows me down.

TOPIC QUESTION 2

When assigning research to students, should the professor give a particular research topic or grant students the freedom to choose their own?
학생들에게 연구 과제를 낼 때, 교수는 연구 주제를 정해줘야 하는가 아니면 학생들이 스스로 선택할 수 있는 자유를 주어야 하는가?

Idea 1

학생이 연구 과제를 직접 정하는 게 좋다.
It's better for students to choose their own research topic.

연구 주제를 자유롭게 정하면 내가 더 관심 있는 주제를 정할 수 있다. 그리고 내가 흥미를 갖는 부분을 조사하는 게 전반적으로 학과 공부에 더 도움된다.
If I can choose my research topic freely, I can pick a subject I'm more curious about. Researching what interests me generally helps my overall academic studies.

학부 시절에 통계학을 전공했는데 생물학, 컴퓨터 과학과 접목한 빅데이터 해석 방법을 발표했었다. 내가 평소에 관심을 가지던 학문들이라 조사할 때도 재밌었고, 결과적으로 좋은 성적으로 졸업할 수 있었다.
I majored in statistics in college, and I gave presentations on how biology and computer science can work together to analyze big data. I was really interested in that topic and enjoyed researching it. So, I ended up graduating with pretty good grades.

Idea 2

교수님이 주제를 정해주는 게 좋다.
I think it's better if the professor gives us a topic.

주제를 정하는 데에 시간이 너무 많이 소요될 수 있다. 학부생들은 어떤 주제가 조사할 가치가 있는지 알지 못하는 경우가 많다. 그러니 교수님이 주제를 정해주면 시간 낭비를 방지할 수 있다.

It can take too much time to decide on a topic. Many undergraduate students don't know which subjects are worth researching. So, if the professor assigns a topic, students can save time.

나는 학부에서 미술 사학을 전공했는데, 졸업할 때가 되어도 여전히 어떤 주제에 관심이 가는지 정할 수 없었다. 하지만 졸업 논문을 도와주는 교수님이 좋은 주제를 여러 개 주셔서 그 중에서 골라 조사를 했고, 좋은 성적으로 졸업할 수 있었다.

I majored in art history in college, and even close to graduation, I had no clue what I wanted to focus on. Luckily, the professor helping me with my thesis gave me some great options. So, I chose one, did my research on it, and ended up graduating with good grades.

TOPIC QUESTION 3

Some students choose the books they read from their schools' recommended reading lists. Other students choose their own books. Which do you prefer?

어떤 학생들은 학교의 추천 도서 목록에서 읽을 책을 고른다. 반면 다른 학생들은 스스로 읽을 책을 선택한다. 둘 중 어떤 것을 선호하는가?

Idea 1

읽을 책을 직접 정하는 게 좋다.

I prefer to personally choose the books I read.

나는 내가 직접 고른 책이 더 흥미롭다. 내 시간은 소중하기 때문에 내가 관심이 있는 책을 읽는 데 쓰고 싶다. 나는 주로 《해리포터》나 《헝거게임The Hunger Games》 등 판타지 도서를 읽는데, 학교에서 주는 도서 목록에는 그런 재미있는 책이 별로 없다.

Books that I choose for myself are more interesting to me. Since my time is precious, I want to spend it reading books that interest me. I mainly read fantasy books like 'Harry Potter' and 'The Hunger Games,' but the reading lists provided by the school don't include many such interesting books.

내가 고른 책이기 때문에 완독 확률이 매우 높다. 책을 읽을 때 완독하는 경험이 중요하다고 생각한다. 그래야 나중에 고전 같은 어려운 책을 읽을 힘이 생긴다. 고전은 길고, 때로 지루하고 이해하기 어렵지만 가치가 있는 책들이다.

Since I have chosen the book, I am more likely to finish it. I believe finishing a book is an important experience. This way, I'll build the skills needed to tackle more challenging reads, like classics, down the line. Although classics may be long, occasionally boring, and challenging to understand, they hold significant value.

Idea 2

학교에서 정해주는 책을 읽는 게 더 좋다.
It's better to read books assigned by the school.

어떤 책을 봐야 할지 모르겠을 때는 추천을 참고하는 게 좋다. 그래서 나는 보통 다른 사람이 추천해주는 책을 보는 걸 선호한다. 나는 중고등학교 내내 학교 선생님이 추천해준 책들을 읽었는데, 지루한 작품들도 있었지만, 대부분은 재미있었다. 일단 누군가 골라주니까 내가 고민할 필요가 없어서 편하다.
If you don't know what to read, it's better to stick to recommendations. That's why I usually prefer to read books recommended by others. Throughout my middle and high school years, I read the books that my teachers recommended. While some were dull, most were actually pretty enjoyable. The best part is that, since someone else picked them out, I didn't have to stress about making choices.

학교에서 제공하는 도서 목록은 선생님이 만든 자료이다. 돈을 받아 만든 광고 자료가 아니기 때문에 믿을 만하다.
The book list provided by the school is created by teachers. It's trustworthy because it's not just promotional material aimed at making a profit.

TOPIC QUESTION 4

When hanging out with your friends, do you prefer to make decisions on your own or let your friends decide for you?
친구들과 시간을 보낼 때, 여러 가지 사안에 대해 스스로 결정하는 걸 선호하는가, 아니면 친구들이 결정하도록 하는가?

Idea 1

친구들의 의견을 따르는 편이다. 제시된 옵션에 의견 정도는 내지만 직접 제시하지는 않는다.
I usually go along with what my friends suggest. I might offer my thoughts on their suggestions, but I rarely come up with ideas myself.

내 친구들은 다양한 방면으로 아는 게 참 많다. 맛집을 많이 아는 친구, 드라이브 하기 좋은 장소를 아는 친구, 새로운 전시회가 열리는 장소를 아는 친구 등이 있어 내가 직접 찾아보는 것보다 그들의 의견을 듣는 게 더 좋다.
My friends are really knowledgeable about various things—some know great restaurants, others are familiar with scenic drives, and some are even aware of new exhibitions coming up. So, it makes more sense to rely on their advice rather than look things up myself.

나는 평소 집에서 주로 시간을 보내기 때문에 외부 활동에 대한 정보가 별로 없다. 만약 실내에서 논다면 추천해줄 영화는 몇 편 있긴 하지만, 대부분 친구와는 밖에서 놀기 때문에 내 의견은 별로 도움이 될 것 같지 않다.

I'm mostly a homebody, so I don't know much about outdoor activities. If it's recommending movies for an indoor hangout, sure, I could suggest a few. But when it comes to spending time with friends, we usually prefer to go out. In that context, I don't think my input would be that useful.

Idea 2

나는 대부분의 상황에서 주도하는 편이다. 일할 때도, 친구들과 놀 때도 나는 어떤 상황이든 주로 여러 가지 선택지를 제시하는 사람이다.

I usually take the lead in most situations. Whether it's at work or when I'm with friends, I'm the one who comes up with different options.

나는 맛집을 찾아다니는 걸 좋아하기 때문에 맛있는 음식을 파는 곳을 많이 알고 있다. 얼마 전에도 우리 동네에 멕시코 요리점이 생겨서 가봤는데, 음식이 정말 괜찮았다. 다음에 친구들과 만날 때 가볼 생각이다.

I love discovering great places to eat. I know plenty of spots that serve delicious food. Just the other day, a new Mexican restaurant opened near me. I tried it out, and it was really good. I'm thinking of going back the next time I'm hanging out with my friends.

나는 집보다 바깥에서 더 많은 시간을 보낸다. 외부에 어떤 재미있는 활동이 있는지에 대한 정보가 많다. 예를 들어 나는 지역 음식 축제나 하이킹 코스, 콘서트 등 재미있는 활동에 대해 잘 알고 있다.

I'm more of an outdoor person. I know a lot about various activities and events that are going on outside. From local food festivals to hiking trails and live concerts, I always have a few ideas up my sleeve for a fun day out.

TOPIC QUESTION 5

Some people prefer hosting their own parties, while others enjoy being invited to attend them. Which one do you prefer?

어떤 사람들은 자신만의 파티를 여는 걸 선호하는 반면, 다른 사람들은 파티에 초대받는 걸 즐긴다. 둘 중 어떤 것을 선호하는가?

Idea 1

나는 파티를 여는 것보다 파티에 참석하는 걸 선호한다.

I prefer going to someone else's parties rather than hosting them.

내가 직접 파티를 주최하면 비용 부담이 너무 크다. 나는 현재 대학생이라 그럴 만한 돈이 없다. 그런데 만약 금전적으로 더 여유가 있다고 해도 직접 파티를 열게 될지는 모르겠다. 이것저것 결정해야 할 게 많으니, 파티를 열 생각만 해도 너무 골치 아프다.
Hosting a party by myself can be too expensive. I'm currently a college student, so I don't have that kind of money. Even if I had more financial flexibility, I'm not sure I would host a party. There's so much to decide and organize. Therefore, just thinking about having a party gives me a headache.

보통 파티는 주최자의 집에서 열린다. 하지만 나는 집이 더러워지는 게 싫다. 가끔은 뭔가를 훔쳐 가는 사람도 있기 때문에 더욱더 홈파티는 내게 번거로움을 감수할 가치가 없다.
Usually, parties take place at the host's home. But I don't like the idea of my house getting messy. Plus, there's always a risk of someone taking things. So, for me, it's just not worth the hassle.

Idea 2

파티를 직접 여는 게 좋다.
It's better to host parties myself.

내가 원하는 방식으로 파티를 진행할 수 있다. 내가 원하는 음식과 음료, 그리고 활동을 정할 수 있다. 물론 이 모든 과정에 많은 시간과 돈이 들어가겠지만 다양한 사람들을 만나서 소통하는 게 즐겁기 때문에 충분히 돈과 시간을 들일 가치가 있다.
I can organize the party the way I want. I can choose the food, drinks, and activities according to my preferences. Of course, all of this would take a lot of time and money, but meeting and interacting with various people is enjoyable, so it's definitely worth the investment.

우리 집에서 파티를 열면 정말 편하다. 멀리 여행할 필요도 없고 다른 사람의 파티 장소에 가야 하는 번거로움이 없다. 우리 집이 파티 장소라면 계획을 세우기도 더 쉽고, 더 즉흥적으로 파티를 열 수 있다. 게다가 공공장소에서 느끼는 스트레스 없이 우리 모두 친숙한 장소에서 휴식을 취할 수 있다.
Throwing a party at my place is really convenient. It means I don't have to travel far or deal with the hassle of getting to someone else's event. It's easier to plan when it's at my home, and we can be more spontaneous about it. Plus, it's nice to hang out in a familiar spot where we can all just relax without the usual stress of public places.

TOPIC QUESTION 6

Some people believe that being a leader in a group setting is preferable to working under someone else. Which do you prefer?
어떤 사람들은 그룹의 리더가 되는 게 다른 사람 밑에서 일하는 것보다 더 낫다고 믿는다. 둘 중 어떤 것을 선호하는가?

Idea 1

나는 다른 사람 밑에서 일하는 걸 선호한다.
I'd prefer to work under someone else.

리더는 스스로 결정해야 하는 일이 너무 많다. 하지만 중요한 결정을 항상 혼자서 해야 하는 건 너무 부담스럽다. 그것은 항상 책임으로도 이어지기 때문이다.
A leader has to make many decisions on their own. However, having to make all the important decisions alone is very overwhelming. It's a lot of responsibility to carry all the time.

나는 스스로 효율적으로 시간을 관리하는 게 힘들다. 어떤 과제가 있는지, 마감은 언제인지 누군가 업무를 맡겨준다면 나는 일을 더 효율적으로 할 수 있을 것 같다. 내가 누군가의 밑에서 일한다면, 그 리더가 프로젝트별로 마감일을 설정해줄 것이다. 나는 그에 따라 일을 해내면 되므로 훨씬 부담이 줄어든다.
I find it challenging to manage my time effectively when I'm on my own. When someone else assigns tasks and sets deadlines, I can work more efficiently. When I work under someone, there's a leader who sets the timelines for each project. All I have to do is complete the tasks as scheduled, which feels much less burdensome to me.

Idea 2

나는 리더로 일하는 걸 원한다.
I want to work in a leadership role.

나는 많은 사안에 대해 직접 결정하고 또 책임지는 게 좋다. 고등학교와 대학교 내내 팀 과제를 할 때 리더의 역할을 자주 맡았다. 해야 할 일을 결정하고 팀원들에게 위임하는 건 내게 매우 보람 있는 일이었다.
I enjoy making decisions and taking on responsibilities. Throughout high school and college, I often led teams for various assignments. Determining the tasks that needed to be done and delegating them to team members was really rewarding for me.

나는 시간 관리를 잘한다. 효율성을 높이려면 시간 관리를 잘해야 한다. 특히 팀원들의 수가 많을수록 프로젝트가 지연될 수 있는데, 타인과 효율적으로 작업하는 방법을 알고 있기 때문에 리더가 되어 지시하는 게 편할 것 같다.
I'm skilled in time management. Knowing how to manage your time is crucial for efficiency. When working with a large team, projects can get delayed. However, I'm good at collaborating with others, so taking on a leadership role and giving directions would suit me well.

2. 인간 관계(친구, 동료 또는 가족 간)에 일어날 수 있는 다양한 문제들에 관한 질문

TOPIC QUESTION 7

Some people believe that family members have the biggest impact on young adults. Others consider friends to be the most significant influence. Which do you agree with?

어떤 사람들은 가족 구성원들이 청년층에게 가장 큰 영향을 미친다고 믿는다. 다른 사람들은 친구가 가장 큰 영향을 준다고 생각한다. 어떤 생각에 동의하는가?

Idea 1

나를 포함한 청년들에게는 가족 구성원들의 영향력이 더 크다.

Family members have more influence on young adults, including me.

어떤 영화를 볼지, 어디에서 밥을 먹을지와 같은 간단한 문제라면 내 친구들의 영향력이 더 클지도 모른다. 그들과 대부분의 시간을 함께 보내기 때문이다.

For everyday choices like picking a movie or deciding where to eat, my friends might have more influence because we spend a lot of time together.

하지만 정말 중요한 문제, 예컨대 진로를 결정하거나 주거지를 결정하는 문제 등에는 가족의 영향력이 커질 수밖에 없다. 6년 전 대학에 진학할 때 어떤 전공을 선택해야 하는지 고민했는데, 친구들은 흥미에 따라 전공을 고르라고 했고 부모님은 경제 상황을 고려해서 진로를 결정하라고 했다. 당시 나는 그림 그리는 것에 관심이 있었지만, 부모님의 조언에 따라 컴퓨터 공학을 전공했고, 현재 그 결정에 매우 만족한다.

However, when it comes to major life decisions like choosing a career or a place to live, I value my family's input more. For example, about six years ago, when I was preparing for college, I was unsure about what major to pick. My friends suggested, "Choose something you're interested in," while my parents recommended considering the financial aspects of my career choice. At that time, I was into drawing, but I chose to major in computer engineering based on my parents' advice. And honestly, I'm very happy with that decision now.

Idea 2

나를 포함한 청년들에게는 친구들의 영향력이 더 크다.

Friends have more influence on young adults, including me.

가족 구성원, 특히나 부모님은 나를 잘 이해하지 못한다. 특히 진로를 결정할 때 내 관심 분야와 상관없이 부모님은 가장 '안전'하고 유망한 직업을 전공해야 한다고 했다. 반면 친구들은 내 성격과 취미를 더 잘 알고 있다.

My family members, particularly my parents, don't really get me, especially when it comes to career choices. They've always pushed me toward "safe" and lucrative jobs without considering what actually interests me. In contrast, my friends have a better understanding of my personality and hobbies.

6년 전 대학에 진학할 때 어떤 전공을 선택해야 하는지 고민했는데, 내 친구들은 흥미에 따라 전공을 고르라고 했지만, 부모님은 경제 상황을 고려해서 진로를 결정하라고 했다. 당시 부모님의 조언에 따라 컴퓨터 공학을 전공했지만 결국 2년 안에 자퇴하고 내가 진짜 원하던 미술을 다시 전공했다.
Six years ago, when I was preparing for college, I was unsure about what major to pick. My friends advised, "Choose something you're really interested in," while my parents pushed for a financially secure career path. Initially, I went with my parents' advice and chose computer engineering as my major. However, within two years, I dropped out and switched to studying art, which was what I truly wanted.

TOPIC QUESTION 8

Some college students prefer to make friends with people of the same age. Other students prefer to make friends with people of different ages. Which way do you prefer? Use specific reasons and examples to support your choice.
일부 대학생들은 같은 나이의 사람들과 친구가 되는 걸 선호한다. 반면 다른 학생들은 나이 차이가 나는 사람들과 친구가 되는 걸 선호한다. 둘 중 어떤 것을 선호하는가? 구체적인 이유와 예시를 들어 답변을 뒷받침하라.

Idea 1

같은 나이의 사람과 친구가 되는 걸 선호한다.
I prefer being friends with people my own age.

소통하기가 편하다. 한국에서는 나이가 많은 사람과 이야기할 때 존대 표현을 써야 해서 약간 형식적으로 느껴질 수 있다.
Communication is easier. In Korea, talking to older people means using honorific language, which can feel a bit formal.

나이가 비슷하면 관심사도 비슷하다. 좋아하는 연예인이나 아이돌에 대해 이야기를 나눌 수 있다.
People my age usually share similar interests. We can talk about our favorite celebrities or idols without any issues.

또래들은 비슷하게 미성숙하기 때문에 쉽게 서로를 판단하거나 충고하려 들지 않는다. 반면, 나이 차이가 크게 나는 사람들과 친구가 되면, 그들은 더 성숙하고 경험이 많아 나를 판단하거나 충고하려는 경향이 있다.

그래서 우정을 쌓고 관계를 유지하기 힘들다.

When friends are around the same age, they tend to be similarly inexperienced, so they're less likely to jump to conclusions or give advice without being asked. On the other hand, when you become friends with people who are significantly older, they tend to be more mature and experienced, which can lead them to judge or give advice more easily. This makes it harder to build and maintain a friendship.

Idea 2

나이 차이가 나는 친구들을 사귀는 걸 선호한다.

I prefer making friends with people older than me.

그들은 훨씬 더 이해심이 많다. 사소한 것으로 꼬투리를 잡거나 말싸움을 걸지 않는다.

Older friends tend to be more understanding. They're less likely to argue or fight over trivial matters.

조언을 얻기가 좋다. 내가 겪는 상황이 그들은 이미 겪은 일인 경우가 많아 또래에게 얻은 조언보다 훨씬 더 현명하고 지혜로운 조언일 가능성이 높다. 예를 들어 나는 석사를 졸업하고 나서 취업을 할지, 아니면 박사 과정으로 진학할지 결정하지 못하고 있었다. 감사하게도 선배들에게 조언을 구한 덕분에 박사 과정으로 진학했고, 졸업 후 대기업에 입사할 수 있었다.

Getting advice is easier with them. Since they've already been through many of the situations I'm experiencing now, their advice is likely to be wiser and more insightful than what I'd get from my peers. For example, after finishing my master's degree, I couldn't decide whether to get a job or pursue a doctoral degree. I asked for advice, and thanks to my older friends, I chose to stay in school. After that, I was able to get a job in a major corporation.

TOPIC QUESTION 9

Some people enjoy asking their parents for help, while others prefer advice from friends. Which do you prefer?

어떤 사람들은 부모님께 도움을 요청하는 걸 선호하는 반면, 다른 사람들은 친구들에게 도움을 요청하는 걸 선호한다. 둘 중 어떤 것을 선호하는가?

Idea 1

부모님께 도움 요청하는 걸 선호한다.

I prefer to ask my parents for help.

누구보다 나를 위하고 걱정하는 건 가족이라고 생각한다. 가족들에게는 내 치부도 숨길 필요 없이 모두 드러낼 수 있다. 하지만 친구들에게는 솔직하게 말하는 게 쉽지 않다. 어떤 면에서 친구들은 사회에서 내 경쟁자이다. 그래서 그들에게 나의 약점을 드러내는 게 두렵다. 솔직한 대화가 오히려 우리의 우정을 더 단단하게 만들어줄 수 있다는 것을 알면서도, 마음 한구석에는 혹시나 그들이 나를 오해하거나 나의 약점을 이용할까 봐 두려움이 앞선다.

I believe my family cares and worries about me more than anyone else. With them, I can be open about all my flaws without having to hide anything. However, it's not easy to be honest with my friends. In some ways, they are my competitors in society. That's why I'm afraid to show them my weaknesses. Even though I know that honest conversations could actually strengthen our friendship, a part of me is still scared that they might misunderstand me or take advantage of my vulnerabilities.

부모님은 훨씬 더 많은 걸 알고 있다. 일단 어릴 때부터 나를 봐왔기 때문에 내 성격, 취향, 행동 습관 등에 익숙하다. 또한 경험이 많기 때문에 친구보다 더 좋은 조언을 할 가능성이 높다.

My parents are knowledgeable about many things. They've known me since I was young, so they're familiar with my personality, preferences, and choices. Plus, their wealth of experience makes them more likely to give better advice than my friends.

Idea 2

친구들에게 요청하는 걸 선호한다.

I prefer to ask my friends for help.

가족 구성원, 특히나 부모님은 나를 잘 이해하지 못한다. 예를 들어 진로를 결정할 때 내 관심 분야와 상관없이 부모님은 가장 안전하고 유망한 직업을 전공해야 한다고 했다. 반면 친구들은 내 성격과 취미를 더 잘 알고 있다. 그래서 진로에 대한 고민이 있으면 항상 친구들과 상담한다.

My family members, especially my parents, don't really understand me that well. For example, when it comes to my career, they push for the safest and most promising options, regardless of my interests. My friends, on the other hand, know my personality and hobbies better. So, when I'm uncertain about career choices, I usually discuss it with my friends.

친구들과 보내는 시간이 월등히 많다. 가족과는 일주일에 식사를 한두 번 정도 하는데, 그것이 우리가 서로의 가치관과 생활 방식을 잘 이해하고 있다는 걸 의미하지는 않는다. 우리는 서로가 어떤 가치관을 가지고 살아가는지 생각보다 잘 알지 못한다. 나를 잘 아는 사람에게 도움을 요청하는 게 더 말이 된다.

I spend a lot more time with my friends than with my family. My family has meals together once or twice a week, but that doesn't mean we truly understand each other's values and lifestyles. It makes more sense to seek help from people who know me well.

TOPIC QUESTION 10

Some people prefer to be friends with a similar person, while others prefer to make friends who are different from them. Which one do you prefer?

어떤 사람들은 그들과 비슷한 사람과 친구가 되는 걸 선호하는 반면, 어떤 사람들은 그들과 다른 친구를 사귀는 걸 선호한다. 둘 중 어떤 것을 선호하는가?

Idea 1

나와 비슷한 친구를 사귀는 걸 선호한다.

I prefer making friends who are like me.

성격이 비슷한 친구라면 무엇보다도 같이 시간을 보낼 때 더 편하다. 나는 예민한 편인데, 나와 비슷하게 예민한 친구들을 만나면 서로에게 말하고 행동하는 데 조심스럽다. 그래서 함께 있는 시간이 즐겁고 편안하다고 느낀다.

When my friends and I share similar personalities, it makes spending time together more comfortable. I tend to be somewhat sensitive, so when I'm with friends who are also sensitive, we are more careful of our communication and behavior toward one another. Consequently, our time together is more enjoyable and relaxed.

보통 성격이 비슷하면 취미도 비슷하다. 나는 내향적인 편이고 주로 영화나 음악을 감상하면서 여가 시간을 보낸다. 나와 성격과 취미가 비슷한 친구와 시간을 보낸다면 내가 하기 싫은 일에 시간을 낭비할 필요가 없고 우리 모두가 즐기는 일을 할 수 있다.

People with similar personalities usually have similar hobbies. I'm more on the introverted side and spend my free time watching movies or listening to music. If I hang out with a friend who has a similar personality and hobbies, we can spend our time doing things we both enjoy instead of wasting time on activities I don't like.

Idea 2

나와 다른 친구를 사귀는 걸 선호한다.

I prefer making friends who are different from me.

나와 성격이 다른 친구를 사귀게 되면 많은 걸 배울 수 있다. 세상에는 다양한 유형의 사람들이 있는데, 나와 비슷한 사람들과 지내는 것만 선호한다면 나와는 다른 사람들을 만날 때마다 적응하지 못하며 갈등을 빚게 된다. 그래서 나는 여러 인종과 문화 배경을 가진 친구들을 사귀고 싶다. 다양한 상호작용을 통해 세상을 더 많이 배울 수 있기 때문이다.

Making friends with people who have different personalities allows me to learn a lot. The world is full of diverse people, and sticking to those who are just like me can limit my ability to adapt when I meet others who are different, leading to conflicts. That's why I want to make friends from various racial and cultural backgrounds. It lets me learn more about the world through diverse interactions.

나와 성격이 다른 친구들은 보통 나와 다른 취미를 가지고 있다. 만약 취미가 다른 친구라면 이 역시도 많은 걸 배우는 기회가 될 거라 생각한다. 나는 주로 집에서 생활하는데 가끔 외부 활동을 좋아하는 친구들과 시간을 보내면 새로운 경험을 할 수 있다.
Friends with different personalities from mine usually have different hobbies. Having friends with different hobbies can also be informative. I tend to stay at home, but spending time with friends who prefer outdoor activities allows me to have new experiences.

TOPIC QUESTION 11

Some people like to have a large circle of friends, while others choose to have a small, intimate group of close friends. Which do you prefer?
많은 친구를 사귀는 걸 좋아하는 사람들이 있는가 하면, 소수의 친밀한 친구를 사귀는 걸 선택하는 사람도 있다. 둘 중 어떤 것을 선호하는가?

Idea 1

나는 많은 친구를 사귀는 걸 좋아한다.
I love making many friends.

나는 많은 친구를 사귀고 싶다. 세상에는 다양한 유형의 사람들이 있기 때문이다. 다양한 성격의 친구들을 사귀며 인간관계에 대해 더 많이 배우고 싶다. 또 다양한 배경과 서로 다른 성격을 가진 친구들이기 때문에 내게 각자가 가진 특별한 것들을 제공할 수 있을 거라 생각한다. 어떤 친구는 위로를 잘할 수 있고, 어떤 친구는 외부 활동에 대해 정보가 많을 수 있다.
I want to make numerous friends as there are many different types of people in the world. By making friends with people of diverse personalities, I hope to gain deeper insights into human relationships. Moreover, since they come from varied backgrounds and have different characteristics, I believe each can offer me something unique. Some friends might be good at providing comfort, while others could be knowledgeable about outdoor activities.

많은 친구를 사귄다는 게 친밀한 친구가 없다는 걸 뜻하지는 않는다. 친구가 100명이 있더라도 그중 두세 명은 아주 친밀할 수 있다.
Having many friends doesn't necessarily mean I have no close friends. Even if I have a hundred friends, there can still be two or three among them who are very close.

Idea 2

나는 소수의 친밀한 친구를 사귀는 걸 선호한다.

I prefer to make a few close friends.

친구를 사귀는 데는 시간과 돈이 많이 든다. 어릴 때는 친구가 많은 게 무조건 좋다고 생각하고 우정을 위해 많은 시간과 돈을 썼지만, 지금은 그것이 그렇게 좋다고만 생각하지 않는다. 내게 남은 친구는 별로 많지 않다. 인생의 단계마다 여러 친구를 만나지만 내가 얼마나 공을 들였는지 관계없이 대부분은 시간이 지나면 점차 사라진다.
Making friends requires a lot of time and, often, money. When I was younger, I used to think that having many friends was always good, so I invested a lot of time and money in friendships. But now, I don't necessarily think it's that great. I don't have many friends left. At each stage of life, I meet various friends, but most of them have gradually faded away over time, regardless of the effort I put into the relationship.

따라서 굳이 많은 사람을 사귀기 위해 에너지를 사용하고 싶지 않다. 소수의 친구에게 정성을 쏟으며 오래 함께하고 싶다.
Therefore, I don't want to use my energy just to have numerous friends. I prefer to invest my effort in a small group of friends and maintain those relationships for a long time.

TOPIC QUESTION 12

Do you agree or disagree with the following statement? Your friends are the most important influence in your life.
다음 주장에 동의하는가? 당신의 친구들은 당신의 인생에 가장 큰 영향을 미친다.

Idea 1

내 친구들은 나의 인생에 가장 큰 영향을 미친다.
My friends have the greatest influence on my life.

어떤 사람들은 가족들의 영향이 크다고 할 수 있지만 내 경우에는 반대이다. 가족 구성원, 특히나 부모님은 나를 잘 이해하지 못한다. 특히 진로를 결정할 때 내 관심 분야와 상관없이 부모님은 가장 안전하고 유망한 직업을 전공해야 한다고 했다. 반면 친구들은 내 성격과 취미를 잘 이해하고, 나에 대해 잘 알고 있다.
I realize some people say that family has a significant influence. However, it's the opposite for me. My family members, especially my parents, don't understand me well, particularly when it comes to career decisions. They believe I should choose the safest and most promising career, regardless of my interests. On the other hand, my friends, who have a better understanding of my personality and hobbies, truly know me.

나는 친구들과 보내는 시간이 월등히 많다. 가족과는 일주일에 한두 번 식사를 하는 게 전부이다. 우리는 서로가 어떤 가치관을 가지고 살아가는지 생각보다 잘 알지 못한다.
I spend significantly more time with my friends. My family and I eat together only once or twice a week at most. We don't know each other's values as well as we think.

Idea 2

내 인생에서 친구의 영향은 별로 크지 않다.
The influence of my friends on my life is not that significant.

현재 내가 처한 상황을 생각해보면 그렇다. 내가 어릴 때, 적어도 대학교에 다닐 때까지만 해도 친구의 영향이 컸다. 친구들과 자주 만났고 고민 상담도 친구에게 했다.
Reflecting on my current situation, I find this to be true. When I was younger, at least until my college years, my friends had a greater influence on me. I would meet my friends constantly and seek their advice whenever I had problems.

하지만 이제 나는 40대가 되었고 지금은 친구보다는 가족이 내게 더 큰 영향을 미친다. 삶에서의 작은 선택, 그리고 중요한 결정까지 가족과 함께 상의해서 결정하게 된다. 예를 들어 직장에서의 중요한 프로젝트나 진로 변경에 관한 문제는 가족의 조언을 듣고 논의한 후 결정하는 편이다.
However, now in my 40s, my family has a greater impact on my decisions than my friends do. I consult with my family regarding both minor life choices and more substantial decisions. For example, when I have an important project at work or need to make a career change, I discuss it with my family and listen to their advice before making a decision.

TOPIC QUESTION 13

Do you prefer to work with individuals who share your way of thinking or those who have a distinct perspective?
나와 비슷한 생각을 하는 사람들과 일하는 걸 선호하는가, 아니면 자기만의 뚜렷한 관점을 가진 사람들과 일하는 걸 선호하는가?

Idea 1

나와 비슷한 생각을 하는 사람과 일하는 걸 선호한다.
I prefer to work with someone who shares similar thoughts with me.

서로 많은 걸 설명할 필요가 없으니 일하기 편할 것 같다. 아이디어가 다르거나 생각하는 방식이 다를 경우 어떤 아이디어가 더 좋은지 상대를 설득해야 하는데, 이 설득 과정이 때로 시간이 오래 걸리고 아주 힘들다.

하지만 보통 프로젝트는 정해진 마감일이 있으므로 이런 데에 힘을 빼고 싶지 않다.

It's generally easier since there's less need for a lot of explanation. When we have different ideas and ways of thinking, persuading each other about which idea is best can be both time-consuming and challenging. Given that most projects have strict deadlines, I'd rather not waste my energy on such things.

갈등이 적기 때문에 훨씬 더 효율적으로 움직일 수 있다. 서로 일을 분담하고 완성하기까지 큰 스트레스가 없을 것 같다.

It leads to less conflict. Therefore, we can work more efficiently. I believe there would be less stress when we divide and complete the work together.

Idea 2

자기만의 비전이 있는 사람과 일하는 걸 선호한다.

I want to work with people who have their own visions.

나와 비슷한 생각을 하는 사람들과 일하게 되면 새로운 아이디어를 떠올릴 수 없다. 다들 비슷한 관점을 갖기 때문이다. 또한 일을 진행하는 데 문제점이 있어도 찾아내기 어렵다.

If I work with people who think similarly to me, I won't be able to develop new ideas because everyone has the same perspective. Plus, it will be challenging to identify any issues in the ongoing project.

메이크업 아티스트로 일하다 보면, 창의적인 아이디어가 필요할 때가 많다. 하지만 혼자서 모든 걸 생각해내기에는 한계가 있다. 그래서 다른 아티스트들과 함께 일하는 걸 좋아한다. 그들의 독특한 아이디어와 풍부한 경험은 내가 배우고 기술을 확장하는 데 있어 매우 소중하다.

This is especially true in my line of work as a makeup artist. Sometimes, I need to come up with creative ways to do things, but trying to think of everything on my own can be a bit limiting. That's why I love working with other artists. Their unique ideas and the wealth of experience they bring to the table are invaluable for learning and expanding my skills.

TOPIC QUESTION 14

Do you agree or disagree with the following statement? We should help our friends only when they ask for help because unsolicited assistance might not be appreciated and can potentially harm the relationship.

다음 주장에 동의하는가? 우리는 친구들이 도움을 요청할 때만 도와주어야 한다. 부탁하기도 전에 먼저 나서게 되면 관계를 해칠 수 있기 때문이다.

Idea 1

친구가 도움을 요청할 때까지 기다릴 것이다.
I would wait until my friend asks for help.

도움을 요청하지도 않았는데 괜히 나서서 도와주겠다고 할 필요는 없다. 정말 친구를 생각한다면 도움을 청할 수 있도록 곁에 있고, 또 자주 연락해야 한다. 예를 들어서 나는 친구가 힘들어 보일 때 먼저 다가가 큰 문제가 있는지 물어보거나, 자주 안부를 묻고 연락을 주고받는다.
Offering help without a request can be unnecessary. If you really care about your friends, you should be supportive and ready to offer help when they need it, and you should communicate with them often. For example, when my friends seem to be struggling, I approach them first to ask if there's a big problem, or I regularly check in and keep in touch.

혼자 문제를 해결할 수 있다면 그렇게 두는 게 낫다. 어차피 인생에서 많은 문제는 스스로 해결해야 한다. 만약 혼자 해결할 수 없는 문제라면 친구는 스스로 다양하게 시도해본 후에 도움을 청할 것이다. 그때까지 기다리는 게 좋겠다.
If someone can solve his or her problems on their own, it's better to let them do so. After all, many challenges in life need to be overcome independently. But if it's a problem one can't handle on their own, even after trying different things, they will eventually seek help. So, it's best to wait until then.

Idea 2

친구가 도움을 요청하기 전에 도와줄 것 같다.
I think I would offer help before my friend asks for it.

친구가 도움을 요청하기에는 쑥스럽거나 미안해할 수 있다. 혹은 아예 문제의 심각성을 모르는 경우도 있다. 그러니 어느 정도 대화를 해본 후에 상황을 판단해야 하는 경우도 있다.
Some friends may feel awkward or hesitant to ask for help, or they may not fully realize the severity of their problem. Therefore, it's important to have a conversation and assess the situation.

내 친구 중 한 명은 알코올 의존증에 시달리고 있었는데 별것 아니라고 생각하고 도움을 요청하지 않았다. 하지만 내가 친구의 집에 방문했을 때 냉장고가 술병으로 가득 찬 것을 보고 뭔가 조치를 취해야겠다고 생각했다. 나는 그의 부모님과 동생에게 연락해 문제의 심각성에 대해 알리고, 친구가 적절한 도움을 받을 수 있도록 조치를 취했다. 당시 친구가 비록 내게 도움을 요청하지는 않았지만 나는 아주 적절한 결정을 했다고 생각한다.
I had a friend who was struggling with alcohol dependency but didn't think it was a big deal, so he didn't ask for help. When I visited his house and saw his fridge filled with vodka bottles, I knew I had to do something. I reached out to his family to make them aware of the situation and made sure he got the help he needed. Even though my friend didn't explicitly ask for help, I believe I made the right decision in that situation.

TOPIC QUESTION 15

Do you agree or disagree with the following statement? Even if you are aware that others will disagree, it is best to express your honest opinion. Give specific reasons to support your opinion.

다음 주장에 동의하는가? 다른 사람들이 내 의견에 동의하지 않으리라는 걸 알고 있더라도 솔직한 의견을 표현하는 게 가장 좋다. 당신의 의견을 뒷받침하는 구체적인 이유를 제시하라.

Idea 1

다른 사람이 내 의견에 동의하지 않더라도 내 의견을 솔직하게 말한다.

I think I would express my opinions honestly, even if others don't agree with mine.

솔직하지 않을 이유가 없다. 모든 인간관계에서 기본이 되는 건 바로 정직함이다. 거짓말을 하는 습관이 생기면 앞으로도 계속 거짓말을 해야 한다. 그건 너무 불편한 일이다.

There's no reason to lie. Honesty is the foundation of every relationship. Once you start lying, it becomes a habit. That's too annoying.

만약 상대가 내 의견에 반대하더라도 그 또한 괜찮다. 오히려 나는 상대가 왜 내 의견에 반대하는지 그 이유를 들어보고 싶다. 서로의 의견을 들어보는 과정 자체가 중요하다고 생각한다. 민감한 사안에 대해 대충 얼버무리는 것보다는 그런 대화를 통해 관계가 더 깊어질 수 있다고 생각한다.

If someone disagrees with my opinion, that's okay, too. I'm curious to hear why they oppose my view. I believe that the process of simply listening to each other's opinions is equally important. I think that discussing sensitive issues openly is more beneficial than avoiding them because it can deepen our understanding and relationships.

Idea 2

다른 사람이 내 의견에 동의하지 않을 것 같단 생각이 들면 나는 솔직하게 말하지 않는다.

If I am aware that someone won't agree with my opinion, I choose not to express it.

어차피 내 의견에 동의하지 않을 거라는 확신이 있다면 굳이 솔직하게 말할 필요는 없다. 괜히 갈등을 불러올 뿐이다. 사람들은 모두 동일한 사건이나 명제에 대해 다른 견해를 가지고 살아간다. 이런 부분에 대해 솔직하게 말함으로써 의도치 않게 성가신 토론을 하게 될 수도 있다.

If I'm sure that someone won't agree with my opinion, there's no need to openly discuss it. It would only invite unnecessary conflict. People have different perspectives on the same events or propositions. Expressing them honestly can unintentionally lead to tiresome arguments.

사람들은 자기 의견에 대해 나름의 이유가 있다. 내 의견에 대해 내가 이유를 가진 것처럼 말이다. 그들을 반드시 설득해야 할 이유가 있거나 바로잡아야 하는 게 아니라면 솔직하게 말하지 않을 것 같다.

People have their own reasons for their opinions, just like I have reasons for mine. Unless there is a compelling reason to convince or correct them, I don't think I would openly express my opinion.

TOPIC QUESTION 16

Do you agree or disagree with the following statement? Being truthful is not as important as being polite.

다음 주장에 동의하는가? 진실한 것은 공손한 것만큼 중요하지 않다.

Idea 1

진실을 말하는 게 더 중요하다.

Speaking the truth is more important.

어떤 상황이냐에 따라 답은 달라질 수 있지만 지금 내가 처한 상황에 따라 답을 해보겠다. 나는 현재 대학원생인데 우리 과는 실험을 많이 한다. 교수님과 진행하는 팀 프로젝트가 여러 개 있는데 가끔 조교님이 틀린 내용들을 전달하기도 한다. 다른 학생들은 공손하게 있느라 아무 말도 못하지만, 나는 빠르게 진실을 말하고 잘못된 점을 지적한다. 내 이런 적극적인 대응 덕분에 다행히 시간과 돈을 낭비할 필요 없이 프로젝트를 잘 마무리할 수 있었다.

I believe the answer may vary depending on the situation, but I'll respond based on my current situation. I am a graduate student, and our department conducts a lot of experiments. We have multiple team projects led by my professor. Sometimes, the teaching assistant provides incorrect information. While other students choose to remain silent, I prefer to quickly point out any mistakes. This proactive approach has fortunately allowed us to complete projects successfully without wasting time and resources.

Idea 2

공손한 게 더 중요하다.

Politeness is more important.

우리는 다른 사람과 함께 사회를 살아간다. 진실도 중요하긴 하지만 그 진실도 공손하게 전달하는 게 더 중요하다고 생각한다. 공손함이 없는 진실은 아무도 듣고 싶어 하지 않는다.

We live in this society with other people. While the truth is important, how we deliver it is equally crucial, and I believe delivering it politely is more essential. No one appreciates a truth delivered without consideration for the listener's feelings.

내 경험을 이야기해보려 한다. 한번은 회사 동료에게 일을 배분해야 했던 적이 있다. 원래 그 친구가 해야 하는 일이었지만 명령조로 사실을 전달하기보다는 공손하게 도움을 요청해 일이 더 편하게 진행되었다.
Let me share an example from my experience to illustrate this. There was a time when I had to assign tasks to a colleague at work. The tasks were originally his responsibility. Instead of using an imperative tone, I politely requested his help. As a result, the work progressed more smoothly.

TOPIC QUESTION 17

Some people would rather express their ideas right away. Some might prefer to wait and hear what others have to say before expressing their viewpoint. Which one do you think is better?
어떤 사람들은 그들의 생각을 바로 표현하는 걸 선호한다. 반면 다른 사람들은 자신의 의견을 표현하기 전에 다른 사람들의 말을 먼저 듣는다. 둘 중 어떤 것이 더 나은가?

Idea 1

나는 내 의견을 바로 표현하는 편이다.
I tend to express my ideas right away.

일단 내 의견을 먼저 말하는 걸 선호한다. 이건 내 성격과 관련이 있는 것 같다. 아무도 의견을 말하지 않고 남의 의견만 기다린다면 제대로 된 소통이 되지 않는다고 생각한다. 나는 그 정적이 싫다.
I prefer to express my opinion first. I believe it's related to my personality. If no one shares their opinions and everyone waits for others to talk first, we can't communicate. I dislike such silence.

지난주, 친구들과 하이킹을 가려고 어느 산에 갈지 이야기를 나눴는데 몇 분째 아무도 의견을 내지 않아 답답했다. 내가 코스 세 개 정도를 말하자 그제야 대화가 시작되었다. 무작정 기다리기보다는 다들 의견을 먼저 말하면서 조율하는 게 더 효율적이라고 생각한다.
Last week, I was discussing with my friends which mountain to hike. I found it frustrating initially because no one offered their opinion for several minutes. I suggested three different routes, and only then did the conversation begin. I believe it's more efficient to speak up and coordinate together rather than waiting.

Idea 2

나는 다른 사람의 의견을 먼저 듣는 편이다.
I tend to listen to other people's opinions first.

왜 그런지 모르겠지만 내 경우에는 뭔가를 결정해야 하는 순간에 바로 의견이 떠오르지 않는다. 그래서 다른 사람의 의견을 듣고 그걸 바탕으로 결정하는 게 더 편하다.
I'm not sure why, but ideas don't immediately come to my mind when it comes to making decisions. That's why I find it easier to listen to others first and make decisions based on their opinions.

지난주에 친구들과 나는 하이킹 여행을 계획하고 있었다. 나는 한 번도 하이킹을 가본 적이 없어서 쉽사리 어떤 코스를 제안하기 힘들었다. 그래서 다른 친구들이 낸 의견을 바탕으로 내 의견을 말해서 조율했다. 만약 그 분야에 대한 지식이나 경험이 없다면 다른 사람의 이야기를 경청하는 게 더 좋은 선택지가 될 것이다.
Last week, my friends and I were planning a hiking trip. Since I had never been hiking before, I found it difficult to suggest a specific route, so I listened to my friends' opinions before expressing my own. We then reached a consensus. I believe that if you don't have enough knowledge or experience in a particular field, it's wise to listen to others.

TOPIC QUESTION 18

Would you want to persuade friends or family members who have different opinions from your own or would you prefer to let them hold their original opinions?
나와 다른 의견을 가진 친구나 가족들을 설득하는 편인가, 아니면 그들이 원래 의견을 그대로 가지고 있게 두는가?

Idea 1

남을 설득해서라도 내 주장을 관철하려는 경향이 있다.
I tend to persuade others to support my argument.

모든 상황에서 그런 건 아니겠지만 사람들은 간혹 틀림과 다름을 구분하지 못하는 경우가 있다.
I don't do this in every situation, but sometimes people have trouble understanding that being different isn't the same as being wrong.

우리 할아버지는 74세인데 그와 이야기를 나누는 중 할아버지가 인종 차별적 발언을 한 적이 있다. 이 점에 대해서 지적했으나 할아버지는 자기가 잘못한 게 아니라고 말했다. 오히려 할아버지는 다들 자신처럼 생각한다고 말했다. 그래서 나는 이 부분은 그냥 수긍하고 넘어가면 안 된다고 느꼈고 할아버지를 설득했던 경험이 있다.
My grandfather, a 74-year-old man, and I had a conversation the other day. He said something mean about someone because of their race. I pointed it out, but he insisted that he had done nothing wrong and even claimed that everyone thinks the same way as he does. At that moment, I felt that I couldn't just ignore this problem, so I tried to convince my granddad.

Idea 2

상대가 다른 의견을 가지고 있더라도 그대로 두는 편이다.
I usually just let people think what they want.

사람들은 자기가 가진 의견을 잘 바꾸지 않는다. 내가 얼마나 논리적으로 명확히 설명하는지 상관없이 상대는 잘못된 의견을 고수하는 경우도 있다.
People often don't like to change their minds. No matter how logical and clear my arguments are, sometimes the other person just stubbornly holds on to their wrong beliefs.

우리 할아버지는 74세이다. 그와 이야기를 나누는 중 할아버지가 인종 차별적 발언을 한 적이 있다. 나는 이 점에 대해서 지적했으나 할아버지는 잘못이 아니라고 말하며 화를 냈다. 이 부분에 대해 계속해서 얘기할 수도 있었지만 더 말해봤자 건강한 토론이 아닌 말싸움만 하게 될 것 같았다. 가끔은 그냥 의견이 다른 걸 인정하고 넘어가는 게 더 낫다.
My granddad is 74 years old. We were talking the other day, and he said something pretty racist about someone. I called him out on it, but he just got upset and kept saying he wasn't wrong. I could tell that if we kept talking about it, it would just turn into a fight instead of a real conversation. Sometimes, it's just better to agree to disagree.

3. 주변 상황에 대한 관심을 묻는 질문

TOPIC QUESTION 19

While some individuals prefer to watch television news programs to learn about current events, others prefer to read about them in newspapers or on the Internet. Which do you think is better: watching the news or reading newspapers?
어떤 사람들은 시사 정보를 얻기 위해 뉴스 프로그램을 보는 걸 선호하는 반면, 다른 사람들은 신문이나 인터넷에서 뉴스를 읽는 걸 선호한다. 뉴스를 보는 것과 신문을 읽는 것 중 어느 것을 더 선호하는가?

Idea 1

뉴스 프로그램을 보는 걸 선호한다.
I prefer watching news programs.

뉴스에는 이해를 돕기 위한 사진, 그림, 도표, 인터뷰 등이 등장한다. 반면 신문은 지면을 많이 할애할 수 없기 때문에 모든 걸 축약해서 전달한다.
News shows have pictures, drawings, graphs, and interviews to help us understand the news better. However, newspapers don't have a lot of room, so they have to cut things down to give us just the main information.

뉴스는 이동 중에 보기에도 좋다. 아나운서가 각 뉴스를 읽어서 전달해주기 때문에 그냥 이어폰으로 듣기만 해도 된다. 나는 주로 통근길에 버스나 지하철에서 최신 뉴스를 쉽게 접한다. 페이지를 넘길 필요 없이, 간단히 스마트폰을 통해 다양한 뉴스를 들을 수 있어 편리하다.
News programs are also easy to check out when you're on the go. The news anchors read all the news, so you can just listen to it with headphones. I usually catch up on the latest news during my commute on the bus or subway. It's convenient because, unlike newspapers, I don't have to flip through pages. I can easily listen to various news stories on my smartphone.

Idea 2

신문을 읽는 걸 선호한다.
I prefer reading newspapers.

뉴스는 내가 원하는 것만 찾아서 듣기가 어렵다. 보통 한 시간에서 한 시간 반 정도 진행되는데 내가 관심 있는 주제가 언제 나올지 알 수 없다. 대신 신문을 읽으면 제목만 훑고 내가 관심 있는 부분으로 바로 넘어갈 수 있다. 부동산에 관심이 많다면 신문의 부동산 섹션에 가서 그 부분만 읽는 것도 가능하다.

Waiting to hear what I want on news programs can be tough. Usually, news shows last about one to one and a half hours, and I never know when they're going to cover the things I care about. However, with a newspaper, I can just scan the headlines and jump to the parts I'm interested in. For example, if you're really into real estate, you can go directly to that section and just read that.

종이 신문을 읽으면 스크랩도 가능하다. 중요한 기사나 꼭 기억하고 싶은 정보가 있으면 잘라서 노트에 보관할 수 있다.
When I read a physical newspaper, I can also cut out articles. If there's something important or something I want to remember, I can just clip it and stick it in my notes.

TOPIC QUESTION 20

Do you agree or disagree with the following statement? Compared to people in the past, modern-day youth are better informed about global affairs.
다음 주장에 동의하는가? 과거의 사람들과 비교했을 때, 요즘 젊은이들은 국제 문제를 더 잘 알고 있다.

Idea 1

요즘 젊은이들은 국제 문제에 대해 더 잘 알고 있다는 의견에 동의한다.
I agree that young people nowadays know more about what's going on around the world.

국제 뉴스를 접하기가 훨씬 쉬워졌다. 예전에는 외국에 파견된 기자의 수도 적었고, 신문을 구독하거나 텔레비전을 구매하려면 비용이 많이 들었다. 하지만 지금은 유튜브와 같은 서비스를 이용하면 누구나 무료로 뉴스를 접할 수 있다.
Getting international news has definitely become a lot easier. Back in the day, there weren't many reporters going overseas, and you had to spend a lot of money to subscribe to a newspaper or buy a TV. But now, anyone can get it for free on platforms like YouTube.

요즘 젊은이들은 해외여행도 많이 다닌다. 여행을 가기 전에 그 국가의 문화나 지역 정보 등을 미리 조사하고 가기 때문에 그 과정에서 국제 뉴스를 더 많이 접한다.
These days, young people travel to other countries a lot. When they're planning their trips, they look up the culture, check out local information, and learn more about the country they're going to visit. As a result, they end up finding out about international news.

Idea 2

동의하지 않는다. 꼭 그렇지는 않다.

I disagree. That is not necessarily true.

요즘 젊은이들은 너무 바쁘다. 좋은 학교, 좋은 직장에 들어가기 위해 끊임없이 공부하고 일해야 한다. 내가 젊었을 때는 고등학교만 나와도 은행에 취직하는 게 가능했다. 하지만 요즘은 한국에서 최상위 대학을 나와도 취직이 쉽지 않다. 국제 뉴스를 접하기 쉬워진 건 사실이지만 그것까지 신경 쓸 여력이 없다.
Young people today are really busy. They're always studying and working to get into good colleges and find good jobs. When I was young, just finishing high school was enough to land a job, even at the local bank. But now, even getting a degree from a top university in Korea doesn't promise you a job. Even though it's true that getting international news is easier now, they don't have the time or energy to pay much attention to it.

국제 문제보다는 국제 문화에 더 익숙하다고 말하는 게 맞을 것 같다. 요즘은 교환학생, 해외 인턴 등의 기회가 많기 때문에 해외 문화에 대해 학생들이 많이 알고 있다.
It would be more accurate to say they know more about international cultures rather than international issues. These days, there are many opportunities like exchange programs and international internships. These opportunities allow students to learn a lot about other cultures.

TOPIC QUESTION 21

Do you pay more attention to domestic news or international news? Give examples to support your choice.
국내 뉴스와 국제 뉴스 중 어디에 더 관심을 두고 있는가? 당신의 선택을 뒷받침할 예시를 제시하라.

Idea 1

국내 뉴스에 관심이 더 많다.
I'm more interested in domestic news.

일단, 날씨를 확인하기 위해 매일 아침, 가장 먼저 뉴스를 본다. 날씨 확인은 내게 아주 중요하다. 나는 아르바이트하는 곳까지 걸어가기 때문에 우산을 가져가지 않은 날 비가 오면 곤란하다.
Well, the first thing I do in the morning is check the news to see the weather. Seeing what the weather's like is important to me. I walk to my part-time job, so it's a hassle when it rains, and I've forgotten my umbrella.

나는 특히 청년 취업과 관련한 뉴스에 초점을 맞춘다. 나와 내 친구들의 미래에 직접적인 영향을 주는 아주 중요한 뉴스이기 때문이다. 청년들을 위한 정부 정책과 새로운 기회에 대해 계속 정보를 얻어야 어려운 채용 시장에서 살아남을 수 있다. 이와 같은 정보는 어떤 기술이 필요하고 어떤 교육을 받아야 좋은 일자리를 얻을 수 있는지 알려주기 때문에 매우 중요하다.

I focus on keeping up with domestic news, especially youth employment. It's a big deal for me and my friends since it directly impacts our future. Staying informed about government policies and new opportunities for young people helps us tackle the tough job-hunting scene. This type of information is crucial because it shows us which skills are in demand and which educational paths might increase our chances of landing good jobs.

Idea 2

국제 뉴스에 관심이 더 많다.
I'm more interested in international news.

날씨나 최근 경제 정책과 관련해서는 국내 뉴스도 보고 있긴 하지만, 요즘은 해외 주식 거래를 많이 하고 있어서 국제 뉴스에 더 관심을 두고 있다.
I do watch local news about the weather and any new economic policies, but lately, I'm tuned in to international news since I'm pretty active in trading foreign stocks.

특히 미국 뉴스에 관심이 많다. 원유나 금의 가격, 달러의 환율 변동, 반도체 회사의 실적이나 반도체 수급 등에 대한 정보를 국제 뉴스에서 얻고 있다. 여러 정보를 기반으로 신중하게 투자 결정을 내려야 하므로 국제 뉴스가 아주 중요하다.
I'm especially interested in news from the United States. I keep up with international news to learn about the prices of oil and gold, the performance of the dollar, how semiconductor companies are performing, and the supply of semiconductors. I want to make decisions based on lots of sources, so international news is really important to me.

TOPIC QUESTION 22

Do you prefer to read the news daily or at regular intervals? Give specific reasons to support your opinion.
매일 뉴스를 읽는 게 좋은가, 아니면 정기적으로 뉴스를 읽는 게 좋은가? 당신의 의견을 뒷받침하는 구체적인 이유를 제시하라.

Idea 1

매일 뉴스를 본다.
I watch the news every day.

원래는 뉴스를 매일 챙겨 보지는 않았는데 요즘에는 자주 본다. 먼저 날씨를 확인하고, 그다음으로 미세먼지

수치를 확인한다. 나는 천식이 있기 때문에 날씨와 공기의 질을 아는 게 매우 중요하다. 그래야 증상이 더 심해지지 않도록 관리하고 외출 시 마스크를 착용할지 말지 결정할 수 있다.
I didn't use to watch the news every day, but I do now. First, I check the weather, and then I check the air quality because I have asthma. It's really important for me to know what the conditions are like, so I can better manage my symptoms and decide if I need to wear a mask before going outside.

뉴스를 매일 보기 시작하면서 직장 내에서 동료들과 대화할 거리가 많아지는 걸 느낀다. 우리는 최근에 바뀐 부동산 정책이나 연예인 이야기 등을 자주 한다.
Since I started watching the news daily, I have had a lot more things to talk about with others, like my coworkers. We often chat about the latest in real estate policies or what's happening with celebrities.

Idea 2

뉴스는 가끔 확인한다.
I check the news occasionally.

코로나 때문에 뉴스를 매일 확인하던 시절도 있었지만, 보통 때라면 뉴스는 잘 확인하지 않는다. 뉴스는 시시각각 변하는 정보를 다루고 있기 때문에 자주 확인할 필요는 없다고 생각한다. 예를 들어 한국의 입시 정책이나 부동산 정책 등은 정말 자주 변해서 내게 정말 필요한 시기에만 확인하는 게 낫다.
I used to check the news every day because of COVID-19, but normally, I don't pay much attention to it. News is always changing, so I don't think it's necessary to check news programs all the time. For example, policies on college entrance exams or real estate change so often. I think it's better to check them only when I need to.

뉴스는 너무 자극적인 소재를 다룬다. 누가 뭘 훔쳐 갔다든지, 아니면 어디에 불이 났다든지 하는 심각한 소재를 매일 다룬다. 이런 정보에 매일 노출되고 싶지는 않다.
The news always covers dramatic topics and stories. They talk about serious things such as thefts or fires happening somewhere every day. I don't want to get that kind of information every day.

TOPIC QUESTION 23

Do you agree or disagree with the following statement? Knowing the background of the city you live in is crucial.
다음 주장에 동의하는가? 내가 살고 있는 도시의 배경을 아는 건 매우 중요하다.

Idea 1

도시의 배경을 알아야 한다.
You need to know the history of your city.

나는 조선 시대의 궁궐이 있었던 도시에 산다. 하지만 놀랍게도 나는 내가 사는 도시의 배경을 잘 몰랐고 몰라도 된다고 생각했다. 왜냐하면 도시의 역사나 문화를 안다고 해서 내 인생이 더 편해지는 게 아니기 때문이다.
I live in a city that has palaces from the Joseon Dynasty. Surprisingly, I didn't know much about my city's history and didn't think it was significant. I believed that knowing about the city's past or culture wouldn't enhance my life in any way.

하지만 최근에 외국에서 세 명의 친구가 나를 방문했을 때 생각이 바뀌었다. 친구들은 도시를 돌아다니며 각 궁에 대한 정보를 물었다. 하지만 나는 질문에 거의 대답할 수 없었다. 급히 인터넷 검색을 해서 대답해주었는데, 그때 굉장히 부끄러웠다. 어떤 도시에 살고 있느냐에 따라 다르겠지만 적어도 역사적인 의미가 있는 도시에 산다면 그 배경을 아는 게 좋을 것 같다.
However, my view changed when three of my friends from abroad came to visit. They were exploring the city and asked me about the various palaces. However, I couldn't think of any answers. I had to quickly search online to give them some information, which was quite embarrassing. Depending on where you live, if your city holds historical importance, I think it's beneficial to know a little about its history.

Idea 2

도시의 배경은 몰라도 된다.
You don't need to know the background of your city.

어떤 도시에 살고 있느냐에 따라 다르겠지만, 일단 내가 사는 도시는 딱히 역사나 배경이 없다. 논과 밭이 많은 도시로 옛날과 별로 변한 게 없다고 한다. 그저 아주 드넓은 곡창 지대이다. 이 사실을 안다고 해서 내 인생에 큰 도움이 되는 건 아니다.
Depending on where you live, its importance might vary. My city, for example, isn't known for its historical significance. It's mostly agricultural fields and rice paddies, and not much has changed over time. It's mainly a rural area, so knowing its history doesn't affect me much.

하지만 역사적인 의미가 있는 도시에 산다면 그 배경을 아는 게 좋을 것 같다. 친구가 방문했을 때 도시에 대해 아는 게 전혀 없다면 좀 민망할 것 같다. 그런 경우라면 삶이 바쁘더라도 평소에 조금씩 공부해서 기본적인 정보는 알고 있어야 할 것 같다.
But if you're in a city with historical importance, it's good to be informed. It'd be pretty embarrassing if friends visited, and you knew nothing about it. In such cases, even if life is busy, I think it's important to study a little bit regularly to know the basic information.

TOPIC QUESTION 24

Do you agree or disagree with the following statement? Learning about other cultures is crucial.
다음 주장에 동의하는가? 다른 문화에 대해 배우는 것은 매우 중요하다.

Idea 1

다른 문화를 배우는 것은 중요하다.
It's important to learn about different cultures.

요즘에는 한 국가에서 다른 국가로 이민하거나 일 때문에 모국을 떠나는 경우가 많다. 여행을 가지 않더라도 다양한 문화권의 사람을 만날 일이 있기 때문에 다른 문화에 대해 배워야 한다고 생각한다.
Nowadays, a lot of people move abroad or leave their home countries for work. Even if you don't travel, you're bound to meet people from various cultural backgrounds. That's why understanding different cultures is crucial.

다른 문화를 알게 되면 좀 더 타인을 배려할 수 있게 된다. 예를 들어 문화권에 따라 특정 음식을 먹지 않거나, 술을 마시지 않는 경우가 있다. 만약 그런 차이를 안다면 상대를 배려하는 말과 행동을 할 수 있을 것이다.
By understanding the nuances of other cultures, you can become more considerate. For instance, some cultures follow strict dietary rules or avoid alcohol. Knowing about these differences helps you interact and talk in ways that respect others' beliefs and preferences.

Idea 2

다른 문화에 대해 몰라도 상관없다.
It's not necessary to know about different cultures.

알면 좋긴 하겠지만 반드시 알아야 한다고 생각하지 않는다. 만약 내가 살고 있는 국가를 떠나 생활하지 않을 거라면, 또 내가 사는 지역에 외국인이 많은 게 아니라면 딱히 알 필요는 없다고 생각한다.
Sure, it's nice to know, but I don't see it as crucial. Unless I'm planning to move abroad or there's a diverse population in my area, I don't see the need to dive deep into other cultures.

문화에 대해 학습하는 건 내게는 필수라기보다는 취미에 가깝다. 어떤 사람은 타문화에 대해 배우는 걸 즐기고, 다른 문화권 사람들과 친구가 되고 싶어 하기도 한다. 그런 경우를 제외하고는 타문화를 알아서 오는 이득은 없는 것 같다. 따라서 그것은 필수는 아니다.
To me, understanding various cultures feels more like a hobby than a requirement. Some people genuinely enjoy it and want to connect with others from different backgrounds. Outside of that, I don't see what the big deal is. So, I wouldn't say it's vital.

TOPIC QUESTION 25

One question that may arise in community planning is whether the government should allocate resources toward building a library or a parking lot. Should your government build a library or a parking lot in your community?
지역 사회 계획의 일환으로 내가 사는 곳에 도서관 또는 주차장을 지을 계획이 있다고 한다. 정부는 나의 지역 사회에 도서관을 지어야 하는가, 주차장을 지어야 하는가?

Idea 1

주차장을 지으면 좋겠다.
I hope we can have more parking lots.

이미 도서관은 많다. 우리 동네에는 사립, 국립 대학교가 여러 개 있다. 학교 도서관과 더불어 시립 도서관까지 하면 반경 20킬로미터 안에 도서관이 열 개가 넘는다.
We already have plenty of libraries. In our neighborhood alone, there are several universities, some of which are private and some of which are national. Including the city library, there are more than 10 libraries within a 20km radius.

하지만 주차 공간은 많이 없다. 그래서 갓길에 차를 세우는 경우가 많다. 우리 동네에는 초등학교도 많아서 아이들이 길에 정말 많기 때문에 자칫하면 사고가 날 수 있다. 주차장을 짓게 되면 지역 사회가 더 안전해질 것 같다.
But we really don't have enough parking spaces. So, we often have to park on the roadside. Since our neighborhood has many elementary schools, a lot of young children are on the streets, and accidents can easily occur. Building a parking lot would make our community safer.

Idea 2

도서관을 지으면 좋겠다.
I wish we could have more libraries.

내가 사는 곳에는 학교가 거의 없고 시립 도서관도 작은 것 한 개뿐이다. 대신 공터는 아주 많기 때문에 주차하기는 용이하다.
There are very few schools in my town, and we only have one small municipal library. However, we have plenty of open spaces, so it's easy to park around here.

만약 도서관을 만든다면 일단 조용하게 휴식하며 책 읽을 공간이 늘어나게 되니 좋다. 또 큰 도서관이라면 책이나 정기 간행물도 많이 사들일 수도 있다. 읽고 싶은 책을 모두 직접 사는 건 굉장히 부담이었는데 도서관에 책이 많이 들어온다면 정말 좋을 것 같다.
If we were to have another library, it would be great to have a quiet space to relax and read books.

Moreover, with a larger library, we could have a wide variety of books and periodicals. It would be wonderful to have access to many books without purchasing them myself, as it has always been a huge burden to buy every book I wanted to read.

TOPIC QUESTION 26

Suppose a person has given some land to your community. Some members of the community desire to use the land for cultivating plants or flowers, while others would like to see the land utilized for constructing a playground for children. Which do you think is better? Use specific reasons and examples to support your answer.

우리 지역 사회에 누군가 토지를 기부했다. 어떤 사람들은 그 땅을 식물이나 꽃을 재배하는 데 사용하기를 원하지만, 다른 사람들은 그 땅이 어린이들을 위한 놀이터를 만드는 데 사용되기를 원한다. 둘 중 어떤 결정이 더 나을까? 구체적인 이유와 예시를 들어 답변을 뒷받침하라.

Idea 1

기부 받은 토지를 꽃이나 식물을 재배하는 데 사용하는 게 좋을 것 같다.

It would be good to use the donated land for growing flowers or plants.

요즘 채소값이 많이 올랐다. 그래서 나는 자주 먹는 채소들을 정원에서 기르고 있다. 만약 기부 받은 토지의 규모가 크다면 많은 식물을 여기서 재배할 수 있을 것이고, 결과적으로 사람들의 식비를 줄이는 데 도움이 될 것이다.

The cost of vegetables has skyrocketed recently. That's why I've started growing my favorite vegetables in my garden. If the donated land is big enough, it could be used to cultivate a variety of plants, helping to reduce people's grocery expenses.

어린이들을 위한 놀이터는 우리 동네에 별로 필요가 없다. 내 이웃은 대부분 결혼하지 않은 20대들이다. 그래서 동네에 아이들이 거의 없다. 만약 아이들이 거의 없는 동네에 놀이터를 지으면 노숙자와 같은 달갑지 않은 손님들이 올 수도 있다. 노숙자가 모이면 부동산 가격이 내려가고 치안이 안 좋아진다. 그래서 놀이터보다는 정원을 꾸미는 게 낫겠다.

We don't need a playground for children in our neighborhood. Most of my neighbors are single people in their 20s, so there aren't many kids around. Building a playground in a neighborhood with few children might attract unwanted visitors, which could potentially lower property values and harm public safety. So, it might be better to create a garden instead of a playground.

Idea 2

기부 받은 토지는 어린이를 위한 놀이터로 쓰는 게 좋겠다.

It would be better to use the donated land as a playground for children.

내가 사는 동네에는 우리 가족을 포함해 아이를 두셋 이상 둔 가족이 많다. 하지만 이 동네에는 아이들이 놀 공간이 부족하다. 그래서 많은 아이가 차로 가득한 도로에서 위험하게 뛰어논다. 그래서 놀이 공간이 생긴다면 아이들이 안전하게 놀 수 있을 것 같다.

There are many families in my neighborhood who have two or more children, including mine. However, there are not enough play spaces for children in this neighborhood. As a result, many children play on the roads full of cars, which is very dangerous. So, if there is a play area, children can play safely.

반면 식물이나 꽃을 재배하는 건 별로 필요하다고 생각하지 않는다. 만약 식물을 보고 싶다면 동네에 있는 뒷산에 오르면 된다. 굳이 평평한 토지를 이런 목적으로 사용할 필요는 없다.

On the other hand, I don't think we really need to grow plants or flowers as a community. If someone wants to see plants, they can hike up one of the nearby hills in the neighborhood. There's no need to use flat land for this purpose.

---

4. 기술 또는 전자기기 사용에 관한 질문

TOPIC QUESTION 27
Which feature of smartphones is the most useful for students: taking photos, listening to music, or recording lectures? 스마트폰의 기능 중 사진 촬영, 음악 감상 또는 강의 녹음 중 학생에게 가장 유용한 기능은 무엇일까?

Idea 1

사진 촬영 기능이 학생에게 가장 유용하다.

The most useful feature for students is a phone camera.

나는 주로 노트북으로 강의 내용을 필기한다. 이는 굉장히 시간과 에너지가 많이 소모되는 일이다. 하지만 카메라를 사용할 수 있다면 강의 내용을 일일이 타이핑할 필요가 없다. 요즘은 교수님들이 발표 자료를 사용해서 강의 내용을 전달한다. 슬라이드를 카메라로 촬영해두면 별도로 필기하지 않아도 나중에 복습할 수 있다.

I usually take notes with my laptop. Typing is a time-consuming and energy-draining task. But if students can use the camera, they don't have to transcribe the lecture. Nowadays, professors use PowerPoint slides to deliver lectures. By taking pictures of the slides with a camera on their phone, they can review the material later, even without note-taking.

실험 수업이 많은 경우 사진 촬영 기능은 특히 유용하다. 나는 생물학을 전공하고 있어서 매주 10시간 이상을 실험실에서 보낸다. 나는 매 실험 때마다 사진을 남기는데, 실험 과정은 글로 남기기보다는 사진으로 남기는 게 재현하기에 가장 적합하기 때문이다.

Phone cameras are particularly useful in classes that involve a lot of experiments. As a biology major, I spend more than 10 hours in the lab every week. I take photos of every experiment because doing so makes it easier to reproduce the experiments later. It's better than just taking notes.

Idea 2

녹음 기능이 학생에게 가장 유용하다.

The most useful feature for students is a voice recorder app.

나는 주로 노트북으로 강의 내용을 필기한다. 이는 굉장히 시간과 에너지가 많이 소모되는 일이다. 하지만 녹음기를 사용할 수 있다면 강의 내용을 일일이 타이핑할 필요가 없다. 녹음 기능을 사용할 수 있다면 강의를 녹음했다가 나중에 다시 들을 수 있다. 속도 조절이나 볼륨 조절 역시 가능하다.

I usually take notes with my laptop. It is time-consuming and exhausting. But if students are allowed to use the recorder, there is no need to transcribe the lecture. By using a voice recorder app, they can record the lecture and listen to it again later. They can also adjust the speed and volume of the recordings.

수업을 참여하지 못할 때 녹음 기능을 활용하면 좋다. 함께 수업을 듣는 친구가 녹음한 파일을 전달해 주면 수업에 직접 참여하지 못하더라도 빠진 부분을 공부할 수 있다.
This is also useful when they miss a class. If their friend in the same class records the lecture and shares the file with them, they can study the missed parts even if they cannot participate in the class.

TOPIC QUESTION 28

There are conflicting views on the role of robots in the future. Some people believe that robots have the potential to replace humans in various types of work, whereas others hold the belief that robots will never surpass humans in intelligence or usefulness. Which do you agree with?
미래에 로봇의 역할에 대해서는 상반된 견해가 있다. 어떤 사람들은 로봇이 다양한 종류의 일에서 인간을 대체할 잠재력을 가지고 있다고 믿지만, 다른 사람들은 로봇이 지능이나 유용성에서 결코 인간을 능가하지 않을 것이라고 믿는다. 둘 중 어떤 견해가 더 일리 있는가?

Idea 1

로봇은 이미 인간의 지능이나 유용성을 능가했다.
Robots have already surpassed humans in intelligence and usefulness.

계산이나 커피 타기 등의 단순한 작업뿐 아니라 코딩하기, 그림 그리기와 같은 복잡한 작업까지 AI가 모두 수행할 수 있다. 로봇은 이미 오래전에 인간의 지능을 넘어섰으며, 유용성 또한 나날이 증가하고 있다.
AI can handle not only simple tasks like calculations and making coffee but also complex ones like coding and drawing. It's been some time since robots outsmarted us, and their utility continues to grow every day.

성능 면에서 컴퓨터, 스마트폰과 같은 기계는 압도적인 퍼포먼스를 자랑한다. 기계는 먹지도, 잠을 자지도, 쉬지도 않는다. 쉴 필요가 없는 노동자만큼 유용한 건 없다.
When it comes to efficiency, devices like computers and smartphones are incredibly superior. Machines don't need to eat, sleep, or take breaks. There's nothing more useful than a worker that never needs a break.

Idea 2

로봇은 인간의 지능이나 유용성을 능가하지 못할 것이다.
Robots will never surpass human intelligence or usefulness.

지능은 여러 가지 측면이 있다. 큰 수를 계산하는 것, 여러 가지 자료에서 패턴을 찾는 건 기계가 더 잘할 수도 있다. 하지만 기계가 감성 지능을 흉내 내기는 어렵다. 예를 들어 사람의 마음을 진심으로 이해하거나 공감하는 것은 AI에게는 어려운 일이다.
Intelligence has various aspects. While machines may excel at calculating large numbers or finding patterns in data, it's tough for them to mimic emotional intelligence. Truly understanding and empathizing with human emotions, for example, is a challenge for AI.

유용성도 마찬가지다. '유용하다'의 기준이 중요할 텐데, 무거운 물건을 옮기거나 빠른 계산을 할 일이 필요하다면 기계가 유용하겠지만, 사람을 보살피는 일, 상담하는 일 등은 기계보다는 사람이 직접 하는 게 더 낫다.
The same goes for usefulness. What we consider 'useful' is important. If it's about moving heavy objects or doing quick calculations, sure, machines might be more useful. But for tasks such as caring for people or providing counseling, that's where humans shine.

TOPIC QUESTION 29

Do you agree or disagree with the following statement? With the advent of new technology capable of performing mathematical operations, the significance of teaching young people to do mental math has decreased in schools.
다음 주장에 동의하는가? 수학적 연산을 수행할 수 있는 새로운 기술의 출현으로, 학교에서 암산을 가르치는 일의 중요성이 감소했다.

Idea 1

암산을 가르칠 필요가 없다.
There's no need to teach mental calculations anymore.

요즘은 컴퓨터와 휴대폰이 어디든 있으므로 암산을 가르칠 필요는 없다. 암산을 훈련하려면 많은 시간과 노력이 드는데 반해 휴대폰은 언제든 쉽게 꺼내서 사용할 수 있기 때문에 굳이 계산하는 법을 훈련할 필요는 없다.
With computers and phones everywhere, we don't really need to spend time and effort teaching mental calculations. Training for mental math requires a lot of time and effort, whereas we can easily pull out our phones and use them anytime. Therefore, there is no need to train for calculations.

암산보다 더 중요한 것들이 많다. 학교에서는 이미 지난 기술보다는 신기술에 더 집중할 필요가 있다. 코딩 교육을 통해 소프트웨어를 만드는 방법을 가르치거나, 타자 연습을 더 시키는 게 좋을 것 같다.

There are more important things to prioritize in schools. Instead of focusing on outdated skills, we should emphasize learning new technologies. It might be better to introduce students to creating software through coding education or give them more typing practice.

Idea 2

암산을 가르치는 건 여전히 중요하다.
Teaching mental calculation is still important.

언제나 계산기를 꺼내서 사용할 수는 없다. 아주 간단한 계산을 할 때조차 항상 휴대폰을 꺼내야 한다면 정말 불편할 것이다. 두 자릿수 연산 정도는 할 줄 아는 게 편하다.
We can't always depend on calculators. It would be a hassle to pull out our phones for every simple calculation. Being able to do quick calculations in our heads, especially with two-digit numbers, is handy.

암산을 훈련하는 과정은 두뇌 발달에 아주 좋다. 암산을 배우는 건 단순히 정답을 얻기 위함이 아니다. 암산을 배우고, 또 연습하면서 어린 학생들은 인지 능력을 발달시키고, 노인의 경우 치매를 예방할 수 있다.
Training the mind for mental calculation also benefits brain development. It's not just about getting the right answer. For young students, it sharpens their cognitive abilities, and for older adults, it can help prevent dementia.

TOPIC QUESTION 30

Do you agree or disagree with the following statement? New technology has made our life more convenient and comfortable.
다음 주장에 동의하는가? 새로운 기술은 우리의 삶을 더 편리하고 편안하게 만들었다.

Idea 1

그렇다. 신기술은 우리의 삶을 더 편리하게 만들었다.
Of course, new technology has made our lives more convenient.

과학 기술의 발전으로 인해 교통이 발달했다. 잘 닦인 고속도로가 있어서 안전한 여행이 가능해졌다. 뿐만 아니라 우리나라에는 시간당 300킬로미터를 넘게 달리는 기차도 있다. 예전에는 할머니 댁에 가려면 다섯 시간 이상 자동차로 이동해야 했지만 지금은 한두 시간이면 도착한다.
Thanks to advancements in science and technology, transportation has improved. We've got well-maintained highways, making travel safer. Also, where I'm from, we've got trains that run faster than

three hundred kilometers per hour. Back in the day, it used to take more than 5 hours to drive to my grandma's place, but now it's just a 1-to 2-hour journey.

또한, 의학 기술의 발전으로 치료할 수 있는 병이 더 많아졌다. 예전에는 감기나 폐결핵 같은 가벼운 질병에도 많은 사람이 목숨을 잃었다. 하지만 지금은 치료할 수 있는 병 또는 관리할 수 있는 병이 더 많아져서 사람들이 오랫동안 건강하게 살 수 있다.
Also, because of advanced medical technology, we can treat more diseases. Back then, even mild illnesses like the flu or tuberculosis took many lives. But now, more diseases can be treated or managed, allowing people to live healthier and longer lives.

Idea 2

신기술은 우리의 삶을 편리하게 하긴 했지만 편안하게 만들었는지는 잘 모르겠다.
New technology has made our lives more convenient, but I'm not sure it's made them more comfortable.

과학과 기술의 발전으로 사람들이 더 많은 편의를 누리는 건 사실이다. 예를 들어 의학 기술의 발전으로 사람들은 더 오래 살 수 있게 되었다. 하지만 역설적이게도 기술의 발전으로 인해 사람들의 정신 건강은 부정적인 영향을 받은 것 같다. 따라서 우리가 기술로 인해 더 편안한 마음을 느끼는지는 의문이다.
People certainly enjoy more conveniences thanks to advancements in science and technology. For instance, medical advancements mean people can live longer. But paradoxically, it seems our mental health might have been negatively impacted by technological progress. So, it's debatable whether we're truly more at ease.

특히 나는 소셜 미디어(또는 SNS)가 사람들의 정신 건강을 나쁘게 만드는 주범이라고 생각한다. 예전에는 다른 사람들이 어떻게 사는지 알 수 없었기 때문에 나와 다른 사람의 삶을 비교하는 일은 비교적 적었다. 하지만 지금은 SNS를 통해 나와 전혀 관련 없는 사람이나 연예인의 삶을 엿볼 수 있으므로 전반적으로 삶에 대한 만족도가 떨어졌다고 생각한다. 오히려 이 기술로 인해 사람들이 더 많이 우울증을 겪고 있다.
I especially think social media plays a big part in negatively impacting mental health. Back in the day, you didn't get a window into everyone else's lives, so you weren't always comparing. But now, with social media, you get glimpses into the lives of strangers and celebrities. It feels like the overall satisfaction with life has gone down. Ironically, this technology seems to increase the number of depressed people.

TOPIC QUESTION 31

Some people believe that printed materials, like books and newspapers, will eventually be replaced by electronic versions. Some say people will always be interested in printed materials. Which point of view do you agree with?
어떤 사람들은 책이나 신문과 같은 인쇄물이 결국 전자 버전으로 대체될 거라고 믿는다. 반면 인간은 항상 인쇄물에 관심이 있으리라 생각하는 사람도 있다. 둘 중 어떤 생각에 동의하는가?

Idea 1

전자책이 종이책을 대부분 대체할 것 같다.
It looks like electronic books might largely replace physical ones.

문제집은 여전히 종이책으로 만들어질 것 같다. 종이책이 필기가 더 편하고, 가독성이 좋기 때문이다. 하지만 공부할 때를 제외하고 소설이나 비문학 도서를 읽을 때는 전자책이 더 편하다.
I do believe workbooks will remain in print. They're simply more convenient for taking notes and offer better readability. But for non-study purposes, like reading novels or non-fiction, e-books are the way to go.

전자책이 훨씬 편리하다. 많은 책을 하나의 가벼운 전자기기에 담을 수 있기 때문이다. 여행 다닐 때 많은 책을 손쉽게 가지고 다닐 수도 있다.
They're especially handy because you can store numerous books on a single, lightweight device. Traveling with a whole library becomes so easy.

Idea 2

종이책은 절대 없어지지 않는다.
Paper books will never disappear.

종이책의 질감을 좋아하는 사람이 많다. 개인적으로는 종이의 까끌한 느낌도 좋고, 표지의 재질, 또 도톰한 책을 손으로 쥐는 그 느낌 자체가 좋다.
Many people enjoy the texture of paper books. Personally, I really enjoy the rough feel of the pages, the texture of the covers, and just the whole experience of holding a solid book in my hands.

전자책이 편하긴 하지만 공부할 때는 종이책이 훨씬 편하다. 학교에서 쓰는 교과서나, 학습서 등을 전자책으로 대체하면 오히려 불편해질 것이다. 기기의 배터리가 방전되면 공부할 수 없다니, 너무 황당하지 않은가.
While e-books might be handy, paper books just feel better for studying. Imagine if we only had e-books for textbooks and study guides in schools. It would actually be more inconvenient. It'd be ridiculous to be unable to study because the battery ran out.

TOPIC QUESTION 32

Do you agree or disagree with the following statement? For business conferences, people should meet each other in person instead of using video calls.
다음 주장에 동의하는가? 비즈니스 회의를 위해서 사람들은 화상 통화를 사용하는 대신에 서로 직접 만나야 한다.

Idea 1

직접 만나야 한다.
You have to meet them in person.

화상 통화 기능을 사용할 줄 모르는 사람도 많다. 나이가 많은 사내 직원들은 새로운 프로그램을 사용하는 데 항상 어려움을 겪는다. 예를 들어 우리 회사에서 새로운 프로젝트 관리 프로그램을 사용하게 되었을 때 사용법을 파악하는 데 시간이 한참 걸렸다.
Many people still aren't familiar with video calls. In the workplace, older team members always struggle with new software. For example, when my company switched to a new project management tool, it took them a while to figure out how to navigate it.

직접 만나면 친분을 쌓기도 좋다. 주로 회의 전후로 다과 시간을 보내게 되는데 이 시간 동안 일상적인 이야기를 하며 서로 친해질 수 있다.
Meeting someone in person is a great way to build rapport. Usually, there's a break for refreshments before or after a meeting. That's a perfect time for casual conversations and getting to know each other better.

Idea 2

직접 만날 필요는 없다.
There's no need to meet in person just for a meeting.

요즘은 글로벌 기업이 많다. 한국에 사는 사람이 미국에 있는 기업에서 일하거나, 일본에 거주하는 사람이 중국에 있는 기업에서 일하는 경우도 있다. 만약 모든 비즈니스 회의를 직접 만나서 한다면 회의를 위해 먼 거리를 여행해야 한다. 이는 시간과 노력을 너무 많이 요한다.
These days, global companies are everywhere. It's common for someone in Korea to work for a company in the United States or for someone in Japan to work for a company in China. If every business meeting were in person, people would have to travel long distances. That would take up so much time and effort.

대신 요즘에는 화상 통화 기능이 아주 잘 되어 있다. 노트북의 기본 웹 카메라나 오디오도 성능이 좋기 때문에 어디서나 화상 회의를 하는 게 가능하다.
Instead, these days, video calls have become so advanced. Most of our laptops come with high-

quality built-in webcams and audio systems. This lets us video-conference from pretty much anywhere.

TOPIC QUESTION 33

There are different views regarding the future of libraries with the rise of technology and the Internet. While some individuals believe that libraries will become obsolete, others argue that libraries will always be an essential resource. Which opinion do you agree with?
기술과 인터넷이 발전하면서 도서관의 미래에 대해 다양한 견해가 나왔다. 어떤 사람들은 도서관이 쓸모없게 될 거라고 믿는 반면, 다른 사람들은 도서관이 항상 필수적인 자원일 거라고 주장한다. 둘 중 어떤 의견에 동의하는가?

Idea 1

도서관은 결국 사라질 것이다.
Libraries might eventually become a thing of the past.

도서관은 공간을 너무 많이 차지한다. 책을 보관하려면 적정한 온도와 습도, 또 공간까지 있어야 하는데 그러기 위해서는 많은 돈이 든다. 최근 동향을 보면 굳이 책을 종이로 보관해야 할 이유는 없으므로 대부분의 책은 전자책 형태로 바뀔 것 같다.
Libraries require a lot of space. Maintaining books requires just the right temperature, humidity, and space, all of which add up to significant costs. Given the current trends, there's little reason to keep books in paper format, so many are likely to transition to e-books.

도서관에 있는 책들은 너무 오래된 경우가 많다. 새로운 정보가 매일 생겨나는 요즘은 도서관에서 정보를 찾을 일이 별로 없다. 집에서 컴퓨터로 필요한 정보를 검색하면 된다.
Books in libraries can be outdated. We don't need to hunt for information in them anymore. With new information popping up daily, you can just search for what you need right from your computer at home.

Idea 2

도서관은 사라지지 않는다.
Libraries aren't going anywhere.

최근에 출간되는 도서들은 대부분 전자책 버전도 출간하며, 이전에 출간된 책들도 요즘은 전자책으로 옮겨가고 있다. 하지만 도서관은 여전히 그만의 가치가 있다.
Sure, publishers are pushing a lot of e-books nowadays. And yes, many previously published paper

books are being turned into e-books. However, libraries have their own unique value.

도서관에서는 커뮤니티 일원들이 참여할 수 있는 많은 이벤트를 연다. 작가나 아티스트, 감독 등이 도서관을 방문해 새로 나온 작품에 대해 소개하고 토론하는 시간을 갖는다.
Libraries host many events that community members can attend. Authors, artists, and directors often visit libraries to promote their new works and engage in discussions.

또한 도서관은 꼭 책을 보관하는 장소로만 사용되는 건 아니다. 조용한 환경에서 공부도 하고, 컴퓨터로 자료도 찾는 곳이다. 원할 때마다 책을 살 여력이 없는 사람들도 많기 때문에 도서관은 계속 존재하게 될 것이다.
Beyond just storing books, libraries offer a quiet place to study and access to computers for information. And since not everyone can afford to buy books on a whim, libraries will always have their place.

TOPIC QUESTION 34

Do you agree or disagree with such a plan? Schools should ban accessing social media websites from library computers.
다음 계획에 동의하는가? 학교는 도서관 컴퓨터에서 소셜 미디어 웹사이트에 접속하는 걸 금지해야 한다.

Idea 1

소셜 미디어(또는 SNS) 사용을 금지해야 한다.
Social media usage in schools should be restricted.

학생들은 집중을 잘하지 못한다. 학교에 왔다면 공부에 집중해야 한다. 하지만 도서관 컴퓨터가 SNS에 접속이 가능하다면, 책을 읽기보다는 컴퓨터에 매달려 있을 것이다.
Students can get easily distracted. They should be focusing on their studies at school. Yet, if they can use social media from library computers, they'll probably use those computers for that instead of reading books.

진짜 컴퓨터를 사용해야 할 학생들이 컴퓨터를 사용하지 못하게 된다. 예전에 내가 다닌 학교에서는 도서관 컴퓨터로 게임을 할 수 있었다. 이때 게임을 좋아하는 학생들이 컴퓨터를 다 차지해서 공부 자료를 찾는 친구들이 컴퓨터를 사용하지 못한 적이 있다. SNS에 접속하게 해주면 비슷한 일이 생길 것 같다.
Students who need to use the library computers for studying will not be able to do so. In my previous school, students were allowed to play games on the library computers. Sometimes, gamers ended up using all the computers, so there weren't any left for those who actually needed to study. If access to social media is allowed, it might lead to similar situations.

Idea 2

소셜 미디어 사용을 금지할 필요는 없다.
There is no need to ban the use of social media.

SNS 웹사이트는 학생들에게 필수적이다. 보통 학급 친구들끼리 모임 시간을 조정할 때 SNS 메시지로 한다. 휴대폰을 집에 두고 왔거나 배터리가 없을 때도 있기 때문에 도서관 컴퓨터로 이런 메시지 시스템에 접속할 수 있어야 한다.
Social media sites are essential for students. We often use them to arrange meetups and communicate through their messaging apps. If we forget our phones at home or run out of battery, we should still be able to access these platforms at the library.

SNS는 내게는 영감을 주는 장소이다. 나는 디자인을 전공하고 있는데 매일 SNS 계정들을 살펴보면서 내게 영감을 주는 작품들을 찾아 인쇄한다. 만약 도서관에서 이런 사이트에 접속할 수 없다면 곤란해질 것이다.
Social media is a big source of inspiration for me. As a design major, I browse various profiles every day to find inspiring works and print them. It would become a hassle if I couldn't access these sites at the library.

TOPIC QUESTION 35

Some people enjoy uploading their day-to-day activities online, while others choose not to share their routines on social media. What is your preference?
어떤 사람들은 그들의 일상을 온라인에 올리는 걸 즐기는 반면, 다른 사람들은 소셜 미디어에 그들의 일상을 공유하지 않는다. 둘 중 어떤 것을 선호하는가?

Idea 1

나는 일상을 공유한다.
I share my daily life online.

그것은 나의 매일을 기억하기 좋은 방법이다. 사진을 찍어서 매일 올리면 내가 매일 어떤 활동을 했는지 알 수 있다. 따로 일기를 적거나 사진을 프린트할 필요가 없다. 사진과 적절한 메시지를 통해 온라인 일기장으로 쓸 수 있다.
It's a great way to remember each day. By taking photos and posting them, I can see what I've been up to. With social media, I don't need to keep a paper diary or print out photos. It becomes my online journal, complete with pictures and fitting captions.

동일한 여행지를 방문하는 경우 특히 이런 일기가 유용하다. 식당이나 장소가 마음에 들었을 때 소셜 미디어에 저장해두면 다음번에 찾아가기 쉽다.

This kind of diary is especially useful when visiting the same places or cities. If I really enjoy a restaurant or spot that I visit, I just save it on my social media. That way, it's easy to find and revisit them again.

Idea 2

나는 일상을 공유하지 않는다.

I don't share my daily life online.

일단 SNS를 할 시간이 없다. 예전에 인스타그램 계정을 관리한 적이 있었는데, 사진을 예쁘게 또 구도까지 생각해서 찍는 게 쉽지 않았고, 좋은 사진을 찍었다고 해도 태그나 문구를 떠올리는 것도 쉽지 않았다.

I simply don't have time for social media. I had an Instagram account before, but getting the perfect shot with the right composition was a challenge. And even when I got a good photo, thinking of the right tags or captions was tough.

인스타그램용 사진을 찍다 보면 허망한 느낌이 들 때가 있다. 내가 보고 기억할 사진보다는 남에게 자랑할 사진을 찍고 있다는 생각이 자주 들었다.

There are times when sharing photos on Instagram just feels empty. I often felt like I was snapping pictures not for my memories but to impress others.

나는 SNS 접속 자체를 거의 하지 않는다. 다른 사람의 삶의 하이라이트와 내 일상을 비교하게 돼 정신 건강에 부정적인 영향을 주는 것 같다.

I don't use social media much. Seeing only the highlights of others' lives tends to make me compare mine to theirs, which isn't great for my mental well-being.

TOPIC QUESTION 36

Some people thoroughly read a product manual before using a new product, whereas others completely disregard it. Which do you think is better?

어떤 사람들은 신제품을 사용하기 전에 제품 설명서를 철저히 읽지만, 어떤 사람들은 설명서를 완전히 무시한다. 둘 중 어떤 것이 더 나은가?

Idea 1

나는 제품 설명서를 읽는다.

I read product manuals.

설명서에는 제품을 어떻게 안전하게 사용할 수 있는지 적혀 있다. 최근에 로봇 청소기를 샀는데 전원 버튼이나 화살표 등의 버튼이 직관적이긴 했지만 에러 코드가 뜨면 어떻게 해야 할지 알 수 없었다. 미리 설명서를 읽어두면 에러 코드에 대처하기 좋다.
The manual explains how to use the product safely. I recently bought a robot vacuum cleaner. The power button and arrow buttons on the machine were intuitive, but I didn't know what to do when an error code appeared. It's helpful to read the manual beforehand to know how to handle error codes.

새로운 기능을 탐색할 수 있다. 예를 들어 새 휴대폰이나 태블릿 PC 등을 사서 설명서 없이 쓰면 새로 나온 기능을 접하기 힘들다. 항상 쓰는 기능만 사용하게 된다.
I can learn about new features. For example, if I buy a new phone or tablet and use it without reading the manual, it's hard to discover the new features. I end up using only the features I'm already familiar with.

Idea 2

나는 제품 설명서를 읽지 않는다.
I don't read product manuals.

요즘 대부분의 기기는 사용법이 비슷하다. 나는 2년에 한 번씩 휴대폰을 교체하는데, 휴대폰의 사용법은 지난 10년간 변함이 없다. 새로운 기능도 보통 동영상 등으로 기기 내에서 설명해주기 때문에 굳이 설명서를 읽지 않아도 된다.
Nowadays, most devices have similar features. I replace my phone every two years, and the way I use it hasn't changed for the past ten years. You can learn about new features through tutorials within the device, so there's no need to read the manual.

설명서는 길고, 또 글자도 작게 프린트되어 있다. 처음부터 끝까지 읽는 건 당연히 시간 낭비다. 차라리 필요한 기능이 있다면 인터넷 검색을 하는 게 빠르다.
Manuals are generally long, and the text is often printed in small fonts. It's a waste of time to read them from start to finish. It's faster to search the Internet if I need to find a specific feature.

TOPIC QUESTION 37

Do you agree or disagree with the following statement? Children should not have cell phones. Give reasons and details to support your answer.
다음 주장에 동의하는가? 어린이들은 휴대폰을 소유하면 안 된다. 구체적인 예시를 들어 이유를 설명하라.

Idea 1

동의한다. 어린이는 휴대폰을 소유하면 안 된다.
I agree. Children should not have cell phones.

휴대폰을 소유하게 되면 어린이들은 주로 영상을 보거나 게임을 하게 된다. 만화 영화나 어린이용 게임은 매우 중독적이라 아이들이 스스로 사용을 제어하기 어렵다. 어릴 때는 신체적 활동을 하는 게 발달에 훨씬 도움이 많이 된다고 생각한다. 그래서 애초에 가만히 앉아서 즐기는 엔터테인먼트 형태를 줘서는 안 된다.
With mobile phones, children usually watch videos or play games. Cartoons and games for children are highly addictive, so it's hard for them to control their screen time on their own. I believe doing physical activities during childhood is much more beneficial for their development. Therefore, we shouldn't provide a form of entertainment that can be enjoyed sitting still in the first place.

휴대폰에 중독된 어린이들은 다른 친구들 또는 가족들과 소통하지 않는다. 식사 중에도 휴대폰만 쳐다보고 있어서 가족들과 대화도 잘 하지 않게 된다. 어릴 때는 최대한 다양한 사람, 많은 사람과 이야기를 나누며 사회성을 길러야 한다.
Children who are addicted to mobile phones don't communicate with other friends or family members. They only focus on their phones even during meals, making it impossible to have meaningful conversations with their family. During childhood, kids should talk with many different people and develop social skills through conversations.

Idea 2

동의하지 않는다. 어린이가 휴대폰을 소유해도 된다.
I disagree. It is okay for children to have cell phones.

휴대폰을 사용해서 숙제를 할 수 있다. 웹 브라우저를 사용해 필요한 정보를 검색하거나, 온라인 도서관에서 필요한 자료를 내려받을 수 있다.
Mobile phones can assist children with their homework. They can use web browsers to search for information or download materials from online libraries.

위험에 처했을 때 부모님, 또는 친척에게 연락할 수 있다. 옛날에는 한마을에 사는 사람들이 서로를 다 알았지만, 요즘에는 도시화가 되면서 이웃이 누구인지 잘 모른다. 사고가 생기면 부모에게 연락해야 하니 휴대폰을 소지하는 게 안전하다.

They can contact their parents or relatives in case of emergencies. In the past, neighbors often knew each other well. But with urbanization, many people today might not be as familiar with their neighbors. Having a cell phone is safer for them because if something happens, they can easily reach out to their parents.

TOPIC QUESTION 38

Do you agree or disagree with the following statement? Children need to start using computers at a young age.

다음 주장에 동의하는가? 어릴 때부터 컴퓨터를 사용하기 시작해야 한다.

Idea 1

컴퓨터 사용은 빨리 시작하는 게 좋다.

It is better to start using computers early.

요즘에는 정보를 얻기 위해 다들 컴퓨터를 사용한다. 필요한 정보를 찾고 이용하는 방법을 어릴 때부터 배우는 게 좋다. 어떤 키워드를 검색해야 하는지도 많이 사용해봐야 감을 잡을 수 있다.

Nowadays, everyone uses computers to get information. It's good to learn how to find and utilize necessary information from a young age. You need to practice using different keywords to get the hang of it.

여러 가지 유용한 소프트웨어와 친해질 수 있다. 각종 문서 작업 소프트웨어를 사용해보고 문서 정리 방법을 배울 수 있다. 또한 SNS 서비스 등을 이용해 손쉽게 친구들과 소통할 수도 있다.

Children can become familiar with useful software. They can try various office software and learn how to organize documents. Also, if they know how to use computers, they can communicate with friends on social media.

Idea 2

컴퓨터 사용은 최대한 늦게 시작하는 게 좋다.

It is better to start using computers as late as possible.

아이들의 건강에 악영향을 끼친다. 거북목을 야기하거나, 근시를 유발할 수 있다.

It negatively impacts children's health. It can cause text neck syndrome and poor eyesight.

어린이들은 컴퓨터를 통해 주로 영상을 보거나 게임을 하게 된다. 만화 영화나 어린이용 게임은 매우 중독적이라 아이들이 스스로 사용을 제어하기 어렵다. 어릴 때는 신체 활동을 하는 게 발달에 훨씬 도움이 많이 된다고 생각한다. 그래서 애초에 가만히 앉아서 즐기는 엔터테인먼트 형태를 줘서는 안 된다.
Children usually watch videos or play games on computers. Since children often find cartoons and games so addictive, it's really hard for them to manage their screen time on their own. I believe it's much better for their development to engage in physical activities during their childhood. Therefore, we shouldn't offer forms of entertainment that encourage sitting still right from the beginning.

TOPIC QUESTION 39

Do you agree or disagree with the following statement? It's essential to educate children about Internet safety in schools.
다음 주장에 동의하는가? 학교에서 아이들에게 인터넷 안전에 대해 반드시 교육해야 한다.

Idea 1

학교에서 인터넷 안전에 대해 교육해야 한다.
It is necessary to educate children about Internet safety in schools.

학교에는 컴퓨터를 사용할 수 있는 장소가 많다. 컴퓨터실뿐만 아니라 도서관, 교내 스터디 카페에도 컴퓨터가 설치되어 있어 학생들은 항상 인터넷을 사용할 수 있다. 그러므로 안전하게 이를 사용하는 방법을 배워야 한다.
Schools have computers in various places. In addition to computer labs and libraries, on-campus study cafes also have computers. These locations provide students with constant access to the Internet. Therefore, students need to learn how to use it safely.

어린아이들에게 인터넷은 위험한 곳이다. 예를 들어 아이들은 실수로 개인 정보를 유출할 수도 있고, 수상한 이메일을 열어 볼 수도 있다. 따라서 이 부분에 대해 미리 교육해 사고를 예방해야 한다.
The Internet can be a dangerous place for young children. For example, they may accidentally disclose personal information or click on suspicious emails. So, to prevent potential crime, it is crucial to provide education on these aspects in advance.

Idea 2

인터넷 안전 교육은 아주 중요하다. 하지만 학교에서 하면 너무 늦고 교육 효과가 적다. 가정에서 제대로 해야 한다.
Internet safety education is very important. However, if we only teach it in schools, it might be too late or insufficient. It should be done properly at home.

아이들은 학교에 가기 전부터 많은 전자기기에 노출된다. 요즘은 네 살짜리 어린아이도 태블릿 PC나 스마트폰을 통해 인터넷에 접속할 수 있다. 따라서 학교에 들어가기 전, 전자기기를 사용하기 시작할 때부터 조금씩 안전 교육을 해야 한다.
Kids start using all sorts of electronic devices even before they go to school. Nowadays, even four-year-olds can access the Internet through tablets or smartphones. Therefore, it is necessary to provide Internet safety education when children start using electronic devices, even before going to school.

요즘은 온라인에서 인터넷 안전 교육에 필요한 자료를 찾기 쉽다. 조금만 검색해보면 아이들에게 보여줄 자료를 쉽게 찾을 수 있다. 학교에서는 인터넷 안전 교육 영상을 보여주긴 하지만 아이들은 대부분 집중하지 않는다. 대신 집에서 부모와 함께 영상을 보며 궁금한 점에 대해 이야기하면 교육 효과가 더 클 것이다.
Nowadays, it is easy to find the necessary online resources for Internet safety education. Just do a quick search, and you can easily find materials to show your children. Schools often play Internet safety education videos, but children don't always pay much attention. It might be better for them to watch videos at home with their parents and talk through any questions. This approach seems more effective.

TOPIC QUESTION 40

Do you agree or disagree with the following statement? Schools should not allow students to use cell phones during school hours.
다음 주장에 동의하는가? 학교는 학생들이 수업 시간에 휴대폰을 사용하는 걸 허용해서는 안 된다.

Idea 1

휴대폰 사용을 허용하면 안 된다.
Using mobile phones should not be allowed.

학생들은 휴대폰을 사용하느라 수업에 집중하지 않을 것이다. 친구와 채팅하거나 게임을 할 수도 있다.
Students won't be able to focus on their studies because they will be using their phones in class. They might chat with friends or play games.

다른 학생들에게 방해가 된다. 휴대폰 알림음이 울리거나 자판을 누르는 소리가 들리는 등 소음이 발생한다면 수업을 듣는 다른 학생들까지 집중력이 저하된다.
It can disturb other students. If there are phone notifications or typing sounds in class, it can create noise and distract students who are trying to concentrate.

물론 안전상의 이유로 휴대폰을 소지하는 건 이해할 수 있다. 하지만 수업 시간에 사용하는 건 반대한다.

I understand they need to carry a cell phone for safety, but using it during class should be prohibited.

Idea 2

수업 시간에 휴대폰을 사용해도 된다.
Using mobile phones during class time should be allowed.

요즘은 의사소통에 휴대폰이 필수적이다. 친구, 가족과 연락할 수단이 꼭 필요하다. 긴급 상황은 언제든 발생할 수 있기 때문에 수업 시간에도 휴대폰 사용은 가능해야 한다.
Nowadays, mobile phones are essential for communication. It is necessary to have a means of communication to contact friends and family. Emergencies can happen at any time, so using phones in class should be permitted.

고등학교 때 수업 시간에 부모님이 내 휴대폰으로 전화를 건 적이 있다. 할머니가 돌아가셔서 연락이 온 것이었는데, 만약 휴대폰 사용이 불가능했다면 이런 연락을 받을 수 없었을 것이다.
My parents once called me on my phone during class. It was a call regarding my grandmother's passing. If I had not been allowed to use my phone, I wouldn't have been able to receive such an important message.

TOPIC QUESTION 41

Do you agree or disagree with the following statement? Incorporating educational games into classroom activities is a beneficial approach.
다음 주장에 동의하는가? 수업에 교육용 게임을 포함하는 건 유익하다.

Idea 1

동의한다. 수업에 교육용 게임을 사용하는 건 유익하다.
I agree. Incorporating educational games into classroom activities is beneficial.

학생들의 집중력을 향상할 수 있다. 지루한 내용이라도 게임을 접목하면 재미있는 수업 시간을 만들 수 있다.
It can improve students' concentration. By incorporating games, even boring content can be turned into an enjoyable learning experience.

몇 년 전 중학교 과학 시간이 기억난다. 화학 물질을 섞어서 화학 반응을 보는 교육용 게임이 있었는데 이 실험을 실제로 하면 비용도 많이 들고 위험할 수 있다. 하지만 과학 선생님이 대신 교육용 게임을 시연해 보였다. 우리는 팀마다 돌아가며 그 게임을 해보았고, 더 쉽게 화합물에 대한 개념을 학습할 수 있었다.
I remember one science class in middle school a few years ago. There was an educational game where we could mix chemicals and observe reactions. Doing such experiments in real life would be costly and potentially dangerous. However, our science teacher demonstrated the experiments using the educational game instead. We took turns playing the game in teams, and we were able to learn the concept of compounds more easily.

Idea 2

교육용 게임은 사용하지 않는 게 좋다.
It's better not to use educational games.

물론 학습을 더 쉽고 재미있게 만든다는 점에서 교육용 게임은 가치가 있다. 하지만 학생들이 실제로 배워야 하는 개념을 학습하는 게 아니라 게임에만 집중할 수도 있다는 점을 간과해서는 안 된다.
Of course, educational games have value in making learning easier and more fun. However, we shouldn't overlook the fact that students might focus more on playing the games than actually learning the concepts they need.

몇 년 전 중학교 과학 시간이 기억난다. 화학 물질을 섞어서 화학 반응을 보는 교육용 게임이 있었는데 친구들은 레벨 올리기에 심취해서 실제 개념은 학습하지 않고 인터넷에서 치트키를 찾아 입력했다.
I remember a few years ago, in middle school science class, there was an educational game where we could mix chemicals and observe reactions. However, my friends got so caught up in leveling up that they didn't learn the concepts. They searched for cheat codes online and entered them instead.

TOPIC QUESTION 42

Do you agree or disagree with the following statement? Online video games help students learn better.
다음 주장에 동의하는가? 온라인 비디오 게임은 학생들의 학습에 도움이 된다.

Idea 1

온라인 게임은 학생들에게 도움이 되지 않는다.
Online games are not beneficial for students.

온라인 게임은 폭력적이고 자극적인 소재를 주제로 한다. 학생들은 공부에 집중하지 않고 게임을 하는 데 많은 시간을 보내게 될 것이다.
Online games usually focus on violent and provocative content. Students will spend a lot of time playing games instead of concentrating on their studies.

이것은 교육용 게임이라고 해도 마찬가지다. 몇 년 전 중학교 과학 시간이 기억난다. 화학 물질을 섞어서 화학 반응을 보는 교육용 게임이 있었는데 친구들은 레벨 올리기에 심취해서 실제 개념은 학습하지 않고 인터넷에서 치트키를 찾아 입력했다.
Even educational games can be a distraction. I remember a few years ago, in middle school science class, there was an educational game where we could mix chemicals and observe reactions. However, my friends got so caught up in leveling up that they didn't learn the concepts. They searched for cheat codes online and entered them instead.

Idea 2

온라인 게임은 학생들에게 도움이 된다.
Online games are helpful for students.

물론 많은 온라인 게임이 폭력적이고 자극적인 소재를 주제로 하는 건 맞지만 학생들에게 도움이 되는 교육용 게임도 많다.
While it is true that many online games revolve around violent and disturbing themes, there are also educational games that can benefit students.

몇 년 전 중학교 과학 시간이 기억난다. 화학 물질을 섞어서 화학 반응을 보는 교육용 게임이 있었는데 이 실험을 실제로 하면 비용도 많이 들고 위험할 수 있다. 하지만 과학 선생님이 대신 교육용 게임을 시연해 보였다. 우리는 팀마다 돌아가며 그 게임을 해보았고, 더 쉽게 화합물에 대한 개념을 학습할 수 있었다.
I remember a few years ago, in middle school science class, there was an educational game where we could mix chemicals and observe reactions. Doing such experiments in real life would be costly and potentially dangerous. However, our science teacher demonstrated the experiments using the educational game instead. We took turns playing the game in teams, and it made it easier for us to understand the concept of compounds.

5. 법 또는 규칙에 관한 질문

TOPIC QUESTION 43

If a driver is stopped by the police while driving under the influence, do you believe that the driver's license should be taken away?
음주운전을 하다가 단속될 경우 운전면허를 취소해야 한다고 생각하는가?

Idea 1

운전면허를 취소해야 한다.
They should lose their license.

공공 안전을 위해 운전면허는 취소하는 게 좋겠다. 운전자 본인에게도 위험하지만, 주변 사람들에게도 위험할 수 있다. 술을 마시지 않고 운전하는 건 기본적인 규칙인데 이를 어기는 건 용서할 수 없다.
For the sake of public safety, it would be best to revoke the driver's license. It's not just a risk to the driver but to everyone around them, too. Not driving under the influence of alcohol is a basic rule, and violating it is unforgivable.

만약 술을 마시고 운전했을 경우 운전면허가 취소된다면 다른 사람들에게 경각심을 줄 수 있다. 사람들은 택시를 타는 등 더 안전한 방법을 선택할 것이다.
Taking away their license for drunk driving could be a wake-up call for others. People would choose safer alternatives such as taking a taxi.

Idea 2

운전면허를 취소하지 않아야 한다.
The driver's license should not be revoked.

벌금이나 사회봉사 등 다른 형태의 벌을 받는 게 더 낫다. 차를 사용하지 못하면 일상생활에 문제가 생긴다. 직장에 가지 못하거나 가족을 돌보지 못하게 되므로 큰 사고가 난 게 아니라면 면허 취소보다는 가벼운 벌을 받는 게 좋을 것 같다.
It would be better to impose fines or community service as alternative forms of punishment. Losing the ability to use a vehicle can create problems in daily life, such as commuting to work or taking care of family members. Unless there has been a major accident, receiving a lighter penalty would be preferable.

면허를 취소한다고 해서 음주운전을 하지 않게 되는 건 아니다. 알코올 중독이나 정신적 질환 등의 기저 질환이 있는지 살펴야 한다.

Revoking the license does not guarantee that the person will stop drunk driving. It is necessary to examine underlying conditions such as alcohol addiction or mental disorders.

TOPIC QUESTION 44

Can we freely choose what we watch, or is it necessary to impose censorship on film and television?

우리가 무엇을 볼지 자유롭게 선택할 수 있어야 하는가, 아니면 영화와 텔레비전을 국가에서 검열할 필요가 있는가?

Idea 1

검열해야 한다.

We need to enforce censorship.

공공 안전을 해칠 수 있는 영상이나 국가 안보와 관련 있는 내용이라면 검열할 필요가 있다. 국경이 나뉘어 있고 각 국가가 서로의 이익만을 챙기는 현 상황이 지속되는 한 테러리스트로부터 안전할 수 없기 때문에 검열이 필수적이다.

If there is content that harms public safety or is related to national security, enforcing censorship is necessary. With countries focusing on their own interests and borders dividing us, it's really tough to feel completely safe from terrorist threats. That's why censorship is essential.

검열을 통해 어린이들도 보호할 수 있다. 요즘은 맞벌이하는 집이 많아 아이들이 혼자 집에서 텔레비전을 시청할 때가 많다. 이러한 상황에서 아이들에게 부적절한 콘텐츠가 노출될 가능성이 높아진다.

Censorship can also protect children. Nowadays, both parents are working in many households, and children often watch television alone at home. In such cases, kids are more likely to be exposed to inappropriate content.

Idea 2

검열하지 않아도 된다.

We don't need to enforce censorship.

우리는 민주사회에 살고 있다. 어떤 콘텐츠를 감상할지는 개인의 기준에 맞게 결정하면 된다. 국가가 임의로 검열하거나 막는 건 옳지 않다. 게다가 국가가 어떤 기준으로 검열하는지 정확히 알기도 어렵다. 지배 정당이 본인들의 이익을 위해 불필요한 검열을 할 수도 있다.

We live in a democratic society where individuals can decide for themselves what content to watch. It is not right for the government to arbitrarily censor or block content. Furthermore, it is difficult to know the exact reasons for government censorship. The ruling party may impose unnecessary censorship for their own interests.

영상 검열을 통해 어린이들을 보호할 수 있다고 주장할지도 모르겠다. 하지만 요즘은 어린이들이 어린이용 프로그램만 볼 수 있도록 잠금 기능을 사용할 수 있다.
Some people may argue that video censorship can protect children. However, nowadays, there are parental control features that help children watch only age-appropriate programs.

TOPIC QUESTION 45

Voting is mandatory for all citizens in some countries. However, in other nations, voting is optional. Which system do you think is better?
일부 국가에서는 모든 시민이 의무적으로 투표해야 한다. 하지만 투표가 선택 사항인 국가들도 있다. 둘 중 어떤 것이 더 나은가?

Idea 1

투표를 의무화해야 한다.
Voting should be mandatory.

그래야 정치인들이 국민을 무서워할 것이다. 모두가 투표하게 되면 모든 사람이 열심히 정치에 관심을 가질 게 분명하다. 이런 국민이 많다면 정치인들 역시 국민을 위한 정책을 낼 것이라 예상된다.
This way, politicians will pay more attention to the public. If everyone is compelled to vote, everyone will certainly take a keen interest in politics. With many engaged citizens, we can expect that politicians will make policies for the benefit of their people.

국민은 자국에 대한 책임과 의무가 있다. 나는 투표도 그 책임 중 하나라고 생각한다. 고대 그리스처럼 직접 모든 결정에 참여할 수는 없지만 누가 내 결정을 대신할 것인지 정도는 정해야 한다고 본다.
Citizens have a responsibility and obligation towards their country. For me, voting is one aspect of that responsibility. While we may not participate directly in making every decision like in ancient Greece, I believe it is important to determine who will represent us in making those decisions.

Idea 2

투표를 의무화하면 안 된다.

Voting should not be made mandatory.

투표를 할지 말지는 개인이 결정할 문제다. 누구도 투표를 강제할 수 없다. 가끔은 정말 뽑을 사람이 없는 경우도 있다. 이럴 때는 투표를 거부할 수 있어야 한다.
Whether to vote or not should be an individual's decision. No one can force someone to vote. Sometimes, there are truly no suitable candidates. In such situations, people should have the right to refuse to vote.

물론 투표하는 사람과 정치에 관심 있는 사람이 적어진다면 문제가 되겠지만 그것을 '강제 투표'로 해결하는 건 옳지 않다. 사람들이 정치에 관심을 가지지 않는 이유에 대해 토론하고 적절한 대안을 생각해내야 할 것이다.
Of course, it would be a problem if fewer people were voting or showing interest in politics. However, it is not right to solve this through 'mandatory voting.' We should discuss the reasons why people lose interest in politics and come up with appropriate alternatives.

TOPIC QUESTION 46

Do you believe that the government should pass laws that impose fines on individuals who use mobile phones while crossing roads or intersections?
도로나 교차로를 건널 때 휴대폰을 사용하는 사람들에게 정부가 벌금을 부과하는 법을 통과시켜야 한다고 생각하는가?

Idea 1

벌금을 부과해야 한다.
Yes, I believe we should impose fines.

길을 건널 때 휴대폰을 사용하는 건 위험하다. 사고가 나면 본인에게도 위험하지만, 도로에 있는 차량에 탄 사람들에게도 위험한 일이다. 모두를 위협하는 행위이므로 벌금을 부과해 그 행동을 하지 못하게 하는 게 좋겠다.
It is dangerous to use a mobile phone while crossing the street. It poses a risk not only to the person using the phone but also to drivers and passengers in vehicles on the road. Since this behavior threatens everyone, it would be best to impose fines to prevent it.

교차로를 건널 때 휴대폰을 사용하지 말자고 국가에서 캠페인을 할 수도 있지만 큰 효과는 없을 것 같다. 돈을 내게 하는 것이 가장 효과적인 방법일 것이다.
The government could launch campaigns against using phones while crossing intersections, but I don't think they would have a significant impact. Making people pay fines would be the most effective method.

Idea 2

벌금을 부과하는 것에 동의하지 않는다.
I disagree with imposing fines.

현실적으로 이런 행동을 하는 사람을 잡는 게 불가능하다. 도로나 교차로를 건널 때 휴대폰을 사용하고 있는지 감시하려면 또 그만큼의 인력이 든다. 괜히 불필요한 곳에 세금이 사용되는 걸 원치 않는다.
Realistically, it is impossible to catch people in the act. Monitoring whether someone is using a mobile phone while crossing the road or at intersections would require a significant amount of manpower. I don't want taxes to be wasted on unnecessary things.

벌금보다는 교육이나 캠페인이 더 적절할 것 같다. 정부는 면허를 딸 때 이에 관해 교육하거나, 학교에서 어린아이들에게 안전 교육을 하는 게 더 나을 것 같다.
Education or campaigns would be more beneficial than fines. The government can provide education about this issue when people are getting their driver's licenses, or teachers can teach safety education to children in schools.

TOPIC QUESTION 47

In the present day, traffic jams are on the rise. What recommendations would you suggest to the government to alleviate this issue?
현재 교통 체증이 증가하고 있다. 이 문제를 완화하기 위해 정부에 어떤 방안을 제안하겠는가?

Idea 1

정부가 대중교통 사용을 장려할 것을 제안할 것이다.
I would recommend that the government encourage the use of public transportation.

버스와 지하철의 이용료를 줄이거나 주말 할인 등으로 조금 더 대중교통을 저렴하게 이용하게 해준다. 예를 들어 한 달에 10회 넘게 버스를 이용할 경우 적립을 해주는 등의 방법으로 사람들이 버스를 더 자주 탈 것 같다.
We can make public transportation more affordable by reducing bus and subway fares or offering weekend discounts. For example, imagine that the government introduces a point system for anyone who uses the bus more than ten times a month. This kind of incentive would definitely encourage people to hop on the bus more often.

간혹 버스 수가 적거나 버스 전용 도로가 적어 불편할 때도 있는데 이 부분을 개선한다면 더 좋겠다. 한국에는 버스 전용 도로가 있어서 대중교통을 이용하는 게 아주 편하다. 다만 버스 수가 적어서 러시아워에는 버스 여러 대를 보내야 할 때도 있다. 따라서 버스의 수가 더 많아진다면 좋겠다.
Occasionally, there are some inconveniences because of a shortage of buses or a lack of dedicated bus lanes. It would be better if these aspects could be improved. In Korea, thanks to dedicated bus lanes, using public transportation is very convenient. However, sometimes there aren't enough buses, especially during rush hours. Therefore, it would be great if there were more buses available.

Idea 2

정부가 재택 근무를 장려할 것을 제안할 것이다.
I would recommend that the government encourage working from home.

대중교통을 사용하는 방법이 가장 먼저 떠오르긴 하지만 버스 역시 여전히 도로를 차지하고 있으므로 근본적인 해결책은 아닌 것 같다. 집에서 근무하게 한다면 일단 사람들이 차를 많이 사용하지 않게 된다. 필수적인 외출이나 특별한 상황이 생겼을 때만 차를 사용하게 될 것 같다. 그러면 도시에 차량의 수가 많이 줄어든다.
Using public transportation is the first solution that comes to mind, but buses still use the roads, so it may not be a fundamental solution. If people work from home, they don't use their cars as much. They'll probably only drive when they absolutely need to or in special circumstances. Therefore, the number of cars in the city will decrease significantly.

특히나 러시아워에 교통 체증이 정말 심각한데, 집에서 일하게 된다면 러시아워라는 개념 자체가 사라질 것이다. 사람들은 더 이상 출퇴근하면서 스트레스를 받을 일이 사라질 것 같다.
Especially during rush hours, traffic congestion can be extremely severe. If people start working from home, the concept of rush hour itself will disappear. People would no longer have the stress of commuting.

TOPIC QUESTION 48

Do you agree or disagree with the following statement? It is suggested that private vehicles should be prohibited from entering downtown areas of major cities. Use details and examples to explain your opinion.
다음 주장에 동의하는가? 주요 도시의 도심 지역에 개인 차량이 진입하는 걸 금지해야 한다. 구체적인 예시와 이유를 들어 의견을 뒷받침하라.

Idea 1

도심 지역에는 개인 차량 진입을 금지하는 게 좋겠다.

It would be good to prohibit private vehicles in downtown areas.

도시의 도심 지역에는 가게와 길에서 걸어 다니는 사람들이 많다. 보통 길가에서 쇼핑하고, 식사하는 사람들은 주변에 차가 오는 걸 크게 신경 쓰지 않고 다닌다. 조심하지 않는다는 것이다. 그래서 차량이 많이 다니면 위험할 것 같다. 게다가 아이들과 함께 다니는 가족 단위 손님이 많으니 더욱 위험하다고 생각된다.
Downtown areas have many shops and many pedestrians walking on the streets. People shopping and eating along the streets often don't pay much attention to cars. They're not being cautious. Therefore, it seems risky to have a lot of traffic in such areas. Plus, it is even more dangerous since there are so many families, including kids, walking around together.

위험을 방지하는 것 이외에도 차량을 금지하면 얻을 수 있는 이점이 많다. 일단 도심이 조용해진다. 이미 사람이 많아서 시끄러운데 차량이라도 들어오지 않으면 조용해지고, 또 환경 오염도 덜 된다.
Besides preventing the risks, there are lots of other benefits too. First, the downtown area would become quieter. It's already crowded with people, so without cars, it would definitely be quieter. Also, there would be less environmental pollution.

Idea 2

굳이 개인 차량 진입을 금지할 필요는 없다.
There is no need to prohibit private cars.

요즘에는 차를 타고 다니는 사람이 많다. 만약 차량 진입이 통제가 된다면 차를 타고 도심의 가게나 식당을 방문하고 싶은 고객들이 망설이게 된다. 그 결과 방문하는 고객이 줄어들면서 상가 수익에 영향을 미칠 수 있다.
A lot of people drive these days. If we put those restrictions in place, people who want to drive to the downtown area for shopping and dining might think twice. Consequently, local businesses could suffer as fewer customers would visit, impacting their revenue.

차량 통제에 관해서는 환경 오염 개선과 같은 효과를 많이 언급하는데, 이건 별로 효과적일 것 같지 않다. 주요 도심 지역에서만 제한적으로 차량을 통제한다고 해서 환경 오염이 크게 개선되지 않는다. 오히려 불편만 가중될 뿐이다.
When it comes to vehicle restrictions, many people talk about the benefits such as reducing environmental pollution. However, it doesn't seem very effective. Banning cars only in major downtown areas won't greatly improve environmental pollution. It will only add inconvenience.

TOPIC QUESTION 49

State whether you agree or disagree with the following statement. Then explain your reasons using specific details in your explanation. The government should force wealthy individuals to share their wealth with less fortunate people by imposing higher taxes on them.
다음 주장에 동의하는가? 구체적인 예시를 들어 이유를 설명하라. 정부는 부유한 사람들에게 더 높은 세금을 부과함으로써 불우한 사람들과 부를 나누도록 강제해야 한다.

Idea 1

정부는 부유한 사람들의 부를 불우한 사람들과 나누도록 강제하면 안 된다.
The government should not force wealthy individuals to share their wealth with less fortunate people.

스스로 노력해서 번 돈을 강제로 남에게 나눠줄 필요는 없다. 부자가 되기 위해 밤낮없이 일하고, 또 필요한 능력을 갖추기 위해 노력했을 텐데 이 돈을 빼앗는다는 건 말도 안 된다.
There is no need to take away money that someone has earned through their efforts. It is unreasonable to just take the money that people have worked for day and night. They must have worked very hard to acquire the necessary skills.

만약 부자가 되었을 때 강제로 돈을 빼앗긴다는 법이 있다면 그 누구도 부자가 되려 하지 않을 것이다. 그러면 결과적으로 국가의 성장이 저해된다. 대부분 부자는 새로운 기술을 개발하고 기존의 산업에 변혁을 일으키며 탄생한다. 그러니 부자가 사라진다는 건 새로운 기술 개발도 사라진다는 뜻이다.
If there were a law that forcibly took away money from wealthy people, no one would aspire to become wealthy. As a result, it would stunt the growth of the nation. Most wealthy people contribute to the development of new technologies and bring about transformations in existing industries. Therefore, if these people disappear, so does the development of new technologies.

Idea 2

정부는 부유한 사람들의 부를 불우한 사람들과 나누도록 강제해야 한다.
The government should force wealthy individuals to share their wealth with less fortunate people.

불평등을 줄일 수 있다. 한 사람이 1,000년을 써도 다 쓰지 못할 막대한 부를 누리는 경우도 있다. 그런 경우라면 가난한 사람들에게 돈을 나누어 주는 게 옳다고 생각한다. 더 많은 사람이 행복해질 수 있다.
It can reduce inequality. Sometimes, you have people with so much money they couldn't spend it all, not even in a thousand years. In such cases, I believe it is right to distribute wealth to the poor. It can bring happiness to more people.

물론 부자들도 각자 노력해서 돈을 많이 벌었을 것이다. 하지만 그들이 높은 세금을 냄으로써 많은 사회적 문제를 해결할 수 있다. 아이들의 교육비나 노인들의 의료비 등 세금이 잘 쓰일 수 있는 곳들이 많다.

Of course, wealthy people must have worked hard to earn their money. However, by paying higher taxes, they can contribute to solving many social issues. There are many areas where the funds can be put to good use, such as covering children's education expenses or healthcare costs for the elderly.

TOPIC QUESTION 50

Do you believe that 16-year-olds are skilled and mature enough to drive safely? Use specific reasons and examples in your explanation.

16세는 안전하게 운전할 수 있을 만큼 충분히 능력 있고 성숙한 나이인가? 구체적인 이유와 예시를 들어 답변을 뒷받침하라.

Idea 1

16세는 충분히 성숙한 나이이다.

16-year-olds are mature enough.

물론 모든 16세가 그렇다는 건 아니다. 개인차가 있을 것 같다. 실제로 연구에 따르면 인간의 뇌는 20대 중반이 되어야 완전히 성숙한다. 따라서 16세는 아직 미성숙한 뇌를 가지고 있다.

Of course, not every 16-year-old is the same. There can be individual differences. Research shows that the human brain fully matures around the mid-20s. So, it makes sense that a 16-year-old's brain isn't fully developed yet.

하지만 책임감이 강한 개인이라면 16세도 그렇게 어린 나이는 아니다. 충분히 운전 연수를 받고 자주 안전 교육을 받는다면 고등학생들도 운전할 자격이 있다.

However, if someone is highly responsible, then 16 is not such a young age. If they receive sufficient driving training and frequent safety education, high school students can be qualified to drive.

Idea 2

16세는 충분히 성숙한 나이가 아니다.

16-year-olds are not mature enough.

연구에 따르면 인간의 뇌는 20대 중반이 되어야 완전히 성숙한다. 따라서 16세는 아직 미성숙한 뇌를 가지고 있다. 실제로 통계를 보면 10대 아이들이 훨씬 더 차 사고를 많이 낸다. 이들은 성인보다 결정을 내리는 능력이나 위험을 예측하는 능력이 떨어진다.

Research shows that the human brain fully matures around the mid-20s. Therefore, 16-year-olds still have immature brains. Statistics show that teenagers are involved in far more car accidents. They're not as good at making decisions or predicting risks as adults.

실제로 차 사고가 났을 때 16세의 아이는 스스로 문제를 해결할 수 없다. 부모를 호출해야 하며, 피해에 대해 보상을 할 수 없다. 이것은 자기 행동에 전적으로 책임을 질 수 없다는 걸 보여준다.
In actual car accidents, 16-year-olds cannot solve the problem on their own. They need to call their parents and cannot pay for any damages. This clearly shows they can't fully take responsibility for their actions.

TOPIC QUESTION 51

State whether you agree or disagree with the following statement. Then explain your reasons using specific details in your explanation. The government should impose more taxes on people who drive non-environmentally friendly cars.
다음 주장에 동의하는가? 구체적인 예시를 들어 이유를 설명하라. 정부는 친환경 자동차가 아닌 차를 운전하는 사람들에게 더 많은 세금을 부과해야 한다.

Idea 1

주장에 동의한다.
I agree with the argument.

사람들이 더 친환경적인 차량을 선택하게 될 것이다. 현재 많은 국가에서는 전기차나 수소차를 구매하는 사람에게 인센티브를 주는 방법을 채택하고 있다. 이 방법은 꽤 효과적인 것으로 보인다. 마찬가지로 친환경차가 아닌 차량을 운행할 때 벌금 또는 세금을 물게 한다면 그만큼 효과가 있을 거라 본다.
People will probably start choosing eco-friendly cars more often. Currently, many countries are adopting methods to incentivize customers who purchase electric or hydrogen cars. This seems to be working pretty well. So, if we started fining or taxing gas guzzlers more, that could also make a real difference.

요즘은 정부에서 공기의 질을 향상하기 위해 쓰는 돈이 막대하다. 친환경 자동차가 아닌 차를 운전하는 사람에게서 걷은 세금으로 환경 관련 정책에 사용하면 좋을 것 같다.
Nowadays, governments are spending a substantial amount of money to improve air quality. Using the tax from people with polluting cars to help the environment would be a good move.

Idea 2

주장에 동의하지 않는다.
I disagree with the argument.

어떤 차량을 구매할지는 개인의 선택에만 달린 게 아니다. 모든 종류의 차량이 전기차로 제공되는 건 아니다. 예를 들어 대형 트럭은 디젤을 연료로 사용하는데, 직업에 따라 이런 트럭을 반드시 사용해야 하는 경우가 있다. 직업 때문에 세금을 더 내야 한다면 너무 불공평하다.
The choice of which car to purchase is not entirely up to the individual. Not all types of cars are available in electric versions. For example, large trucks often use diesel fuel, and sometimes they're needed for certain jobs. It wouldn't be fair to tax people more just because of their job requirements.

만약 진짜 환경을 걱정하는 거라면 소비자가 아닌 생산자에게 책임을 물어야 한다. 친환경적이지 않은 자동차를 사용하는 게 문제가 아니라 생산하는 것에 더 문제가 있다. 그러니 그런 자동차를 만드는 회사에 세금을 물려야 한다.
If the government cares about the environment, it should make the producers responsible, not the consumers. The issue lies not in using non-environmentally friendly cars but in their production. So, companies that make these cars should be the ones getting taxed.

---

6. 경험의 방식에 관한 질문

TOPIC QUESTION 52

Do you agree or disagree with the following statement? Watching TV is a good way to acquire knowledge about the culture of a particular country.
다음 주장에 동의하는가? 텔레비전을 보는 건 특정 국가의 문화에 대한 지식을 얻는 좋은 방법이다.

Idea 1

직접 국가를 방문해 문화를 경험하는 게 좋다.
It's better to visit a country and experience the culture firsthand.

더 오래 기억할 수 있다. 텔레비전에서 본 내용은 금방 잊어버린다. 며칠 전에 아마존과 관련된 다큐멘터리를 보긴 했지만, 내용이 거의 기억나지 않는다.
You can remember it for a longer time. Whatever you see on television is quickly forgotten. I watched a documentary about the Amazon a few days ago, but I can barely remember what it was about.

텔레비전 프로그램은 감독의 편집을 거친다. 내가 원하는 종류의 정보가 아닐 수 있으며, 심지어 왜곡된 정보를 줄 수도 있다. 한번은 텔레비전에서 일본 문화와 관련된 프로그램을 보다가 내가 좋아하는 작가와 관련된 완전히 잘못된 이야기가 나와서 실망했던 적이 있다. 그 이후로 정보를 받아들일 때 여러 다른 정보를 함께 고려하는 습관을 갖게 되었다.
TV shows are edited by directors. They might not show the information I want, and sometimes they can even distort things. One time, I was watching a TV show about Japanese culture, and they shared a completely inaccurate story about my favorite author. I was so disappointed. Since then, I've developed a habit of considering multiple sources when accepting new information.

Idea 2

텔레비전을 보면서 국가의 문화에 대해 배우는 게 좋다.
It's good to learn about a country's culture by watching TV.

직접 여행을 가면 시간이 많이 든다. 학생이나 직장인 또는 돌봐야 할 가정이 있다면 자주 여행을 가기 힘들다. 그런데 텔레비전 프로그램은 몇 시간만 여유 시간이 있어도 볼 수 있다.
Traveling in person takes a lot of time. It's difficult for students, working people, or those with family responsibilities to travel frequently. However, anyone can watch television programs even with a few

hours of free time.

직접 여행하면 돈이 많이 든다. 문화를 배우려면 적어도 몇 개월 동안 해당 국가에서 지내야 하는데 그것은 너무 부담스럽다. 대신 다른 국가의 문화에 대한 영상을 보면 손쉽게 정보를 얻을 수 있다.
Traveling can be quite expensive. To learn about a culture, you would have to stay in that country for at least a few months, and that can be too burdensome. Instead, you can easily learn about other countries' cultures by watching videos.

TOPIC QUESTION 53

There are a lot of ways to learn about life. Some people like to learn about life by listening to others, while others think you should learn about life from your own experience. Which do you prefer?
삶에 대해 배울 방법은 많다. 어떤 사람들은 다른 사람들의 말을 통해 인생에 대해 배우는 걸 좋아하지만, 다른 사람들은 자기 경험으로 인생을 배워야 한다고 생각한다. 둘 중 어떤 방법을 선호하는가?

Idea 1

직접 경험을 통해 삶에 대해 배우는 게 좋다.
It's good to learn about life through direct experiences.

개인적인 경험을 통해 배운 교훈은 더 오래 기억할 수 있다. 그래서 다음에 같은 종류의 문제가 발생하면 빨리 해결할 수 있다. 나는 중학교에 다닐 때 수학 공부가 가장 힘들었는데, 이때 학교 내 지원 센터에 곧바로 연락해 도움을 받았다. 대학교에 가서도 마찬가지로 에세이 작성에 어려움을 겪었을 때 학교 내 글쓰기 센터에 연락해 문제를 해결했다.
Lessons learned through personal experiences tend to stick with you longer. So, when a similar problem arises in the future, you can address it quickly. When I was in middle school, math was the most difficult subject for me, but I got in touch with the school support center right away, and they helped me out. Similarly, when I struggled with essay writing in college, I reached out to the writing center, and they helped me sort it out.

표면적으로는 같아 보이는 일이라도 여러 가지 변수와 요소를 동반하기 때문에 다른 사람의 조언은 내 상황과 맞지 않을 수 있다.
Even though two events may seem similar on the surface, various factors can differentiate them. Advice from others might not always apply to my situation.

Idea 2

다른 사람들의 말을 통해 인생을 배우는 것도 도움이 될 것 같다.
Hearing about other people's experiences can greatly help us.

다른 사람의 경험을 귀담아들으면 실수를 피할 수 있다. 보통 스스로 경험하다 보면 시행착오를 자주 겪게 되고 이 과정에서 큰 노력과 시간, 돈 등이 낭비된다. 하지만 나와 비슷한 문제를 이미 이겨낸 사람들의 경험을 듣는다면 실수를 줄일 수 있다.
By listening to other people's experiences, we can avoid making mistakes. When we try to learn through personal experiences, we often go through trial and error, which requires significant effort, time, and sometimes money. But if we listen to people who've already dealt with similar issues, we can keep our own mistakes to a minimum.

보통 사람들은 비슷한 나이대에 비슷한 문제를, 또 비슷한 문화권에서 비슷한 문제를 겪는다. 그래서 주변에 도움을 요청했을 때 좋은 조언을 얻기 쉽다.
People who are about the same age or have similar cultural backgrounds often run into similar problems. That's why it's easy to obtain good advice when we seek help from those around us.

TOPIC QUESTION 54

Do you agree or disagree with the following statement? It is necessary to learn a country's primary language in order to understand the country and its culture fully.
다음 주장에 동의하는가? 어떤 국가와 그 국가의 문화를 제대로 이해하려면 그 나라의 주요 언어를 배워야 한다.

Idea 1

국가의 문화를 이해하려면 그들의 주요 언어를 배워야 한다.
To understand a country's culture, you have to learn its main language.

주요 언어를 배워야만 내가 원하는 사람과 원하는 방식으로 소통할 수 있게 된다. 단순히 정보만 얻을 거라면 다큐멘터리나 신문을 보는 것으로 만족할 수 있지만, 해당 국가의 문화를 체험하려면 현지인과 대화를 나눌 수 있어야 한다. 내가 현지의 언어를 사용하면 사람들은 더욱 포용적인 자세로 나를 대하며, 그들의 문화를 내게 소개해주고 싶어 한다.
I can communicate with people the way I want, only if I learn the primary language. If I only want to gather information, watching documentaries or reading newspapers is enough for me. But if I want to experience the culture, I need to talk to the locals. When I use the local language, people treat me

more warmly and are willing to introduce their culture to me.

번역이나 통역된 자료는 100퍼센트 신뢰할 수 없다. 품질을 보증하려면 많은 돈을 내야 하며, 어떤 경우 악의적으로 내용을 왜곡하는 보도도 있다.
Translated or interpreted materials are not always 100% reliable. You have to pay a lot to guarantee quality, and sometimes, news can even be intentionally distorted.

Idea 2

주요 언어를 안 배워도 된다.
You don't have to learn the main language.

언어를 학습하는 데는 정말 많은 시간이 든다. 모국어와 새로 배울 언어가 아주 다를 경우 유창해지는 데 10년 이상이 걸리기도 한다. 이는 시간과 돈을 너무 많이 투자해야 하는 과정이다.
Learning a language takes a lot of time. If the language you want to learn is very different from your mother tongue, it can take more than ten years to become fluent. It's a process that requires a lot of time and money.

뉴스나 역사책, 다큐멘터리 등 여러 가지 자료를 통해 타문화를 배우는 게 더 합리적이다. 요즘에는 번역된 자료도 아주 많고 품질이 좋은 편이다.
It makes more sense to learn about other cultures through various sources such as news, history books, and documentaries. These days, you can find many high-quality translations.

TOPIC QUESTION 55

Do you agree or disagree with the following statement? Instead of requiring elementary school students to do experiments themselves, schools should only allow them to watch experiments demonstrated by their teachers.
다음에 동의하는가 아니면 반대하는가? 초등학생들이 직접 실험을 하는 대신, 선생님이 실험을 하고 학생들은 지켜보기만 하도록 해야 한다.

Idea 1

학생들이 직접 실험해보도록 하는 게 좋다.
It's better for students to conduct experiments themselves.

교과서에서 배운 내용을 더 오래 기억할 수 있다. 예를 들어 화학 실험이라면 순서대로 시약을 넣어가며 진행 상황을 관찰하게 되는데, 이때 원리를 더 확실히 이해하고 기억하게 된다.
They can remember the content from the textbook for a longer time. For example, in a chemistry experiment, observing the progress while adding reagents in order helps them understand and remember the principles more clearly.

만약 실수하더라도 괜찮다. 오히려 더 좋다. 직접 실험하다가 실수하면 다시 실험해야 하므로 내용 이해와 기억에 더 도움이 된다.
Even if they make mistakes, it's okay. It's even better. If they make a mistake while experimenting, they have to redo it, which helps with understanding and remembering the content.

Idea 2

실험에 참관하는 것이 더 낫다.
It's better to observe experiments.

시간을 절약할 수 있다. 직접 실험하게 되면 시간이 오래 걸리고, 진도가 늦어진다. 예를 들어 화학 실험에서 여러 가지 물질을 혼합해 반응을 관찰하는 경우를 생각해보자. 학생들이 직접 이 모든 걸 실행하는 데에는 상당한 시간이 소요된다. 하지만 만약 선생님이 미리 진행한 실험의 결과를 동영상이나 이미지 등으로 제공한다면, 필요한 지식을 빠르게 배우고 다음 주제로 넘어갈 수 있다.
It saves time. Running experiments on their own takes up too much time and slows students down in achieving their learning goals. For instance, imagine a chemistry experiment where various substances are mixed and reactions are observed. It takes quite a bit of time for students to actually do all of this themselves. But if a teacher provides the results through videos or images, students can quickly acquire the necessary knowledge and move on to the next topic.

초등학생들이 직접 실험하는 건 여러모로 위험하다. 실험 중에 손이나 눈 등을 다칠 수도 있고, 실험 도구를 망가뜨릴 수도 있다.
It's risky for elementary school students to conduct experiments themselves. They could injure their hands and eyes or damage the experimental tools during the experiment.

TOPIC QUESTION 56

Some people enjoy going to watch a show or sports game in person, while others prefer to watch it from the comfort of their own home using a TV or electronic device. Which do you choose?
어떤 사람들은 공연이나 스포츠 경기를 직접 보러 가는 걸 즐기지만, 다른 사람들은 텔레비전이나 전자기기를 사용해 집에서 편안하게 보는 걸 선호한다. 둘 중 어떤 것을 고르겠는가?

Idea 1

공연은 직관하는 게 좋다.
It's better to attend live performances.

라이브에서만 느낄 수 있는 것들이 있다. 예를 들어 콘서트에 가면 다른 팬들과 함께 열정적으로 노래를 따라 부를 수 있다. 스포츠 경기라면 열심히 응원하고, 또 내가 응원하는 팀이 이기면 승리의 노래를 부를 수 있다.
There are things that you can only feel in a live setting. For example, at a concert, you can passionately sing along with other fans. In a sports game, you can cheer enthusiastically and even sing victory songs if your team wins.

직접 경기나 쇼를 보러 가면 종일 나가서 즐길 수 있다. 아예 휴가를 내고 친구들과 나가서 경기 전에 맛있는 식사도 하고, 경기가 끝나고 술집에 갈 수도 있다. 친구들을 자주 못 보는데 이런 기회가 있으면 너무 좋다.
When you attend a game or a show, you can spend the whole day outside and enjoy yourself. You can take a day off, go out with friends, grab a bite to eat before the game, and even go to a pub after the game. It's great to have such opportunities because I don't get to see my friends often.

Idea 2

공연은 집에서 보는 게 좋다.
It's better to watch performances at home.

직접 가서 보면 너무 피곤하다. 특히나 주차하는 게 가장 큰 문제다. 콘서트를 보러 가든 야구 경기를 보러 가든 주차하는 게 쉽지 않다. 무료 주차 구역을 찾기도 힘들고, 유료 구역도 자리싸움이 심하다.
Going there in person is exhausting. Finding a parking spot is a nightmare. Whether you're going to a concert or a baseball game, parking is always a hassle. Free parking spots are nearly impossible to find, and even the paid ones are very competitive.

티켓값이 비싸기도 하다. 집에서 보면 별도로 돈을 낼 필요가 없다. 간혹 특정 서비스를 구독해야 하는 경우도 있긴 한데, 그래도 한 달에 10~20달러면 충분하다. 하지만 직접 가면 이것보다 10배는 더 많은 돈을 써야 한다.
Ticket prices can also be expensive. If you watch from home, it's usually free or way cheaper. Sometimes, you have to pay for a subscription, but even then, $10 to $20 a month is sufficient. However, if you go in person, you end up spending ten times more than that.

TOPIC QUESTION 57

A person can travel to a country in one of two ways. One is taking a real trip. The other is traveling virtually through reading books and articles. Which do you prefer?
나라를 여행하는 데는 두 가지 방법이 있다. 하나는 실제로 여행을 떠나는 것이고, 다른 하나는 책과 기사를 읽으며 가상으로 여행하는 것이다. 둘 중 어떤 것을 선호하는가?

Idea 1

직접 여행가는 게 좋다.
It's better to really take a trip.

일상에서 벗어날 수 있다. 나는 지금 대학교에 다니는데 거의 매일 공부 또는 취업 때문에 스트레스를 받는다. 여행을 가면 일상에서 벗어날 수 있으니 좋을 것 같다.
You can escape your daily routine. I'm currently in college, and almost every day, I'm stressed from studying and thinking about my future. It would be great to break away from everyday life by traveling.

책에는 틀린 정보 또는 왜곡된 정보가 있는 경우도 많다. 예를 들어 터키는 인종 차별이 극심하다고 어떤 책에서 보았는데 직접 가보니 전혀 그렇지 않았다. 내가 직접 방문한 후 그 나라에 대해 평가하는 게 중요하다고 생각한다.
Sometimes, books have incorrect or distorted information. For example, I read a book that said Turkey has severe racial discrimination, but when I visited the country, it was not like that at all. I believe it's important to judge a country based on my own experiences.

Idea 2

가상 여행이 더 좋다.
Virtual travel is better.

시간을 절약할 수 있다. 지금 나는 아이 셋을 키우며 자격증 공부를 하고 있다. 그래서 따로 시간을 내기는 어렵다. 대신 다큐멘터리나 여러 미디어 프로그램을 통해 간접적으로 여행을 가는 걸 선호한다.
It saves time. Currently, I have three kids, and I'm working on getting some certifications, so it's difficult to find time for travel. Instead, I prefer experiencing travel indirectly through documentaries and various media programs.

돈도 아낄 수 있다. 실제로 여행하는 건 생각보다 비싸다. 특히나 여행하고자 하는 장소가 멀거나 가이드가 반드시 동반해야 하는 경우라면 돈이 배로 든다. 대신 책이나 기사 등을 통해 정보를 얻는 게 더 경제적이다.
It also saves money. Traveling is more expensive than you might think. Especially if you want to visit somewhere far away or if a guide is required, the costs can add up. Instead, getting information from

books, articles, and other sources is much cheaper.

TOPIC QUESTION 58

There are different opinions on whether it is possible to learn a new language while staying in one's own country, with some arguing that immersion in a country where the language is spoken is necessary. Which idea do you prefer?

어떤 사람들은 자기가 살고 있는 나라에서 새로운 언어를 배울 수 있다고 말한다. 또 다른 사람들은 언어를 배우려면 그 언어를 사용하는 나라에 가야 한다고 생각한다. 둘 중 어떤 의견을 선호하는가?

Idea 1

그 언어가 사용되는 나라에 직접 가는 게 좋다.
It's better to go to a country where the language is spoken.

실제로 그 언어를 연습할 기회가 많다. 만약 모국에 계속 머물면서 외국어를 공부한다면 하루에 길어봐야 한두 시간 그 언어를 공부할 수 있다. 하지만 영어를 공부하기 위해 미국이나 영국에 간다면 하루 종일 영어를 연습할 수 있다.
You have many opportunities to practice the language. If you stay in your home country and study a foreign language, you might only have one or two hours a day at most to study it. But if you go to a country like the United States or the United Kingdom to study English, you can practice the language all day long.

매일 사용하는 표현, 요즘 유행하는 표현을 빨리 습득할 수 있다. 언어를 학습하는 교과서나 여러 교육 자료에는 실제로 사용하지 않는 문장이 많다.
You can quickly learn daily expressions and trending words. Many sentences in language textbooks or educational materials are not used in real life.

Idea 2

언어를 배우기 위해 그 나라로 굳이 갈 필요는 없다.
There's no need to go to a country where the language I want to learn is spoken just to learn the language.

요즘은 어디를 가나 외국인이 많다. 나는 한국에 살고 있는데 이태원이나 홍대에 가면 각국에서 여행 온 사람들, 공부하러 온 사람들을 만날 수 있다. 나는 그곳에서 외국인 친구들을 만나 영어와 중국어를 배웠다.
Nowadays, there are foreigners everywhere you go. I live in Korea, and if I go to Itaewon or

Hongdae, I can meet people traveling from different countries or those who have come to study. I met a few foreign friends there and learned English and Chinese.

단지 언어를 배우기 위해서 외국에 사는 건 잃을 게 더 많다. 가족과 떨어져 살아야 하고 돈을 많이 써야 한다. 그런 것에 돈과 시간을 쓰는 것보다는 AI 기술을 이용한 학습 애플리케이션이나 언어 교환 프로그램에 참여하는 게 더 좋다고 생각한다.

Living abroad just to learn a language means sacrificing more than you gain. You have to live away from your family and spend a lot of money. Instead of spending money and time on trips abroad, I think it's better to try language learning applications that utilize AI technology or participate in language exchange programs.

---

7. 동물 및 환경에 관한 질문

TOPIC QUESTION 59

When given the choice between field trips to zoos or natural history museums, which destination would you prefer to visit?
동물원과 자연사 박물관 중에서 현장 학습 장소를 선택할 수 있다면, 어떤 곳을 방문하고 싶은가?

Idea 1

동물원에 가고 싶다.
I want to go to the zoo.

자연사 박물관은 대부분 박제 동물을 전시해둔다. 나는 살아 있는 동물을 보고 싶다. 헤엄치는 펭귄이나 먹이를 먹는 원숭이 등 실제로 움직이는 동물을 보고 싶다. 박제 동물은 나를 소름 돋게 만든다.
Natural history museums mostly display stuffed animals, but I want to see live animals. I want to see animals swimming, like penguins, or eating, like monkeys. I find stuffed animals creepy.

동물원에는 즐길 거리가 많다. 동물원 내에 있는 사파리를 구경할 수 있고 맹수들을 가까이서 볼 수 있다. 책에서 그림으로만 봤던 동물들이 실제로 움직이는 걸 보는 건 정말 즐겁다.
There are many attractions at the zoo. You can take a safari tour within the zoo and get a close look at the big cats. It's very enjoyable to see animals that you've only seen in pictures now moving around.

동물원 방문의 또 다른 장점은 바로 동물을 직접 만져보거나 먹이를 줄 기회가 있다는 것이다. 어린이들에게는 이러한 경험이 특히나 큰 재미와 교육적 가치를 제공한다.
Another great thing about visiting the zoo is that you get the chance to touch and feed some of the animals. For kids, these experiences are not only incredibly fun but also educational.

Idea 2

자연사 박물관에 가고 싶다.
I want to go to natural history museums.

자연사 박물관에서는 세상에 더 이상 존재하지 않는 동물들의 화석이나 박제 동물을 볼 수 있다. 선사 시대에 살았던 오징어나 고래 종류, 또 공룡의 화석을 보는 건 정말 흥미롭다.
At a natural history museum, you can see fossils and stuffed animals of extinct species. It's fascinating to see fossils of giant squids, various prehistoric whale species, and dinosaurs.

각종 동물의 서식지나 관련 역사 등에 대해 자세히 알 수 있다. 동물원에서는 팻말에 간단한 설명만 쓰여 있지만 박물관에서는 이 부분에 대해 훨씬 자세히 다룬다.
You can learn about the habitats of various animals and their related history in detail. In the zoo, there are only brief descriptions on signboards, but the museum provides much more detailed information on these aspects.

마지막으로 박물관은 악취가 나지 않는다. 관리가 부실한 동물원 혹은 여름철의 동물원은 악취가 나서 방문하고 싶지 않다.
Lastly, museums don't have an unpleasant smell. I don't want to visit poorly maintained zoos or any zoos during the summer because of the unpleasant smells.

TOPIC QUESTION 60

Do you agree or disagree with the following statement? Animals should be granted comparable rights to humans and treated with the same level of respect.
다음 주장에 동의하는가? 동물들은 인간과 동등한 권리를 부여받고 같은 수준의 존중을 받아야 한다.

Idea 1

동물의 권리는 사람의 권리와 같아야 한다.
Animal rights should be equal to human rights.

동물도 사람과 마찬가지로 슬픔과 기쁨, 고통 등을 느낀다. 나는 강아지 초코를 3년째 키우고 있는데 초코를 키우기 전까지만 해도 동물과 인간은 분명 다르다고 생각했다. 하지만 초코와 함께하면서 나는 강아지와 인간이 크게 다를 바가 없다는 걸 알게 되었다. 초코는 다쳤을 때 나와 똑같이 아픔을 느끼고, 또 산책하러 갈 때면 인간인 나와 똑같이 기쁨을 느낀다.
Animals, like humans, experience sadness, joy, and pain. I've been raising a dog named Choco for three years, and before I had her, I thought animals and humans were different. However, being with Choco, I realized that there isn't much difference between dogs and humans. When Choco gets hurt, she feels pain just like I do, and when we go for a walk, she experiences joy just like a human.

강아지들끼리의 유대감도 있는 것 같다. 그들은 냄새를 통해 서로를 알아보고, 또 친구와 적을 구분하는 것 같다. 우리와 다른 방식으로 소통할 뿐, 동물도 분명 인간만큼이나 고등한 생물이다. 그래서 동물도 인간과 같이 대우해야 한다.
There also seems to be a sense of friendship among dogs. They recognize each other through scent and seem to distinguish between friends and foes. They communicate in a different way from us, but animals are undoubtedly highly evolved creatures, just like humans. Therefore, animals should be treated as equals to humans.

Idea 2

동물의 권리는 사람의 권리와 같을 수 없다. 이것은 나의 개인적인 견해라기보다는 객관적인 사실에 가깝다.
Animal rights cannot be the same as human rights. This is more of an objective fact rather than my opinion.

우리가 동물을 사육하고 잡아먹는 한 동물은 절대 인간과 같은 권리를 누릴 수 없다. 집에서 기르는 애완동물의 경우 사람과 같은 대접을 받는 건 사실이나 그것은 아주 일부의 동물에 속한다. 대부분 동물은 인간에게 이용당하며, 죽임을 당한다.
As long as we raise and eat animals, they can never enjoy the same rights as humans. While it is true that pets get similar treatment to humans, they represent only a small portion of animals. Most animals are exploited and killed by humans.

인간은 기본적으로 잡식을 한다. 식물과 동물을 모두 먹어야 하므로, 우리가 모두 채식주의자가 되지 않는 이상 동물들은 절대 인간과 같은 권리를 누릴 수 없다.
Humans are omnivorous. We need to eat both plants and animals, so unless we all become vegetarians, animals can never have the same rights as humans.

TOPIC QUESTION 61

Do you agree or disagree? A zoo does not fulfill any practical or useful purpose.
다음 주장에 동의하는가? 동물원은 실용적이지 않으며 쓸모없다.

Idea 1

동물원은 쓸모없다.
Zoos are useless.

동물원은 동물을 전시하면서 돈을 번다. 아이들을 키우는 가족들이 특히 자주 방문하는데, 동물원은 규모가 크고 먹거리가 많아서 좋은 엔터테인먼트가 된다. 그래서 동물의 권리를 보장하기보다는 돈벌이를 위해 동물들이 갇혀 있는 곳이 바로 동물원이라고 보는 게 더 맞다.
Zoos exhibit animals to make money. Families with children often visit zoos because they provide good entertainment with large-scale exhibits and many food options. Therefore, it's more accurate to see zoos as places where animals are confined for the sake of profit rather than to guarantee animal rights.

사육사들은 동물들에게 자연이 제공하는 광활한 대지와 다양한 먹거리를 절대 제공할 수 없다. 그들이 만든 우리는 보통 몇 미터를 넘지 않으며, 대부분 동물원에 있는 동물들은 매우 무료한 시간을 보낸다.
Zookeepers cannot possibly provide the vast natural habitats and diverse food that nature offers. The cages they create are usually no more than a few meters wide, and most of the animals in the zoo waste their time in boredom.

Idea 2

동물원은 쓸모가 있다.
Zoos have their usefulness.

동물원은 멸종 위기에 처한 동물을 보호한다. 요즘은 숲이 사라져서 대부분의 동물이 자연 서식지를 잃었다. 또한 밀렵이나 환경 오염, 기후 변화 등으로 인해 목숨을 잃는 동물들도 많다. 동물원에서는 이런 동물들을 키우며 번식하도록 보호한다.
Zoos protect endangered animals. Nowadays, we don't have many forests, so many animals have lost their natural habitats. Plus, lots of animals have died off because of factors like poaching, pollution, and climate change. Zoos protect and breed these animals.

물론 동물원이 자연과 동일한 조건을 제공할 수는 없다. 하지만 사육사들은 최대한 그 조건을 비슷하게 만들어주려고 노력한다. 사냥을 통해 먹이를 먹도록 하거나, 여러 놀이를 통해 무료함을 달래준다.
Of course, zoos cannot provide conditions identical to nature. However, keepers strive to make the conditions as similar as possible. They provide opportunities for animals to hunt for food or engage in various activities to ease their boredom.

TOPIC QUESTION 62

If your friend is interested in getting a pet but lacks experience in pet ownership and is unsure what to pick, what recommendations would you make, and why?
친구가 반려동물을 기르고 싶어 하지만 경험이 없고 어떤 종류를 선택해야 할지 고민한다면 어떤 동물을 추천하겠는가? 그 이유는 무엇인가?

Idea 1

고양이나 강아지를 추천하고 싶다.
I want to recommend cats or dogs.

일단 이 동물들에 대해서는 정보가 많다. 인간이 가장 오래 키워온 동물 중 하나이므로 어떻게 키워야 하는지, 또 어떤 종을 키워야 하는지 정보를 쉽게 찾을 수 있다.

First of all, there is a lot of information available about these animals. Humans have been raising these animals as pets for a long time, so it's easy to find information on how to care for them and what breeds to choose.

또한 강아지나 고양이는 데리고 다니기가 편하다. 특히 강아지는 산책할 수 있으므로 외출할 때나 여행을 갈 때도 데리고 갈 수 있다. 고양이도 케이지 안에 넣으면 데리고 다닐 수 있다. 보통 사람들은 1년에 한두 번 정도 여행을 가기 때문에 그때 데려갈 수 있는 반려동물을 키우는 게 좋을 것 같다.
Moreover, cats and dogs are easy to take with you. Dogs are especially great for walks and can easily tag along with you on outdoor plans or trips. Cats can also be carried in a cage. Given that many people travel once or twice a year, it's really helpful to have a pet that can join the journey.

Idea 2

햄스터나 파충류를 추천하고 싶다.
I want to recommend hamsters or reptiles.

처음으로 키우는 반려동물이니 너무 부담스럽지 않은 종류가 좋겠다. 사람들은 강아지와 고양이를 가장 많이 키우지만 보통 그 두 종류는 항상 관심과 사랑을 주어야 한다. 매일 신선한 물과 사료도 줘야 한다. 하지만 햄스터나 파충류는 3~4일에 한 번씩 혹은 1~2주에 한 번씩 돌봐주는 것으로 충분하다.
If you're new to having a pet, you might want to start with one that's not too high-maintenance. While dogs and cats are the most commonly raised pets, they always require attention and love. You have to provide fresh water and food every day. But with hamsters and reptiles, checking on them every 3 to 4 days, or sometimes even just once a week or two, is often enough.

하지만 햄스터나 파충류를 싫어하는 사람들에게는 고민이 될 수도 있다. 그런 경우라면 앵무새도 좋을 것 같다. 새는 키우기는 조금 더 까다롭지만 누군가에게는 더 적합할 수 있기 때문이다.
However, for those who don't like hamsters or reptiles, it could be a dilemma. In that case, a parrot might be a good option. It's a bit more challenging to raise, but birds might be more suitable for some people.

8. 대학 교육 및 생활에 관한 질문

TOPIC QUESTION 63

Which opinion do you agree with? Should parents provide financial support for their children attending college, or should students work part-time jobs to support themselves?
부모들은 대학에 다니는 자녀들을 위해 재정적인 지원을 해야 하는가? 아니면 학생들은 아르바이트를 하면서 부모로부터 독립해야 하는가?

Idea 1

부모가 지원해줘야 한다.
Parents should provide support.

학비는 매우 비싸다. 보통 한 학기에 4,000~5,000달러 정도인데, 아르바이트해서 충당할 수 있는 비용이 아니다. 게다가 식비나 교통비 등 다른 돈도 추가로 든다.
Tuition fees are very expensive. Typically, they're about 4,000 to 5,000 dollars per semester. I don't think that can be covered by working part-time. Moreover, there are other expenses to consider, such as food and transportation.

아르바이트를 많이 하면 오히려 공부에 집중하지 못한다. 차라리 공부를 열심히 해서 장학금을 받는 게 미래 경력에 더 도움이 될 것 같다.
If students work too much, they cannot focus on their studies. Considering their future career, it seems better to focus on studying hard and getting scholarships.

Idea 2

스스로 돈을 벌어서 학비를 내야 한다.
Students should earn money to pay for tuition.

부모는 성인이 된 자녀를 더 이상 지원해야 할 의무도, 책임도 없다. 대학에 진학해 더 공부하고 싶다면 직접 돈을 벌어서 해야 한다.
Parents aren't obligated to or responsible for supporting their children once they are adults. If they want to go to college, they have to earn money themselves.

학비나 생활비가 부담된다면 1년 정도의 갭 이어*를 가지고 돈을 모으는 시간을 보내는 것도 좋겠다. 직접 번 돈을 쓰는 것이므로 돈을 더 아껴 쓰게 될 것이다.
If the costs of tuition and living expenses are too much, it might be a good idea to take a gap year to

save money. Since it is hard-earned money, students will be more mindful of how they spend it.
*갭 이어: 학업을 병행하거나 잠시 중단하고 봉사, 여행, 진로 탐색, 교육, 인턴, 창업 등의 다양한 활동을 직접 체험하고 이를 통해 향후 자신이 나아갈 방향을 설정하는 시간

TOPIC QUESTION 64

Do you agree or disagree with the following statement? Having friends in the same class can enhance students' learning experience.
다음 주장에 동의하는가? 친구와 수업을 함께 들으면 학습 경험을 향상할 수 있다.

Idea 1

동의한다. 친구와 함께 수업을 듣는 걸 선호한다.
I agree. I like attending classes with a friend.

친구와 같은 수업을 들으면 모르는 게 생겼을 때 물어보기 좋다. 또한 친구도 답을 모를 때는 함께 교수님에게 찾아가서 물어보기도 편하다.
When you are in the same class as your friends, you can ask them questions when you don't understand something. Also, when your friends don't know the answer either, you can go to the professor together, which is comforting.

살다 보면 수업에 결석해야 할 때도 있는데, 이때 수업을 같이 듣는 친구가 있으면 정말 좋다. 수업 시간에 어떤 내용을 다뤘는지, 또 어떤 과제를 내주었는지 물어볼 수 있기 때문이다.
Sometimes in life, you miss a class, and having a friend in that class can be a real lifesaver. You can ask them about what topics were covered during the class and what assignments were given.

Idea 2

동의하지 않는다. 친구가 한 명도 없는 수업을 듣는 걸 선호한다.
I disagree. I want to take a class without any friends in it.

공부에 훨씬 더 집중할 수 있다. 같은 수업에 친구들이 있으면 잡담하는 경우가 더 많아진다. 지난 학기에 들었던 미적분 수업에 친구 두 명이 있었는데, 수업 때 잡담하느라 집중을 잘 못했다. 결국 성적이 아주 낮게 나왔고 이번 학기에 재수강 중이다.
I can focus much better on studying. When there are friends in the same class, we tend to chat more. Last semester, I took a calculus class, and two of my friends were in the same class. We ended up chatting a lot during lectures, and I couldn't focus well. As a result, I got a poor grade, and

now I'm retaking the course this semester.

친구의 눈치를 볼 필요가 없다. 특히나 토론 수업이 있으면 나도 모르게 친구의 눈치를 보게 되는데, 아는 사람이 없는 수업이라면 조금 더 자유롭게 행동하고 말할 수 있다.
I don't need to worry about what my friends think of me. Especially in discussion-heavy classes, I find myself worrying about what my friends might think without even realizing it. But if there's no one I know in the class, I can speak and participate more freely.

TOPIC QUESTION 65

Do you believe that it would be beneficial for university students to gain work experience through part-time jobs before entering their careers? Give specific reasons to support your opinion.
다음 주장에 동의하는가? 직업을 갖기 전에 대학생들은 아르바이트를 통해 직장 생활을 경험해보는 게 좋다. 당신의 의견을 뒷받침하는 구체적인 이유를 제시하라.

Idea 1

아르바이트를 하는 게 좋다.
It's good to have a part-time job.

아르바이트를 통해 내가 졸업 후 일하게 될 환경을 미리 경험할 수 있다. 나는 대학에서 경영학을 전공했는데, 당시 레스토랑 매니저가 되는 게 꿈이었다. 그래서 방학 때마다 대형 레스토랑에서 일했고, 그 경험을 토대로 졸업하자마자 고객 관리 일을 하게 되었다.
Through part-time work, you can experience the environment you will be working in after graduation. I majored in Business Administration in college, and at that time, my dream was to become a restaurant manager. So, during vacations, I worked at a large restaurant. Based on that experience, I started working in customer management right after graduation.

용돈을 벌기에 좋다. 대학을 졸업하기까지 드는 돈은 학비, 생활비, 교재비 등을 다 합치면 만만치 않은 액수이다. 학비는 부모님이 지원해주신다고 해도, 용돈 정도는 스스로 벌어보는 게 더 좋을 것 같다.
It's good for earning pocket money. The total cost of getting through college, which includes things like tuition, living expenses, and textbooks, really adds up. Even if your parents pay for your tuition, it's better to earn some pocket money on your own.

Idea 2

아르바이트보다는 공부에 집중하는 게 좋다.
It's better to focus on studying rather than working a part-time job.

대학생의 본분은 공부이다. 어차피 졸업 후에 직장 생활을 하게 될 것이므로 학교에 다니면서 미리 경험해볼 필요는 없다. 아르바이트를 하게 되면 학교 수업에 집중하기 어렵거나 제때 과제를 제출하기 어려워진다. 돈이 꼭 필요한 상황이 아니라면 아르바이트는 별로 도움이 되지 않는다.
The primary focus of college students should be their studies. Since they'll be joining the workforce after graduation, there's no rush to start working while they're still in school. If they have a part-time job, it is difficult to concentrate on classes or submit assignments on time. Unless they really need the money, the benefits of part-time work might not outweigh its challenges.

대학교에 재학 중인 학생들은 대부분 직장에서 단순노동을 하게 된다. 게다가 매달 버는 돈이 별로 많지도 않다. 아르바이트로 여러 가지 일을 하느라 시간을 낭비하는 것보다는 좋은 성적으로 대학을 빨리 졸업하고 좋은 직장에 들어가는 게 더 낫다.
Many college students in part-time roles take on entry-level positions. Moreover, the amount of money they earn each month is not much. It might be more beneficial in the long run to prioritize graduating with higher grades and getting a good job, rather than spreading yourself thin with part-time work.

TOPIC QUESTION 66

Humanities subjects such as philosophy, history, and literature studied in universities have no value for future careers. To what extent do you agree or disagree with this statement?
직업을 갖는 데 대학 과목인 철학, 역사, 문학과 같은 인문학은 아무런 쓸모가 없다. 다음 주장에 어느 정도까지 동의하는가?

Idea 1

대학에서 배우는 인문학은 미래에 직업을 갖는 데 쓸모가 있다.
Studying the humanities in college is beneficial for future careers.

인문학은 우리를 인간답게 만드는 학문이다. 어떤 직업을 선택하든 인문학적 소양은 필수다. 특히 요즘과 같은 세상에는 더 그렇다. 많은 사람이 고연봉에 혹해서 엔지니어나 프로그래머와 같은 직업을 많이 선택한다. 그런데 현재 컴퓨터 과학 분야는 인간의 직업과 존엄성을 빼앗을 수 있는 인공지능 분야에 몰두하고 있다. 만약 엔지니어가 강력한 윤리적 기준이 부족한 사람이라면 인류에 큰 해가 될 발명을 할 수도 있다.
Studying the humanities really helps us understand what it means to be human. No matter what job you're aiming for, starting with a solid base in the humanities matters a lot. This is particularly relevant today. A lot of people chase after money in fields like engineering or coding. However, the field of

computer science currently focuses on artificial intelligence, and there's a real worry about losing jobs and, frankly, our sense of dignity. If engineers lack a strong ethical compass and understanding of humanity, they could end up creating technology that's harmful rather than helpful.

Idea 2

대학에서 배우는 인문학은 미래에 직업을 갖는 데 별로 쓸모가 없다.
Studying the humanities in college might not directly lead to a good career.

실제로 돈을 벌 수 있는 학문에 더 신경을 써야 한다. 예를 들어 요즘에는 많은 사람이 엔지니어나 프로그래머가 되기 위해서 대학 교육을 받는다. 과학이나 수학, 컴퓨터 프로그래밍과 같은 학문이 직업을 갖기에 더 유리하다.
It's important to learn subjects that'll help you make money later on. For example, many people go to college to become engineers or programmers. Fields like science, mathematics, and computer programming often have more job opportunities.

인문학을 전공한 사람들은 직장을 구하기 어렵다. 그래서 대부분 경영학이나 경제학, 공학을 복수 전공하는 사례가 아주 많다.
Humanities majors often struggle to find jobs, which is why many also pursue additional majors in business, economics, or engineering.

그렇다고 인문학 자체가 쓸모없다는 말은 아니다. 삶을 풍요롭게 하기 위해서는 인문학이나 예술 분야 등 모든 분야가 필요하다. 하지만 위와 같은 학문은 고소득 직업을 갖는 데 필요한 건 아니라고 생각한다.
That doesn't mean the humanities are useless. All disciplines, including humanities and arts, are necessary to enrich our lives. But still, I believe these fields might not be crucial for getting lucrative jobs.

TOPIC QUESTION 67

In college, some students choose diverse classes for a broad education, while others concentrate on a single subject for deeper understanding. Which do you agree with and why? Use details and examples to explain your opinion.

어떤 대학생들은 폭넓은 교육을 받기 위해 다양한 분야의 수업을 선택하는 반면, 다른 학생들은 한 분야를 더 깊이 이해하기 위해 하나의 과목에 집중한다. 둘 중 어떤 것에 동의하고 이유는 무엇인가? 구체적인 예시와 이유를 들어 의견을 뒷받침하라.

Idea 1

다양한 분야의 수업을 들어야 한다.
You need to take classes in various fields.

고등학교를 졸업한 후 곧바로 대학에 진학하는 경우 자기 적성을 잘 모르는 경우가 많다. 보통 대학교에 입학하는 학생들은 전망이 있는 분야, 예를 들어 프로그래밍이나 통계학 등을 선택하는데 이보다는 본인이 관심이 있는 쪽을 선택하는 게 더 낫다.
Many students who immediately go to college after graduating from high school often don't know their aptitude. Typically, students entering university choose promising fields such as programming or statistics, but it's better to choose a field that they are personally interested in.

관심이 있는 분야를 찾기 위해서는 다양한 분야의 수업을 들어봐야 한다. 문학이나 경영학, 경제학, 무역학, 과학, 철학 등 최대한 다양한 분야의 수업을 들어서 내 관심사는 무엇인지, 또 내가 잘하는 건 무엇인지 알아내야 한다.
To discover your areas of interest, you need to take classes in a range of subjects, such as literature, business, economics, international trade, science, and philosophy. You should explore as many different fields as possible to find out what you are interested in and what you are good at.

Idea 2

하나의 과목에 집중해야 한다.
You should focus on one subject.

대학을 졸업한 후에 학생들은 취직해야 한다. 요즘은 일이 세분화되어 있어서 회사들은 전문성이 있는 졸업생을 뽑고 싶어 한다. 여러 과목을 배우면 다방면에 지식이 늘기는 하겠지만 취업에 도움이 될 것 같지는 않다.
After graduating from college, students need to find employment. Nowadays, companies prefer graduates with expertise because jobs have become more specialized. While learning multiple subjects may increase your overall knowledge, it may not necessarily help you find a job.

또한 하나의 분야를 깊게 파고들어야 전문가가 될 수 있고, 또 이것이 높은 연봉과 높은 삶의 질로 연결된다. 졸업 이후의 인생에서 행복과 만족감을 누리려면 안정적이고 높은 연봉을 받는 직장에 가는 게 좋다.
Additionally, to become an expert, you need to delve deep into one field. This is also linked to higher salaries and a higher quality of life. For happiness and satisfaction after graduation, aiming for a stable, well-paying job is usually the best approach.

TOPIC QUESTION 68

Some people believe that college students should enroll in specialized courses such as teaching or engineering, while others argue that they should pursue general courses such as liberal arts classes. Which point of view do you agree with?

어떤 사람들은 대학생들이 교육학이나 공학과 같은 전문적인 과정에 등록해야 한다고 믿지만, 다른 사람들은 인문학과 같은 일반적인 과정을 들어야 한다고 주장한다. 둘 중 어떤 의견에 동의하는가?

Idea 1

전문적인 과정에 등록하는 게 좋다.

It's a good idea to enroll in specialized courses.

인문학은 혼자서도 학습할 수 있다. 요즘에는 텔레비전 프로그램뿐 아니라 책도 스트리밍 서비스가 제공되는 국가도 있다. 월간 구독을 하면 그 기간 동안 정말 많은 책을 볼 수 있다. 인문학적 소양은 책을 읽고 스스로 개발할 수 있으며 대학에서 따로 배울 필요는 없다.

Humanities subjects can be learned on your own. Nowadays, you can stream not only TV programs but also books in some countries. With a monthly subscription, you can access a wide range of books. You can develop your cultural knowledge by reading books and don't necessarily need to study them in university.

현대 사회에서 대학은 직업 교육을 하고 학생들 사이의 네트워크를 쌓는 곳이라고 볼 수 있다. 의학이나 공학 등을 전공하면 졸업 후 안정적이고 고연봉의 직장을 가질 수 있게 된다.

In modern society, universities can be seen as places for job training and building networks among students. By majoring in medicine or engineering, for example, you can secure stable and high-paying jobs after graduation.

Idea 2

둘 중 하나만을 고르기는 어렵다. 전문 과정, 일반 과정 모두 중요하다.

It's difficult to choose only one of the two. Both specialized courses and general courses are important.

많은 대학은 대학교 1학년생에게는 인문학 과정을, 2~4학년생에게는 전문적인 과정을 가르친다. 나는 컴퓨터 공학을 전공했는데 1학년 때는 철학이나 인문학, 외국어 등 교양 과목을 많이 배웠다. 이후 2학년에서 4학년까지는 공학과 수학에 집중해서 학습했다. 이렇게 하면 학생들이 실용적인 능력뿐만 아니라 균형 잡힌 대인관계 능력을 갖게 된다고 생각한다. 둘 중 하나를 선택하기보다는 대학교 교육 기간은 4년이나 되니 골고루 배우는 게 좋겠다.

Many universities teach humanities courses to freshmen and specialized courses to students in their later years. I majored in computer engineering, and during my freshman year, I took a lot of liberal arts courses like philosophy, the humanities, and foreign languages. From my second to fourth years, I focused on engineering and mathematics. I believe this approach helps students develop well-rounded interpersonal skills, as well as practical abilities. Instead of choosing one over the other, it's beneficial to learn various subjects throughout the four years of college.

TOPIC QUESTION 69

Imagine your university has a budget to help students improve academically. Which of the two options would you choose?
1) Improve the quality of technology, such as computers and printers.
2) Redesign the library and purchase more books and periodicals.

내가 다니는 대학교에서 학업 성취도를 향상하기 위해 예산을 사용한다고 가정해보자. 두 가지 옵션 중 어떤 걸 선택할 것인가?
1) 학생들이 사용하는 컴퓨터 및 프린터와 같은 제품을 고사양으로 바꾼다.
2) 도서관의 디자인을 변경하고 더 많은 책과 정기 간행물을 구입한다.

Idea 1

컴퓨터 및 프린터와 같은 제품을 고사양으로 바꿔야 한다.
My university should invest in higher-quality computers and printers.

고사양 제품은 개인이 구매하기 어렵다. 보통 컴퓨터 한 대를 사려면 1,500달러 이상을 투자해야 한다. 모든 학생이 그럴 돈이 있는 건 아니다. 그래서 학교에서 이런 제품을 구매해주면 좋겠다.
Top-of-the-line products are difficult for individuals to afford. Typically, you need to spend over 1,500 dollars to buy a computer. Not all students can afford that. So, it would be great if the school could purchase such products.

도서관이 아직도 쓸모가 있는지 잘 모르겠다. 요즘 학생들은 기숙사 또는 학교 주변에 있는 카페에서 주로 공부한다. 게다가 필요한 정보는 인터넷에서 찾아보기 때문에 책도 잘 읽지 않는다. 그래서 도서관에 돈을 투자하는 건 낭비처럼 보인다.
I'm not sure if libraries are still useful. Nowadays, students often study in dorms or cafes near the campus. Moreover, they don't read much because they can find the necessary information on the Internet. So, investing money in libraries seems like a waste.

Idea 2

도서관의 디자인을 변경하고 책과 정기 간행물을 사야 한다.

My university should change the design of the library and buy books and periodicals.

요즘 학생들은 전자기기에 관심이 많아서 이미 고사양 컴퓨터나 프린터를 소유하고 있는 경우가 많다. 특히 요즘은 고사양 컴퓨터의 가격도 그렇게 비싸지 않기 때문에 대부분 학생이 꽤 괜찮은 노트북을 가지고 다니는 것 같다.
Nowadays, many students are interested in electronic devices, so they already own high-spec computers or printers. Especially now, high-end computers are not that expensive, so most students seem to have pretty decent laptops.

하지만 조용히 공부할 곳은 그다지 많지 않다. 기숙사나 카페 등은 집중하기 어렵기 때문에 많은 학생이 도서관을 찾는다. 도서관에 자리가 많고, 공부하기에 쾌적한 환경이 마련되면 좋겠다. 또 정기 간행물이나 책을 많이 사두면 연구할 때도 도움이 된다.
However, there aren't many places to study quietly. Dorms and cafes are not conducive to concentration, so many students go to the library. It would be great if the library had plenty of seats and a pleasant environment for studying. Having a lot of books and periodicals would be helpful for research as well.

TOPIC QUESTION 70

Some professors allow students who have performed poorly on graded assignments to complete supplementary tasks in order to boost their overall grades for the course. Do you think this is a good idea?
일부 교수들은 성적이 좋지 않은 학생들이 보충 과제를 완료하면 과목의 전체 성적을 올려준다. 이와 같은 조치에 동의하는가?

Idea 1

괜찮은 생각인 것 같다.
It seems like a good idea.

교육의 목적은 벌을 주는 게 아니라 공부하도록 장려하는 것이다. 개인 사정으로 인해서 과제를 제대로 하지 못하는 경우, 보충 과제를 통해 만회할 기회를 주는 게 좋겠다. 나는 대학교 2학년 때 발목 부상으로 2주 정도 수업에 참여하지 못한 적이 있다. 그래서 정규 과제를 제대로 해내지 못했다. 하지만 교수님이 보충 과제를 주셔서 병원, 그리고 집에서 추가로 공부할 수 있었다.
The purpose of education is to encourage learning rather than to give penalties. Sometimes, students cannot properly complete an assignment due to personal circumstances. So, it would be better to allow them to make up for it through supplementary assignments. I had an ankle injury during my second year in college, and because of that, I missed about two weeks of classes. As a

result, I couldn't complete the regular assignments. However, my professors gave me supplementary assignments, so I was able to study more both in the hospital and at home.

졸업 후 직장을 구할 때 학부 성적이 좋은지 확인하기 때문에 대학 성적은 중요하다. 다치거나 예기치 못한 일로 성적을 낮게 받아야 한다면 너무 억울하다.
Employers often consider undergraduate grades when hiring graduates, so these grades are important. It's not fair to get lower grades just because something unexpected, like getting hurt, happens to you.

Idea 2

의견에 동의하지 않는다.
I don't agree with that idea.

개인 사정 때문에 제대로 수업에 참여하지 않는 학생들까지 교수가 신경 쓸 필요는 없다. 교수는 이미 할 일이 많다. 정규 수업과 과제, 시험 등을 진행하기에도 벅차다. 만약 이런 제도가 생긴다면 교수의 일이 너무 많아질 것이다. 교수가 피곤하면 수업의 질이 떨어질까 봐 염려된다.
Professors shouldn't have to worry about students who don't participate in classes properly due to personal circumstances. Professors already have a lot on their plates. They're already busy with regular classes, assignments, and exams. If such a system is introduced, it will only increase the workload for professors. I'm concerned that if professors are too overloaded with work, it will negatively impact the quality of the classes.

공정성에도 문제가 생긴다. 열심히 참여한 학생과 개인 사정이 있다고 대충 한 학생이 같은 점수를 받게 될 수도 있다. 이 제도가 도입된다면 학생들이 더 게을러질 수도 있다.
This also raises fairness issues because students who actively participate and those who don't due to personal circumstances could end up with the same score. If this system is implemented, students might become even lazier.

TOPIC QUESTION 71

Do you agree or disagree with the following statement? Faculty members who have obtained favorable reviews from their students should be promoted.
다음 주장에 동의하는가? 학생들로부터 좋은 평가를 받은 교직원을 승진시켜야 한다.

Idea 1

위 주장에 동의한다.
I agree with the argument.

학생들에게 인기가 많은 교수는 주로 수업을 잘하는 교수이다. 수업을 잘하는 교수들이 승진하는 게 옳다고 생각한다. 그래야 앞으로 교육의 질이 더 올라갈 것이다.
Professors who are popular among students are usually good at teaching. I believe that promoting professors who are good at teaching is the right thing to do. That way, the quality of education will improve in the future.

간혹 학생들의 평가를 믿을 수 없다는 의견도 있는 것으로 안다. 그 이유는 시험을 쉽게 출제하는 교수에게 좋은 점수를 주는 학생들이 있기 때문이다. 하지만 이것은 극소수의 학생에 불과하다. 비싼 학비를 내고 쉬운 수업을 들으러 오는 학생은 거의 없다.
I understand that some people question the reliability of student evaluations. The thing is, some students tend to give high marks to professors known for their less demanding exams. However, this is only a small minority of students. I mean, who would pay those high tuition fees just to take easy classes?

Idea 2

위 주장에 동의하지 않는다.
I disagree with the argument.

학생들의 평가는 신뢰할 수 없다. 요즘은 직장을 구할 때 성적이 중요하기 때문에 학생들은 성적을 잘 주는, 그러니까 시험을 쉽게 출제하는 교수를 선호하는 경향이 강하다. 하지만 시험을 쉽게 내는 교수가 전문성이 뛰어나거나 가르치는 실력이 좋은 교수는 아니다.
Student evaluations cannot be trusted. These days, if you're a student trying to land a job, having good grades can really matter. Therefore, students tend to prefer professors who give good grades, which means professors who give easy exams. However, professors who give easy exams aren't necessarily highly skilled or good teachers.

교수 승진은 다방면 평가로 진행되어야 한다. 예를 들어 연구 실적이나 학생들의 수업 평가, 수업 외 교수 평가 등 다양한 요소를 두고 결정해야 한다고 생각한다.
Promotions should be conducted through comprehensive evaluations. For example, research achievements, student evaluations of teaching, evaluations of professors beyond teaching, and various other factors should be taken into account.

TOPIC QUESTION 72

Do you agree or disagree with the following statement? At the end of the semester, university students should be required to assess their professors.
다음 주장에 동의하는가? 학기가 끝난 후 학생들은 교수의 수업에 대한 평가를 반드시 해야 한다.

Idea 1

의견에 동의한다.
I agree with the statement.

학생들이 학기가 끝난 후 수업을 평가한다는 걸 교수가 알고 있다면 수업을 더 열심히 할 것이다. 학생들은 학교의 고객이고, 교수는 서비스를 제공하는 사람이다. 따라서 제품 구매 후에 적는 '제품 후기'에 해당하는 '수업 평가'를 해야 한다. 나중에 후배들이 참고하기에 좋은 자료가 될 것이다.
If professors know that students evaluate their classes at the end of the semester, they will work harder. Students are the customers of the school, and professors are the ones providing the service. Therefore, professors should receive 'class evaluations,' similar to 'product reviews.' It will become a valuable resource for future students to refer to.

또한 피드백을 바탕으로 수업을 개선할 수도 있다. 만약 수업이 끝났는데도 아무런 피드백이 없다면 교수는 수업을 더 낫게 만들 수 없다. 어떤 점이 부족했는지, 어떤 점은 잘 되었는지 살펴보면 교수들이 매년 더 좋은 강의를 제공할 수 있게 된다.
Additionally, based on the feedback, the classes can be improved. If there is no feedback even after the classes are over, professors cannot make the classes better. By examining what was lacking and what went well, professors can provide better lectures each year.

Idea 2

의견에 동의하지 않는다
I disagree with the statement.

수업 평가는 시간이 꽤 드는 작업이다. 다양한 항목에 대답해야 하며 문장으로 답해야 하는 항목도 있을 것이다. 하지만 학생들은 그것에 답할 시간이 없는 때가 많다. 그러므로 강제로 후기를 작성하기보다는 선택적으로 실행해야 한다.
Class evaluations can be time-consuming. They involve responding to various questions, and some may need to be answered with complete sentences. However, students often don't have time to do all that. Therefore, class evaluations should be optional rather than mandatory.

만약 강제로 수업 평가를 한다면 학생들이 정성스럽게 피드백을 남기지 않을 수도 있다. 대충 아무렇게나 답변할 수도 있는데, 이는 교수에게도 도움이 되지 않고, 학생의 시간도 낭비하게 되는 것이다. 여러모로 자원 낭비를 막기 위해 수업 평가는 원하는 사람만 하는 게 좋겠다.

If class evaluations are mandatory, students may not leave sincere feedback. They may answer carelessly or randomly, which would not be helpful for professors and would waste students' time as well. To avoid wasting resources, it might be best to make class evaluations optional for those who are interested.

TOPIC QUESTION 73

University students have two options for housing: they can rent a studio apartment in the neighborhood or live on campus. Which option sounds better?

대학생에게 기숙사 아니면 원룸 중 더 좋은 선택지는 무엇일까?

Idea 1

기숙사보다는 원룸에 사는 게 더 낫다.

Living in a studio apartment is better than living in a dormitory.

한국 기숙사의 경우 통금 시간이 있다. 내가 대학생 때 살았던 기숙사는 자정이 통금 시간이었다. 하지만 도서관에서 공부하다 보면 혹은 주말에 친구들과 놀다 보면 통금 시간 전에 들어올 수 없을 때가 많다. 자정이 지나면 새벽 다섯 시가 될 때까지 기숙사 문이 폐쇄되므로 너무 불편했다.

Most dormitories in South Korea have curfews. The dormitory I lived in during college had a curfew at midnight. However, while studying at the library or hanging out with friends on weekends, I often couldn't make it back before curfew. It was very inconvenient because once midnight passed, the dormitory doors were locked until 5 a.m., so I couldn't get in.

캠퍼스 밖에 원룸을 구하면 내 마음대로 방을 꾸밀 수 있고, 친구들을 불러 파티도 할 수 있다. 기숙사에서는 다른 학생들이 많아서 항상 눈치가 보이는데 원룸에서는 그런 걸 신경 쓸 필요가 없다. 또 혼자 지내기 때문에 잠도 훨씬 더 푹 잘 수 있다.

If I rent a studio apartment off-campus, I can decorate the room according to my preferences and even have parties with friends. In dormitories, there are always other students around, so I have to be conscious of them, but in a studio apartment, I don't have to worry about that. Also, since I live alone, I can sleep much more comfortably.

Idea 2

대학생 때는 기숙사에 사는 게 더 낫다.

When you are a university student, living in a dormitory is better.

기숙사에 살면 생활비를 절감할 수 있다. 기숙사비에는 인터넷이나 각종 유틸리티 비용이 포함되어 있으므로 예상치 못한 비용이 발생하지 않는다. 또한 기숙사의 인터넷이나 가스 비용 등은 원룸에 살면서 따로 가입하는 것보다 저렴하다.

Living in a dormitory helps save on living expenses. The dormitory fees include the Internet and various utility costs, so there are no unexpected expenses. Plus, paying for the Internet and gas in the dorm is way cheaper than what it'd cost you in an apartment on your own.

또한 기숙사에 살면 수업에 참여하기 편하다. 기숙사는 캠퍼스 내부에 있으므로 수업을 들어러 갈 때 교통수단이 필요 없다. 걷거나 조금 뛰면 된다. 공부할 것들이 많은 대학생으로서는 잠을 더 잘 수 있으니 이 선택지가 더 낫다.

Also, living in a dormitory makes it convenient to participate in classes. The dormitory is located on campus, so you don't need transportation to attend classes. You can just walk or run a little. As college students have a lot of studying to do, this option is much better for them to ensure they get more sleep.

TOPIC QUESTION 74

The university intends to offer students more entertainment options. Which of the following do you favor?
(1) A play presented by student actors, (2) A live music performance by a professional musician, or (3) A lecture by a professor

더 다양한 엔터테인먼트 옵션을 제공하기 위해 대학교에서 세 가지 대안을 만들었다. 다음 중 어떤 선택지를 선호하는가?
(1) 학생 배우들이 선보이는 연극 (2) 전문 음악가의 라이브 음악 공연 (3) 교수의 강연

Idea 1

학생들이 선보이는 연극을 고르겠다.

I will choose a play presented by student actors.

재미있을 것 같다. 나는 대학에서 프랑스어를 전공했는데, 내가 학교에 다닐 때는 프랑스어 전공자들만의 연극 동아리가 있었다. 학생들이 1년을 꼬박 연습해서 매년 12월에 연극을 하곤 했는데 나는 학교에 다니는 동안 총 세 번 연극을 관람했다. 물론 학생들이라 퍼포먼스의 품질이 아주 높진 않지만 내가 아는 친구들이 연극을 하는 거라 신기하고 재미있었다.

It sounds interesting. I majored in French in college, and when I was attending school, there was a theater club exclusively for French majors. Students would practice for a whole year and put on a play every December. During my time at school, I watched the play three times in total. Of course, since they were students, the performance quality wasn't high, but it was fascinating and fun because my friends were the ones performing.

비용면에서 더 낫다. 전문 음악가의 공연은 비싸다. 만약 학교에서 이것을 무료로 제공한다고 해도 어차피 학비에 다 포함되어 있다. 나는 평소에 음악을 별로 즐기지 않기 때문에 이런 것들 때문에 학비가 오르면 불쾌할 것 같다.

Watching student performances is more cost-effective. Professional music performances can be expensive. Though the school might not charge separately for them, their cost is likely included in our tuition fees. I don't enjoy music that much, so I wouldn't be pleased if my tuition increased because of such events.

Idea 2

전문 음악가의 라이브 음악 공연을 고르겠다.

I will choose a live music performance delivered by a professional musician.

전문가들의 멋진 공연을 무료로 볼 수 있다. 나는 음악을 좋아해서 한 달에 한 번 정도 사비를 들여 콘서트에 가곤 하는데, 그 비용이 만만치 않다. 보통 50달러에서 100달러 사이의 표를 사지만, 좋은 자리는 200달러가 넘기도 한다. 만약 학교에서 이런 공연을 제공한다면 비용 부담 없이 즐거운 시간을 보낼 수 있을 것 같다.

You can see wonderful performances by experts for free. I love music, so I spend my own money to catch a concert almost every month, and let me tell you, it's not cheap. Ticket prices typically range from $50 to $100, and for good seats, they cost more than $200. If the school offers such performances, I can have an enjoyable time without the financial burden.

친구들과 함께 좋은 휴식 시간을 보낼 수 있다. 요즘 성적이나 인턴십 등으로 스트레스가 많았는데, 좋은 공연을 친구들과 함께 보고, 또 저녁도 함께 먹으면 스트레스 해소에 도움이 될 것이다.

You can have a great relaxing time with friends. I've been under a lot of stress due to my grades and internships. So, catching a great show with my friends and grabbing dinner afterward could really help take the edge off my stress.

TOPIC QUESTION 75

Given an overwhelming amount of schoolwork this semester, if you had to choose between resigning from the hiking club or the debate club at your school, which one would you leave and why?

이번 학기에 공부해야 할 것들이 아주 많다고 가정하자. 등산 동아리와 토론 동아리 중 하나를 그만두어야 한다면 어떤 걸 선택하겠는가? 그리고 그 이유는 무엇인가?

Idea 1

토론 동아리를 그만둔다.
I will choose to quit the debate club.

운동은 내 인생에서 아주 중요한 부분이다. 실제로 나는 대학에 다니는 동안 등산 동아리를 통해 많은 친구를 사귀었고, 또 매주 스트레스를 풀 수 있었다. 공부하는 동안 항상 책상 앞에 앉아 있으므로 매주 등산을 가는 건 내 정신적, 육체적 건강에 아주 중요하다.
Sports are a crucial part of my life. I was actually in a hiking club during college, and through that club, I made many friends and was able to relieve stress every week. Since I was always sitting at a desk studying, going hiking every week was vital for my mental and physical well-being.

토론 기술은 수업 시간에도 배울 수 있다. 굳이 동아리 활동까지 할 필요가 없다. 많은 수업이 토론을 기반으로 하고 있고, 교수님이 직접 중재하기 때문에 동아리보다는 오히려 수업 때 토론 능력을 기르는 게 나을 것 같다.
You can learn debate skills during class time as well. There's no need to engage in club activities. Many courses are based on debates, and professors are mediators. Therefore, it seems better to cultivate debate skills during class rather than in a club.

Idea 2

등산 동아리를 그만둔다.
I will choose to quit the hiking club.

등산 능력보다는 토론 능력이 더 중요하다. 졸업 후에 직장을 구할 때, 또 취직 이후에도 말을 잘하는 능력은 아주 소중하다. 물론 수업 시간에 토론을 하긴 하지만 학생들이 많고 수업 시간은 제한적이어서 거의 말을 못 할 때가 많다. 그래서 토론 동아리를 통해서라도 많이 말해보고 싶다.
Debate skills are more important than hiking abilities. The ability to communicate effectively is highly valuable, both when you are getting a job after graduation and in the workplace. Although classes include debates, they sometimes have too many students. Moreover, the limited class time makes it difficult for everyone to share their ideas. That's why I want to keep participating in the debate club to practice speaking more.

또 운동은 시간이 날 때 언제든 할 수 있다. 굳이 등산 동아리에서 활동하지 않아도 친구들과 또는 가족들과 시간을 맞춰 등산을 가면 된다. 만약 등산까지 갈 시간이 없다면 교내에 있는 헬스장에 가거나 운동장에서 달리는 정도면 충분하다.
Plus, you can exercise whenever you have free time. Even without the hiking club, I can go hiking with friends or family whenever we can find the time. If there's no time for hiking, going to the gym on campus or running on the track should be sufficient.

TOPIC QUESTION 76

Due to limited financial resources, your university intends to reduce expenses. Some students suggest eliminating sports clubs like the ski club, while others propose cancelling academic clubs like the biology club. Which do you agree with?

제한된 자원으로 인해 대학교에서 지출을 줄이려고 한다. 어떤 학생들은 이를 위해 스키 동아리와 같은 스포츠 동아리를 없애야 한다고 제안하는 반면, 다른 학생들은 생물학 동아리와 같은 학술 동아리가 없어져야 한다고 말한다. 둘 중 어떤 의견에 동의하는가?

Idea 1

학술 동아리에서 예산을 삭감해야 한다.

It is better to cut the budget for academic clubs.

학생들은 수업, 연구실 등을 통해 이미 많은 걸 배우고 있다. 굳이 동아리까지 학술적일 필요는 없다. 대신 학생들에게 더 필요한 건 공부가 아니라 운동이다. 정기적인 운동이 건강에 좋은데 학생으로써 운동할 시간을 마련하는 게 생각보다 쉽지 않다. 내가 대학교에 다닐 때는 꾸준히 등산을 했었는데 덕분에 공부에도 더 집중이 잘 되고, 친구들도 많이 사귈 수 있어서 좋았다. 공부할 때 학생들은 항상 앉아 있으므로 보다 활동적인 일을 할 수 있는 동아리를 더 지원하는 게 좋겠다.

Students are already learning a lot through classes and research labs. There's no need for a club to be academically focused. Instead, what students need more these days is exercise, not more studying. Regular workouts are beneficial for health, but finding the time as a student can be a challenge. When I was in college, I used to go hiking regularly. Thanks to that, I was able to concentrate better on my studies and make many friends. Given that students spend a lot of time sitting while studying, it would be beneficial to support clubs that promote physical activity.

Idea 2

스포츠 동아리의 예산을 삭감해야 한다.

It is better to cut the budget for sports clubs.

학교는 공부하러 가는 곳이다. 학생들은 운동이나 다른 엔터테인먼트를 위해 비싼 학비를 낸 게 아니다. 따라서 학교에서는 당연히 학술 동아리에 더 많은 지원을 해야 한다. 생물학 동아리와 같은 단체는 학교 외에서 쉽게 구할 수 없는 장비나 시설을 제공하기 때문에 생물학을 전공하는 학생들을 다방면으로 지원할 수 있을 것 같다.

School is a place for studying. Students don't pay high tuition fees for sports or other entertainment purposes. Therefore, the school should provide more support to academic clubs. For example, the biology club provides equipment and facilities not commonly found outside of school. This greatly benefits students majoring in biology.

물론 운동도 중요하다. 하지만 학교 밖에도 헬스장이나 커뮤니티 스포츠 시설이 많고, 운동을 하고 싶은 학생들은 그런 곳에 등록하면 된다. 만약 돈이 없다면 조깅과 같은 돈이 안 드는 운동을 선택하는 방법도 있다.
Well, of course, exercise is also important. However, there are plenty of gyms and community sports facilities outside of school. Students who want to exercise can join those facilities. If they don't have enough money, they can choose inexpensive exercises like jogging.

TOPIC QUESTION 77

Which history course would you prefer to take as a requirement for your degree: Roman history, twentieth-century world history, or the history of Asia?
졸업을 위해 반드시 역사 강의를 수강해야 한다면 로마 역사, 20세기 세계사, 아시아 역사 중 어떤 과정을 이수하고 싶은가?

Idea 1

로마 역사를 배우고 싶다.
I want to learn about Roman history.

로마 역사에 대해서는 그 이름만 들어봤을 뿐 내용에 대해 전혀 모른다. 유명한 과목임에도 지식이 전혀 없다는 게 다소 민망하다. 그래서 이번 기회에 로마 역사에 대해 배우는 것도 좋을 것 같다.
I've heard about it, but I have no idea what it is about. It's a bit embarrassing not to know such a famous subject. So, it would be good to take this opportunity to learn about Roman history.

20세기 세계사는 별로 끌리지 않는데 그 이유는 너무 광범위하기 때문이다. 어떤 국가에 초점을 맞출지는 전적으로 교수에게 달려 있다. 그래서 관심이 가지 않는다.
I'm not really interested in a 20th-century world history course because the theme is too broad. The country the course focuses on depends on the professor. That's why I'm not drawn to it.

마지막으로 아시아 역사는 이미 잘 알고 있어서 배울 필요가 없을 것 같다. 점수를 잘 받기에는 좋지만 그래도 수업 때 모르는 내용에 대해 배우는 게 좋기 때문에 첫 번째 옵션을 선택하고 싶다.
Lastly, I don't think I need to learn about Asian history because I already know it well. Getting good grades might be easier, but I'd rather learn about something new, so I want to choose the first option.

Idea 2

아시아 역사를 배우고 싶다.
I want to learn about Asian history.

나는 서양사를 전공하고 있기 때문에 로마사와 20세기 세계사에 대해 이미 많은 내용을 알고 있다. 학점을 받기 위해 듣는 과목이긴 하지만 그렇더라도 내가 모르는 부분에 대해 배우면 좋을 것 같다.
I am majoring in Western history, so I already know a lot about Roman history and 20th-century world history. Even though I'm taking this course just for credits, I think it would be good to learn about areas I'm not familiar with.

'아시아 역사'에 대해서는 그 이름만 들어봤을 뿐 내용에 대해 잘 모른다. 유명한 과목임에도 지식이 거의 없다는 게 다소 민망하다. 물론 나는 서양사 전공자이므로 동양사에 대해 모두 알 필요는 없지만 한 과목 정도로 동양사 맛보기를 하면 좋을 것 같다.
I've heard about the course 'The History of Asia,' but I don't know much about the subject. It's a bit embarrassing to have little knowledge about such a famous subject. Of course, I don't need to know everything about Eastern history since I'm majoring in Western history, but it would be nice to get a taste of it by taking at least one course.

TOPIC QUESTION 78

Which assignment will you choose for the presentation?
(1) Performing a scene from a play, (2) Presenting your review of a recently read novel, or (3) Reading a selection of poems
발표 과제로 다음 중 어떤 걸 선택하는 게 좋을까?
(1) 연극의 한 장면 따라 하기, (2) 최근에 읽은 소설에 대한 감상문 발표하기, (3) 시 낭송하기

Idea 1

연극의 한 장면 따라 하기를 고르겠다.
I would choose to perform a scene from a play.

셋 중에 이게 제일 쉬울 것 같다. 사실 나는 연극영화과를 전공하고 있어서 연기하는 건 어렵지 않다. 대사도 빨리 외울 수 있고, 과제를 보다 재미있게 준비할 수 있겠다는 느낌이 든다.
Among the three options, this seems the easiest. Actually, I'm a theater and film major, so acting is not difficult for me. I can quickly memorize lines, and I believe I can approach the assignment in a more interesting way.

하지만 나머지 두 옵션은 별로 끌리지 않는다. 소설에 대한 감상문 발표는 준비하는 시간이 너무 많이 들지

않을까 걱정된다. 소설은 보통 한 권을 다 읽는 데 며칠 걸리기 때문이다. 그리고 시 낭송도 별로 마음에 들지 않는다. 나는 시에 별로 관심이 없다.
However, the other two options don't appeal to me much. I'm worried that making a literary essay presentation would take too much time. It usually takes several days to finish a novel. And reciting poetry isn't my thing. I'm not really interested in poetry.

Idea 2

최근에 읽은 소설에 대한 감상문 발표하기를 고르겠다.
I would choose to present my review of a recently read novel.

셋 중에 이게 제일 쉬울 것 같다. 평소에 소설을 자주 읽기 때문에 최근에 읽은 책 중에 아무거나 골라서 얘기하면 될 듯하다. 최근에는 찰스 디킨스Charles Dickens의 작품을 주로 읽었는데 그중 가장 짧은 걸 선택하면 빨리 준비할 수 있을 것 같다.
Among the three options, this seems the easiest. Since I read novels a lot, I could easily pick one I've read recently and talk about it. Lately, I've been mainly reading works by Charles Dickens, so I could select the shortest one and prepare quickly.

나머지 옵션은 별로 마음에 들지 않는다. 일단 나는 시에 별로 관심이 없다. 그리고 연기하는 것도 민망하다. 만약 나머지 두 옵션 중 선택해야 된다면 준비 시간도 오래 걸리고 재미도 없을 것 같다.
The remaining options aren't appealing. First, I'm not really interested in poetry. And acting makes me cringe. If I had to choose between these two options, it would take a long time to prepare and wouldn't be enjoyable.

TOPIC QUESTION 79

Do you agree or disagree with the following statement? It is important to teach philosophy in high schools or colleges.
다음 주장에 동의하는가? 고등학교나 대학에서 철학을 가르치는 건 중요하다.

Idea 1

주장에 동의한다.
I agree with the argument.

철학은 행복한 삶을 사는 데 있어 아주 중요한 학문이라는 건 누구나 아는 사실이다. 어떤 전공인지 관계없이 인간이라면 누구나 철학을 배워야 한다. 철학을 공부함으로써 인생에서 어떤 선택을 해야 하는지 조금 더 명확히 알게 될 것이다.
It's a well-known fact that philosophy is a very important discipline for living a happy life. Regardless of one's major, every human being should learn philosophy. By studying philosophy, we can gain a clearer understanding of which choices to make in life.

하지만 누구에게나 철학을 공부할 시간이 주어지는 건 아니다. 그래서 고등학교 또는 대학교에서 이 부분을 보완해주면 좋을 것 같다. 대부분의 학생이 고등학교를 진학하고, 또 한국의 경우 70퍼센트 이상의 고등학생이 대학교에 진학한다. 따라서 학교에서 철학 과목을 필수로 정한다면 많은 사람이 철학을 배워볼 수 있다.
However, not everyone is given the time to study philosophy. That's why it would be great if high schools or universities could include philosophy in their curricula. Most students go on to high school, and in the case of Korea, more than 70% of high school students go on to college. Therefore, if schools make philosophy a mandatory subject, many people will have the opportunity to learn it.

Idea 2

주장에 동의하지 않는다.
I disagree with the argument.

철학이 행복한 삶을 사는 데 있어 아주 중요한 학문이라는 건 누구나 아는 사실이다. 어떤 전공인지 관계없이 인간이라면 누구나 철학을 배워야 한다. 하지만 학교에서 배워야 하는가에 대해서는 의구심이 든다.
It's a well-known fact that philosophy is a very important discipline for living a happy life. Regardless of one's major, every human being should learn philosophy. However, I have doubts about whether it should be learned in school.

학교에서 배우는 철학 과목은 지혜를 전해주는 수업이 아니다. 주로 여러 가지 사상과 철학자의 이름을 암기하게 하는데 이는 실제로 철학이라는 과목이 주는 장점과는 전혀 관련이 없다. 요즘은 일반인이 읽을 수 있는 철학 서적이 많으므로 이 부분은 개인 공부로 남겨두는 게 더 적절할 것이다.
Philosophy classes don't necessarily convey wisdom. They mainly focus on memorizing different philosophies and philosophers' names, which has little to do with the actual benefits that philosophy offers. Nowadays, there are many philosophical books available to the public, so it would be more appropriate to leave this for individual study.

TOPIC QUESTION 80

Which option do you prefer for your midterm project?
(1) delivering a presentation, (2) writing a paper, or (3) producing a video
학기 중간 과제로 선택하고 싶은 옵션은 다음 중 무엇인가?
(1) 발표하기, (2) 논문 쓰기, (3) 비디오 제작

Idea 1

발표하기를 선택하겠다.
I would choose to deliver a presentation.

셋 중에 이게 제일 쉬울 것 같다. 보통 수업에서는 간단하게 슬라이드를 몇 장 만들어서 10분에서 20분 정도 발표하는 과제를 많이 한다. 나는 이미 발표 자료를 만드는 데 아주 익숙하고, 대중 앞에서 말하는 것도 편하므로 이 옵션이 내게는 가장 좋을 것 같다.
Among the three options, this seems to be the easiest. In classes, we often have assignments where we create a few simple slides and present them for about 10 to 20 minutes. I'm already very familiar with making PowerPoint presentations, and I feel comfortable speaking in front of an audience, so this option seems the best for me.

하지만 나머지 옵션은 별로 마음에 들지 않는다. 논문을 쓰려면 아주 많은 책을 읽고 정리해야 하므로 시간이 굉장히 많이 들 것 같다. 또한 주제를 정하기도 어려울 것이다. 비디오 제작도 비슷한 맥락에서 별로 마음에 들지 않는데, 일단 장비를 구매해야 하고 영상 촬영이나 편집 방법을 배워야 한다. 돈과 시간이 너무 많이 든다.
However, the other options are not appealing. Writing a paper would require reading and summarizing a lot of books, so it would take a lot of time. It would also be difficult to choose a topic. I also think video production isn't great because you have to buy equipment and learn about filming and editing techniques. It requires a lot of money and time.

Idea 2

비디오 제작을 선택하겠다.
I would choose to make a video.

셋 중에 이게 제일 쉬울 것 같다. 수업에서는 보통 5분에서 10분 정도의 짧은 비디오를 제작하라고 하는 경우가 많다. 나는 평소에도 영상 촬영을 즐겨하고, 이미 영상 제작에 필요한 모든 걸 갖추고 있다. 장비도 있고 편집하는 방법도 안다.
Among the three options, this seems to be the easiest. In classes, students are often asked to create short videos, usually around 5 to 10 minutes long. I already enjoy filming videos, so I have everything I need for video production. I have the equipment and know how to edit.

하지만 나머지 옵션은 별로 마음에 들지 않는다. 논문을 쓰려면 아주 많은 책을 읽고 정리해야 하므로 시간이 굉장히 많이 들 것 같다. 또한 주제를 정하기도 어려울 것이다. 발표하기도 별로 끌리지 않는데, 그 이유는 지루할 것 같기 때문이다. 발표 자료를 만드는 나도 지루할 것 같고, 발표를 듣는 학생들도 별로 집중할 것 같지 않다.
However, the other options are not ideal. Writing a paper would require reading and summarizing a lot of books, so it would take a lot of time. It would also be difficult to choose a topic. Giving a presentation doesn't appeal to me either because it seems boring. I think I would get bored creating the presentation materials. Besides, I feel that students might not stay focused during such presentations.

TOPIC QUESTION 81

Which course would you choose from the following options if your degree requires you to take one course?
(1) Renewable Energy, (2) Health Science, or (3) World History
졸업을 위해 반드시 다음 과목 중 하나를 들어야 한다면 무엇을 선택하겠는가?
(1) 재생 에너지, (2) 건강 과학, (3) 세계사

Idea 1

건강 과학에 대해서 배우고 싶다.
I want to learn about health science.

요즘 나는 건강 관리에 관심이 많다. 최근에 주로 책상에 앉아서 공부하다 보니 살이 찌기도 했고 운동 능력도 많이 떨어진 것 같다. 그래서 유튜브 등에서 정보를 찾는데 생각보다 올바르지 않은 정보를 자주 마주한다. 따라서 학교에서 제공하는 수업으로 정확한 건강 관리 지식을 얻고 싶다.
Lately, I've been really interested in health management. Since I'm mostly sitting at my desk studying, I've gained some weight, and I've gotten really out of shape. So, I've been searching for information on YouTube and other platforms, but I often come across inaccurate information. That's why I want to gain accurate knowledge about health management through the class offered at school.

또 건강 과학 과목을 통해 요리에 취미를 붙이고 싶다. 혼자서 산 지 벌써 4년째인데 요리를 거의 하지 못한다. 건강한 식단은 어떤 것인지, 어떤 재료를 사용해야 하는지 배울 수 있으면 좋겠다.
Also, by taking a health science course, I'm hoping to pick up cooking as a hobby. I've been living alone for four years already, but I'm not good at cooking at all. It'd be awesome to figure out what goes into a healthy diet and which ingredients to use.

Idea 2

세계사를 배우고 싶다.

I want to learn about world history.

나는 물리학을 전공하고 화학을 부전공했기 때문에 과학 분야에는 다양한 지식을 가지고 있다. 반면 역사에 대해서는 아는 게 거의 없다. 중요한 학문이라는 걸 알면서도 시간이 없어서 등한시해왔다. 그래서 이번 기회에 역사를 배울 수 있으면 좋겠다.

Since I majored in physics and minored in chemistry, I have diverse knowledge in the field of science. However, I know very little about history. I know that it's an important discipline, but I've been neglecting it because I didn't have enough time. So, I would love to have the opportunity to learn history this time.

또 역사 과목이 셋 중에 가장 재미있을 것 같기도 하다. 역사는 사람들의 이야기를 담고 있으므로 소설을 읽는 것처럼 재미있게 수업을 들을 수 있을 것 같다. 물론 연도나 인물을 암기하는 건 좀 어렵겠지만 그래도 세 옵션 중에는 가장 기대되는 과목이다.

Also, I think history might be the most interesting of the three. History contains stories of people, so I think I can enjoy the class just like reading a novel. Of course, memorizing dates and historical figures might be a bit challenging, but it's still the subject I'm most excited about among the three options.

TOPIC QUESTION 82

On a special day arranged by the International Student Office, there will be three types of events. Which one would you like to choose from? The options are an international food fair, an international music festival, and an international film festival.

국제 학생 센터에서 특별한 날을 마련해 다음 중 한 가지 이벤트를 제공하려고 한다. 셋 중 어떤 걸 선호하는가? 옵션은 국제 음식 박람회, 국제 음악 축제, 국제 영화 축제이다.

Idea 1

학교에서 국제 음식 박람회를 열면 좋겠다.

It would be great if the school could organize an international food fair.

국제 음식을 먹어볼 기회는 많지 않다. 일단 내가 사는 곳은 마을 전체 인구가 1만 명도 되지 않는 곳이다. 같은 문화적 배경을 가진 단일 민족이 사는 곳이기 때문에 타문화를 경험할 기회가 별로 없다. 그래서 학교에서 국제 음식 박람회를 연다면 외국 음식도 체험하고, 또 그들의 문화도 공부해 볼 수 있을 것이다.
I don't have many opportunities to try different types of international food. Firstly, the town I live in has fewer than ten thousand people. We are of the same race and have the same cultural background. So, there aren't many chances to experience other cultures. Therefore, if the school organized an international food fair, I would have the chance to taste foreign cuisine and learn about different cultures.

국제 음악이나 국제 영화 축제 역시 매력적인 옵션이긴 하다. 하지만 요즘은 인터넷 서비스가 워낙 좋아서 유튜브를 통해 외국 음악과 영화는 충분히 즐길 수 있다. 따라서 나는 첫 번째 옵션을 선택하고 싶다.
International music or film festivals are also attractive options. However, nowadays, Internet services are so good that I can enjoy foreign music and movies through YouTube. Therefore, I would prefer the first option.

Idea 2

국제 영화 축제를 하면 좋겠다.
It would be great to have an international film festival.

특별한 이유는 없고 그저 내가 영화를 보는 걸 좋아하기 때문이다. 음식이나 음악도 괜찮긴 하지만 쉬는 날에는 영화를 보는 게 최고다. 요즘에 다양한 스트리밍 서비스가 많긴 하지만 대부분 아주 인기 많은 것만 다룬다. 그래서 국제 영화 축제에서 사람들이 잘 모르는 명작을 발굴해서 상영하면 좋을 것 같다.
There's no special reason. I just love watching movies. Food and music are fine too, but nothing beats watching a movie on a day off. Nowadays, there are many streaming services available, but most of them only cover highly popular content. So, it would be great if the international film festival could discover and showcase hidden gems that people are not familiar with.

또 영화 축제에 친구들과 함께 참여해 영화를 보고, 또 영화 본 후에 저녁 식사를 하면서 스트레스를 풀 수 있다. 요즘 공부하느라 도서관에서 많은 시간을 보내는데 모처럼 쉬면서 좋은 영화도 보고 놀면 좋을 것 같다.
Additionally, attending the film festival with friends would let us watch movies together and then have dinner to relax and relieve stress. Lately, I've been spending a lot of time in the library studying, so I think it would be nice to take a break, watch a great movie, and enjoy myself.

TOPIC QUESTION 83

Do you agree or disagree with the following new policy? Three professors take turns overseeing a class together for the semester.
다음과 같은 학교의 새로운 정책에 동의하는가? 한 학기 동안 세 명의 교수가 교대로 하나의 수업을 담당한다.

Idea 1

정책에 동의한다.

I agree with the new policy.

세 명의 교수가 하나의 수업을 맡는 경우 색다른 수업을 들을 수 있다. 내가 학교에 다녔을 때 이런 수업이 한 과목 있었던 게 기억난다. '고전 강독'이라는 수업이었는데 그 수업은 매달 교수님이 바뀌었다. 교수님의 전공이 과학, 철학, 문학 등 다양해서 한 과목인데도 세 과목을 듣는 것처럼 흥미로웠다.

When three professors teach one class, we can experience different teaching styles. I remember when I was in college, there was a course just like this. It was called 'Classical Literature Reading,' and we had a different professor every month. Since the professors came from diverse fields like science, philosophy, and literature, it felt like I was diving into three different subjects, even though it was technically just one class.

보통 한 과목은 한 교수가 맡기 때문에 교수님이 마음에 안 들어도 어쩔 수 없다. 그런데 이 수업은 교수님이 교대로 들어오기 때문에 내 취향에 맞는 교수님이 들어올 확률을 높일 수 있다.

Usually, one course is taught by one professor, so if you don't like the professor, there's nothing you can do about it. However, with rotating professors in this class, I'm more likely to come across a professor I really like.

Idea 2

정책에 동의하지 않는다.

I don't agree with the new policy.

일단 혼란스럽다. 한국의 경우 대부분 학생이 보통 한 학기에 수업을 여섯 일곱 개 정도 듣는데 한 과목에 교수가 셋이면 관리하기가 힘들다. 교수마다 교수법도 다를 것이고 과제나 시험의 형식도 다를 것이다. 매번 교수가 바뀔 때마다 새로운 과목을 듣는 느낌이 들 것 같고, 생각만 해도 골치가 아프다.

First, it's chaotic. Most students in South Korea take around 6 to 7 courses per semester, and if one course has three professors, it's difficult to manage. Each professor will have a different teaching style, and the format of assignments and exams will vary. It would feel like taking a new course every time professors take turns, and just thinking about it gives me a headache.

보통 한 과목은 중간고사 한 번, 기말고사 한 번을 보게 된다. 그런데 만약 세 명의 교수가 들어온다면 시험을 세 번 볼 수도 있겠다는 생각이 든다. 시험이 한 번 추가될 때마다 부담이 커지기 때문에 그냥 한 과목엔 한 교수만 들어오면 좋겠다.

Usually, for one course, we have a midterm and a final exam. But if three professors teach the course, we might end up having three exams. The more exams I have, the more burdened I feel, so I prefer to have only one professor for each course.

TOPIC QUESTION 84

Your professor has requested your assistance with research over the weekend, but you have previously arranged to attend your sister's birthday celebration. What will you do in this situation?
여동생의 생일 파티에 참석하기로 한 주말에 교수님이 연구를 도와주길 요청했다. 이 상황에서 어떻게 하겠는가?

Idea 1

나는 주말에 교수님의 연구를 도울 것이다.
I will help the professor with his research over the weekend.

지금 나는 대학원에 다니고 있으므로 이런 고민은 익숙하다. 대학원생들은 교수님에게 잘 보여야 한다. 만약 교수님이 내게 도움을 요청했다면 정말 긴급한 상황일 확률이 높다. 이럴 때 교수님을 도와주면 나중에 도움 받을 때 편하다.
I'm currently attending graduate school, so I'm familiar with these concerns. Graduate students need to make a good impression on their professors. If a professor asks me for help, it's likely to be an urgent situation. By helping the professor in such cases, I will be more likely to receive help in the future.

물론 동생의 생일 파티에 가지 못하는 것도 신경이 쓰인다. 하지만 동생은 가족이기 때문에 나를 이해할 것이다. 택배로 선물을 보내고 나중에 만나서 식사를 하면 충분할 것 같다.
Of course, I do feel concerned about not being able to attend my sister's birthday party. However, since we are family, she will understand. Sending a gift and meeting up with her for a meal later should be sufficient.

Idea 2

나는 주말에 동생의 파티에 갈 것이다.
I will attend my sister's party over the weekend.

일단 갑자기 도움을 요청한 것이기 때문에 선약이 있는 경우 교수님을 도와주기는 어렵다. 아마 내가 교수님과 연구해본 경험이 없어서 그럴 수도 있지만, 일단 주말이라면 교수님과의 연구보다는 가족과의 선약이 더 중요하다.
First of all, since the professor's request came suddenly and urgently, and I already have plans, it would be difficult to assist him. I haven't had any experience working on research with a professor, so I am not familiar with this situation. But in any case, if it's a weekend, family commitments take priority over research with a professor.

교수님에게 반드시 주말에 해야 할 일이냐고 재차 확인할 필요도 있을 것이다. 만약 주중에 할 수 있는 일이라면 잠시 일을 미루자고 권유해 볼 수 있다. 만약 정말 급한 일이라면 동기들에게 전화해서 교수님을 도울 수 있는 친구가 있는지 찾아볼 것 같다.

It may be necessary to confirm once more with the professor whether the task absolutely needs to be done over the weekend. If it's something that can be done during the weekdays, I can suggest postponing the work for a while. If it's truly an urgent matter, I will consider calling my classmates to see if there's anyone who can assist the professor.

TOPIC QUESTION 85

If given a choice, as a college student, would you rather work independently or work collaboratively as a part of a group?

내가 대학생이라고 가정해보자. 선택권이 주어진다면 혼자 일하겠는가 아니면 그룹에 참여해 타인과 협력하겠는가?

Idea 1

나는 혼자서 공부하거나 과제하는 게 더 편하다.

I find it more comfortable to study or work alone.

혼자 공부하거나 과제를 하면 다른 사람을 신경 쓰지 않아도 돼서 좋다. 약속 시간을 잡기 위해서 일정을 변경할 필요도 없고, 다른 사람이 내 의견을 어떻게 생각하는지 신경 쓸 필요도 없다. 그래서 여러모로 편하다.

When I study or work alone, I don't have to worry about other people. I don't need to change my schedule to accommodate others, and I don't have to worry about what others think of my opinions. So, it's easier in many ways.

혼자서 하면 모든 일을 처음부터 끝까지 다 맡아서 해야 하므로 역량 강화에 도움이 된다. 그룹 활동에서 주어지는 과제를 생각해보면 자료 조사부터 발표 자료를 만들고 발표하는 것 등 여러 가지가 있는데 이 모든 걸 혼자 해낸다면 많은 기술을 쌓을 수 있을 것이다.

When I do things alone, I have to take care of everything from start to finish. So, this will help strengthen my skills. Group assignments involve various tasks such as researching, creating PowerPoint presentations, and giving presentations. If I do all these tasks alone, I can develop a wide range of skills.

Idea 2

그룹에서 타인과 협력하는 게 더 나을 것 같다.

It seems better to work with others in a group.

그룹으로 과제를 하면 다른 사람을 통해 배울 수 있다. 최근에 학교에서 유전자 변형 농수산물(GMO)을 조사해서 발표하는 과제가 있었는데 조원 중 한 명이 발표 자료를 제작하는 실력이 좋았다. 이 과제를 통해 폰트의 종류와 크기를 정하는 방법부터 어떤 애니메이션을 써야 하는지 등 많은 걸 배울 수 있었다.
Working in a group allows me to learn from others. Recently, for a school assignment, we researched GMO crops and gave a presentation on the topic. One of my group members was skilled at creating PowerPoint presentations. Through this assignment, I learned a lot, from choosing font types and sizes to selecting appropriate animations.

또한 시간을 더 효율적으로 쓸 수 있다. 그룹 활동에서 주어지는 과제를 생각해보면 자료 조사부터 발표 자료를 만들고 발표하는 것 등 여러 가지가 있는데 이 모든 걸 혼자 해내려면 많은 시간과 노력이 든다. 다른 사람들과 일을 나눠서 하면 좀 더 효율적인 시간 관리가 될 것이다.
Also, I can use my time more efficiently. Group assignments involve various tasks, from researching to crafting PowerPoint slides and then delivering presentations. Doing all these tasks alone requires a lot of time and effort. By sharing the workload with others, I can manage my time more effectively.

TOPIC QUESTION 86

Do you agree or disagree with the following statement? First-year students should share dorm rooms with students in the same grade rather than with students from other grades.
다음 주장에 동의하는가? 1학년은 다른 학년이 아닌 같은 학년의 학생들과 기숙사 방을 공유해야 한다.

Idea 1

같은 학년과 기숙사 방을 공유하는 게 낫다.
I believe it's better to share a dorm room with students in the same grade.

대화하기가 편하다. 한국의 경우 나이가 많은 사람과 적은 사람이 이야기할 때는 존대 표현을 써야 한다. 같은 방을 공유하게 되면 여러 가지 서로 맞춰나갈 것들이 많아지는데 만약 상대의 나이가 많다면 그에 따른 적절한 예의를 계속 신경써야 해서 정말 피곤할 것 같다.
Communication is simpler. In Korea, interacting with people of different ages often requires using honorific language. Sharing a room involves a lot of planning together, and it can be really tiring to constantly consider age differences and the proper etiquette that comes with them.

또래와 함께 지내면 기숙사 생활이 더욱 즐거워질 것 같다. 또래끼리는 공통점이 더 많다. 같은 수업을 들을 뿐 아니라 음악, 영화, 대중 문화와 같은 유사한 관심사를 공유할 수 있다.
Living in a college dorm with peers of the same age would likely be more enjoyable. We'd share more common ground, from taking the same classes to enjoying similar interests such as music, movies, and pop culture.

Idea 2

다른 학년과 기숙사 방을 공유하는 걸 고르겠다.

I would choose to share a dorm room with students in different grades.

다른 나이의 사람과 친구가 될 수 있다. 나이가 많은 사람들과 사귀면 더 편하다. 그들은 훨씬 더 이해심이 많고 사소한 것으로 꼬투리를 잡거나 말싸움을 걸지 않는다.

You can make friends with people of different ages. It's often more comfortable to be friends with older people. They tend to be more understanding and are less likely to nitpick or engage in arguments over trivial things.

조언을 얻기가 좋다. 내가 겪는 상황이 그들에게는 과거에 지나간 일인 경우가 많다. 또래에게 얻은 조언보다 훨씬 더 현명하고 지혜로운 조언을 얻을 가능성이 높다.

It's easier to receive advice. They've already gone through the challenges I'm facing now. Compared to friends my own age, there's a higher chance of receiving wiser and more insightful advice.

9. 교육과 학습에 관한 질문

TOPIC QUESTION 87

Do you agree or disagree with the following statement? The most important trait of a teacher is the ability to acknowledge their errors or lack of knowledge on a subject.
다음 주장에 동의하는가? 가장 중요한 교사의 자질은 바로 그들의 실수나 지식의 부족을 인정하는 것이다.

Idea 1

주장에 동의한다.
I agree with the argument.

좋은 선생님이라면 당연히 그들이 저지른 실수에 대해 빠르게 인정해야 한다. 자존심이 상한다고 실수를 인정하지 않으면 학생들은 잘못된 지식을 배우게 될 수도 있다. 게다가 실수를 늦게 인정할수록 신뢰를 더 잃게 될 것이다.
Good teachers should promptly acknowledge their mistakes. Refusing to admit mistakes due to pride can lead students to incorrect information. Moreover, the longer it takes to admit their mistakes, the more trust they will lose.

또한 지식의 부족 역시 인정할 줄 알아야 한다. 선생님도 인간이다. 그러니 당연히 머리에 담을 수 있는 지식에는 한계가 있다. 선생님이 특정 지식을 갖고 있지 않다고 해서 학생들이 선생님을 무시하지는 않는다. 오히려 그들을 인간적으로 볼 것이다. 모르는 것에 대해서는 빠르게 배우고, 또 그 부분을 학생들에게 알려주는 게 중요하다.
It's also crucial to be open about what they don't know. Teachers are human. Naturally, their knowledge has its limits. Just because a teacher lacks certain knowledge doesn't mean students should lose respect for them. On the contrary, it will help students see them as more human. It is important for teachers to quickly identify what they don't know, learn it, and communicate that to the students.

Idea 2

주장에 동의하지 않는다.
I disagree with the argument.

물론 좋은 교사는 실수나 지식 부족에 대해 인정해야 한다. 그래야 학생들에게 신뢰를 줄 수 있고 정확한 정보 전달이 가능하다. 하지만 이런 자질이 '가장 중요한 자질'인지는 의심스럽다.
Sure, a good teacher should acknowledge their mistakes or lack of knowledge. That way, they can

build trust with students and effectively give accurate information. However, I doubt that this quality is the 'most important' one.

내가 생각했을 때 좋은 교사의 자질은 학생들을 이해하는 능력이다. AI 기술이 이만큼 발전한 현대 사회에서 교사는 단순히 지식을 전달하는 역할을 넘어서야 한다. 교사는 학생 개개인의 성격과 학업 능력, 가정 환경 등을 파악하고 이해하여 그들이 성장할 수 있도록 도와야 한다. 예를 들어 내 고등학교 담임 선생님은 우리 집 사정을 잘 알아서 장학금을 많이 받을 수 있는 대학교를 선택하는 데 많은 도움을 주셨다.
In my view, what really makes a good teacher is how well they understand their students. AI technology has advanced so much these days. Therefore, teachers should go beyond simply delivering knowledge. They should get to know each student's personality, academic abilities, and home environment to better support their growth. For example, my high school homeroom teacher was really familiar with my family situation and helped me pick universities that offered generous scholarships.

TOPIC QUESTION 88

Do you agree or disagree with the statement? Older people cannot learn anything from young people.
다음 주장에 동의하는가? 나이 든 사람들은 젊은이들로부터 배울 게 아무것도 없다.

Idea 1

잘 모르겠다. 답하기 어렵다.
I'm not sure. It's difficult to answer.

직관적으로 생각하면 나이가 든 사람들이 지식도 많고 경험에서 온 지혜도 많으므로 젊은이로부터 무언가를 배워야 할 상황은 확실히 적을 것이다. 역사적인 사건들을 살펴봐도 대부분 나이가 든 사람들이 젊은이들을 가르치지, 그 반대 상황은 찾아보기 힘들다.
Intuitively speaking, older people have more knowledge and wisdom from their experiences, so it seems unlikely that they learn from young people. Looking at history, it's usually the older folks teaching the younger ones, and examples of it happening the other way around are pretty rare.

하지만 현대 사회는 조금 다른 것 같다. 요즘에는 젊은이들이 더 잘 이해할 수 있는 분야가 있다. 예를 들어 젊은이들은 기계를 사용하는 방법을 더 잘 안다. 식당에 있는 키오스크를 사용하는 방법 또는 이메일을 보내거나 웹사이트를 만드는 방법 등은 나이 든 사람에 비해 젊은이들이 더 잘 안다.
However, things have become different in modern society. Nowadays, there are fields that young people have a better understanding of. For example, young people are more knowledgeable about using machines. They know more about using restaurant kiosks, sending emails, and creating

websites than older people do.

내 생각에는 나이와 상관없이 누구든 잘 찾아보면 서로에게 배울 점이 있을 것이다.
In my opinion, regardless of age, if we look closely, there are things we can learn from each other.

Idea 2

주장에 동의하지 않는다.
I don't agree with the argument.

나이가 든 사람이라도 젊은이로부터 배울 게 많다. 젊은이들은 훨씬 도전적이다. 상대적으로 잃을 게 많은 나이 든 사람들은 도전 정신이 별로 없다. 위험을 감수하기 두려워하고 가진 걸 지키려는 성향이 강하기 때문에, 젊은이들과 함께 지내면 도전적인 정신을 배울 수 있다.
Even older people have a lot to learn from young people. Young people are more daring and willing to take on challenges. Older people, usually having more to lose, tend to be less adventurous. They fear taking risks and have a stronger inclination to protect what they already have. By spending time with young people, older individuals can adopt a more daring spirit.

또한 젊은이들로부터 기계를 사용하는 방법을 배울 수 있다. 식당에 있는 키오스크를 사용하는 방법 또는 이메일을 보내거나 웹사이트를 만드는 방법 등 나이 든 사람에 비해 젊은이들이 기술을 사용하는 법을 더 잘 안다. 따라서 나이 든 사람들은 젊은이들에게서 기술 관련 지식을 얻을 수 있다.
Moreover, they can also learn how to use machines from young people. Young individuals are better at using technology. They are better at using restaurant kiosks, sending emails, and creating websites than older people. Therefore, older people can learn digital skills from young people.

TOPIC QUESTION 89

Do you agree or disagree with the following statement? Teaching in an elementary school is less challenging compared to teaching at a university.
다음 주장에 동의하는가? 초등학생을 가르치는 건 대학생을 가르치는 것에 비해 덜 힘들다.

Idea 1

주장에 동의한다.
I agree with the argument.

초등학생을 가르치기 위해서는 아주 기초적인 지식만 가지고 있어도 된다. 대학교 수업과 달리 초등학생은 기초 지식이 없으므로 그들을 효과적으로 가르치기 위해 선생님은 그 부분에 대해서 잘 알고 있으면 된다. 선생님들은 모두 성인이고, 성인에게는 그런 지식이 아주 간단한 것들이어서 초등학교 선생님은 많이 또는 자주 공부하지 않아도 된다.
To teach elementary school students, you only need very basic knowledge. Unlike university students, elementary school students lack basic knowledge, so teachers only need to know the fundamentals to effectively teach them. All teachers are adults, and for adults, this kind of knowledge is pretty straightforward. Therefore, elementary school teachers don't need extensive study to teach effectively.

또한 초등학교 선생님은 연구할 필요가 없다. 대학 교수는 수업 이외에도 연구 실적이 중요하며 논문도 자주 써야 한다. 수업하지 않을 때는 연구를 하고, 연구하지 않을 때는 수업을 해야 한다. 교수들은 전반적으로 시간이 없고 아주 바쁘다. 그래서 내 생각엔 초등학생을 가르치는 선생님들의 삶의 질이 더 높을 것 같다.
Furthermore, elementary school teachers don't need to do research. University professors need to have research achievements and frequently write papers in addition to teaching. They should conduct research when they're not teaching and teach when they're not doing research. Professors are generally pressed for time and very busy. Therefore, I believe that elementary school teachers generally enjoy a better quality of life.

Idea 2

주장에 동의하지 않는다.
I don't agree with the argument.

초등학생을 가르치는 일은 절대 쉽지 않다. 초등학생은 아무것도 모르기 때문에 무엇이든 처음부터 가르쳐야 한다. 모든 지식의 기초가 되는 부분을 가르치는 일은 생각보다 쉽지 않다. 반면 대학생은 기본적인 지식이 있으므로 일일이 모든 걸 가르쳐줄 필요가 없다. 그래서 오히려 교수가 하는 일이 더 쉬울 것 같다.
Teaching elementary school students is by no means easy. Elementary school students have very little knowledge, so everything has to be taught from scratch. Teaching the basics really isn't as simple as you might think. On the other hand, college students already have basic knowledge, so there's no need to teach them everything from scratch. So, I believe being a professor could be less challenging.

또한 초등학생은 선생님의 말을 잘 듣지 않는다. 교내 규칙을 잘 무시하며 선생님의 말을 왜 들어야 하는지 이해하지 못한다. 그래서 항상 아이들의 행동을 예의 주시해야 한다. 반면 대학생은 기본적으로 매너와 규칙이 몸에 배어 있으므로 그런 것들까지 교수가 신경 쓸 필요는 없다.
Additionally, elementary school students don't listen to their teachers. They often ignore school rules and don't really get why they should listen to their teachers. As a result, teachers always need to keep a close eye on their students' behavior. On the other hand, college students already understand manners and rules, so professors don't have to worry about such issues.

TOPIC QUESTION 90

Some people consider music education and learning a musical instrument to be crucial, while others do not. Which point of view do you agree with?
어떤 사람들은 음악 수업을 듣고 악기를 배우는 게 중요하다고 생각하는 반면, 다른 사람들은 그것을 중요하게 여기지 않는다. 둘 중 어떤 의견에 동의하는가?

Idea 1

음악 수업과 악기 연주 수업은 중요하다고 생각한다.
I think music classes and instrument lessons are important.

음악 수업을 통해 학생들은 음표와 같은 추상적인 개념을 학습할 수 있다. 추상적 개념은 음악뿐 아니라 수학, 과학 등 여러 학문에서 공통으로 사용된다. 따라서 재미있고 즐거운 음악 수업을 통해 다소 어려울 수 있는 추상적인 개념을 학습한다면 좋을 것이다.
In music class, students can learn abstract concepts like musical notes. These abstract concepts are not only applicable in music but also in various disciplines such as mathematics and science. So, it would really help if they could grasp these abstract concepts through engaging music classes, as they can be quite challenging to understand.

또한 악기 연주를 배우면 스트레스를 해소하는 데 도움이 된다. 많은 학생이 게임이나 동영상 시청 등 다소 수동적인 엔터테인먼트를 즐기는 경향이 있다. 하지만 악기 연주는 더 능동적이며, 곡을 연주하면서 깊은 몰입을 할 수 있게 도와준다. 이런 스트레스 해소법이 훨씬 더 뇌에 좋을 것 같다.
Moreover, learning to play an instrument helps relieve stress. A lot of students usually prefer more passive activities such as playing games or watching videos. However, playing an instrument is a more hands-on activity that really pulls you into the music while you're performing a piece. I think this type of stress relief would be much better for the brain.

Idea 2

음악 수업과 악기 연주 수업은 그다지 중요하지 않다.
Music classes and instrument lessons are not that important.

내 생각에 그런 것들은 혼자서도 배울 수 있다. 인간이라면 음악은 배우지 않고도 즐길 수 있다. 악기를 배우면 즐겁긴 하겠지만 생각보다 돈과 시간이 많이 든다.
In my opinion, you can learn these things on your own. Humans enjoy music without necessarily learning it. Learning an instrument might be enjoyable, but it can be more expensive and time-consuming than one might initially think.

정말 중요한 수업은 수학이나 과학, 언어 수업이다. 이런 수업이 미래에 직장을 구할 때 더 많이 사용된다.

요즘에는 많은 사람이 프로그래머나 과학자 등 고수익 직장을 원한다. 따라서 대부분의 학생은 굳이 악기 수업이나 음악 수업을 들을 필요가 없다.

To me, the most important classes are math, science, and language. Learning these subjects is more beneficial for when they get a job in the future. Nowadays, many people desire high-paying jobs like programmers or scientists. So, most students don't need to take instrument lessons or music classes.

TOPIC QUESTION 91

Do you agree or disagree with the following statement? Children must attend school until the age of 16.

다음 주장에 동의하는가? 아이들은 16세까지 의무적으로 학교에 다녀야 한다.

Idea 1

아이들은 16세까지 의무적으로 학교에 다녀야 한다.

Kids should be required to attend school until they turn 16.

학교에서 아이들은 또래들과 교류하며 친구를 만드는 법을 배우고, 선생님과 교류하며 타인을 대하는 법을 배우게 된다. 사회에 나가면 이런 능력이 중요하기 때문에 어릴 때 배워야 한다. 물론 집에서 가르쳐줄 수도 있지만 대부분의 부모님은 바쁘므로 학교에 보내는 편이 더 낫다.

At school, children learn how to make friends while playing with peers and how to behave while interacting with teachers. These skills are important when they enter society, so they need to learn them when they are young. Of course, parents can teach these things at home, but since most parents are busy, it's better to send them to school.

또한 학교에서 학문적 지식을 얻어야 한다. 학교 선생님들은 모두 전문가이기 때문에 아이들에게 충분한 지식을 전수할 수 있다. 학생이 더 자라서 어떤 직업을 선택할지는 모르지만 일단 기본적인 교육이 필요하다. 올바른 문법, 덧셈과 뺄셈, 안전 교육, 컴퓨터 사용법 등을 학교에서 미리 배워야 한다.

Moreover, they need to acquire academic knowledge at school. School teachers are experts who can give sufficient knowledge to children. We can never be sure what career path they will choose as they grow older. Nonetheless, they need basic education. They need to learn proper grammar, addition and subtraction, safety education, computer skills, and more at school.

Idea 2

16세까지 반드시 학교에 다닐 필요는 없다.

Kids don't necessarily have to attend school until they're 16.

물론 학교에 다니면 장점들이 있다. 친구를 사귈 수 있고 전문가에게 여러 학문을 배울 수 있다. 하지만 만약 어떤 학생이 아주 똑똑하다면 어떨까? 학생들은 각자 다른 성격과 학문적 능력을 갖고 있다. 따라서 아주 영리한 학생은 중고등학교 과정을 3~4년 만에 끝내고 일찍 취업을 하거나 대학에 갈 수도 있다.
Of course, there are advantages to attending school. They can make friends and learn various subjects from experts. However, what if a student is exceptionally intelligent? Each student has a different personality and academic abilities. Therefore, a really bright student might be able to zip through middle and high school in just 3 to 4 years and then move on to working or starting college early.

또한 홈스쿨링을 원하는 가정이 있을 수도 있다. 예를 들어 장애를 가진 일부 아이들은 전통적인 학교 교육을 힘들어할 수 있다. 혹은 지역의 학교가 마음에 들지 않아서 부모는 홈스쿨링을 선택할 수 있다. 이런 선택도 존중해야 한다고 생각한다.
Also, some households may prefer homeschooling. For instance, some children with disabilities may find traditional schooling challenging. Additionally, some parents choose homeschooling because they are not satisfied with the local schools. Their choices should be respected.

TOPIC QUESTION 92

Some parents choose to educate their own children at home rather than send them to public schools. Which do you prefer?
일부 부모들은 아이들을 공립학교에 보내는 것보다 집에서 교육하는 걸 선택한다. 둘 중 어떤 것을 선호하는가?

Idea 1

아이들은 공립학교에 보내는 게 더 좋겠다.
I think it's better to send children to public schools.

아이들은 아직 어릴 때 남들과 어울리는 방법을 터득해야 한다. 예를 들어 아이들이 학교에 다니면 친구, 선생님들 사이에 많은 사회적 교류를 경험하고 매년 새로운 친구들을 사귈 수 있다. 다양한 상호작용을 통해 아이들은 올바른 방식으로 행동하는 방법을 배울 것이다.
Children need to learn how to socialize with others while they are still young. For example, by attending school, they can experience many social interactions with friends and teachers and make new friends every year. Through diverse interactions, children will learn appropriate social behaviors.

게다가 아이들은 공립학교에서 다양한 과목과 활동을 배울 수 있다. 미래를 위해 자기 적성을 찾는 데 도움이 될 것이다. 하지만 부모들은 충분한 교육 자료나 전문 지식을 가지고 있지 않기 때문에 집에서 좋은 수업을 제공하기 어렵다.
Moreover, children can learn various subjects and activities in public schools, which will help them discover their aptitudes for the future. However, parents often lack sufficient educational resources or specialized knowledge to provide good lessons at home.

Idea 2

집에서 아이를 교육하는 게 더 좋다고 생각한다.
I believe it's better to educate children at home.

개인적으로 나는 공교육 시스템에 회의적이다. 학생들은 각자 다른 성격과 학문적 능력을 갖고 있다. 그런데 학교에서는 아이들을 공장에서 물건을 만들어내듯 똑같이 만드는 데 힘쓰는 것 같다. 그래서 나는 내 아이를 공립학교에 보내고 싶지 않다.
Personally, I am not sure about the public education system. Each student has a different personality and academic abilities. However, it seems like schools are striving to make them all the same, as if they are producing goods in a factory. That's why I don't want to send my child to a public school.

요즘에는 온라인에서 홈스쿨링을 도와주는 많은 교육 자료를 찾을 수 있다. 나는 대학에서 철학과 수학을 전공했기 때문에 기본적인 학문은 내가 가르칠 수 있고, 다른 전문성이 필요한 부분은 가정 교사를 고용해서 가르치면 될 것 같다.
Moreover, nowadays, you can find many online educational resources that support homeschooling. Since I majored in philosophy and mathematics in college, I can teach basic subjects. For areas that require more expertise, I can hire a private tutor to teach at home.

TOPIC QUESTION 93

Do you think parents should be allowed to homeschool their children, or should they be required to send them to school?
부모들이 아이를 홈스쿨링하는 게 허용되어야 하는가, 아니면 아이들을 반드시 학교에 보내야 하는가?

Idea 1

부모가 아이들을 홈스쿨링하는 걸 허용해야 한다.
Parents should be allowed to homeschool their children.

이것은 선택의 문제이다. 각 가정의 환경이 다르므로 아이에게 어떤 옵션이 최선일지는 학부모가 결정할 수 있도록 해야 한다. 만약 학생이 특별한 관심이 필요하거나 특수 교육이 필요하다면 학교가 아닌 홈스쿨링을 하는 게 더 좋을지도 모른다.

It's a matter of choice. Since each household has a different environment, parents should be able to decide what option is best for their child. If a child requires special attention or special education, homeschooling might be a better option than traditional schooling.

또한 학교 교육 과정을 마음에 들어하지 않는 부모가 있을 수 있다. 만약 부모가 충분히 능력이 있다면 홈스쿨링을 통해 더 좋은 교육을 할 수 있을 거라고 생각한다. 요즘에는 온라인에서 홈스쿨링을 도와주는 많은 교육 자료를 찾을 수도 있다.

Additionally, there may be some parents who are not satisfied with the school curriculum. If parents are well-equipped, I believe they can offer a superior education through homeschooling. Nowadays, there are many online educational resources for homeschooling.

Idea 2

홈스쿨링보다는 아이를 학교에 보내는 게 더 낫다.

Sending children to school is better than homeschooling.

아이들은 학교에 다니며 다른 사람들과 어울리는 방법을 터득해야 한다. 예를 들어 아이들이 학교에 다니면 친구, 선생님들 사이에서 많은 사회적 교류를 경험하고 매년 새로운 친구들을 많이 사귈 수 있다. 만약 집에서만 교육을 받으면 교류하는 사람의 수가 아주 적을 것이다.

They need to learn how to socialize with others at school. For example, when children attend school, they can experience a lot of social interaction with friends and teachers and make many new friends every year. If they are only educated at home, the number of people they interact with will be very limited.

학교에서는 다양한 과목과 활동을 배울 수 있다. 컴퓨터실, 과학 실험실 등의 시설을 이용할 수 있으며 축구, 야구 등 다양한 스포츠도 경험할 수 있다. 반면 부모들은 충분한 교육 자료나 전문 지식을 가지고 있지 않기 때문에 집에서는 전인교육을 제공하기 어렵다.

At schools, they can learn various subjects and participate in activities. They can use facilities such as computer labs and science labs and experience various sports like soccer and baseball. However, parents might not always have access to the necessary educational materials or the expertise required to provide a thorough education at home.

TOPIC QUESTION 94

Some people prefer to study in open spaces where others are present. Others prefer to study in quiet places with few distractions. Which do you prefer?
어떤 사람들은 다른 사람들과 함께 있는 열린 공간에서 공부하는 걸 선호한다. 반면 다른 사람들은 근처에 방해가 될 만한 사람이나 물건이 거의 없는 장소를 선호한다. 둘 중 어떤 것을 선호하는가?

Idea 1

나는 다른 사람과 함께 열린 공간에서 공부하는 게 더 좋다.
I prefer studying in an open space with other people.

나는 책만 보면 졸기 때문에 혼자서 조용히 있는 것보다 어느 정도 소음이 있는 장소를 선호한다. 예를 들어 학교 도서관이나 기숙사 방보다는 카페를 선호한다. 카페 음악에 사람들의 잔잔한 소음이 섞이면 집중하기 좋은 환경이 되는 것 같다.
I tend to doze off when I read books, so I prefer a place with some background noise rather than being alone in a quiet environment. For example, I prefer cafes over school libraries or dorm rooms. The blend of soothing cafe music and people chatting creates just the right backdrop for focusing.

또한 혼자보다는 친구들과 함께 공부하는 걸 좋아하기 때문에 열린 공간이 좋다. 친구와 공부하면 공부하다가 모르는 걸 주제로 토론할 수 있어서 좋다. 또 지루해지거나 집중이 잘 안 될 때는 잡담을 할 수도 있어서 조금 더 편안한 분위기에서 공부할 수 있다.
Also, I enjoy studying with friends rather than studying alone, so an open space is preferable. If you study with friends, you can have discussions on topics you're unsure about, which is great. Plus, when it gets boring or when I have trouble focusing, we can have small talk. I believe it creates a slightly more relaxed atmosphere for studying.

Idea 2

나는 방해가 될 만한 사람이나 물건이 없는 장소를 선호한다.
I prefer a place where there are no distractions.

나는 작은 소음에도 민감하다. 어떤 사람들은 카페에서 공부할 수 있을 정도로 주변 소음에 무심하지만, 나는 작은 소음에도 산만해진다. 그래서 주변에 다른 사람이 없는 곳을 선호한다. 나는 주로 조용한 도서관이나 기숙사 방에서 공부한다.
I'm sensitive even to small noises. Some people can study in cafes without being bothered by the surrounding noise, but I get easily distracted even by small noises. That's why I like places without other people around. I usually study in quiet libraries or in my dorm room.

좀 귀찮아서 그런 면도 있다. 다른 사람이 있는 열린 공간, 예를 들어 카페 등에 가려면 준비물을 챙겨야 한다. 노트북과 교재, 휴대폰과 충전기 등을 챙겨야 하는데, 그건 정말 귀찮다. 그래서 카페 등 밖으로 나가는 것보다는 그냥 집이나 기숙사 방에서 공부하는 게 더 편하다.

Another thing is the inconvenience of it all. To go to an open space where there are other people, like a cafe, for example, I need to bring all my belongings with me. It's annoying to have to carry my laptop, textbooks, phone, charger, and other things. So, studying at home or in my dorm room is more convenient for me than studying at a cafe or other public places.

TOPIC QUESTION 95

Do you agree or disagree with the following statement? A quiet studying environment helps maintain focus and concentration.

다음 주장에 동의하는가? 조용한 공부 환경은 집중력에 도움이 된다.

Idea 1

그렇지 않다. 조용한 공부 환경이 집중력에 도움이 되지 않을 수 있다.

Not really. A quiet study environment may not necessarily help with concentration.

나는 책만 보면 졸기 때문에 완전히 조용한 공간보다 어느 정도 소음이 있는 장소를 선호한다. 그것이 내가 조용한 학교 도서관이나 기숙사 방보다는 카페를 자주 가는 이유다. 카페 음악에 사람들의 잔잔한 소음이 섞이면 혼자 있을 때보다 집중하기 좋은 환경이 되는 것 같다.

Reading books tends to make me sleepy, so I like to study in places with a bit of background noise instead of total silence. That's why cafes are my go-to places rather than quiet libraries or dorm rooms. The soft music playing and the low hum of conversation in a cafe help me concentrate better than the complete quiet would.

또한 혼자보다는 친구들과 함께 공부할 때 더 집중이 잘되는 걸 느낀다. 친구와 공부하면 공부하다가 모르는 것을 주제로 토론할 수 있어서 내가 특정 주제에 더 집중하게 된다. 반면 혼자서 공부하다 모르는 게 나오면 인터넷을 통해 조금 찾아보다가 다른 길로 샐 것이 뻔하다.

I've noticed I focus better when I'm studying with friends compared to studying alone. When we study together, we can chat about the parts we're unsure of. It keeps me dialed into specific topics. On the other hand, when I encounter difficulties while studying alone, I end up spiraling down internet rabbit holes, which completely derails my study session.

Idea 2

일반적으로 그런 것 같다. 주변 환경이 조용해야 공부에 집중할 수 있다.

Generally speaking, a quiet environment is usually necessary for concentration while studying.

이건 나만 그런 걸 수도 있는데 나는 소음에 민감하게 반응한다. 예를 들어 내가 방에서 공부하고 있는데 거실에서 가족들이 텔레비전을 크게 틀어놓고 본다면 큰 방해가 될 것이다. 내가 읽고 있는 책보다 텔레비전 소리에 더 귀를 기울이게 될 수도 있다.

This might just be me, but I'm quite sensitive to noise. For instance, if I'm in my room studying and someone cranks up the TV volume in the living room, it's really distracting for me. I might end up paying more attention to the TV than to the book I'm reading.

또 주변이 너무 시끄러우면 내용이 머리에 들어오지 않아서 읽었던 페이지를 다시 여러 번 읽어야 할 수 있다. 결과적으로 효율이 매우 떨어진다. 나는 대학교에 막 입학했을 때 친구들을 따라 카페에서 공부했던 적이 있는데 별로 좋은 경험이 아니었다.

Also, too much noise makes it hard for me to fully understand what I'm reading, often causing me to go over the same page several times. As a result, my efficiency drops significantly. When I first started college, I tried studying at cafes with my friends, but it wasn't a great experience, to be honest.

TOPIC QUESTION 96

Your school plans to establish a dedicated space where students can take breaks and work on academic projects. Do you think this is a good idea?

학교에서 학생들이 휴식을 취하고 공부할 수 있는 전용 공간을 만들려고 한다. 이는 좋은 생각일까?

Idea 1

아주 좋은 생각이다.

I believe this is a great idea.

나는 캠퍼스가 작고 시골에 자리 잡은 대학교에 다니고 있는데 문제가 몇 가지 있다. 첫 번째로는 도서관이 작아서 공부하기 불편하다. 도서관을 증축하거나 별도로 공간을 만든다면 아주 좋겠다. 나는 주로 저녁 일곱 시 이후에 도서관에 가는데 그때는 이미 만석이라 대기 후 자리에 앉을 수 있다. 가끔은 자리가 전혀 없어서 기숙사로 돌아온 적도 있다.

I'm currently attending college on a small, rural campus, which presents several issues. First, the library is small and inconvenient for studying. It would be great if the college could expand the library or create separate study spaces. I usually go to the library after 7 p.m., but by that time, it's already full, and I have to wait for a seat. There have been times when I had to return to the dormitory as there were no seats available.

두 번째로는 캠퍼스 안에서 친구들과 만나서 쉴 곳이 부족하다. 그래서 주로 교외에 있는 카페에 간다. 하지만 그건 시간이 오래 걸리고 차비도 드는 일이라서 웬만하면 교내에 쉴 수 있는 공간이 늘면 좋겠다.
Additionally, there's a lack of places on campus to meet and relax with friends. So, we usually go to cafes off campus. This solution, however, takes a long time and costs money, so having more relaxing spaces on campus would be ideal.

Idea 2

두 옵션 사이에서 고민 중이다.
To be honest, I'm torn between these two options.

휴식과 공부를 할 수 있는 전용 공간을 만들면 학생들이 잘 집중할 수 있게 되므로 학업 성취도가 올라갈 것이다. 나는 현재 대학생인데 우리 학교의 도서관에 자리가 별로 없어서 많은 학생이 이 옵션에 찬성할 것 같다.
Creating dedicated spaces for relaxation and studying would enhance students' academic performance by helping everyone concentrate better. I'm currently a college student, and our library has only a few available seats. Therefore, I believe many students would support the idea of expanding it.

하지만 걱정되는 게 하나 있다. 이런 건물을 짓는 데는 생각보다 돈이 많이 든다. 건물을 짓는 비용, 관리하는 초기 비용이 고스란히 학비를 올릴 수도 있다는 생각이 든다. 우리 학교의 학비는 이미 다른 학교에 비해 아주 비싸다. 만약 학비에 변동 없이 이런 시설이 생기는 거라면 찬성이다.
However, there is one concern. Building such a facility requires a significant amount of money. The cost of constructing the building and the initial maintenance expenses could raise tuition fees. Our tuition fees are already considerably high compared to other schools. I'm in favor of this plan as long as it doesn't lead to higher tuition fees.

TOPIC QUESTION 97

Some students prefer to take classes alone, and others prefer to go to lectures with friends. Which do you prefer and why? Use specific examples to support your choice.
어떤 학생들은 혼자 수업을 듣는 걸 선호하고, 다른 학생들은 친구들과 함께 강의를 듣는 걸 선호한다. 둘 중 어떤 것을 선호하고 이유는 무엇인가? 구체적인 예시를 들어 이유를 설명하라.

Idea 1

나는 혼자 수업 듣는 게 더 편하다.
I find it more comfortable to attend classes alone.

만약 친구들과 함께 수업을 들으면 공부에 집중하기 어렵다. 보통 친구들이 한 반에 있으면 잡담을 많이 한다. 다른 친구들에 관한 최근 소식이나 방학 계획 등 다른 이야기를 하게 될 가능성이 높다. 그래서 우리는 수업에 집중하지 못하고 주의가 산만해진다.

If I attend classes with friends, it's difficult to concentrate on studying. Usually, when my friends are in the same class, we have a lot of small talk. We could easily get sidetracked talking about the latest gossip about other friends or making plans for a vacation. So, our attention tends to be diverted from the actual class.

특히 토론 수업의 경우 친구들이 없는 게 더 낫다. 친한 친구들 앞에서 내 의견을 발표하는 게 뭔가 어색하고 불편하다. 그래서 주로 나는 토론을 기반으로 한 수업에서는 친구들이 없는 반을 선택한다. 그래야 좀 더 자신감 있고 편하게 수업에 참여할 수 있다.

Especially in discussion-based classes, it's better not to have friends around. Presenting my opinions in front of close friends feels awkward and uncomfortable. So, when I need to enroll in discussion classes, I prefer sessions where I know fewer people. That way, I can participate in the class more confidently and comfortably.

Idea 2

친구와 같이 강의를 듣는 게 더 좋다.

Attending lectures with friends is better.

친구와 같은 수업을 들으면 모르는 게 생겼을 때 물어보기 좋다. 또한 친구도 답을 모를 때 함께 교수님에게 찾아가서 물어보기도 편하다. 나는 이번 학기에 고급 미적분학 수업을 듣고 있는데 과제로 나오는 문제가 너무 어렵다. 그래서 친구들과 선배에게 자주 질문한다.

If you're in the same class as your friends, you can just ask them for help whenever you're stuck on something. Plus, if none of you knows the answer, it's very convenient to visit the professor together and ask. I'm taking advanced calculus this semester, and the homework problems are really difficult. So, I often ask my friends and seniors questions.

살다 보면 수업에 결석할 때도 있는데, 이때 수업을 같이 듣는 친구가 있으면 정말 좋다. 수업 시간에 어떤 내용을 다뤘는지, 또 어떤 과제를 내주었는지 물어볼 수 있기 때문이다.

You sometimes miss a class, and when that happens, it's really helpful to have a friend who attends the same class. You can ask them about what topics were covered in the class and what assignments were given.

TOPIC QUESTION 98

Do you agree or disagree with the statement that young people should learn basic domestic skills like cooking, sewing on a button, and taking care of others?
다음 주장에 동의하는가? 청년들은 스스로 요리하는 법, 단추를 꿰매는 법, 그리고 다른 사람들을 돌보는 법과 같은 기본적인 기술을 배워야 한다.

Idea 1

동의한다. 청년들은 스스로 요리하는 법이나 단추를 꿰매는 법, 다른 사람을 돌보는 법과 같은 기본적인 기술을 배워야 한다.
I agree. Young people should learn basic skills like cooking, sewing buttons, and taking care of others.

물론 요즘에는 위와 같은 일들을 해주는 전문가들이 있다. 요리하기 귀찮으면 식당에 가면 되고, 단추를 꿰매는 법을 모르면 세탁소에 가면 된다. 하지만 위와 같은 기본적인 것들을 모두 다른 사람에게 맡긴다면 엄청난 돈이 들 것이다.
Of course, nowadays there are professionals who do these things. If you don't feel like cooking, you can go to a restaurant, and if you don't know how to sew buttons, you can go to a tailor. However, if you always rely on others for these basic skills, it will cost you a lot of money.

특히 요리는 배워두면 아주 유용하다. 왜냐하면 저렴한 비용으로 많은 음식을 만들 수 있기 때문이다. 마트에서 대량으로 채소와 같은 재료를 사두면 식당에서 먹는 것보다 훨씬 많은 양을 싸게 먹을 수 있다.
Learning how to cook is especially useful because you can prepare plenty of meals without spending much. If you buy ingredients like vegetables in bulk from the grocery store, you can eat more for less compared to dining out.

Idea 2

굳이 그런 것들을 배울 필요는 없다.
There's no need to learn those things.

요즘에는 위와 같은 일들을 해주는 전문가들이 있다. 요리하기 귀찮으면 식당에 가면 되고, 단추를 꿰매는 법을 모르면 세탁소에 가면 된다. 또 사람을 돌보는 요양사도 따로 있다. 물론 다른 사람에게 위와 같은 일을 맡긴다면 돈이 들겠지만, 내 생각에는 별로 큰돈은 아니다. 직접 배우는 데 들어가는 시간과 노력보다 훨씬 저렴한 비용으로 서비스를 이용할 수 있다고 생각한다.
These days, there are professionals who do those things. If you don't feel like cooking, you can go to a restaurant, and if you don't know how to sew buttons, you can go to a tailor. There are also caregivers available for personal assistance. Of course, it may cost you money to rely on others for these tasks, but I don't think it's a significant amount. I think these services are quite affordable,

especially when you consider the time and effort it would take to learn all this on your own.

이런 것들을 배우는 것보다 직업과 관련된 훈련에 집중하는 게 더 낫다. 열심히 공부하고 훈련해서 좋은 직장을 가지면 저런 기본적인 것들은 전문가를 고용하면 된다.
Instead of learning these things, it's better to focus on vocational training related to your job. If you study hard and secure a good job, you'll be able to hire professionals to handle the basic tasks for you.

TOPIC QUESTION 99

Do you agree or disagree? Secondary schools such as high schools should permit students to study only the subjects they are interested in learning.
다음 주장에 동의하는가? 중고등학교는 학생들에게 관심이 있는 과목만 공부할 수 있도록 허용해야 한다.

Idea 1

위 주장에 동의한다.
I agree with the statement.

관심이 있는 과목만 공부하면 더 깊게 배울 수 있고, 나아가 나중에 직업을 가질 때 유리하다. 나는 학교에 다닐 때 수학과 과학, 프로그래밍 과목에 관심이 많았다. 반면 미술이나 역사와 같은 과목에는 큰 관심이 없었다. 하지만 내가 학교에 다녔을 때는 열 개가 넘는 과목을 모두 배워야 했다. 그래서 재미없는 과목에 시간을 많이 버렸고, 결국 고등학교를 졸업하고 나서야 내가 원하는 공부를 시작할 수 있었다. 내가 만약 중학교 때부터 프로그래밍 수업에 전념할 수 있었다면 고등학교를 졸업한 후 곧바로 일을 시작했을 수도 있었을 것이다.
If you only study the subjects you're interested in, you can delve deeper into them, and it can be advantageous for your future career. When I was in school, I was very interested in math, science, and programming. On the other hand, I wasn't very interested in subjects like art or history. However, during my school years, I had to learn over ten different subjects. As a result, I wasted a lot of time on subjects that I found uninteresting. It wasn't until after graduating from high school that I could start learning what I truly wanted. If I'd gotten into programming in middle school, I could've started working as soon as I finished high school.

Idea 2

위 주장에 동의하지 않는다.
I don't agree with the statement.

보통 중고등학생은 자기가 어떤 걸 잘하는지 알지 못한다. 그래서 최대한 다양한 과목을 경험하는 게 좋다. 수학이나 미술, 과학 등 다양한 과목을 배우면서 적성을 찾는 과정이 필요하다.
Usually, middle and high school students don't know what they are good at. That's why it's good to experience a variety of subjects as much as possible. Exploring different subjects such as math, art, and science is crucial to figuring out what you're good at.

만약 중고등학생들이 관심 있는 과목만 수강할 수 있게 되면 부작용이 생길 수도 있다. 본인에게 흥미로운 과목을 듣기보다는 성적을 잘 받을 수 있는 과목만을 선택할 수도 있다. 이런 선택은 단기적으로는 성적 상승에 도움이 되더라도 장기적으로는 학생의 진정한 잠재력을 개발하는 데 걸림돌이 된다.
If middle school and high school students were allowed to take only the classes they were interested in, it could lead to unintended consequences. Rather than choosing subjects that truly intrigue them, they might choose those where they can get higher grades. While this approach might boost their grades temporarily, it could keep them from reaching their full potential over time.

TOPIC QUESTION 100

Do you agree or disagree with the following statement? Children must acquire skills in drawing or painting.
다음 주장에 동의하는가? 아이들은 그림을 그리는 법을 배울 필요가 있다.

Idea 1

주장에 동의한다. 아이들은 그림을 그리는 법을 배울 필요가 있다.
I agree with the statement. Children need to learn how to draw.

그림 그리기는 아이와 어른 모두에게 장점이 많다. 일단 그림을 그리는 작업은 정신적 안정감을 준다. 잔잔한 음악이 흘러나오는 조용한 환경에서 차분하게 그림을 그리면서 아이들은 집중하는 법을 배울 수 있다. 또 머릿속의 상상을 종이에 그려내는 과정을 통해 창의력을 키울 수도 있다.
Drawing has many benefits for both children and adults. First, the act of drawing brings mental stability. When kids draw calmly in a quiet setting with some gentle music in the background, they learn to focus better. Moreover, through the process of bringing imagination to paper, they can also enhance their creativity.

어른이 되어서 그림을 배우기 시작하는 건 쉽지 않다. 주로 가정과 회사에서 책임이 있으므로 어른들은 아주 바쁘다. 그래서 어릴 때 시작하는 게 좋을 것 같다. 예를 들어서 나는 아홉 살 때 피아노를 배웠는데 여전히 가끔 피아노를 친다. 만약 지금 피아노를 배우려면 포기해야 할 것들이 많을 것이다.
It's not easy for adults to start learning how to draw. They have responsibilities both at home and work, so adults are usually very busy. That's why it's important to start young, as I did with the

piano at age nine. I occasionally still play it. Beginning at this stage in life, however, would require significant sacrifices.

Idea 2

솔직히 말하면 잘 모르겠다.
Honestly, I'm not sure.

그림을 배우면 창의력에도 도움이 되고 집중력도 올라간다는 말을 들은 적이 있다. 하지만 이것이 아이들에게 정말 필요한 수업인지는 확신이 없다. 왜냐하면 나처럼 그림을 그리는 걸 싫어하는 사람도 있기 때문이다. 그림을 그리고 싶어 하는 아이들에게만 가르쳐주면 될 것 같다.
I've heard that learning to draw can enhance creativity and concentration. However, I'm not sure if it's a required class for all children because there are people like me who don't enjoy drawing. It might be better to teach only those who have a desire to draw.

그림 교육은 생각보다 시간과 돈이 많이 든다. 미술과 관련된 직업을 가질 게 아니라면 굳이 그림 실력이 필요한지 잘 모르겠다. 그보다는 아이가 배우고 싶은 것에 더 돈을 쓰는 게 좋겠다.
Art education requires a significant amount of time and money. Unless you're aiming for a career in art, I don't really see the need for strong drawing skills. I think it's better to spend money on what the child wants to learn.

TOPIC QUESTION 101

Some think primary schools should prioritize teaching children how to type on a computer over handwriting skills. Others believe schools should still teach good handwriting skills. Which point of view do you agree with? Explain why.
초등학교에서 아이들에게 손으로 글씨 쓰는 법을 가르치는 것보다 컴퓨터로 타자 치는 법을 가르치는 걸 우선시해야 한다고 생각하는 사람들이 있다. 반대로, 여전히 학교에서 아이들에게 손으로 필기하는 방법을 가르치는 게 중요하다고 믿는 사람들도 있다. 둘 중 어떤 의견에 동의하는가? 이유를 설명하라.

Idea 1

학교에서는 손 글씨보다는 타자를 치는 법을 배우는 게 더 낫다.
It's better to learn how to type rather than handwrite at school.

타자 치는 법을 제대로 배우면 좋은 점이 많다. 과제할 때도 훨씬 편하고, 직장에 들어가서 일할 때도 생산성이 높을 것이다. 타자법을 제대로 배우지 못하면 '독수리 타법'으로 치게 되는데, 이런 습관이 생기면 나중에 바꾸기 힘들다.
There are many advantages to learning how to type properly. It allows you to complete assignments more easily and increases workplace productivity. If you don't learn to type properly, you might develop the habit of 'hunt and peck' typing. This habit becomes difficult to break later on.

글씨를 쓰는 방법은 집에서도 배울 수 있다. 종이와 펜만 있으면 되기 때문이다. 반면에 모든 가정에 컴퓨터가 있는 건 아니기 때문에 학교에서 이 교육을 해주어야 한다. 그러면 부모님의 재정 상태와 관련 없이 모든 아이가 컴퓨터 사용하는 법을 배울 수 있게 된다.
You can learn how to write at home because all you need is paper and a pen. However, not every household has a computer, so it's necessary for schools to provide this education. This way, every child can learn how to use a computer regardless of their parents' financial situation.

Idea 2

학교에서는 타자를 치는 법보다는 손 글씨를 배우는 게 낫다.
At school, it's better to learn handwriting rather than typing.

요즘에는 가정마다 컴퓨터가 있다. 따라서 학교가 아니더라도 컴퓨터나 휴대폰, 태블릿 PC 등 다양한 전자기기를 사용할 기회는 얼마든지 있다. 대부분 초등학생도 휴대폰을 가지고 다니기 때문에 타자 연습은 따로 할 필요가 없다.
Nowadays, almost every household has a computer. Therefore, even outside of school, there are plenty of opportunities to use various electronic devices such as computers, phones, or tablets. Most elementary school students also have phones, so there isn't a strong need to practice typing separately.

반면 보다 전통적인 손으로 글을 쓰는 활동은 많이 줄어든 것 같다. 타자와 비교해서 손으로 글을 쓰는 건 훈련하는 데 시간이 오래 걸린다. 그래서 보통 바쁜 부모들이 이 부분을 챙기지 않는 경우가 많다. 하지만 손 글씨를 연습하면 악필을 예방할 수 있을 뿐 아니라 아이들의 운동 기능과 뇌 발달에 좋은 영향을 준다.
On the other hand, traditional handwriting activities seem to have decreased significantly. Compared to typing, mastering handwriting is a more time-intensive process. As a result, busy parents often neglect this aspect. However, practicing handwriting not only prevents messy handwriting but also enhances children's motor skills and brain development.

TOPIC QUESTION 102

Do you agree or disagree with the following statement? It is beneficial for a child to occasionally spend brief vacations living with other relatives or acquaintances.
다음 주장에 동의하는가? 아이들은 가끔 집을 떠나 다른 친척이나 지인들과 함께 살면서 짧은 휴가를 보내는 게 좋다.

Idea 1

위 주장에 동의한다.
I agree with the statement.

친척이나 지인들과 시간을 보내면서 견문을 넓힐 수 있다. 어릴 때 아이들이 다양한 환경이나 문화에 노출되면 더 폭넓게 생각하는 능력을 기를 수 있다. 또한 친구를 많이 사귈 수 있다.
Spending time with relatives or friends can really open up your perspective. When children are exposed to different environments and cultures at a young age, they develop the ability to think more broadly. It also provides an opportunity to make many friends.

보통 한 장소에서만 오래 지내면 사귀는 친구의 수에 한계가 있다. 하지만 친척 집에 자주 가게 되면 그 동네 친구들과도 사귈 수 있다.
There are only so many friends you can make in one place. However, if you frequently visit your relatives, you can make friends with kids in that neighborhood.

또 독립심을 기를 수 있다. 혼자서 친척이나 지인들의 집에서 지내면 게임을 하거나 영화를 보는 등 노는 것 이외에도 방 청소나 가벼운 빨래, 설거지 등을 해야 할 수 있다. 이 활동들을 통해 아이들이 자립심을 기를 수 있다.
It also helps foster independence. When kids stay at their cousins' or friends' places, they end up doing more than just playing video games or watching movies. They might get roped into cleaning up, doing some laundry, or even scrubbing some dishes. Through these activities, they can develop a sense of independence.

Idea 2

위 주장에 동의하지만, 걱정되는 부분도 있다.
I agree with the argument, but I also have some concerns.

집을 떠나서 지내면 친구들도 많이 사귀고 견문을 넓힐 수 있다는 장점이 있다. 그래서 많은 부모가 방학 때 아이들을 친척 집에 맡기거나 캠프에 보낸다.
Getting out of the house and visiting different places lets you meet lots of new people and see the world from a wider perspective. That's why many parents drop off their children at their relatives' houses or send them to camps during vacations.

하지만 만약 아이가 원하지 않는다면 억지로 등 떠밀 필요는 없다. 향수병에 걸려서 힘들어할 수도 있고, 오히려 다른 아이들 사이에서 따돌림을 당해 괜한 고생을 할 수도 있다. 아이들의 심적 안정감을 위해 이런 결정을 하기 전에 무조건 아이의 의사를 묻고 또 존중해야 한다.

However, if the child doesn't want to stay at someone else's house, there's no need to force them. They may feel homesick and have an emotional breakdown, or they might even experience bullying or unnecessary trouble among other children. It's important to always ask for the child's opinion and respect it before making such decisions.

TOPIC QUESTION 103

Do you agree or disagree? Children must help with household tasks as soon as they can do so.

다음 주장에 동의하는가? 아이들은 가능한 한 일찍부터 집안일을 도와야 한다.

Idea 1

주장에 동의한다.

I agree with the argument.

아이들은 가능한 한 일찍부터 집안일을 도와야 한다. 집안일을 도움으로써 각자에게 필요한 기술을 습득할 수 있다. 예를 들면 설거지나 빨래, 방 청소를 하는 방법을 터득할 수 있다. 성인이 되면 보통 독립해서 살기 때문에 이런 기술을 배워두면 나중에 아주 유용하다. 나는 열 살 때부터 대부분의 집안일을 한 덕분에 필수적인 기술들을 익혔고, 독립하고 나서도 문제없이 생활할 수 있었다.

Kids should help with household chores as soon as possible. By helping with chores, they can acquire skills that are necessary for their independence. For example, they can learn how to do dishes, do laundry, and clean a room. Since adults usually live independently, learning these skills can be useful later on. Personally, starting to help with household chores at age 10 really benefited me. It made living on my own much easier because I had already mastered those essential skills.

집안일을 함으로써 부모님을 도울 수 있게 된다. 요즘에는 맞벌이하는 집이 많다. 그래서 아이들이 집안일을 어느 정도 해준다면 부모님의 부담이 많이 줄어들 것이다.

By doing household chores, they can help their parents. Nowadays, many households have both parents working. So, if kids pitch in with chores around the house, it can take some weight off their parents' shoulders.

Idea 2

주장에 동의하지 않는다.
I disagree with the argument.

굳이 집안일을 가능한 한 빨리 시작할 필요는 없다. 아이들이 준비될 때까지 노동을 강요해서는 안 된다. 빨래나 방 청소 등과 같은 집안일은 어른이 봤을 때는 간단한 것들이지만 아이들에게는 중노동일 수도 있다. 그러니 아이들이 충분히 컸을 때, 중고등학생 이상일 때 시키는 게 좋을 것 같다.
There's no need to start doing household chores as soon as possible. We really shouldn't push chores on children before they're ready. Household chores like laundry and room cleaning may seem simple to adults, but they can be considered heavy labor for kids. So, it would be better to give them these tasks when they are older, like in middle or high school.

아이들은 뛰어노는 데 더 많은 시간을 사용해야 한다. 바깥에서 친구들과 축구를 하며 놀거나, 동화책을 읽는 등 창의력과 지식을 늘리는 일에 더 힘써야 한다. 어른이 되고 나서도 집안일을 할 기회는 아주 많다. 그러니 어릴 적 소중한 시간은 중요한 일을 하는 데 써야 한다.
Kids should spend more time playing and running around. They should engage in activities that increase their creativity and knowledge, such as playing soccer with friends or reading fairy tales. There will be plenty of opportunities to do household chores when they become adults. Therefore, precious childhood years should be spent on more important activities.

TOPIC QUESTION 104

Do you agree or disagree with the statement? Parental involvement in a child's education positively impacts their academic performance and overall development.
다음 주장에 동의하는가? 부모가 자녀 교육에 개입하는 건 자녀의 학업 성취도와 전반적인 발달에 긍정적인 영향을 미친다.

Idea 1

주장에 동의한다.
I agree with the argument.

부모가 아이들의 교육에 더 개입한다면 좋은 교육을 제공할 수 있다. 만약 아이가 수학이나 과학 과목에 어려움을 겪고 있다면 부모는 그 과목을 더 배울 수 있도록 학원이나 개인 과외를 등록해줄 수 있다.
If parents get more involved in their children's education, it can lead to a significantly improved learning environment. If a child is struggling with subjects like math or science, parents can enroll them in group tutoring classes or hire private tutors to help them improve.

부모가 자녀의 교육과 성장에 관심을 보이면 큰 변화가 생긴다. 아이들은 관심을 감사하게 여길 뿐 아니라, 부모의 조언에 대해 더 열린 마음을 가지게 된다. 학교 생활 중 어떤 게 어려운지, 또 어떤 과목에 특별히 관심이 가는지 등을 부모에게 말할 수 있다. 따라서 부모와의 대화를 통해 미래 계획을 세울 수도 있을 것이다.
When parents show interest in their kids' education and growth, it makes a big difference. The kids would not only appreciate it but also be more open to their parents' suggestions. They can talk to their parents about what difficulties they face in school or which subjects they are particularly interested in. Therefore, they can also outline their future goals and career plans through discussions with their parents.

Idea 2

긍정적인 영향과 부정적인 영향 모두 끼칠 것 같다.
I think it can have both positive and negative effects.

긍정적인 영향에 대해 먼저 말해보자면, 부모가 아이들의 교육에 개입하므로 질 좋은 교육을 제공할 수 있다고 생각한다. 만약 아이가 수학이나 과학 과목에 어려움을 겪고 있다면 그 과목을 더 배울 수 있도록 학원이나 개인 과외를 등록해줄 수 있다. 이와 같은 지원을 제공하면, 아이들이 부족한 과목을 이해하고 발전하는 데 도움이 될 수 있다.
Let's start with the positive effects. I believe that parents' involvement in their children's education can guarantee a quality education. If your child is having difficulty with subjects like math or science, you might consider enrolling them in group tutoring classes or hiring a private tutor. These options can provide additional support to help them understand and improve in these areas.

반면 부정적인 영향으로는 학생이 스트레스를 받을 수도 있다. 부모가 학교 공부에만 주로 관심을 가지게 된다면 학교 공부에 흥미가 없는 아이들은 오히려 부담을 느낄 것이다. 또한 공부와 관련 없는 자기만의 적성이나 관심이 있어도 부모에게 공유하지 않을 가능성이 크다.
On the other hand, a negative effect is that students may experience stress. If parents focus only on academic performance, children who are not interested in school subjects may feel pressured. Also, it's likely that they won't share their interests or talents unrelated to their studies with their parents.

TOPIC QUESTION 105

Do you agree or disagree with the following statement? Children should receive money for doing household tasks such as cleaning their rooms or washing dishes. Use specific examples to support your opinion.

다음 주장에 동의하는가? 아이들은 방을 청소하거나 설거지하는 것과 같은 집안일을 하면 돈을 받아야 한다. 구체적인 예시를 들어 답변을 뒷받침하라.

Idea 1

주장에 동의한다.
I agree with that.

집안일은 힘들다. 빨래나 방 청소 같은 집안일은 어른이 봤을 때는 간단한 것들이지만 아이들에게는 중노동일 수도 있다. 그러니 아이들에게 어느 정도 보상을 해주어야 한다고 생각한다.
Doing household chores is tough. To us, tasks like laundry and cleaning the room may seem trivial, but for children, they can often be daunting, almost like doing heavy labor. So, I think children should be rewarded to some extent for their chores.

집안일을 해서 받은 용돈을 사용하면서 돈의 소중함을 깨닫게 될 것이다. 얼마큼의 일을 해야 어느 정도의 돈을 받을 수 있는지 알게 될 것이고, 사고 싶은 걸 사기 위해 얼마나 오래 돈을 모아야 하는지도 깨닫게 된다. 그냥 용돈을 주는 것보다 이렇게 일을 통해 돈을 주는 게 더 좋을 것 같다.
When kids earn their own money through chores, they start to really appreciate the value of money. They'll understand just how much effort it takes to earn a certain amount of money and how long they need to save up to buy the things they want. Therefore, I think paying for chores is better than just handing out an allowance.

Idea 2

주장에 동의하지 않는다.
I don't agree with that.

물론 돈을 받으면 아이들이 더 열심히 집안일에 참여할 것이다. 하지만 어릴 때는 집안일보다는 뛰어노는 데 더 많은 시간을 사용해야 한다. 집안일을 하고 용돈을 받으면 아이들이 일하는 데만 너무 집중하게 될 수도 있다. 아이들은 바깥에서 친구들과 축구를 하며 놀거나, 좋은 책을 읽는 등 더 필요한 활동보다 집안일에 더 많은 시간을 쓰게 될 수도 있다.
Of course, if children receive money, they will participate more diligently in household chores. However, when they are young, they should spend more time playing and running around rather than doing chores. If kids get paid for doing chores, they might start to focus too much on those tasks. Instead of hanging out with friends or getting lost in a good book, they could end up spending most of their time on chores.

만약 집안일을 적절히 조절해서 한다고 해도 자기가 당연히 해야 할 일을 하면서 돈을 받는 건 이상하다. 자기 방을 치우거나 자기 옷을 빨래하는 것은 너무나도 당연한 일이다. 집안일에 용돈을 주는 습관을 들이면 나중에는 공부할 때도 돈을 받고 싶어할 수도 있다. 이때 돈을 주는 것도 역시 부적절하다.
Even if they do household chores moderately, it still seems odd to pay them for something they should naturally be doing. Cleaning their room and doing their own laundry is a basic responsibility. Paying kids for chores could set a precedent, and they might soon expect to be paid for good grades or studying as well, which I find equally absurd.

TOPIC QUESTION 106

Do you agree or disagree with the following statement? Childhood years are crucial for growth and development, making this period the most significant in a person's life.
다음 주장에 동의하는가? 아동기는 성장과 발달에 매우 중요하다. 따라서 이 시기는 사람의 인생에서 가장 중요하다.

Idea 1

주장에 동의한다. 아동기는 성장과 발전에 매우 중요하며 이 시기가 사람의 인생에서 가장 중요하다.
I agree with the argument. Childhood is a crucial period for growth and development, arguably the most important in a person's life.

사람의 성격은 어린 시절에 형성된다. 친구들과 선생님, 부모님과 소통하며 자신이 어떤 사람인지 깨닫게 된다. 어릴 때 긍정적인 에너지를 많이 받고, 긍정적인 경험을 많이 해야 밝은 성격이 형성된다고 생각한다.
People's personalities are shaped during childhood. Through interactions with friends, teachers, and parents, they come to understand who they are. I believe that receiving positive energy and having positive experiences during childhood helps to form a bright personality.

아동기는 육체적으로도 성장하는 시기이다. 이때 키가 가장 많이 자라고 뼈와 근육이 튼튼해진다. 어릴 때부터 운동과 적절한 식사를 통해 건강을 챙기는 법을 배워야 한다. 이 시기에 정크푸드를 많이 먹은 아이들은 커서도 비만에 시달릴 확률이 높다.
Childhood is also a time of physical growth. This is usually the time when kids grow the most, getting taller and developing stronger bones and muscles. It's important to learn how to take care of one's health through exercise and a proper diet from an early age. Children who consume a lot of junk food during this period are more likely to struggle with obesity as they grow up.

Idea 2

완전히 동의하지는 않는다.
I don't fully agree with it.

물론 아동기는 성장과 발달에 매우 중요하다. 이때 사람은 성격을 형성하고 육체적으로 성장한다. 어릴 때 긍정적인 경험을 많이 한 사람들이 긍정적인 삶을 살 확률이 높으므로 의심의 여지없이 이 시기는 매우 중요하다.
Of course, early childhood is incredibly important for growth and development. It's when people form their personalities and experience physical growth. People with many positive experiences in their early years are more likely to lead positive lives. Therefore, there's no doubt that this period is highly significant.

하지만 아동기가 전체 인생에서 가장 중요하다고 말할 수는 없다. 청소년기와 성인기, 노년기까지 중요하지 않은 시절은 없다. 청소년기에는 적성을 찾아 미래의 직업을 결정하는 시기이며, 성인기에는 직장에서 열심히 일하며 가족을 이루고, 또 사회에 공헌하는 시기이다. 노년기 역시 여생을 행복하게 보낼 수 있도록 정신적, 육체적 건강에 힘써야 하는 중요한 시기이다.
However, we can't claim that childhood is the most important stage in one's entire life. Adolescence, adulthood, and even old age have their own importance. Adolescence is a time to explore interests and determine future careers, while adulthood involves working hard, building a family, and contributing to society. Old age matters just as much, and keeping up with our mental and physical health during this time is key to living well.

TOPIC QUESTION 107

Do you agree or disagree with the following statement? It is beneficial for children to acquire a second language at a young age.
다음 주장에 동의하는가? 제2외국어는 어린 나이에 습득하는 게 좋다.

Idea 1

주장에 동의한다. 외국어는 어릴 때 배우는 게 좋다.
I agree with the argument. It's better to learn foreign languages at a young age.

아이들의 뇌는 유연하다. 새로운 지식이나 정보를 스펀지처럼 빨아들이므로 무엇이든 어릴 때 배우는 게 좋다. 외국어도 마찬가지다. 외국어를 학습할 때는 매일 50개에서 100개가 되는 새로운 단어를 외우게 되는데, 어른보다 아이들이 훨씬 이 과정이 수월하다.
Children's brains are flexible. They can absorb new knowledge and information like a sponge, so whatever they're trying to learn, it's best to learn it when they're young. The same goes for foreign languages. Learning a new language can mean picking up 50 to 100 new words a day, and kids generally handle this better than adults.

아이들은 시간이 많다. 외국어에 능통해지기까지는 많은 시간과 노력이 필요하다. 오랜 시간 연습하고, 공부하고, 또 문장 등을 암기해야 한다. 어른들은 일도 해야 하고 집안일도 해야 하므로 아이들보다 시간이 많지 않다.
Kids have a lot of free time. Becoming fluent in a language requires a significant amount of time and effort. It involves practicing, studying, and memorizing sentences for a long time. Adults have jobs and household chores, so they have less free time than kids.

Idea 2

어느 정도 동의한다.
I somewhat agree.

아이들은 어른보다 지식이나 정보를 받아들이는 능력이 뛰어나고, 평소에 시간이 많다. 외국어를 배우는 데는 정보 습득 능력과 오랜 시간이 필요한데 아이들은 다 갖춘 셈이다. 그래서 외국어를 배울 거라면 어릴 때 배우는 게 더 낫다.
Children have a greater ability to absorb knowledge and information compared to adults, and they generally have more free time. Learning a new language requires the ability to acquire information and a significant amount of time, and all kids naturally have both. So, the earlier someone starts learning a foreign language, the better.

하지만 만약 아이가 외국어를 배우고 싶어 하지 않는 상황이라면 억지로 가르치면 안 된다고 생각한다. 어릴 때 배우는 게 좋다고 해서 억지로 영어 공부나 중국어 공부를 시키는 부모들이 있다. 나는 이런 방식에는 반대한다.
However, if a child doesn't show interest in learning a new language, I don't think they should be forced into it. Some parents try to push their kids into studying English or Chinese because they believe it's better to learn these languages at a young age. However, I disagree with this approach.

TOPIC QUESTION 108

Do you think it's a good idea for schools to teach character education to help children develop morals and values?
아이들의 윤리관과 가치관이 발달하도록 학교에서 인성 교육을 하는 게 좋은 생각일까?

Idea 1

좋은 생각이다.
That's a good idea.

인성 교육을 통해 아이들이 친구들과 더 잘 지낼 수 있다. 정직함의 중요성이나 남을 배려하는 마음 등은 학습해야 알 수 있다. 어린아이들은 불리한 상황에서 쉽게 거짓말을 하고, 자기 중심적인 사고를 하므로 아이들에게 정직함의 중요성과 공감하는 법에 대해 가르쳐야 한다.
Through character education, kids can get along better with their friends. They need to learn the importance of honesty and consideration for others. Young children often lie when faced with tough situations and usually think only of themselves, so it's important to teach them about honesty and empathy.

또 인성 교육을 통해 아이들의 학업 성적이 더 좋아질 수 있다. 책임감이나 노력의 중요성에 대해 배우면 더 열심히 공부할 가능성이 높다. 사실 인성 교육은 가정에서 해야 하는데 요즘은 맞벌이하는 집안이 많아서 부모가 시간이 없다. 그래서 학교에서 인성 교육을 해주면 좋겠다.

Moreover, character education can improve kids' academic performance. If they learn about responsibility and the importance of hard work, they are more likely to study harder. Ideally speaking, character education should start at home, but with so many parents working these days, finding the time can be tough. So, it would be great if schools could provide character education.

Idea 2

잘 모르겠다. 인성 교육 자체는 중요하지만, 그것을 학교에서 잘해줄 수 있을지 모호하다.

I'm not sure. Character education itself is important, but I'm not sure whether it can be taught properly in schools.

인성 교육을 받으면 아이들이 친구들과 더 잘 지낼 수 있고, 또 학업 성적에도 긍정적인 영향을 미칠 것 같다. 하지만 모든 가정의 문화적 배경이나 종교적 배경이 다르다. 학교에서 가르치는 중요한 가치와 아이가 가정에서 배운 중요한 가치가 상충한다면 오히려 혼란을 일으킬 수 있다.

If kids receive character education, they can get along better with their friends, and it might have a positive impact on their academic performance as well. However, every family has different cultural and religious backgrounds. If the important values taught at school clash with those learned at home, it could lead to confusion.

도덕적 가치관은 주관적이어서 정답을 알려주는 방식 위주인 학교 교육 과정에서 다루기는 애매하다. 따라서 이것은 학교보다는 가정에서 이뤄져야 한다. 물론 요즘에는 맞벌이하는 가정이 많지만, 아이의 인성 교육은 아주 중요한 부분이다.

Given that school curriculums are designed to provide definite answers, teaching morals at school is very challenging because of their subjective nature. Therefore, this should take place in homes rather than schools. Of course, many families now have both parents working, but providing character education remains a crucial responsibility.

TOPIC QUESTION 109

Do you agree or disagree with the following statement? Talented children should receive different treatment.

다음 주장에 동의하는가? 재능 있는 아이들은 다른 대우를 받아야 한다.

Idea 1

주장에 동의한다.

I agree with the statement.

학교 정규 교육은 평균적인 학생을 위한 것이다. 똑똑한 아이들이나 특정 분야에 재능이 있는 아이들에게는 너무 시시하거나 답답할 수 있다. 예를 들어 악기 연주에 뛰어난 재능을 보이는 아이라면 정규 교육보다는 음악에 더 집중된 교육을 하는 게 장기적으로 봤을 때 아이의 미래에 도움이 될 것이다.
Regular school education usually caters to average students, which can be too limiting or dull for those who are exceptionally talented or very smart. For example, if a child shows an outstanding talent for playing a musical instrument, focusing on music education rather than regular school education would be more beneficial for their future in the long run.

재능 있는 아이들이 그들의 재능을 최대한 발휘하도록 도와주면, 장기적으로 사회 발전에 기여할 수 있다. 예를 들어 과학적 재능이 뛰어난 아이를 조기에 발견해 적절한 교육과 지원을 제공한다면, 미래에 이 아이가 중요한 과학적 발견을 할 과학자가 될 가능성이 높다. 이는 국가 경쟁력을 높이는 데 중요한 역할을 할 수 있다.
Supporting talented kids to fully use their abilities can greatly benefit society over time. For example, if we identify children with exceptional scientific talents early and give them the right education and support, they will grow up to be scientists who make critical discoveries. These contributions are crucial for boosting our national competitiveness.

Idea 2

주장에 일부 동의한다.
I partially agree with the argument.

재능이 있는 아이들은 당연히 다른 대우를 받아야 한다. 예를 들어 악기 연주에 뛰어난 재능을 보이는 아이라면 정규 교육보다는 음악에 더 집중된 교육을 하는 게 장기적으로 봤을 때 아이의 미래에 도움이 될 것이다.
Talented kids should, of course, receive different treatment. For instance, if a child is really good at playing a musical instrument, they'd benefit more from focusing on music education instead of just the regular school curriculum, especially in the long run.

하지만 특정 교육 과정을 제외한 다른 부분에서는 동등하게 대우해야 할 것 같다. 예를 들어 수학에 재능을 보이는 아이라고 해서 하루 종일 수학 공부만 시키면 안 된다. 친구들과 뛰노는 시간도 주어야 하며, 선생님과 다른 어른들과 교류하는 시간도 주어야 한다. 간혹 재능 있는 아이를 둔 부모는 그 재능을 키우는 데만 너무 집중하는 경향이 있는데, 그건 아이의 미래에 별로 도움이 되지 않는다고 생각한다.
However, I believe that they should be treated equally in aspects other than the curriculum. Just because a child shows talent in math, for instance, doesn't mean they should be made to study math all day long. They should also have time to play with friends and interact with teachers and other adults. Sometimes, parents with talented kids tend to focus too much on nurturing that talent. However, I don't think this is very helpful for the child's future.

TOPIC QUESTION 110

What do you think is the best way to prepare for a test? Studying alone, studying with friends, or asking a teacher for help.

다음 중 시험을 준비하는 가장 좋은 방법이 무엇이라고 생각하는가? 혼자 공부하는 것, 친구들과 공부하는 것 또는 선생님에게 도움을 요청하는 것.

Idea 1

선생님에게 도움을 요청하는 게 시험을 준비할 때 가장 유리하다.

Asking a teacher for help is better when preparing for exams.

선생님이 시험을 출제하는 사람이기 때문에 어떤 게 중요하고, 어떤 게 중요하지 않은지 이야기해줄 것이다. 간혹 혼자서 공부하거나 친구와 공부할 때면 중요하지 않은 내용에 너무 많은 시간을 쓸 때가 있다. 시간을 낭비하고 싶지 않으므로 선생님에게 도움을 요청할 것이다.

Since teachers create exams, they will tell you what is important and what is not. Sometimes, when you're studying alone or with friends, you end up wasting too much time on stuff that doesn't matter. So, to make sure I don't waste time, I'll just ask a teacher for some help.

또한 선생님은 정답을 알고 있다. 혼자서 공부하거나 친구와 공부하면 틀린 결론을 내릴 때가 종종 있다. 예를 들어 수학 연습문제를 풀 때 틀린 답을 정답이라고 알고 있으면 시험 점수에 나쁜 영향을 미칠 것이다. 더 효율적이고, 정확하게 공부하려면 선생님의 도움을 많이 받아야 한다.

Plus, teachers know the right answers. When you're studying by yourself or with friends, you can often come up with wrong conclusions. For instance, if you get mixed up and believe a wrong answer is correct when you're practicing math, it can negatively impact your exam scores. Therefore, receiving help from a teacher is significantly more efficient and reliable.

Idea 2

혼자 공부하는 게 가장 좋다.

Studying alone is the best option.

물론 다른 친구들과 공부하면 토론을 할 수 있다는 장점이 있다. 철학이나 역사학을 전공한다면 친구와 함께 공부하는 게 좋을 수도 있다. 하지만 나는 수학 전공자이며, 혼자서 수학 문제를 푸는 데 많은 시간을 보낸다. 수학 문제를 풀 때는 조용한 공간이 최고다. 그래서 기숙사 방이나 도서관에서 자주 공부한다.

Of course, if you study with friends, you will be able to engage in discussions. If you're majoring in philosophy or history, studying with friends can be beneficial. However, as a math major, I spend a lot of time solving math problems alone. For anyone tackling math problems, a quiet space really helps you focus. That's why I often study in my dorm room or the library.

혼자서 공부하면 장점이 하나 더 있다. 다른 사람과 함께 공부하는 게 아니기 때문에 일정을 조정할 필요가 없다. 그래서 시간을 더 효율적으로 사용할 수 있다. 결국 공부하는 시간이 늘어나는 셈이다.
Studying alone has another advantage. Since you're not studying with others, there's no need to adjust schedules. So you can manage your time better. Ultimately, it means you get more study time.

TOPIC QUESTION 111

Do you agree or disagree that assignments submitted after the due date should be subject to penalties?
다음 주장에 동의하는가? 마감일 이후에 과제를 제출하면 불이익을 받아야 한다.

Idea 1

어느 정도 동의한다.
I somewhat agree with it.

모든 학생이 마감일을 지키기 위해 열심히 과제를 할 것이다. 따라서 게으른 학생에게는 당연히 불이익이 있어야 한다.
I'm sure every student works hard on assignments to meet the deadlines. So, lazy students should face some consequences. There's no doubt about it.

하지만 이것은 기본적인 규칙일 뿐 실제로는 상황에 따라 다르게 대처해야 할 것이다. 만약 몸이 아파서 입원하는 경우 혹은 가족에게 어떤 일이 생겨서 그것을 처리해야 하는 경우 등 마감일을 지킬 수 없는 개인적인 사정이 있을 수 있다. 따라서 교사 또는 교수는 학생의 상황을 고려해 불이익을 줄지 말지 결정해야 할 것이다.
However, this is just a rule. In reality, we need to handle things differently depending on the situation. Sometimes, a student might not be able to meet a deadline because they're in the hospital or have a serious family situation that just can't wait. In these cases, teachers or professors should consider the student's circumstances and decide whether to penalize them or not.

Idea 2

동의하지 않는다.
I do not agree with it.

과제를 마감일까지 제출하지 못한 학생의 경우 분명 그 이유가 있을 것이다. 예를 들어 나는 지난 학기에 자전거를 타다 넘어져서 발목이 부러졌는데, 그 때문에 병원에 3일 정도 입원하고 이후에도 꾸준히 통원 치료를 했다. 병원까지 오고 가는 시간이 오래 걸리고 몸도 좋지 않아서 대부분 과제를 제때 해내지 못했다. 모든 교수님은 내 상황을 이해해주셨고 과제 마감일을 조정하거나 다른 형태로 대체해주셨다. 따라서 마감일 안에 과제를 제출하지 못하더라도 무조건 불이익을 주는 건 반대한다.

I believe students who couldn't submit their assignments by the deadline must have had reasons for it. For example, last semester I fell off my bike and broke my ankle. I spent around three days in the hospital and then kept up with the treatment from home. It took a lot of time to come and go to the hospital, and my health wasn't great, so I couldn't complete most of the assignments on time. All my professors understood my situation and made adjustments to the assignment deadlines or provided alternative options. Therefore, I'm against the idea that we should automatically penalize students who didn't submit their assignments by the deadline.

---

10. 직장과 커리어에 관한 질문

TOPIC QUESTION 112

Do you agree or disagree with the following statement? One needs to make enemies in order to succeed.
다음 주장에 동의하는가? 성공하기 위해서는 적을 만들어야 한다.

Idea 1

말도 안 된다. 성공하기 위해서는 당연히 적이 아니라 친구가 많아야 한다.
That doesn't make any sense. Instead, having a lot of friends is important for success.

예를 들어 직장 생활이라고 해보자. 직장에서 성공하려면 프로젝트 성공률을 높여야 하고, 또 그러려면 팀원들이 나를 도와야 한다. 팀원들이 나를 싫어한다면 혹은 나와 문제가 있다면 그들은 절대 나를 도우려고 하지 않을 것이다. 그러면 승진은 물 건너간다.
Let's say we're talking about work life. To succeed in the workplace, you need to excel in your projects and to do that, you need your teammates to help you. If your teammates don't like you or have a problem with you, they won't be willing to help you. And that means no promotion for you.

또 예를 들어 사업을 한다고 해보자. 이 상황에도 마찬가지다. 고객들을 유치하고 내 상품을 홍보하기 위해서는 사람이 많이 필요하다. 마케팅 팀원과 판매 팀원을 구해야 하고, 믿을 만한 거래처도 알아야 한다. 이 모든 것에는 좋은 인맥이 필수적이다.
Also, let's talk about running a business. It's the same situation in this context as well. To attract customers and promote your products, you need a lot of people. You need to find marketing team members and sales representatives, and you need to have reliable business partners. Having a solid network is essential for all of this.

Idea 2

어느 정도 맞는 말이다.
That's somewhat true.

물론 성공하기 위해서는 적뿐만 아니라 친구도 많이 필요하다. 예를 들어 내가 신발을 파는 사업을 한다면 고객들을 유지하고 내 상품을 홍보하기 위해서는 사람이 많이 필요할 것 같다. 마케팅 팀원과 판매 팀원을 구해야 하고, 좋은 거래처도 알아야 한다. 이 모든 것에는 좋은 인맥이 필수적이다.
Of course, to succeed, you need not only friends but also enemies. Let's say I'm running a business selling shoes. To attract customers and promote my products, I would need a lot of people. I'd

have to hire marketing team members and sales representatives and establish good business connections. A solid network is essential for all of this.

하지만 적이나 경쟁자가 있는 것 역시 도움이 된다. 경쟁자가 있으면 동기 부여가 되기 때문에 느슨해지지 않는다. 나보다 더 잘 해내려는 사람이 있다면 내 사업을 확장하는 데 좋은 자극이 될 것이다.
However, having enemies or competitors can also be helpful. Having competition keeps you motivated and prevents you from slacking off. If there's someone out there who's trying to do even better than you, it can be a good driving force to expand your business.

TOPIC QUESTION 113

Imagine your company has money in its budget to help its employees improve their performance. Which option would you choose?
1) Improve the quality of technology, such as computers and printers that employees use.
2) Redesign the offices into comfortable spaces for employees to work and have meetings.
직원들의 성과 향상을 돕기 위해 회사가 예산을 가지고 있다고 가정해보자. 다음 중 어떤 옵션을 선택하겠는가?
1) 직원이 사용하는 컴퓨터 및 프린터와 같은 제품을 고사양으로 바꾼다.
2) 직원들이 일하고 회의를 할 수 있는 편안한 공간으로 사무실을 재설계한다.

Idea 1

직원이 사용하는 컴퓨터 및 프린터와 같은 제품을 고사양으로 바꾸는 게 좋겠다.
It'd be great to upgrade products like computers and printers that employees use.

일할 때 항상 사용하는 것들을 손보는 게 일의 효율을 효과적으로 높인다. 예를 들어 컴퓨터나 프린터가 문제를 일으키면 일을 할 수 없게 된다. 수리 기사가 올 때까지 기다려야 하므로 일은 무한정 연기될 것이다. 따라서 돈이 조금 들더라도 고사양의 컴퓨터나 프린터를 제공하면 모두가 제시간에 일을 마칠 수 있게 된다.
Taking care of the tools we use for work can increase our efficiency. If the computer or printer starts acting up, it really slows down our work. We're stuck waiting for the repair guy, and that just leads to endless delays. So, even if it costs a bit more, providing high-spec computers and printers will help everyone finish their work on time.

물론 어떤 업무를 하느냐에 따라 다르겠지만 만약 디자인이나 기술과 관련된 업무라면 반드시 좋은 컴퓨터가 있어야 한다. 디자이너의 경우 고사양의 모니터가 필요하고, 비디오 제작자라면 고사양의 GPU가 필요할 것이다. 따라서 업무 종류에 따라 필요한 제품을 제공하는 게 장기적으로 봤을 때 매출에 도움이 될 것이다.
Of course, it may vary depending on the nature of the work, but for design or tech-related tasks, having good computers is a must. Designers need high-resolution monitors, and video creators require high-spec GPUs. So, if you provide the right products for the job, you can expect better

profits down the line.

Idea 2

아마 각자 회사가 처한 상황에 따라 다른 답변을 할 수 있을 것 같은데, 내 상황에서는 직원들이 일하고 회의를 할 수 있는 편안한 공간으로 사무실을 재설계하는 게 좋겠다.
Well, depending on each company's situation, the answer could differ. In my case, I think it'd be best to redesign the office into a comfortable space where employees can work and have meetings.

나는 웹 서비스를 제공하는 회사에 다니고 있다. 업무 특성상 고사양의 기기가 필요하므로 전 직원들에게 고사양 노트북과 프린터 등이 제공된다. 하지만 회의할 공간은 매우 부족한 편이다. 우리 회사에는 회의실이 두 개뿐이다. 하지만 직원의 수는 50명이 넘기 때문에 회의실이 충분하지 않다. 가끔은 회사 식당이나 복도에서 짧게 회의할 때도 있는데 주변이 너무 시끄러워서 회의에 집중하기 어렵다. 따라서 조용하고 쾌적하게 회의할 수 있는 곳이 생기면 좋겠다.
I work for a company that provides web services. Given the nature of our work, all employees are provided with high-spec laptops, printers, and such. However, we're lacking in meeting spaces. We only have two meeting rooms, but we have over 50 employees, so those rooms are just not enough. Sometimes, we end up having quick meetings in the company cafeteria or hallways, but it's so noisy that it's hard to concentrate on the discussions. Therefore, it'd be great to have a quiet and pleasant place dedicated to meetings.

TOPIC QUESTION 114

Some businesses have begun to provide their employees with additional time to engage in social activities or non-work-related tasks during the workday, with the belief that it can enhance productivity. Do you think this is a good idea?
일부 기업들은 생산성을 높이기 위해 직원들에게 근무 시간에 사교 활동이나 비업무적 활동을 하도록 장려하고 있다. 이는 좋은 생각일까?

Idea 1

솔직히 말해, 별로 좋은 생각이 아닌 것 같다.
I don't think it's a great idea, to be honest.

회사는 정해진 시간 동안 각자 맡은 일을 하는 곳이다. 만약 사교 활동이나 비업무적인 활동을 통해 직원들이 서로 친해지면 일에 집중하기보다는 잡담만 많이 하게 된다. 사람들은 가십을 좋아하기 때문에 사교 활동이 오히려 일의 능률을 떨어뜨릴 수 있다.

At the workplace, people focus on their assigned tasks during their daily work hours. If employees get too friendly through social activities or non-work-related activities, they tend to chitchat more than they actually work. People love to gossip, so socializing can actually decrease work efficiency.

또한 직원들끼리 서로 친해지면 부탁을 많이 하게 된다. 예를 들어 나는 이전 직장에서 사수와 친했었는데, 사수는 자기 아이들의 수학 성적이 낮다며 내게 무료 과외를 부탁하기도 했다. 그때는 거절하지 못했지만, 직장을 옮긴 이후로는 그 선배와 더 이상 연락하지 않았다. 서슴없이 서로에게 무리한 부탁을 할 수 있으니 너무 친해지는 건 좋지 않을 것 같다.
Also, when employees become close, they tend to ask for favors. For instance, I was close to my supervisor at my previous job, and he even asked me to tutor his kids for free because they were struggling in math. I felt like I couldn't say no at the time, but once I switched jobs, I just stopped calling him back and didn't answer his calls either. When you become too close, it gets easier to make unreasonable requests, so it's not always a good idea to get too friendly.

Idea 2

좋은 생각이다.
That's a good idea.

보통 회사에서는 정해진 시간 동안 각자 맡은 일만 한다. 그래서 다른 직원들과 이야기하고 친분을 쌓을 기회가 많이 없다. 하지만 회사는 혼자 일해서 성과를 내는 곳이 아니다. 팀 프로젝트도 많으므로 미리 다른 직원들과 친해지면 일하기가 편해진다.
Normally, in a workplace, you do your assigned tasks during daily work hours. As a result, there aren't many opportunities to talk and build friendships with other colleagues. However, you can't always work alone and deliver results. There are often team projects, so when you are friends with your colleagues, it's easier to work together.

나는 현재 주니어 프로그래머로 일하고 있는데, 일하다가 모르는 걸 물어봐야 하는 상황이 자주 발생한다. 우리 회사에서는 매주 스포츠 동아리 활동을 통해 직원들이 서로 친해지도록 돕는 시스템이 있다. 나는 암벽 등반팀에 속해 있는데, 암벽 등반을 자주 함께했던 시니어들에게 나의 고충을 이야기하고 조언을 받기도 한다.
I'm currently working as a junior programmer, and I often need to ask questions about things I'm not familiar with. At my workplace, we have a system that encourages employees to build relationships by engaging in sports activities every week. I'm on the rock-climbing team, and I often chat with senior colleagues at the gatherings about the challenges I face and get their advice.

TOPIC QUESTION 115

Some people prefer handling multiple tasks at once, while others focus on a single task or project at a time. Which way of working do you prefer and why? Give specific reasons to support your opinion.

어떤 사람들은 한 번에 여러 작업을 처리하는 걸 선호한다. 반면 다른 사람들은 한 번에 하나의 작업이나 프로젝트에만 집중하고 싶어 한다. 둘 중 어떤 것을 선호하는가? 당신의 의견을 뒷받침하는 구체적인 이유를 제시하라.

Idea 1

한 번에 하나씩 하는 게 좋긴 하다.

Doing one thing at a time is a good approach.

일의 능률이 올라간다. 여러 개를 한꺼번에 하면 그 어떤 것도 제대로 집중하지 못한다. 예를 들어 수학 숙제를 할 때는 일단 정해진 분량을 다 풀고 영어 숙제로 넘어가는 게 효율적이다. 수학 문제를 풀다가 영어 문제를 풀면서 왔다 갔다 하면 정신이 없다.

It increases efficiency. If you try to deal with multiple things at once, you can't fully concentrate on any of them. For example, when doing math homework, it's more efficient to finish your daily assignments before moving on to English homework. Going back and forth between math problems and English questions can be distracting.

이것저것 동시에 진행하면 그 어떤 것도 제대로 끝내지 못할 수도 있다. 만약 세 개의 프로젝트가 있다면 모든 걸 조금씩 하는 것보다는 큰 프로젝트 하나라도 먼저 끝내놓는 게 좋을 것 같다. 그리고 가장 이상적인 건 너무 여러 가지를 하지 않는 것이다. 각자 해낼 수 있는 만큼의 계획을 세우는 게 가장 좋겠다.

If you try to do a bunch of things at the same time, you might not be able to finish any of them properly. Let's say you have three projects. Rather than tackling everything bit by bit, it's better to prioritize and finish one big project first. Ideally, it's best not to take on too many different tasks. It's better to plan based on what you can handle.

Idea 2

한 번에 하나씩 하는 게 좋긴 하지만 사실상 불가능하다. 그래서 여러 개를 한꺼번에 하는 게 더 좋을 것 같다.

Doing one thing at a time is ideal, but practically speaking, it's impossible. So, I prefer to work on different tasks simultaneously.

물론 한 번에 하나를 처리하면 집중도가 더 올라가는 건 사실이다. 하지만 공부할 때도, 회사에서 일할 때도 한 번에 하나의 일만 주어지는 경우는 거의 없다. 학교에서는 여러 가지 과제를 동시에 해내야 할 때가 많고, 또 회사에서도 다양한 프로젝트를 동시에 진행하는 경우가 많다. 그래서 여러 프로젝트를 한꺼번에 처리하는 능력이 필수적이다.

Of course, focusing on one task at a time indeed improves concentration. However, it's uncommon to have only one task on your plate, whether you're studying or working. In school, you often have multiple assignments to juggle, and in the workplace, you may be involved in various projects simultaneously. Therefore, the ability to handle multiple projects at once is essential.

직장에서는 한 번에 여러 가지를 처리하다 보면 짧은 시간에 많은 걸 해낼 수 있다. 조금 정신이 없긴 하지만 시간 관리만 잘한다면 여러 프로젝트를 마무리할 수 있고 결과적으로 더 빨리 승진할 수 있다.
In the workplace, if you multitask, you can accomplish many things in a short amount of time. It may feel a bit hectic, but with good time management, you can complete multiple projects and ultimately advance your career.

TOPIC QUESTION 116

Some people prefer a job that involves diverse responsibilities and different tasks, whereas others want a job with predictable and routine tasks. What is your preference and the reason behind it?
어떤 사람들은 다양한 책임감과 다양한 업무를 수반하는 직업을 선호하는 반면, 다른 사람들은 예측할 수 있고 일상적인 업무를 가진 직업을 원한다. 둘 중 어떤 것을 선호하고, 이유는 무엇인가?

Idea 1

예측할 수 있는 일상적 업무가 좋다.
I prefer predictable daily tasks.

정해진 일을 반복하는 것이니 시간 낭비가 적다. 이미 알고 있는 일이므로 어떤 일에 얼마큼의 시간과 노력이 들어가야 하는지 미리 알고 있다. 그래서 시간을 융통성 있게 사용하게 된다.
Because they involve repetitive work, I don't have to waste a lot of time. Since it's something that I already know, I am aware of how much time and effort I should put in. This allows me to be flexible with my time.

실수가 거의 없을 것 같다. 항상 하던 일이기 때문에 변수가 적을 것이고, 시간이 지나면서 아주 익숙해져 있을 것이다. 다양한 업무를 하다 보면 제대로 집중하지 못하고 실수도 자주 하고, 또 일의 능률이 내려가는데 예측할 수 있고 루틴이 있는 일이라면 그럴 걱정이 없다.
I believe there will be fewer mistakes. If I do the same tasks every day, there aren't so many unexpected challenges. Over time, I will become very familiar with them. When dealing with various tasks, it's easy to lose focus, make lots of mistakes, and decrease efficiency. But with predictable and routine tasks, I don't have to worry about that.

Idea 2

다양한 책임감과 다양한 업무가 있는 직업이 더 좋다.
I prefer jobs with diverse responsibilities and tasks.

똑같은 일만 하는 건 지루하다. 난 지루한 게 정말 싫다. 맨날 같은 일만 해야 한다면 회사에 가고 싶지 않을 것이다. 회사에서는 보통 여덟 시간에서 열 시간 정도를 보내는데, 재미없고 예측할 수 있는 업무만 해야 한다면 회사를 금방 그만둘지도 모른다.
Doing the same thing all the time is boring. I really dislike boredom. If I had to do the same thing every day, I wouldn't want to go to work. We typically spend around 8 to 10 hours at work, and if all I had to do was mundane and predictable tasks, I might quit my job sooner rather than later.

대신 다양한 일을 하는 게 더 신난다. 나는 프로그래머로 커리어를 시작해서 지금은 프로덕트 매니저가 되었다. 매일 코딩하는 게 지겨워서 제품 마케팅과 제품 전략에 대해 배운 후에 직업을 바꿨다. 프로덕트 매니저는 정말 해야 할 일이 많다. 하지만 그만큼 배울 게 많고 내가 성장하는 게 느껴져서 재미있다.
Instead, I find it exciting to have a variety of tasks. I started my career as a programmer, and now I've transitioned into a product manager. Writing code all the time got boring, so I learned about product marketing and product strategy before making the switch. As a product manager, I have a lot of responsibilities, but it also means there's always something new to learn. This gives me a sense of personal growth, so I find it enjoyable.

TOPIC QUESTION 117

Some people work in the same field their entire lives, while others opt to explore different job types during various stages of their lives. Which do you think is better? Explain why.
어떤 사람들은 평생을 같은 분야에서 일하지만, 다른 사람들은 그들의 삶의 다양한 단계에서 다른 직업을 갖길 원한다. 둘 중 어떤 방식의 삶을 선호하는가? 이유를 설명하라.

Idea 1

나는 평생 한 분야에서 일하는 게 더 좋은 것 같다.
I think it's better to work in just one field for a lifetime.

한 분야의 전문성만 가져도 취업할 만하나. 예를 들어 공학에 관심이 있다면 문학이나 역사, 심리학 등 다른 학문까지 기웃거리지 않고 공학만 열심히 공부해야 한다. 요즘에는 전문성이 있는 사람들이 직업을 갖기 좋은 세상이다.
You can land a job by specializing in just one thing. For example, if you're interested in engineering,

you should focus on studying engineering diligently and not wander into other fields like literature, history, or psychology. Nowadays, people with expertise have better job prospects.

옛날에는 다양한 분야에 지식을 가진 사람이 많았다. 내 생각에 그 이유는 학문들이 별로 발전하지 않았기 때문에 여러 학문을 공부할 여유가 있었던 것 같다. 하지만 요즘은 각 분야가 많이 발전해서 한 분야에만 집중해도 정말 해야 할 게 많다.
In the past, many people had knowledge in various fields. I believe that back then, academic fields weren't as advanced, so people could study across multiple areas without being overwhelmed. These days, every field has become incredibly complex, so just keeping up with one specialty can be demanding.

Idea 2

삶의 다양한 단계에서 다양한 직업을 갖는 게 더 좋다.
It's better to have different jobs at different stages of life.

물론 한 분야를 파면 전문성을 가질 수 있다. 하지만 내 생각에 그렇게 사는 건 너무 지루하다. 평생 한 가지 종류의 일만 해본다는 건 생각만 해도 끔찍하다. 그보다는 다양한 직업을 시도해보는 게 좋다.
Of course, if you specialize in one field, you can develop expertise. But in my opinion, living like that is too boring. Just the thought of doing only one type of job for your entire life is dreadful. Instead, it's better to try out various occupations.

나는 20대 초반에는 건물에 페인트를 칠하는 사람이었고, 20대 중반에는 타일공이었다. 그리고 30대가 되어서는 나무로 집을 짓는 목수가 되었다. 이렇게 다양한 분야를 경험하면서 다양한 사람을 만나고, 또 내가 할 수 있는 일이 늘어나는 게 나는 좋았다. 그래서 삶의 다양한 단계에서 여러 직업을 갖는 옵션을 선택하고 싶다.
In my early twenties, I worked as a painter, and in my mid-twenties, I was a tile worker. Then, when I turned thirty, I became a carpenter, building houses with wood. I have experienced different fields, met diverse people, and expanded the range of things I can do, which has been so enjoyable. That's why I want to choose the option of having different types of jobs at various stages of my life.

11. 건강과 음식에 관한 질문

TOPIC QUESTION 118

Do you prefer cooking and eating at home or dining out at a restaurant? Explain why.
집에서 음식을 요리해 먹는 것과 식당에서 외식하는 것 중 어떤 걸 선호하는가? 이유를 설명하라.

Idea 1

외식이 더 좋다.
Eating out is better.

더 빨리 식사를 마칠 수 있다. 내가 직접 요리를 하면 한 시간이 넘게 걸리는 것들이 레스토랑에서는 10분에서 20분이면 나온다. 나는 리조또나 스파게티 등 이탈리아 요리를 많이 먹는데, 집에서 요리하면 맛도 별로 없고 재료를 손질하느라 시간도 정말 많이 걸린다.
You can finish eating faster. When I cook on my own, it takes over an hour to prepare food, but I can enjoy the same dish in 10 to 20 minutes at a restaurant. I love Italian dishes like risotto or spaghetti, but when I cook them at home, they just taste okay, and it takes a lot of time to prep the ingredients.

스트레스를 줄일 수 있다. 집에서 식사하면 다 먹은 후에 설거지도 해야 하고 식탁도 치워야 한다. 하지만 레스토랑에서는 정말 밥을 먹기만 하면 된다. 뒤처리할 필요가 없으니 아주 좋다.
Also, eating out reduces stress. If you eat at home, you have to do the dishes and clean the dining table after finishing your meal. But at a restaurant, all you have to do is focus on eating. No need to worry about the chores afterward, which is really nice.

Idea 2

외식보다는 집에서 요리해서 먹는 게 낫다.
It's better to cook and eat at home rather than eat out.

체중을 관리하기 쉽다. 레스토랑에서 먹는 음식은 어떤 재료가 들어갔는지 정확히 알 수 없다. 나트륨 함량이 매우 높을 수도 있고, 기름기가 많은 식재료를 사용했을 수도 있다. 나는 날씬한 몸매를 유지하고 싶기 때문에 직접 요리하는 걸 선택하겠다.
It's easier to manage weight. You never really know what goes into the food you eat at a restaurant. It might have a lot of salt or oily ingredients. I want to stay fit, so I choose to cook for myself.

또 레스토랑에서 사 먹는 음식은 매우 비싸다. 애피타이저와 본 메뉴를 합치면 50달러가 훌쩍 넘는다. 대신 집에서 직접 요리하면 더 저렴하게 식사할 수 있다. 식재료를 한꺼번에 많이 구매해서 용기에 나눠 담아두면

한 주 내내 사용할 수 있을 것이다.

Plus, eating out at restaurants can be expensive. Appetizers and the main course can easily reach 50 dollars. On the other hand, if you cook at home, you can have a more affordable meal. If you buy ingredients in bulk and store them in containers, you can use them throughout the week.

TOPIC QUESTION 119

The school intends to change the cafeteria menu to provide healthier, low-calorie food options. What do you think about this change?

학교는 더 건강하고 칼로리가 낮은 음식을 제공하기 위해 구내식당 메뉴를 변경할 계획이다. 이와 같은 변화를 어떻게 생각하는가?

Idea 1

좋은 생각이다.

That's a good idea.

대부분 학교 구내식당에서는 피자나 탄산음료 등 건강에 좋지 않은 음식을 많이 판다. 그런데 학생들은 공부하느라 시간이 없으므로 그냥 구내식당에 있는 음식 중에 선택해서 먹는다. 만약 구내식당에서 건강에 좋은 음식을 판다면 학생들의 비만율도 낮출 수 있고, 학업 성적에도 도움이 될 수 있다.

School cafeterias mostly sell unhealthy foods like pizza and soda. However, since students are busy studying, they tend to grab whatever is available. If the school cafeteria starts offering healthier food options, it could reduce the obesity rate among students and even improve their academic performance.

하지만 걱정되는 점이 하나 있다. 보통 샐러드와 같은 몸에 좋은 음식은 비싸다. 구내식당에서 제공하는 음식들의 비용이 너무 비싸다면 학생들에게는 오히려 독이 될 것이다. 따라서 학교에서는 좋은 업체와 적절한 가격에 계약을 맺는 것이 좋겠다.

However, there's one concern. Healthy foods like salads are usually expensive. If the prices become too high, it could actually be bad for the students. So, the school should consider partnering with a reliable business at a fair price.

Idea 2

솔직히 별로 좋은 생각이 아니다.

That's not a great idea, to be honest.

보통 샐러드와 같은 몸에 좋은 음식은 비싸다. 구내식당에서 제공하는 음식들의 비용이 너무 비싸다면 학생들에게는 오히려 독이 될 것이다. 대부분 학생은 아주 적은 돈으로 생활하고 있다. 따라서 마음대로 구내식당의 메뉴를 비싼 음식으로 바꾼다면 학생들의 원성을 살 것이다.
Healthy foods like salads are usually expensive. If the prices go up too much, it could really hurt the students. Most students are living on a very limited budget. So, if the cafeteria's menu changes to expensive foods without considering their financial situation, it could lead to complaints.

만약 적절한 가격에 그런 옵션을 제공한다고 해도 걱정이 되는 점이 하나 있다. 시험 기간에 많은 학생은 자극적인 음식을 먹고 싶어 한다. 초콜릿이나 각종 과자, 가공식품을 원할 수 있으니, 구내식당의 메뉴를 완전히 다 바꾸기보다는 일부 좋은 음식을 추가하는 정도로 변경하면 좋을 것 같다.
Even if they offer such options at a reasonable price, there's still one concern. During exam periods, many students crave salty and sugary foods. They might want chocolates, various snacks, and processed foods. So, instead of completely changing the menu, it would be better to add some healthy food options alongside the existing ones.

TOPIC QUESTION 120

Do you prefer to eat fast food that is prepared quickly or other types of food?
빨리 준비된 패스트푸드를 선호하는가, 아니면 다른 종류의 음식을 먹는 걸 선호하는가?

Idea 1

나는 패스트푸드보다는 다른 음식을 먹는 걸 선호한다.
I prefer eating other types of food rather than fast food.

물론 패스트푸드는 빨리 식사할 수 있다는 장점이 있다. 바쁜 현대인에게는 장점이지만 그런데도 나는 패스트푸드를 별로 선호하지 않는다. 그 이유는 건강 때문이다. 햄버거나 피자 같은 음식은 나트륨과 지방 함량이 매우 높다. 따라서 비만과 각종 병을 불러올 수 있다.
Sure, you can finish your meals faster with fast food. That's an advantage for busy modern people, but I'm not a fan of fast food. This is because of health concerns. Foods like burgers and pizzas are high in sodium and fat. They can cause obesity and various health issues.

또한 다이어트에도 도움이 되지 않는다. 나는 수년간 체중을 관리하고 있다. 날씬하고 건강한 몸을 유지하기 위해 나는 패스트푸드보다는 샐러드나 연어, 살코기 등을 먹는 걸 더 선호한다.
Moreover, they don't help with my dietary goals. I've been managing my weight for years. To maintain a slim and healthy body, I prefer eating salads, salmon, lean meats, and similar foods rather than fast food.

Idea 2

나는 패스트푸드를 선호한다.
I prefer fast food.

햄버거나 피자와 같은 패스트푸드는 일단 맛있다. 고기와 채소, 빵 등이 골고루 들어가고 달콤한 소스가 추가되기 때문에 내게는 균형 잡힌 식사다. 그래서 식사하는 시간이 즐겁다.
Fast food like burgers and pizzas tastes great, to begin with. They have meat, vegetables, bread, and sweet sauces, and to me, it's a balanced meal. That's why fast food meals are always enjoyable.

또 이와 같은 음식은 빨리 먹을 수 있다는 장점이 있다. 보통 5분 안에 음식을 받아볼 수 있고, 식사를 끝내는 데까지 10분이면 충분하다. 지금 나는 대학교에 다니고 있는데 가끔 수업 사이에 밥을 먹어야 하는 경우가 있다. 쉬는 시간이 짧으므로 패스트푸드를 먹으면 금방 식사를 해결할 수 있다.
Plus, you can eat this type of food quickly. You usually get your food within 5 minutes after you order, and it takes about 10 minutes to finish the whole meal. I'm currently attending college, and there are times when I need to grab a quick bite between classes. Since the breaks are short, fast food helps me quickly take care of my meals.

12. 내향성과 외향성에 관한 질문

TOPIC QUESTION 121

Some people like to travel and explore new destinations, while others find it stressful. What is your opinion and why?

어떤 사람들은 여행하며 새로운 장소를 가보는 걸 좋아하는 반면, 다른 사람들은 그런 경험이 스트레스를 준다고 생각한다. 둘 중 어떤 의견에 동의하고 이유는 무엇인가?

Idea 1

나는 새로운 장소를 여행하는 걸 선호한다.
I prefer to travel to new places.

새로운 문화를 경험할 수 있어서 좋다. 나는 지금까지 일본과 중국, 태국을 다녀왔다. 각 나라에는 그들만의 다양한 문화가 있으며, 나는 그런 다양성을 배우는 게 즐겁다. 앞으로도 다양한 나라를 여행하면서 더 많은 문화를 경험하고 싶다.
It's great because I can experience new cultures. So far, I've been to Japan, China, and Thailand. Each country has its own unique culture, and I find it enjoyable to learn about this diversity. I can't wait to travel to more countries and experience even more cultures.

이미 가봤던 장소를 또 가는 건 의미가 없다. 이 세상에는 볼 것과 먹을 것, 경험해봐야 할 것이 정말 많다. 그래서 나는 매년 최소 한 번은 이전에 방문한 적이 없는 나라를 여행한다. 이런 여행은 스트레스가 아니라 내 인생의 좋은 자극제가 된다.
There's no point in revisiting the same places. There are so many things to see, eat, and experience in this world. That's why I travel abroad at least once a year, heading to different countries each time. Such trips positively influence my life instead of causing stress.

Idea 2

새로운 장소를 여행하는 건 너무 스트레스다.
Traveling to new places is too stressful.

요즘 나는 너무 바쁘다. 집안일도 많이 밀려 있고, 회사에서 해야 할 일도 정말 많다. 야근도 자주 해야 하므로 사실 여행을 갈 엄두를 내지 못하고 있다. 하지만 새로운 장소를 여행하기 위해서는 정말 많은 정보를 찾아야 한다. 보통 새로운 곳을 방문하면 기존에 내가 알던 것들이 모두 통하지 않는다. 버스 노선도 새로 알아봐야 하고, 숙소도 찾아야 하고, 또 해외여행이라면 그 국가의 문화나 언어도 조금 배우고 가야 한다. 하지만 이 모든 과정이 귀찮다. 아마도 내게 시간이 더 많이 있다면 이 경험을 즐겁게 여길지도 모르겠다. 하지만 현재로서는 그렇게 생각하지 않는다.

Nowadays, I'm really busy. I have a lot of household chores to catch up on, and there's also a heavy workload at the office. I often work overtime, so honestly, I don't have the time or energy to plan a trip right now. To travel to a new place, you need to gather a lot of information. Usually, when visiting a new location, my usual knowledge doesn't apply anymore. I need to look up bus routes, find accommodations, and, if it's an overseas trip, learn a bit about the culture and language of the country I'm visiting. But all these steps can be bothersome. Maybe if I had more time, I would enjoy this experience more. But for now, that's not how I feel.

TOPIC QUESTION 122

Some people prefer solitary activities during their leisure time, such as reading, thinking, or writing, while others enjoy communal activities with other people. Which do you prefer and why?

여가 시간에 독서, 생각, 글쓰기와 같은 혼자만의 활동을 선호하는 사람들이 있는가 하면, 다른 사람들과 함께 하는 활동을 즐기는 사람들도 있다. 둘 중 어떤 것을 선호하고 이유는 무엇인가?

Idea 1

나는 다른 사람들과 함께 활동하면서 휴식하는 걸 선호한다.

I prefer taking breaks while engaging in activities with other people.

요즘은 공부하느라 앉아 있는 시간이 많아 운동은 내 인생에서 아주 중요한 활동이다. 하지만 혼자서 운동하는 것보다는 여럿이서 같이 운동하는 게 좋다. 나는 지금 대학교에 다니고 있는데, 주로 휴식 시간이 생기면 동기들과 함께 축구를 한다. 두어 시간 열심히 공을 차고 마무리로 맛있는 식사까지 하면 정말 스트레스가 다 풀린다.

Nowadays, I spend a lot of time sitting and studying, so exercise is a crucial activity in my life. And I enjoy working out with others more than by myself. I'm currently in college, and whenever I have free time, I usually play football with my school friends. Kicking the ball around for a couple of hours and then enjoying some good food helps me relieve stress.

나는 독서나 실내 활동 등의 휴식을 별로 좋아하지 않는다. 책 읽기는 지루하고 또 휴식보다는 공부처럼 느껴진다. 그래서 머리가 복잡할 때면 항상 친구들에게 연락해서 외출하는 편이다.

I'm not really into relaxing by reading books or staying indoors. Reading can be boring, and it feels more like studying than taking a break. So, whenever I feel overwhelmed, I always call my friends to hang out outdoors.

Idea 2

나는 주로 혼자만의 활동을 하며 휴식한다.

I usually stick to solo activities and prefer taking breaks by myself.

혼자서 책을 읽거나 영화를 보면 스트레스가 풀린다. 누군가는 다른 사람들을 만나고, 이야기를 나눠야 에너지가 생긴다고 하는데 나는 정반대이다. 나는 내성적인 사람이며, 혼자서 나만의 시간을 가질 때 에너지가 충전된다. 그래서 쉴 수 있는 시간이 생기면 절대 밖에 나가지 않는다.

Reading books or watching movies alone really helps me unwind and relieve stress. Some people say that meeting others and having conversations energizes them, but I'm the opposite. I'm an introverted person, and I recharge when I have my own time alone. So, whenever I have a chance to rest, I never go out.

만약 활동적인 걸 하고 싶다고 해도 혼자 운동하는 게 더 좋다. 다른 사람들과 함께 운동하면 약속 시간도 잡아야 하고, 다른 사람들 이야기도 들어줘야 한다. 그것보다는 헬스장에 가서 두어 시간 혼자서 운동하고 돌아오는 게 스트레스 해소에 더 도움이 되는 것 같다.

Even if I want to do something active, I prefer exercising alone. When you exercise with others, you have to plan around their schedules and keep up with their conversations. I feel that going to the gym alone, working out for a couple of hours, and coming back home helps me relieve stress more.

TOPIC QUESTION 123

Some people prefer to spend time with their friends at home, while others prefer meeting them outside. Which do you prefer and why?

어떤 사람들은 집에서 친구들과 시간을 보내는 걸 선호하는 반면, 다른 사람들은 보통 밖에서 친구들을 만난다. 둘 중 어떤 것을 선호하고 이유는 무엇인가?

Idea 1

나는 친구들과 집에서 노는 걸 선호한다.

I prefer hanging out with friends at home.

조금 더 어릴 때, 내가 10대였을 때는 집보다는 밖을 더 선호했다. 부모님과 같이 살았기 때문에 친구를 초대하기 힘들었다. 하지만 지금 나는 대학교에 다니며 자취하고 있다. 언제든지 친구를 초대할 수 있는 상황인데, 요즘에는 나가기도 귀찮고, 또 돈도 많이 들어서 외출보다는 집에서 노는 걸 선호한다.

When I was a bit younger, during my teenage years, I preferred being outside rather than staying home. It was hard to invite friends over since I lived with my parents. But now, I'm attending college and living on my own. I have the freedom to invite friends over anytime, and these days, going out feels like a hassle and can be expensive. So, I prefer hanging out at home rather than going out.

혹시 오해가 있을까 봐 덧붙이자면, 물론 집에서 놀아도 아주 재미있다. 우리 집에는 영화를 볼 수 있는 대형 텔레비전이 있고, 또 게임 콘솔도 여러 개 있다. 가끔 친구들을 초대해서 밤새 게임을 하거나 영화를 보기도 한다.
Just to clear up any misunderstanding, it's really fun to hang out at home. I have a big-screen TV where we can watch movies, and I also have multiple game consoles. Sometimes, I invite friends over, and we spend all night playing games or watching movies.

Idea 2

나는 밖에서 노는 걸 좋아한다.
I enjoy hanging out outdoors.

집에서 놀면 재미가 없다. 주로 나는 휴식 시간이 생기면 동기들과 함께 축구를 한다. 두어 시간 열심히 공을 차고 마무리로 맛있는 식사까지 하면 정말 스트레스가 다 풀린다.
It's not fun to hang out at home. Usually, when I have free time, I play football with my friends. Spending a couple of hours kicking the ball around and wrapping it up with a good meal really helps me relieve stress.

또 지금은 부모님과 함께 살고 있으므로 친구를 초대하기가 불편하다. 어머니가 항상 집에 계시기 때문에 친구를 초대하는 건 거의 불가능하다. 게다가 집에 초대한다고 해도 별로 할 게 없다. 우리 집에는 텔레비전도 없고 게임기도 없다. 부모님이 두 분 다 은퇴한 교수여서 집에는 책뿐이다. 그래서 친구를 집에 초대하는 건 의미가 없다.
Also, I'm currently living with my parents, so it's hard to invite friends over. With my mom always at home, it's pretty tough to have friends over. Moreover, even if I do invite friends over, there isn't much to do. We don't have a TV or game console at home. Both my parents are retired professors, so our house is filled with books. Therefore, inviting friends over to my place doesn't make much sense.

TOPIC QUESTION 124

Do you agree or disagree with the following statement? Being sociable and amiable is crucial for achieving success in the business world.
다음 주장에 동의하는가? 사교적이고 상냥한 건 비즈니스 세계에서 성공을 거두기 위해 매우 중요하다.

Idea 1

대체로 동의한다. 사교적이고 상냥한 사람이 비즈니스에 유리할 것이다.
I mostly agree. Being sociable and kind would be advantageous in business.

모든 비즈니스는 사람 간의 거래이다. 만약 사교적이고 상냥한 성격을 가지고 있다면 다른 사람에게 더 상냥하게 대할 것이다. 사람들은 친절한 사람을 좋아한다. 따라서 친구를 만들기에 더 유리하고, 나아가 사업에도 도움이 될 것이다.
All business involves transactions between people. If you have a sociable and kind personality, you will treat others more warmly. People like friendly people. So, it would be good for making friends, which could also be great for business.

하지만 실제로 성공한 CEO를 보면 사교성이나 상냥함이 전혀 없는 사람도 많다. 예컨대 스티브 잡스Steve Jobs나 일론 머스크Elon Musk는 전혀 상냥한 성격이 아니지만 기술 분야에서 독보적인 성공을 거뒀다. 따라서 사교적 성격이 도움은 될 수 있으나 절대적인 요소는 아닌 것 같다.
However, when we read about successful CEOs, many of them are not sociable or kind at all. For instance, CEOs like Steve Jobs and Elon Musk are not known for being particularly kind, but they have achieved remarkable things in the tech industry. So, while being sociable has its perks, it doesn't seem to be absolutely necessary.

Idea 2

그렇다. 사교적이고 상냥한 사람이 비즈니스 세계에서 성공한다.
I agree. Sociable and kind people succeed in the business world.

모든 비즈니스는 사람 간의 거래이다. 만약 사교적이고 상냥한 성격을 가지고 있다면 자연스럽게 다른 사람을 더 상냥하게 대할 것이다. 사람들은 친절한 사람을 좋아한다. 따라서 친구를 만들기에 더 유리하고, 나아가 사업에도 도움이 될 것이다.
At its core, all business is about people interacting and making transactions. If you're sociable and kind, you will naturally treat others well. Everyone tends to like someone who's friendly. So, it'd really help with making friends, and that in turn could be good for business.

또 사업 미팅이라고 해서 사업에 관한 이야기만 하는 건 아니다. 가벼운 잡담을 통해 분위기를 좋게 만들어야 하는 경우도 많다. 그럴 때 사교적이고 상냥한 성격이 도움이 많이 될 것이다. 미팅 내내 분위기가 좋아야 거래가 성사될 확률도 높아진다.
Additionally, business meetings aren't just about discussing business matters. You often need to make small talk to keep the atmosphere light and pleasant. In these cases, having a sociable and kind personality would be very helpful. If the atmosphere is collaborative and upbeat throughout the meeting, the chances of closing a deal also increase.

TOPIC QUESTION 125

Do you prefer your friend to give you prior notice before visiting your house, or do you like it when they surprise you?

친구가 내 집을 방문하기 전 미리 연락을 하는 게 좋은가, 아니면 깜짝 방문을 해도 좋은가?

Idea 1

친구가 내 집을 방문하기 전에 미리 말해주면 좋겠다.

I'd appreciate it if my friends gave me a heads-up before dropping by my house.

내가 다른 일정이 있을 수도 있기 때문이다. 만약 친구가 우리 집을 들렀는데 내가 야근 중이라면 만날 수 없게 된다. 요즘에 나는 야근을 자주 하므로 친구가 오기 전에 꼭 연락하면 좋겠다. 친구가 오기 전에 연락을 주면 집을 치우고 먹을 걸 준비할 수 있다.

That's because I might have other plans. If my friends drop by, but I'm working late, I won't be able to meet them. Lately, I've been working overtime quite often, so it would be great if my friends could reach out beforehand. If they give me a heads-up, I can tidy up the house and prepare some food.

또 내가 집에서 혼자 쉬고 싶을 수도 있다. 편히 쉬고 있는데 친구가 갑자기 찾아오면 당황스러울 것 같다. 가끔은 혼자서 영화를 보거나 음악을 듣거나, 책을 보는 등 혼자만의 시간을 즐기는 걸 좋아하기 때문에 깜짝 방문은 사절이다.

Also, sometimes I just want to relax alone at home. It can be a little awkward if I'm enjoying some quiet alone time and a friend shows up out of the blue. Sometimes I like to watch a movie, listen to music, or read a book in my own space, all alone, so I prefer not to have unexpected visits.

Idea 2

깜짝 방문도 좋을 것 같다.

A surprise visit would be nice.

요즘 나는 일을 하고 있지 않기 때문에 집에서 대부분 시간을 보낸다. 혼자 영화를 보거나 음악을 듣고, 책을 보는 것도 물론 재미있지만, 요즘은 삶이 무료하다고 느낀다. 그래서 친구가 예고 없이 찾아와도 즐거운 시간을 보낼 수 있을 것 같다.

Nowadays, since I'm not working, I spend most of my time at home. Watching movies, listening to music, and reading books alone can be fun, but life feels a bit empty these days. So, even if my friend drops by without calling me first, we can have a pleasant time together.

물론 친구가 오기 전에 연락을 주면 집을 치우고 먹을 걸 준비할 수 있다. 하지만 친구가 오고 나서 집을 치우거나 함께 먹을 걸 사러 가도 괜찮을 것 같다. 친한 친구라면 집이 지저분해도 이해할 거라고 생각한다. 또 함께 먹고 싶은 걸 쇼핑해도 즐거울 것 같다.

Of course, if my friends give me a heads-up, I can clean up a bit and whip up something to eat. However, even if they come by unexpectedly, I don't mind cleaning up or going shopping together. I think close friends would understand even if my place were a bit messy. Plus, going shopping together to buy snacks would be fun.

---

13. 구매 성향, 취향 및 성격에 관한 질문

TOPIC QUESTION 126

Some students enjoy decorating their environment, such as their rooms or desks, while others prefer to keep their surroundings plain and undecorated. Which do you prefer and why?
어떤 학생들은 방이나 책상 등 자기 주변 환경을 꾸미는 데 즐거움을 느끼는 반면, 어떤 학생들은 평범하고 꾸미지 않은 환경을 유지하는 걸 선호한다. 둘 중 어떤 것을 선호하고 이유는 무엇인가?

Idea 1

책상이나 방은 꾸미지 않고 깔끔하게 두는 게 좋다.
It's better to keep the desk or room clean and undecorated.

책상 위에 너무 많은 물건, 특히 공부와 관련 없는 물건을 올려 두면 정신이 산만해진다. 책이나 펜 등 필요한 걸 꺼낼 때 장식품이 자꾸 떨어지거나 위치가 바뀐다면 공부에 집중하기 어렵다. 그래서 나는 공부에 정말 필요한 것들, 예컨대 노트북이나 펜, 노트, 메모장 정도만 책상에 두는 편이다.
If there are too many things on the desk, especially stuff not related to studying, it's distracting. When I need to take out books or pens, the decorations might fall or shift. This makes it difficult to concentrate on my studies. So, I prefer to keep only essential things on my desk, like my laptop, pens, notebooks, and notepads.

좀 더 실용적인 것에 돈을 쓰는 걸 선호한다. 물론 장식품이나 피규어 등을 사서 책상에 올려두거나 방을 꾸미면 기분이 좋을 순 있지만 그다지 실용적이라는 느낌이 들지는 않는다. 오히려 비싸면서 먼지만 수집하는 물건이 될 것이다.
I prefer spending money on more practical things. Sure, having decorations or figurines on the desk or in the room may make it look nice, but it doesn't feel very practical. They will end up being expensive dust collectors.

Idea 2

책상을 꾸미는 걸 선호한다.
I prefer decorating my desk.

내 책상 위에는 내가 좋아하는 캐릭터의 피규어가 많이 전시돼 있다. 나는 공부하거나 일하는 걸 별로 좋아하지 않기 때문에 책상이 매력적으로 보여야 책상에 앉게 된다. 그래서 예쁘고 멋진 피규어를 책상에 올려두는 편이고, 피규어로 꾸며진 책상을 보면 일할 마음이 생긴다.
My desk is filled with figurines of my favorite characters. I don't enjoy studying or working that much,

so my desk needs to look attractive to motivate me to sit there. That's why I like to display pretty and cool things on my desk. If I have a desk decorated with figurines, I get more motivated to get things done.

내 방이나 내 주변 환경을 꾸미는 게 즐겁다. 나는 디자인에 관심이 많으므로 항상 내 방을 어떻게 꾸밀지 고민한다. 벽지는 어떤 것으로 할지, 가구는 어떤 걸 살지 고민하는 과정이 즐겁고, 또 그런 것들을 사기 위해 돈을 버는 과정 역시 즐겁다.

It's enjoyable for me to decorate my room and my surroundings. I'm really into design, so I always think about how to decorate my room. I enjoy the process of choosing wallpapers, furniture, and other decor. Even earning money is fun because it lets me buy these things.

TOPIC QUESTION 127

Do you agree or disagree with the following statement? As people age, they experience various changes in their personalities, which can be influenced by a range of factors such as biological, social, and environmental factors.

다음 주장에 동의하는가? 사람들은 나이가 들면서 생물학적, 사회적, 환경적 요인 등에 의해 성격에 변화를 경험한다.

Idea 1

그런 것 같다. 사람들은 나이가 들면서 성격이 변한다.

Yes, I think so. People's personalities change as they age.

내가 생물학이나 심리학을 전공한 건 아니라 정확히 과학적인 증거를 말할 수는 없지만 내 경험을 비춰본다면 그렇다고 말할 수 있다. 나는 어릴 때 아주 소심한 아이였다. 내향적이고 남과 대화하는 걸 싫어했다. 하지만 고등학교, 대학교를 지나면서 많은 사람을 만나고 많은 경험을 하면서 예전보다 더 쾌활하고 외향적인 사람으로 변했다.

I didn't major in biology or psychology, so I can't give you scientific evidence, but based on my experiences, I can say that's true. When I was little, I was a really shy kid. I was introverted and didn't like talking to others. But as I went through high school and college, meeting many people and gaining various experiences, I became more outgoing and extroverted.

세월이 많이 흘렀음에도 성격이 전혀 변하지 않는 사람은 거의 없을 것이다. 특히나 여러 가지 환경에 노출되고, 다양한 배경을 가진 사람들을 만나게 되면 생각이 변하고, 또 그에 따라 성격도 변하기 마련이다.

Finding someone who maintains the same personality over the years is quite difficult. This is especially true when people are exposed to different environments and meet others from diverse backgrounds. Their thoughts change, and naturally, their personalities change too.

Idea 2

딱히 그런 것 같지 않다. 성격은 타고나는 거라서 잘 변하지 않는 것 같다.
I don't think so. I believe you are born with your personality, so it doesn't change easily.

내가 생물학이나 심리학을 전공한 건 아니라 정확히 과학적인 증거를 말할 수는 없지만 내 경험을 비춰본다면 성격은 변하지 않는 것 같다. 나는 어릴 때 아주 적극적이고 외향적인 꼬마였다. 지금도 나는 이 성격을 그대로 유지하고 있다. 갑자기 내향적으로 변하거나 신중해지지는 않았다.
I don't have a background in biology or psychology, so I can't offer scientific proof, but from what I've seen in my life, I feel that personalities tend to remain relatively stable. I was a very outgoing and extroverted person when I was little, and I still maintain that personality. I didn't experience sudden changes, such as becoming introverted or more cautious.

물론 어린 시절과 청소년기를 거치면서 다양한 사람들을 만나고, 여러 경험을 하면서 생각에 변화는 많이 있었다. 하지만 내가 타고난 본성, 그러니까 성격은 크게 바뀌지 않는 것 같다.
Of course, throughout my childhood and teenage years, I met various people and had many experiences that influenced my thoughts. However, I think my core nature, or in other words, my personality, hasn't drastically changed.

TOPIC QUESTION 128

Do you agree or disagree with the statement? How a person dresses can be a reliable indicator of their personality or character.
다음 주장에 동의하는가? 사람들이 입는 옷은 그들의 성격과 개성을 보여준다.

Idea 1

동의한다. 사람들의 성격과 개성은 그들의 옷에 반영된다.
I agree. People's personalities and characters are reflected in their clothes.

예컨대 주목받기를 좋아하는 성격이라면 더 별난 옷을 입을 가능성이 높다. 연예인들만 봐도 알 수 있듯이 사람마다 개성이 옷에 반영된다. 옷만 봐도 어떤 일을 하는 연예인인지 맞힐 수 있을 정도이다. 주목받기를 좋아하는 사람은 장신구를 더 많이 달고, 뽐내는 걸 더 즐기는 것 같다.
For example, if someone enjoys being in the spotlight, they are more likely to wear unique and attention-grabbing clothes. You can see this among celebrities. Each person's character is reflected in their clothing. You can even guess what kind of celebrity they are just by looking at their outfit. People who like attention tend to wear more accessories and seem to enjoy showing off.

반대로 내향적이거나 소심한 사람이라면 더 얌전한 옷을 입을 것이다. 무채색의 옷을 즐겨 입을 것이고, 다른 사람들의 눈에 띄는 걸 꺼리기 때문에 요란한 장신구는 피할 것 같다.

On the other hand, if someone is introverted or shy, they would probably choose more modest clothes. They tend to choose neutral-colored clothes and avoid flashy accessories to keep from attracting too much attention.

Idea 2

별로 그런 것 같진 않다. 옷만 보고 성격이나 개성을 알 순 없다.

I don't think so. You can't tell someone's personality or character just by looking at their clothes.

사람들은 장소나 상황에 맞게 옷을 입는 경향이 더 강하다. 예를 들어 회사원이라면 넥타이를 매고, 세미 정장 또는 정장을 즐겨 입을 것이다. 정장에는 특별히 개성이나 성격을 반영하기 힘들다. 또 예를 들어 운동 중이라면 운동하기 편안한 옷을 입을 것이다. 운동복은 그렇게 디자인이 다양하지 않다. 역시나 개성을 반영하기 힘들 것 같다.

People tend to dress according to the occasion. For example, if they work in an office, they will wear ties and go for semi-formal or formal suits. Suits don't reflect their individuality or personality. Similarly, when people work out, they prefer to wear comfortable workout clothes. Workout clothes don't offer many options in terms of design. So, it's hard to see their personalities in such cases.

물론 성격에 따라 다른 옷을 선택할 가능성은 있다. 주목받길 좋아하면 더 요란한 장신구를 하거나 튀는 색상의 옷을 고를 확률이 높다. 하지만 누군가의 옷을 보고 항상 성격을 알아맞히기는 어려울 것 같다. 왜냐하면 연예인을 제외한 대부분 사람은 장소와 상황에 맞게 옷을 입으려고 노력하기 때문이다.

Of course, people sometimes choose different clothes based on their personality. If someone wants attention, they might go for more flashy accessories or vibrant colors. However, I don't think you can always guess someone's personality just by looking at their clothes. That's because, aside from celebrities, most people try to dress suitably for the context and setting.

TOPIC QUESTION 129

Would you rather receive cash or a physical gift from your parents as a birthday present?

부모님으로부터 생일 선물을 받는다면 현금 또는 선물 중 어떤 게 더 받고 싶은가?

Idea 1

둘 다 상관없다. 뭐든 받으면 좋다.

To be honest, either way, it doesn't matter to me. I'm happy to receive anything.

선물을 받는다고 가정해보자. 부모님이 나를 위해 선물을 고르고, 또 구매하는 과정을 생각만 해도 행복감을 느낄 수 있다. 물론 선물이 마음에 들 수도, 들지 않을 수도 있지만 일단 선물을 받았다는 자체가 즐거울 것이다.

Let's say I get a gift. Just the thought of my parents choosing and buying a gift for me makes me feel loved. Of course, the gift itself might be something I like or don't like, but just the act of receiving a gift brings happiness.

반대로 현금을 받더라도 마찬가지로 행복하고 감사할 것이다. 왜냐하면 그 돈으로 원하는 걸 살 수 있기 때문이다. 혹시 생활비가 부족하다면 보탤 수도 있다. 이 경우에 얼마를 받는지는 별로 중요하지 않다. 중요한 건 마음이다. 그것이 물건이든 현금이든 내게는 별로 중요하지 않다. 내 생일을 기억하고, 또 축하해주는 마음 자체가 감사하다.

On the other hand, even if I receive cash, I will be just as happy and thankful because I can buy the things I want. Or, if I need extra money for my daily expenses, I can use it for that, too. In this case, the amount of money doesn't matter much. What matters is the thought behind it. Whether it's a gift or cash, it's not that important to me. The fact that they remember my birthday and want to celebrate it means a lot.

Idea 2

나는 생일에 현금을 더 받고 싶다.

I prefer to receive cash on my birthday.

나는 이제 막 대학교 2학년이 되었는데, 요즘 사고 싶은 게 너무 많다. 휴대폰도 새로 사고 싶고, 노트북도 바꾸고 싶다. 또 새로 나온 태블릿 PC도 갖고 싶다. 부모님은 평소에 영양제나 공부와 관련된 선물만 많이 하므로 차라리 현금을 받아서 내가 원하는 걸 사고 싶다.

I'm just starting my second year in college, and these days, there are so many things I want to buy. I want to get a new phone, upgrade my laptop, and even get the latest tablet. My parents usually give me vitamins or school supplies as gifts, so I'd rather receive cash to buy what I want.

부모님께 현금을 선물로 받으면 동아리 활동에도 보태고 싶다. 지금 나는 기숙사에서 생활하고 있어서 집세가 들진 않지만, 산악 동아리 활동 때문에 돈이 많이 든다. 매주 근처 산으로 하이킹을 가는데 학교에서는 장비를 대여해주지 않는다. 하이킹 장비는 굉장히 비싸기 때문에 보통은 선배에게 빌려서 썼다. 이번 생일에 선물로 현금을 받는다면 장비를 마련할 수 있을 것이다.

If I receive some cash as a gift from my parents, I would also like to use it for my club activities. I'm living in a dorm right now, so there's no rent to worry about, but I need some money for my hiking club because it requires a lot of investment. Every week, we go hiking in the nearby mountains, but the school doesn't provide any gear. Climbing gear is quite expensive, so I always borrow it from seniors. With the cash from my parents, I want to buy my own equipment.

TOPIC QUESTION 130

Do you prefer to keep or discard old items like books and newspapers? What are your reasons for this preference?
책이나 신문과 같은 오래된 물건들을 보관하는 걸 선호하는가? 만약 그렇다면 이유는 무엇인가?

Idea 1

나는 책이나 신문과 같은 오래된 물건을 보관한다.
I tend to keep old items like books and newspapers.

일단 책의 경우 여러 번 읽고 싶은 작품도 있으므로 내 방에 보관하는 걸 선호한다. 요즘에는 책도 스트리밍 서비스가 있기 때문에 굳이 책을 살 필요가 없어지긴 했다. 하지만 내가 좋아하는 작가나 삽화가 아름다운 책의 경우 구매해서 보관한다.
This is because sometimes, there are books I want to read again and again. So, I prefer to keep them in my room. Nowadays, we have streaming services for books, too, so I don't need to buy paper versions. However, I still purchase and keep printed books from my favorite authors or those with beautiful illustrations.

나는 신문도 역시 보관한다. 물론 신문에 실린 이야기들은 며칠만 지나도 쓸모가 없어진다. 하지만 신문은 다른 목적으로도 사용할 수 있다. 나는 식물을 좋아해서 집에 화분이 많은데, 화분 분갈이를 할 때 신문이 꼭 필요하다. 그래서 신문을 모아두는 편이다.
I also keep newspapers. Of course, the news becomes outdated after a few days. However, newspapers can be used for other purposes too. I love plants and have many potted plants at home, so when I repot them, newspapers come in handy. That's why I tend to keep newspapers.

Idea 2

책이나 신문 같은 오래된 물건을 보관하지 않는 편이다.
I don't keep old items like books or newspapers.

그런 물건들을 보관하면 금방 집이 엉망이 된다. 나는 대학교에 다니고 있고 현재 작은 방을 얻어 혼자 생활하기 때문에 이미 생활 공간이 아주 작다. 책이나 신문 등 오래된 물건을 보관하면 발 디딜 틈이 없게 된다. 게다가 신문은 하루만 지나도 쓸모가 없어진다. 그래서 나는 굳이 신문을 집에 모아두지 않는다.
If I store them in my house, my place will become messy pretty quickly. I'm currently attending college and living in a studio apartment alone, so my living space is already very small. If I had old items like books and newspapers lying around, it would be hard to move around the house. Besides, newspapers become useless after just one day. That's why I don't want to keep old newspapers at home.

생각해보니 요즘에는 책을 거의 사지 않는 것 같다. 학교에서 많은 시간을 보내기 때문에 주로 도서관에서 책을 빌려본다. 게다가 한국에는 책 스트리밍 서비스가 있기 때문에 굳이 책을 살 필요가 없어졌다. 한 달에 12달러 정도를 내면 많은 책들을 마음껏 읽을 수 있다. 책을 구매하지 않으니 보관할지 버릴지 걱정할 필요가 없다.
Come to think of it, I realize that I hardly buy books these days. Since I spend a lot of time at school, I mostly borrow books from the library. Moreover, with book streaming services here in South Korea, there's no need to purchase books anymore. For about $12 a month, I can enjoy a huge selection of books and read as much as I want. Since I don't buy books, I don't have to worry about storing or getting rid of them later.

TOPIC QUESTION 131

Some consumers prefer to hold off on purchasing a new product until the price has decreased. Others would rather purchase it right away, even if it costs a little more. Which do you prefer and why?

일부 소비자들은 신제품이 가격이 내려갈 때까지 기다리는 걸 선호한다. 반면 다른 사람들은 비용이 조금 더 들더라도 신제품을 바로 구매하고 싶어 한다. 둘 중 어떤 것을 선호하고 이유는 무엇인가?

Idea 1

나는 신제품을 바로 구매하는 편이다.
I prefer buying new products right away.

특히 휴대폰이나 노트북과 같은 전자기기는 신제품을 바로 사는 걸 좋아한다. 나는 그래픽 디자이너로 일하고 있고 평소 내가 산 기기를 일할 때도 사용하기 때문에 전자제품의 품질을 꼼꼼히 따지는 편이다. 신제품에는 더 성능이 좋은 하드웨어와 소프트웨어가 포함되어 있으므로 바로 구매해서 사용하면 더 효율적으로 일할 수 있다.
Especially for electronics like phones and laptops, I love to buy the latest models. As a graphic designer, I am very particular about the quality of electronic devices I choose since I also use them for my work. New products have better hardware and software. So, if I buy them right away, I can work more efficiently.

다른 사람은 어떨지 모르겠지만 나 같은 경우는 새로운 기능이 나오면 곧바로 써보고 싶다. 신제품에는 이전에 없었던 새롭고 혁신적인 기능이 많이 포함된다. 물론 가격이 내려갈 때까지 기다렸다가 살 수도 있지만, 호기심 때문에 비싼 가격을 주고 최신 모델을 구매하게 된다.
I can't speak for others, but personally, I like trying out new features as soon as possible. New products always come with a lot of new and innovative features. Sure, I could wait for the prices to go down, but to satisfy my curiosity, I don't mind paying a bit more to get the latest model.

Idea 2

나는 신제품이 나오면 조금 기다렸다가 가격이 내려갔을 때 산다.
I prefer waiting a bit so that I can get new products at a cheaper price.

예를 들어 새로운 휴대폰이 나오는 경우, 나는 가격이 내려가길 기다린다. 물론 신제품을 사면 새 기능을 사용해볼 수는 있지만, 나는 그런 새로운 기능에 별로 관심이 없다. 전화가 잘 걸리고 문자만 잘 전송된다면 뭐든 크게 상관없기 때문에 괜히 비싼 돈을 주고 새 휴대폰을 구매하지 않는다.
For example, when a new phone comes out, I wait for the price to go down. Sure, if I buy a new model right away, I can experience its new features, but honestly, I don't care so much about the latest bells and whistles. As long as the phone makes calls and sends texts properly, I don't really mind, so I won't spend extra money on a new phone.

또한 신제품은 생각보다 가격이 빨리 내려간다. 예를 들어 컴퓨터가 출시된 이후 보통 한두 달 내에 가격이 크게 떨어지기 때문에 그걸 기다리는 게 더 낫다. 동일한 제품에 더 많은 돈을 지불하고 싶지 않다.
Also, new products usually get cheaper much faster than I expect. For example, when a new computer comes out, the price usually goes down a lot in just a month or so. So, waiting for that drop is a better option for me. I don't want to pay more for the same product.

TOPIC QUESTION 132

When people get a sudden windfall, some spend it on useful things such as a new car, while others spend it on enjoyable experiences such as traveling to Europe. Which do you think is better and why?
어떤 사람들은 갑작스럽게 돈이 많이 생기면 새 차와 같은 유용한 것들에 돈을 쓰는 반면, 다른 사람들은 유럽 여행과 같은 즐거운 경험에 돈을 쓴다. 둘 중 어떤 방식의 소비를 선호하고 이유는 무엇인가?

Idea 1

나는 여행하는 데 돈을 쓰는 걸 더 선호한다.
I prefer spending money on traveling.

나는 물욕이 별로 없다. 내 친구 중에는 좋은 차나 집, 명품에 관심이 많은 친구도 있는데, 나는 그렇지 않다. 차는 굴러가기만 하면 된다고 생각하고, 집은 내가 쉴 공간만 있으면 된다. 그게 내게 필요한 전부다. 그래서 그런 것에 큰돈을 쓰는 건 너무 아깝다.
I'm not really materialistic. Some of my friends are really into fancy cars, houses, and luxury items, but I'm just not. I think as long as a car gets me from point A to point B, it's good enough. And for a

house, as long as there's enough room to rest and unwind, that's all I really need. So, spending big money on these things feels like a waste.

반면 여행이나 경험에 돈을 쓰는 건 정말 즐거운 일이다. 여행을 가면 새로운 사람을 만나고, 다른 문화를 배우고, 독특한 경험을 할 수 있다. 그런 경험은 일상에서 벗어나 세상을 구경할 수 있게 해주므로 내게 삶의 의미를 준다.
On the other hand, spending money on travel and experiences is so much fun. When I travel, I get to meet new people, learn about different cultures, and have unique experiences. Thanks to these experiences, I can break out of my daily routine and see the world as it is. I think they give my life more meaning.

Idea 2

나는 물건을 사는 데 더 관심이 많다.
I'm more interested in buying things.

나는 여행에는 큰 관심이 없다. 여행 계획을 짜는 것도 귀찮고, 새로운 사람을 만나는 것도 별로 즐겁지 않다. 지금까지 여행을 가서 좋은 경험을 한 적이 딱히 없어서 여행에 돈을 쓰고 싶지 않다.
Traveling isn't really my thing. Planning trips is a hassle, and I don't find meeting new people all that interesting. Plus, I haven't had good experiences while traveling, so I don't feel like spending money on it.

대신 물건을 사는 것에는 관심이 많다. 특히 휴대폰이나 노트북과 같은 전자기기는 신제품이 나오면 바로 사는 편이다. 나는 그래픽 디자이너로 일하고 있고 평소 내가 산 기기를 일할 때도 사용하기 때문에 전자제품의 품질을 꼼꼼히 따지는 편이다. 신제품에는 더 성능이 좋은 하드웨어와 소프트웨어가 포함되어 있으므로 바로 구매해서 사용하면 작업물의 품질을 더 높일 수 있다.
Instead, I'm really into buying stuff. Especially when it comes to electronics like phones and laptops, I prefer to buy the latest models right away. As a graphic designer, I'm really picky about the electronic devices I choose, especially since I use them for work, too. New products come with better hardware and software, so if I use them right away, I can upgrade the quality of my work.

TOPIC QUESTION 133

Some people do not find shopping enjoyable, and only do it when they have a particular item to purchase. Meanwhile, others enjoy shopping as an activity, regardless of whether they have a specific purchase in mind. Which type of person are you?
어떤 사람들은 쇼핑을 즐기지 않기 때문에 구매할 물건이 있을 때만 쇼핑한다. 한편, 다른 사람들은 살 물건이 없음에도 그 자체로 쇼핑을 즐긴다. 둘 중 어떤 유형의 사람인가?

Idea 1

나는 살 물건이 없어도 쇼핑하러 가는 걸 좋아한다.
I like going shopping even when I don't need anything.

새로 나온 물건을 구경하는 게 즐겁다. 가끔은 내가 생각지도 못한 좋은 물건을 사게 될 때도 있다. 지난주에 나는 서점에서 미니어처 놀이기구 모형을 샀다. 놀이기구 모형에는 작은 조명이 달려 있고 음악도 나온다. 나는 이런 제품을 파는지도 몰랐다. 그런데 보면 볼수록 너무 귀엽고 예뻐서 잘 산 것 같다.
It's fun to browse through new items. Sometimes, I find myself buying great items I haven't even thought of before. Last week, I bought a miniature theme park ride model from a bookstore. The model has small lights and plays music. I had no idea they sold stuff like this. But the more I look at it, the cuter and prettier it seems. I think I made a good purchase.

더 좋은 물건을 발견할 수도 있다. 최근까지 나는 3년 전에 산 소형 청소기를 사용하고 있었다. 그런데 그 청소기는 성능이 별로 좋지 않았다. 지난번에 가전제품 판매장에 갔을 때 훨씬 성능이 발전한 소형 청소기를 보게 되었고 그것을 구매했다. 만약 살 게 있을 때만 매장에 갔다면 제품이 얼마나 발전했는지도 모르고 살았을 것이다.
You can discover better items, too. Until recently, I was using a small vacuum cleaner I bought three years ago, but it wasn't functioning well. Just the other day, when I went to an electronics store, I saw a much better version of the small vacuum cleaner, so I bought it. If I went to the store only when I needed something, I wouldn't know how great the new products are, and I might miss out on them.

Idea 2

나는 살 것이 있을 때만 쇼핑한다.
I only go shopping when there's something I need to buy.

물론 새로 나온 물건을 구경하는 건 아주 즐겁다. 하지만 가끔은 필요도 없는 물건을 사기도 해서 두렵다. 나는 용돈을 받는 대학생이기 때문에 최대한 충동구매를 피하려고 하고 있다. 물론 사고 싶은 것은 많다. 신형 휴대폰이나 노트북을 사고 싶지만, 일단 생활비를 위해 돈을 아끼는 게 현명한 선택이라 생각한다.
Of course, browsing through new items is fun. But sometimes, I end up buying things that I don't really need, and that's what I fear. As a college student on an allowance, I try to avoid impulse buying as much as possible. Of course, there are many things I'd like to buy, like a new phone or laptop. But for now, I think it's wise to save money for living expenses.

나는 뭔가를 살 때 항상 리스트를 적어서 간다. 옷을 사든, 음식 재료를 사든 마찬가지다. 리스트를 가지고 가면 내가 필요 없는 물건을 사는 걸 방지할 수 있다. 지금은 최대한 돈을 절약해야 하므로 이 방법이 올바르다고 생각한다. 만약 내가 나중에 돈을 많이 벌게 되면 살 물건이 없어도 쇼핑하러 갈 거다.
I always bring my shopping list whenever I buy something, whether it's clothes or groceries. Having a list keeps me from picking up things I don't need. Right now, I need to save as much money as

possible, so I think this is the right way to go. If I make a lot of money later on, I will go shopping even when I don't need anything.

TOPIC QUESTION 134

Some people prefer to purchase new books every time, while others like to buy used ones. Which one do you think is better and why?

어떤 사람들은 매번 새 책을 사는 걸 선호하는 반면, 다른 사람들은 헌책을 사는 걸 좋아한다. 둘 중 어떤 것을 선호하고 이유는 무엇인가?

Idea 1

새 책을 사는 게 좋다.

It's better to buy new books.

헌책은 주로 필기가 되어 있다. 이전에 책을 소유했던 사람이 중요하다고 생각한 부분들에 표시되어 있는데, 이것은 도움이 될 때도 있지만 주로 방해가 된다. 타인의 의견이 궁금하지 않기 때문에 새 책을 사서 보는 게 좋다.

Used books often have notes written in them. The previous owners must have marked important parts, which can sometimes be helpful, but mostly, it's just a distraction. I'm not interested in having notes or marks from others in my books, so it's better to buy new books.

새 책을 사는 게 작가들을 돕는 길이라고 생각한다. 새 책 구매로 인한 수익의 일부는 직접적으로 작가에게 지급된다. 헌책은 그렇지 않다. 그래서 나는 좋아하는 작가의 책은 꼭 새 책으로 산다. 그래야 그들이 창작 활동을 지속할 수 있기 때문이다.

I believe that buying new books is a way to support authors. Some of the money from new book sales goes directly to the authors, which isn't the case with used books. That's why I always make sure to buy new books from my favorite authors. It helps them continue their creative work.

Idea 2

둘 다 선호한다. 어떤 종류의 책인지에 따라 다르다.

I prefer both, depending on the type of book.

만약 문제집을 산다면 새 책을 선호한다. 문제집을 헌책으로 사면 정답이 적혀 있어서 공부에 도움이 되지 않는다. 지우개로 답을 모두 지우는 데도 시간이 걸리기 때문에 그럴 바에 그냥 새 책을 사서 푸는 게 낫다.

If I'm buying workbooks, I prefer new ones. Secondhand workbooks already have the answers written in them, so they don't help with studying. It takes time to remove all the answers with an eraser, so it's better to just buy a new one and solve the problems.

만약 소설책 또는 한 번 읽고 마는 책이라면 헌책을 구매한다. 헌책이 싸기도 하고, 필기할 게 아니라면 굳이 새 책을 사야 할 이유가 없기 때문이다. 내가 다니는 대학교 서점에는 헌책을 파는 코너가 있는데 돈도 아낄 겸 그 코너를 애용한다.
But if it's a novel or a book that I'll read once and be done with it, I prefer used books. Used books are cheaper, and if I don't need to take notes in the books, there's no reason to buy new ones. The bookstore at my college has a used books section, and I always check it out to save some money.

TOPIC QUESTION 135

When you want to purchase something, do you prefer to save money to buy it yourself, or do you ask someone to lend you money to buy it?
무언가를 사고 싶을 때 돈을 저축해 스스로 구매하는가, 아니면 누군가에게 돈을 빌려 사는가?

Idea 1

나는 주로 돈을 빌려서 원하는 걸 산다.
I usually borrow money to buy what I want.

식료품이나 학용품과 같은 사소한 것들은 그냥 내 돈을 쓴다. 하지만 만약 내가 사고 싶은 게 고가의 제품이라면 돈을 빌려서 산다. 나는 대학교에 다니고 있고 아르바이트도 하고 있지 않기 때문에 돈이 별로 없다. 그래서 공부를 위해 새 휴대폰이나 태블릿 PC 등이 반드시 필요할 때는 부모님에게 도움을 얻어 구매한다.
When I buy small things like groceries or school supplies, I just use my own money. But if there's something I want to buy, something expensive, I borrow money to get it. Since I'm in college and not working right now, I don't have a lot of money. So, when I really need to buy something, such as a new phone or tablet for my studies, I ask my parents for help to make the purchase.

물론 아르바이트해서 돈을 모을 수도 있다. 하지만 나는 그것보다 공부에 집중해서 장학금을 받고 좋은 성적으로 빨리 졸업하는 게 더 좋다고 생각한다. 나중에 내가 돈을 직접 벌게 되면 돈을 저축해 스스로 물건을 구매할 것 같다. 부모님에게 더 이상 짐이 되고 싶지 않기 때문이다.
Of course, I could get a part-time job to save up money. But I believe it's best to concentrate on my studies, aim for scholarships, and aim to graduate with good grades quickly. When I get a decent job later, I'll save up and buy things myself. I don't want to be a burden to my parents for much longer.

Idea 2

나는 돈을 저축해 스스로 구매한다.
I save up money and buy things on my own.

내가 대학교에 다닐 때는 주로 부모님에게 돈을 빌려서 뭔가를 구매했다. 대학에 다닐 때는 아르바이트를 하지 않았기 때문에 돈이 별로 없었고, 고가의 제품을 사기 위해서는 부모님의 도움이 항상 필요했다.
When I was in college, I usually borrowed money from my parents to buy things. Since I didn't have a part-time job, money was tight, and I always needed their help to buy expensive things.

하지만 지금은 내가 직접 돈을 벌기 때문에 다른 사람에게 빌려서 뭔가를 구매할 필요가 없다. 만약 노트북이나 휴대폰 등 비싼 제품이 필요하면 서너 달 돈을 모아서 직접 산다. 그게 마음이 편하고, 또 올바른 방법이라고 생각한다. 나는 성인이기 때문에 괜히 부모님에게 짐이 되어서는 안 된다.
But now, I earn money myself, so I don't need to borrow from anyone to buy something. If I need to buy something expensive like a laptop or a phone, I save up for a few months and buy it. It gives me more peace of mind, and I believe it's the right way to do it. I'm an adult, so I don't want to be a burden to my parents for no reason.

TOPIC QUESTION 136

Some people choose to buy movies or books they enjoy, while others choose to rent them. Which would you choose?
어떤 사람들은 좋아하는 영화나 책을 구매하는 반면, 다른 사람들은 빌려서 감상하는 걸 선택한다. 둘 중 어떤 것을 선호하는가?

Idea 1

나는 좋아하는 영화나 책을 구매하는 걸 선호한다.
I prefer buying my favorite movies or books.

영화나 책을 소장하면 원할 때 언제든 볼 수 있다. 내가 가장 좋아하는 영화 시리즈는 〈반지의 제왕The Lord of the Rings〉과 〈헝거게임〉이다. 1년에 세 번 이상 이 작품들을 처음부터 끝까지 감상한다. 만약 그때마다 대여해서 본다면 돈이 많이 들 것이다.
When I own movies or books, I can watch or read them anytime I want. My all-time favorite movies are 'The Lord of the Rings' and 'The Hunger Games.' I watch these movies from start to finish at least three times a year. If I had to rent them every time, it would cost me a lot of money.

나는 그것들을 모으는 걸 즐긴다. 우표를 모으는 사람, 티셔츠를 모으는 사람처럼 나는 마음에 드는 작품을 모으는 취미가 있다. 물론 요즘에는 더 편한 스트리밍 서비스가 있긴 하다. 하지만 나는 여전히 영화, 게임, 책 등 뭐든 마음에 들면 사서 모은다. 이렇게 하면 제작자에게 큰 힘이 되겠다고 생각한다.
I enjoy collecting these things. Some people collect stamps or t-shirts, and I have a hobby of collecting works that I love. Of course, nowadays, there are convenient streaming services available. But I still buy movies, games, and books that I really like. I think it is my way of supporting the creators.

Idea 2

나는 영화나 책을 빌려서 감상하는 걸 선호하는 편이다.
I prefer borrowing movies or books.

물론 내가 아주 좋아하는 작품은 일부 구매하기도 한다. 좋아하는 작품은 보통 매년 여러 번 감상하게 되는데 그때마다 대여해서 본다면 돈이 많이 들 것이다. 하지만 대부분의 영화나 책은 그 정도로 인상적이지 않다. 한두 번 감상하면 다음 것으로 넘어가기 때문에 굳이 사서 볼 필요가 없다.
Of course, I do buy some of my absolute favorites. I tend to watch or read them multiple times throughout the year, so renting them again and again would be costly. However, most movies and books don't leave a strong impression on me. After watching or reading them once or twice, I move on to the next thing, so there's no need to buy them.

요즘은 스트리밍 서비스가 아주 잘 되어 있다. 많은 웹사이트가 영화와 드라마, 책, 게임 등을 스트리밍한다. 매달 저렴한 가격으로 많은 작품을 즐길 수 있으므로 이편이 훨씬 경제적이다.
Nowadays, streaming services are offering high-quality experiences. Many websites offer streaming for movies, TV shows, books, games, and more. With a reasonable monthly fee, I can enjoy a lot of content. I believe it is a much more budget-friendly option.

14. 사회 및 경제에 관한 질문

TOPIC QUESTION 137

Do you agree or disagree with the following statement? Saving money is becoming increasingly challenging compared to the past.
다음 주장에 동의하는가? 과거에 비해 돈을 절약하는 게 점점 더 어려워지고 있다.

Idea 1

그런 것 같다. 과거에 비해 돈을 절약하는 게 점점 더 어려워지고 있다.
I agree. It seems that saving money is becoming increasingly difficult compared to the past.

나는 학생이라 용돈을 받고 있는데 점점 돈을 모으기가 힘든 것 같다. 제품과 서비스의 가격이 너무 올랐다. 예를 들어 매년 새로운 스마트폰과 노트북이 출시되고 있어서 사고 싶지만 가격은 비싸다는 생각이 든다.
As a student, I receive an allowance, and I find it harder to save money. The prices of products and services have gone up so much. For example, new smartphones and laptops come out every year, and I want to buy them, but they are too expensive.

화폐의 가치가 떨어진 것도 한몫 한다. 코로나 이후로 물가가 너무 많이 올랐고 전 세계적으로 다양한 화폐들의 가치가 떨어졌다. 예전에는 5달러나 10달러로 한 끼를 해결할 수 있었는데 요즘에는 외식 물가도 많이 올라서 1인당 15달러에서 20달러가 있어야 제대로 된 식사를 할 수 있다. 고정 지출이 늘었기 때문에 돈을 모으는 게 더 어려워졌다.
The value of money going down is another factor. After COVID-19, living costs have really gone up, and the value of various currencies has dropped. In the past, $5 or $10 could cover a meal, but nowadays, eating out has become more expensive, and you need around $15 to $20 per person for a proper meal. Because I spend more money now, saving money has become more challenging.

Idea 2

별로 그런 것 같지 않다. 과거에 비해 돈을 절약하는 게 오히려 더 쉬워졌다.
It doesn't seem like that at all. Saving money has become easier compared to the past.

요즘에는 공유 서비스가 아주 잘 되어 있다. 옛날에는 차를 사용하려면 직접 사야 했지만 요즘에는 차를 빌려서 쓸 수 있다. 하루에 50달러 정도만 내면 괜찮은 차를 종일 빌릴 수 있기 때문에 차를 살 필요가 없다. 그래서 큰돈을 아낄 수 있다.
Nowadays, all kinds of sharing services are available. For instance, in the past, you had to buy a car

if you wanted to use one, but now you can rent one. For about $50 a day, you can rent a decent car, so there's no need to buy your own. It helps save a lot of money.

또한 스트리밍 서비스도 아주 좋다. 매달 10달러에서 20달러 정도를 내면 책이나 영화, 게임 등 다양한 콘텐츠를 즐길 수 있다. 나는 넷플릭스와 디즈니 플러스 서비스를 사용하고 있는데 이용료가 합쳐서 30달러도 되지 않는다. 만약 내가 콘텐츠를 직접 하나씩 사서 본다면 훨씬 더 많은 돈이 들 것이다.
Also, we have great streaming services. For about $10 to $20 per month, you can enjoy various content like books, movies, and games. I use Netflix and Disney Plus, and the subscription fees are less than $30. If I had to pay for each piece of content individually, it would really add up.

TOPIC QUESTION 138

Which option do you believe has the most significant influence on environmental conservation?
(1) Regulations imposed by the government
(2) Groups promoting environmental awareness
(3) Individual actions and initiatives
어떤 선택이 환경 보존에 가장 큰 영향을 미칠까?
(1) 정부 규제
(2) 환경 의식을 고취하는 단체
(3) 개인의 활동

Idea 1

정부 규제가 가장 큰 영향을 미칠 것 같다.
Government regulations seem to have the biggest impact.

정부에서 하는 규제는 강제적이기 때문에 누구도 피해 갈 수 없다. 강제성을 부여하는 건 어떤 분야든 효과적이다. 예를 들어 만약 재활용과 관련된 규정이 생기고, 벌금을 상당히 매긴다면 누구나 그 규정을 지킬 것이다. 따라서 사람들의 자율성에 맡기는 것보다 효과가 아주 클 것이다.
When regulations come from the government, they are mandatory, and no one can escape them. Making something mandatory can really bring changes to any field. For example, if there are rules about recycling and hefty fines for not following them, everyone will follow those rules. So, they're likely to be more effective than relying on people's voluntary actions.

또한 공장에서 나오는 폐수를 공장에서 직접 정화하도록 하고 싶다고 가정하자. 환경 단체나 개인의 활동으로는 이를 의무화할 수 없다. 하지만 법은 다르다. 정부에서 규제하겠다고 결심한다면 무조건 폐수는 정화되게 되어 있다.

Also, let's say we want to make factories treat their wastewater on-site. Environmental organizations or individuals cannot enforce that. But laws can. If the government decides to regulate it, then all the wastewater will be treated.

Idea 2

나는 환경 단체의 활동이 가장 중요하다고 생각한다.
I believe environmental organizations' activities are the most important.

물론 정부에서 법으로 규제하면 강제성이 부여되므로 어느 정도 효과가 있을 것이다. 하지만 대부분 회사나 공장들이 로비를 하기 때문에 이에 전적으로 기대긴 힘들다.
Sure, if the government makes regulations, there might be some impact since they are mandatory. However, most companies and factories lobby against them, so it's hard to just rely on that.

반대로 환경 단체는 돈을 벌기 위한 곳이 아니다. 진심으로 환경 문제를 해결하고 싶은 개인이 모인 곳이다. 대부분 사람은 자기 인생에 신경 쓰기 바빠서 환경 문제에 신경 쓰기 힘들다. 하지만 환경 단체에서 일하는 사람들은 다르다. 그들은 공원과 해변, 숲과 같은 지역에서 쓰레기를 줍고 폐기물을 치우기 위해 자원봉사자들을 모아 지역 단위의 청소 활동을 운영한다. 또한 환경 보호와 규제 강화를 위해 지역 의원과 국회의원들을 만나 로비 활동을 벌인다. 그들은 이렇게 다양한 방면에서 노력하며 큰 변화를 이끌어낸다.
On the other hand, people in environmental organizations aren't in it for the money. They are the people who genuinely want to address environmental issues. Most people are too busy with their own lives to focus on environmental problems. However, people in these groups are different. They organize and participate in community clean-up events, where they gather volunteers to pick up litter and remove waste from areas like parks, beaches, and forests. Moreover, they often lobby for policy changes by meeting with local and national lawmakers to push for stronger environmental protections and regulations. By working on these fronts, they make huge differences.

TOPIC QUESTION 139

Which of the following factors, in your opinion, has a greater impact on a country's success? The presence of numerous business opportunities or the development of a strong education system.
다음 중 어떤 요소가 국가의 성공에 더 큰 영향을 미칠까? 수많은 비즈니스 기회 또는 강력한 교육 시스템의 발전.

Idea 1

수많은 비즈니스 기회가 있는 게 더 좋다.

Having numerous business opportunities is better.

국가가 성공하려면 돈이 많아야 하고 다른 국가로부터 인정도 받아야 한다. 그러려면 비즈니스 기회를 늘려서 국내의 인재 유출을 막아야 한다. 또한 우리나라가 사업하기 좋은 나라라고 알려지면 외국인들도 많이 들어올 것이다. 그들이 우리나라로 들어와서 돈을 많이 쓰고 또 고용을 창출한다면 정말 좋을 것이다.
For a country to succeed, it needs a lot of money and recognition from other countries. To achieve all that, we should increase business opportunities to prevent brain drain. Also, if my country builds a reputation for being business-friendly, it will attract more foreigners. If they come and spend money and even create job opportunities, that would be fantastic.

두 번째 옵션인 강력한 교육 시스템은 그다지 큰 영향이 없다. 나는 한국에 살고 있는데, 이곳에는 좋은 교육 시스템을 통해 예술가, 엔지니어 등 정말 재능이 있는 사람들을 많이 키웠지만 좋은 일자리를 찾지 못해 미국이나 캐나다로 떠나고 있다.
I don't think the second option has that much impact. I live in South Korea, which is known for its excellent education system. It has produced many talented people, including artists and engineers. Unfortunately, they often can't find good jobs here and end up moving to countries like the United States or Canada to work.

Idea 2

내 생각에는 교육 시스템이 좋아야 할 것 같다.
In my opinion, having a good education system is crucial.

'국가의 성공'이라는 단어에는 크게 두 가지 의미가 있다고 생각한다. 첫 번째는 나라에 돈이 많다는 뜻이고, 두 번째는 자국민들의 의식이 높다는 뜻일 것이다.
I think there are two meanings when we say 'national success.' First, it means the country has a lot of money, and second, it means the citizens are more aware and well-informed.

대학생들과 대학원생들을 잘 교육하면 나라 경제에 도움이 될 것이다. 예를 들어 더 효율적인 에너지 솔루션을 개발하거나 더 좋은 제품을 만들어 낼 수 있다. 또한, 교육받은 인재들은 국제적인 협력 프로젝트에서 중요한 역할을 하게 된다. 이를 통해 국가의 국제적 위상을 높일 수 있다.
Educating college and grad students well can help boost the economy. For example, they might come up with more efficient energy solutions or create better products. Additionally, these students often play a big role in international projects. Through this involvement, they can improve their country's global standing.

초, 중, 고등학생들을 잘 교육하면 자국민의 의식을 높이는 데 이바지할 수 있다. 좋은 교육은 남을 배려할 줄 알고, 상대의 의견을 경청할 줄 아는 태도를 키우고 그 결과 더 친절하고 따뜻한 사회가 될 것이다.
Also, by educating elementary, middle, and high school students well, we can raise the awareness of citizens. A good education teaches people how to care for others and how to listen to other people's opinions, resulting in a more friendly and warm society.

TOPIC QUESTION 140

Do you agree or disagree with the statement? Advertisements have a profound impact on the decision-making process of individuals. Give specific details and examples to support your idea.

다음 주장에 동의하는가? 광고는 개인의 의사결정 과정에 지대한 영향을 미친다. 당신의 의견을 뒷받침할 구체적인 예시와 이유를 제시하라.

Idea 1

그렇다고 생각한다. 광고는 개인의 의사결정 과정에 지대한 영향을 미친다.

Yes, I think so. Advertisements have a huge influence on our decision-making process.

광고는 필요 없는 물건도 사게 만든다. 예를 들어 며칠 전에 과자 광고를 보았는데 그 후에 슈퍼에서 그 제품을 발견했을 때 나도 모르게 그 과자를 샀다. 광고를 보면 무의식적으로 어떤 상품을 기억하게 되고, 또 사고 싶다고 생각하게 되는 것 같다.

Advertisements make you buy things you don't really need. For example, a few days ago, I saw an ad for a snack and ended up buying it later at the supermarket. When you see an ad, it subconsciously sticks in your mind, and you start wanting to buy that product.

또한 광고에는 연예인들이 많이 나온다. 사람들은 자기가 좋아하는 연예인이 어떤 물건을 광고하면 그 물건이 좋은 물건이라고 생각한다. 그래서 구매 후기를 찾아보거나 그 물건을 깊이 조사하지 않고 소비하는 경향이 있다.

Also, they often have celebrities in ads. When people see their favorite celebrities endorsing a product, they automatically think it must be good. So, they tend to buy it without checking reviews or doing much research.

Idea 2

별로 그렇지 않다. 광고는 개인의 의사결정 과정에 지대한 영향을 미치지 않는다.

Not really. Advertisements don't have a huge influence on our decision-making process.

물론 광고를 많이 하는 제품이 인지도가 높은 건 사실이다. 광고를 많이 하면 사람들이 그 제품의 이름을 기억하기 더 쉽다. 하지만 그것이 항상 구매로 이어지지는 않는다. 요즘에는 구매 후기를 공유할 수 있는 앱이 많으므로 사람들은 돈을 쓰기 전에 그런 앱에서 정보를 얻는다.

Sure, products with lots of advertisements do get more recognition. When you are exposed to the same ads over and over again, you remember the product names better. But that doesn't always mean you actually purchase them. Nowadays, people use apps where they share product reviews to get information before spending money.

나는 운동화를 모으는 걸 좋아해서 1년에 대여섯 번 운동화를 구매하는데, 광고를 보고 구매한 적은 한 번도 없다. 항상 앱을 통해 구매 후기를 꼼꼼히 비교한 후 주문한다.

Personally, I love collecting sneakers, and I buy about six pairs a year, but I've never bought any just because of an ad. I always compare reviews on apps before placing an order.

---

15. 예술에 관한 질문

TOPIC QUESTION 141

Do you agree or disagree with the following statement? Artists and musicians play a vital role in society, contributing to the cultural and intellectual fabric of our communities. Use details and examples to explain your answer.
다음 주장에 동의하는가? 예술가와 음악가는 사회에서 공동체의 문화적, 지적 구조를 만들고 유지하는 중요한 역할을 한다. 당신의 의견을 뒷받침할 구체적인 예시와 이유를 제시하라.

Idea 1

그렇다고 생각한다. 예술가들과 음악가들은 사회에서 공동체의 문화적, 지적 구조를 만들고 유지하는 중요한 역할을 한다.
Yes, I think so. Artists and musicians play a crucial role in creating and maintaining the cultural and intellectual fabric of our society.

음악과 같은 예술은 인간에게 여러 감정을 느끼게 해준다. 서로 언어가 달라도 예술 작품으로 하나가 될 수 있다. 예를 들어 존 레넌의 〈Imagine〉이라는 노래가 생각난다. 이 작품은 50년도 더 전에 나왔는데 현대인들에게 평화, 화합, 희망을 대표하는 음악으로 알려져 있다. 정말 많은 가수가 이 노래를 리메이크했으며, 중요한 국제 행사가 열릴 때마다 이 음악이 연주된다. 존 레넌은 4분도 채 되지 않는 음악을 통해 우리 모두에게 평화의 소중함을 일깨워 준다. 이 음악을 들으면 누구라도 평화를 꿈꾸게 되어 있다.
Art, like music, lets us experience different kinds of emotions. Even if we speak different languages, art pieces can bring us together. For instance, John Lennon's song 'Imagine' comes to mind. It was released over 50 years ago, but it's still well-known for representing peace, unity, and hope for modern people. Many singers have remade this song, and it is often played at important international events. The song is less than four minutes long, but John Lennon reminds us of the value of peace. Anyone who listens to this music will start dreaming about peace.

Idea 2

별로 그런 것 같지 않다.
I don't necessarily agree with it.

음악이나 미술과 같은 예술은 엔터테인먼트의 영역에 있다. 과거에는 예술이 굉장히 중요했던 것으로 알고 있다. 예술가가 사회 고발을 하거나, 역사를 기록하는 역할을 했었다.
Art, whether it's music or fine art, is just for entertainment. I know in the past, art was considered highly significant. Artists used to call out social issues or record history.

하지만 현대에 와서는 많은 예술이 단순한 놀거리에 불과하게 된 것 같다. 예를 들어 요즘 나오는 음악이나 영화는 우리를 웃게 해주고, 스트레스를 풀어주며, 심심하지 않게 해준다. 문화적이나 지적 구조를 만들고 유지한다고는 생각이 들지 않는다. 곧 닥칠 AI가 음악과 영화를 만드는 시대에는 이와 같은 현상이 더 심해질 거라고 생각한다.
But nowadays, much of the art seems more like mere entertainment. Take contemporary music and movies, for example. They make us laugh, help us relieve stress, and keep us from getting bored. I don't see how they create or maintain any meaningful cultural or intellectual structure. I think, soon, with the advancement of AI technology, the value of artists will decrease even more.

TOPIC QUESTION 142

Some people think that it is acceptable to take photos when visiting a museum, while others believe that it is not appropriate to do so. What is your opinion?
어떤 사람들은 박물관에서 사진을 찍어도 된다고 생각하는 반면, 다른 사람들은 적절하지 않다고 생각한다. 둘 중 어떤 의견에 동의하는가?

Idea 1

박물관에서 사진을 찍어도 괜찮다고 생각한다.
I think it's okay to take photos at museums.

박물관에 다녀왔던 좋은 추억을 사진으로 남기기 위해, 또 내가 발견한 좋은 작품을 기억하기 위해 사진을 찍는 걸 선호한다. 친구, 가족들과 함께 사진을 다시 보면서 전시회를 소개하고 알릴 수 있다는 점도 좋다. 어떤 박물관은 이와 같은 광고 목적으로 사진 찍는 걸 장려하기도 한다.
Personally, I take photos because I want to keep the good memories of visiting museums, and I want to remember the great artworks I discovered. Moreover, I can share the exhibition experience with my friends and family through the pictures. Some museums even encourage visitors to take photos for promotional purposes.

플래시를 이용해 사진을 찍을 때 작품이 훼손되는 경우가 있는데, 그렇다면 플래시를 사용하지 않고 사진을 찍으면 된다. 이렇게 하면 작품에 미치는 물리적 영향을 최소화하면서도 내가 좋아하는 작품에 대한 기억을 간직할 수 있다.
Sometimes, we hear that if we use a flash, it might damage the artwork. In that case, I can simply take photos without using a flash. This way, I can minimize the physical impact on the artwork while keeping the memories of the pieces I love.

Idea 2

박물관에서 사진을 찍는 건 적절하지 않다고 생각한다.
I don't think it's appropriate to take photos at museums.

다른 방문자에게 방해가 된다. 간혹 최적의 사진 구도를 잡기 위해 다른 관람자들의 동선을 방해하는 경우가 있다. 또한 카메라의 플래시가 작품의 품질에 영향을 주기도 한다. 손상된 작품을 복구하려면 엄청난 비용이 들어간다.
It can disturb other visitors. Sometimes, people try to get a perfect shot while disrupting the flow of other visitors. Also, a camera flash can negatively affect the quality of the paintings. Restoring damaged artwork can be extremely expensive.

인터넷에서 간단히 검색을 통해 원하는 작품을 감상하고, 또 구매할 수 있는데 굳이 직접 찍어야 할 이유는 없다. 나는 마음에 드는 정물화 작품을 수집하는 취미가 있다. 최근에는 온라인에서 반 고흐의 〈해바라기 Sunflowers〉 액자를 구매했다.
I can easily find and appreciate the artworks I want on the Internet and even purchase them, so there's no need to take photos myself. I have a hobby of collecting still-life paintings that I like. I recently bought a framed print of Van Gogh's 'Sunflowers' online.

TOPIC QUESTION 143

Do you agree or disagree with the following statement? A famous person needs to serve as a positive role model for youth.
다음 주장에 동의하는가? 연예인들은 청소년에게 좋은 본보기를 보여야 한다.

Idea 1

동의한다. 연예인들은 청소년에게 좋은 본보기를 보여야 한다.
I agree. Celebrities should be good role models for teenagers.

어린아이들은 연예인들의 일거수일투족에 관심이 많다. 그들은 말 그대로 '우상'이다. 따라서 연예인들이 선행을 베푼다면 그들의 팬도 따라 할 것이다. 예를 들어 큰 자연재해가 생기면 연예인들이 후원을 많이 하는데, 그들의 팬들 역시 후원금을 상당히 모아서 피해 지역에 전달한다. 이런 선순환은 계속되어야 한다.
Kids are very interested in everything celebrities do. They're literally 'idols' to them. So, if celebrities set a good example, their fans will follow. For example, when a big natural disaster hits, celebrities and their fans often donate a lot of money to help the affected areas. This positive cycle should continue.

반면 연예인들이 나쁜 행동을 하면 그 팬들에게도 악영향이 있을 수 있다. 간혹 음주운전을 해 적발되거나 마약으로 검거되는 연예인들도 있다. 연예인들이 이런 행동을 일삼으면 어린 팬들은 이런 행동의 심각성에 대해서 제대로 이해하지 못할 가능성이 있다.

On the other hand, if celebrities make poor choices, it can hurt their fans. Some celebrities get caught driving under the influence, or they are on the news for drug-related charges. When celebrities engage in such behavior, their young fans might not fully understand its gravity.

Idea 2

반드시 그럴 필요는 없다.

They don't always have to be someone's role models.

물론 좋은 본보기를 보이면 긍정적 효과가 있을 것이다. 예를 들어 큰 자연재해가 생기면 연예인들이 후원을 많이 하는데, 그들의 팬들 역시 후원금을 상당히 모아서 피해 지역에 전달한다. 이런 것들은 좋은 것 같다.

Of course, setting good examples can have positive effects. For instance, whenever there's a major natural disaster, celebrities and their fans come together to donate a lot of money to help out. This positive cycle should keep going.

하지만 연예인들은 누군가의 선생님이 아니라 예술가이다. 예술가에게 높은 도덕성을 요구하면 마음대로 창의력을 펼치기 어렵다. 어린 팬들에게 어떤 영향을 미칠지 항상 걱정해야 하면 제대로 된 음악이나 작품 등을 만들지 못할 수 있다. 따라서 연예인들에게 모범을 강요하는 것은 옳지 않은 것 같다.

However, celebrities are not teachers. They are artists. If we demand high moral standards from artists all the time, it can limit their creativity. If they always have to worry about their influence on young fans, it might prevent them from creating serious music or art. So, I don't think it's reasonable to force celebrities to be someone's role models.

스피킹 독립형 고난이도 연습문제

조금 더 난이도가 높은 독립형 문제를 연습해보세요. 아래 문제들은 자주 출제되지는 않지만 수험자들을 어려움에 빠뜨릴 수 있습니다. 고득점을 목표로 하는 분들은 반드시 풀어보세요.

- Do you agree or disagree with the following statement? The process is more important than the result.
- Do you want to give scholarships to those who are financially disadvantaged or to those who excel academically?
- Some people read a book only once, while others read the same book multiple times. What is your opinion on this? Please express your view and provide reasons with examples.
- Should we have children read newspapers, or is it better to let them watch television?
- During a lesson or class session, is it more beneficial to take a break halfway through, or is it better to wait until the class has concluded to take a rest?
- Which option do you prefer: reading reviews of a movie or drama before watching it or going in without any prior knowledge or expectations?
- Do you agree or disagree with the following statement? People should always tell the truth.
- Are people in the suburbs more friendly and helpful to their neighbors than those in the city? Give specific reasons to support your opinion.
- Some people think only secondary school students should go to college, while others believe all students should have the opportunity to attend college. What is your opinion and why? Please give specific details to support your opinion.
- There is going to be a TV show that relates to students. Which show would you like to watch?
  (1) Interviews with school leaders (2) Debates on political and social topics (3) Comedy about school life
- To teach elderly people to use computers in the community, which is better: to find a professional to teach them outside or a student to teach them at home?
- If you had a fight with a friend and wanted to make up, would you prefer to meet with them face-to-face and have a conversation or send a message through email or text?
- Some people enjoy living in a location that has a warm climate all year. Other people like to live in a place where the seasons change. Which type of place do you prefer and why? Include specific examples and details in your answer.
- Which do you prefer: keeping traditional buildings to preserve culture or constructing new buildings?

스피킹 영역 모의고사 A

이제 스피킹 영역 모의고사를 풀어보겠습니다. 스피킹 영역 모의고사에서 제공되는 오디오 파일에는 읽기 지문을 읽는 시간, 답안을 준비하는 시간, 그리고 답안을 말하는 시간이 포함되어 있습니다. 파일을 재생한 후, 성우의 안내에 따라 문제를 풀어보세요.

모의고사를 시작하기 전 준비물이 있습니다. 실제 시험처럼 필기구와 백지를 준비하세요. 모의시험 후 직접 답변을 확인할 수 있도록 녹음기도 준비해주세요. 모든 문제는 실전처럼 타이머를 사용하실 것을 권합니다.

Speaking Section | Directions

The following section of the test will last approximately 17 minutes. During the test, you will need a recording device to play back and listen to your responses.

In this section, you will be asked to answer four speaking questions. Question number one will ask about a familiar topic. The other three questions will ask about short conversations and lectures. It is advised that you take notes as you listen to the conversations and lectures. The questions and the reading passages are printed in the book. The time allotted for preparing and delivering your response is indicated below each question. Make sure to provide complete answers to all the questions.

Question 1 of 4

4_1

You will now be asked to express your thoughts on a familiar topic. You will have 15 seconds to prepare your response and 45 seconds to speak after hearing the question.

When people acquire a new product, some prefer to read the instructions in the manual to understand how it works. Other people like to experiment with the product to try to figure it out on their own. Which approach do you prefer, and why do you prefer it?

Preparation Time: 15 Seconds

Response Time: 45 Seconds

Question 2 of 4

4_2

In this question, you will read a short passage about a campus situation and then listen to a talk on the same topic. You will then answer a question using information from both the reading passage and the talk. After you hear the question, you will have 30 seconds to prepare your response and 60 seconds to speak.

City University is planning to renovate its dining facility. Read the announcement. You have 45 seconds to read the announcement. Begin reading now.

Reading Time: 45 seconds

Renovation of Library Basement Dining Facility

Due to a significant increase in student numbers over the past few years, the congestion in the dining facility located in the library's basement has progressively worsened. The lack of sufficient seating during meal times has been further compounded by students using the dining area for studying and group activities. Additionally, concerns have been raised about the durability and safety of the current furnishings. To address these issues, the school administration has decided to renovate the library's dining area and update the furniture to better accommodate the needs of our students.

Question 2 of 4

Now listen to two students as they discuss the announcement.

Question 2 of 4

The woman expresses her opinion of the school's new announcement. State her opinion and explain the reasons she gives for holding that opinion.

Preparation Time: 30 Seconds

Response Time: 60 Seconds

Question 3 of 4

4_3

In this question, you will read a short passage on an academic subject and then listen to a talk on the same topic. You will then answer a question using information from both the reading passage and the talk. After you hear the question, you will have 30 seconds to prepare your response and 60 seconds to speak.

Now read the passage about sustaining innovation. You have 45 seconds to read the passage. Begin reading now.

Reading Time: 45 seconds

Sustaining Innovation

Many companies have continually improved their products and services through incremental updates and enhancements, which has led to the steady growth of their industries throughout the 21st century. This process, known as sustaining innovation, involves making continual improvements to existing products, processes, or services without fundamentally changing the market landscape. Sustaining innovations typically focus on enhancing product performance, adding new features, or reducing costs, thereby extending the life cycle of existing markets and products.

Question 3 of 4

Now listen to a lecture on this topic in a business class.

Question 3 of 4

The professor describes technological innovations in two different industries. Explain how these are related to sustaining innovation.

Preparation Time: 30 Seconds

Response Time: 60 Seconds

Question 4 of 4

4_4

In this question, you will listen to part of a lecture. You will then be asked to summarize important information from the lecture. After you hear the question, you will have 20 seconds to prepare your response, and 60 seconds to speak.

Now listen to part of a talk in a psychology class.

Question 4 of 4

Using points and examples from the talk, explain an internal and external locus of control.

Preparation Time: 20 Seconds

Response Time: 60 Seconds

스피킹 영역 모의고사 A 풀이

이제 모의고사 풀이를 시작하겠습니다. 답변을 녹음한 파일을 준비해 샘플 답안과 비교해보세요.

Question 1. 독립형 문제 Independent Speaking Task

수험자는 질문에 제시된 두 가지 행동이나 의견, 상황 중 하나를 택합니다. 그리고 그 이유를 구체적인 근거를 들어 말하면 됩니다. 보통 두 개 전후의 근거를 들어서 답변할 수 있습니다. 답변 준비 시간은 총 15초가 주어지며, 이때 보통 다섯 개 전후의 단어를 필기할 수 있습니다.

When people acquire a new product, some prefer to read the instructions in the manual to understand how it works. Other people like to experiment with the product to try to figure it out on their own. Which approach do you prefer, and why do you prefer it?

새 제품을 구매했을 때, 어떤 사람들은 제품이 어떻게 작동하는지 이해하기 위해 설명서를 읽는 걸 선호한다. 반면 그 제품을 직접 사용해보고 스스로 사용법을 알아내는 걸 좋아하는 사람도 있다. 당신은 어떤 것을 선호하며 그 이유는 무엇인가?

My Response

Brainstorming(답변에 참고할 단어를 써보세요)

단어 1:

단어 2:

단어 3:

단어 4:

단어 5:

✍ **Script**(단어만으로 문장을 이어 말하기 힘들다면, 대본을 써보는 것도 좋습니다)

앞 문제의 샘플 답안을 살펴봅시다.

Sample Response 🎧 5_1

I always read the manuals when I buy something new.

나는 새로운 물건을 사면 항상 설명서를 읽는다.

I think it saves me time in the long run. For example, I recently bought a robot vacuum cleaner, something I've never used before. I checked the manual a few times to figure out how it works, and it took me about 20 minutes. If I hadn't read the manual, I'm sure it would have taken much longer to familiarize myself with the machine.

나는 그렇게 하는 편이 더 시간을 절약한다고 생각한다. 예를 들어 최근에 로봇 청소기를 하나 샀는데, 나는 이전에 로봇 청소기를 사용해본 적이 없다. 작동하는 방법을 알아내기 위해 설명서도 몇 번 참고했고, 20분 정도의 시간이 걸렸다. 만약 내가 설명서를 읽지 않았다면 사용법에 익숙해지는 데 훨씬 더 긴 시간이 걸렸을 것이다.

Plus, I'm always worried I might break something. I have a history of breaking things, like my last two phones and a laptop. I know I'm not great with high-tech gadgets, so reading the manual thoroughly helps me avoid any unexpected disasters.

게다가 나는 항상 물건을 고장 낼까 봐 두렵다. 나는 여태 여러 기기를 망가뜨렸는데 예를 들어 휴대폰 두 대와 노트북 한 대를 고장 냈다. 내가 최첨단 기기를 잘 사용하지 못한다는 걸 알고 있다. 그래서 설명서를 꼼꼼하게 읽어서 예상치 못한 문제를 피하고 싶다.

다른 형식의 답안도 보도록 하겠습니다. 두 개의 근거를 들어 설명하는 게 아닌 하나의 긴 예시를 통해 답변할 수도 있습니다. 아래 답안을 참고하세요.

Sample Response 5_2

I don't usually read manuals. I prefer to experiment with products.

나는 보통 설명서를 읽지 않는다. 제품을 사용하면서 익숙해지는 걸 선호한다.

I recently got an iPad as a gift from my mom for my junior high school graduation. After receiving it, I went straight to my room and turned it on. The screen provided simple instructions, which I followed. Before long, I was able to install YouTube and Instagram, which are my favorites. It wasn't that different from my iPhone, so I guess that's why I didn't feel the need to read the manual.

나는 최근에 아이패드를 갖게 되었다. 중학교를 졸업하면서 엄마에게 받은 선물이다. 선물을 받은 후 곧장 방으로 가서 전원을 켰다. 화면에 간단한 지시 사항이 제공되었고 나는 그것을 따라갔다. 얼마 지나지 않아 가장 좋아하는 유튜브와 인스타그램을 설치할 수 있었다. 아이폰과 작동 방식이 크게 다르지 않았다. 아마도 그래서 설명서를 읽을 필요가 없었던 것 같다.

Plus, most electronics these days operate in similar ways. If anything goes wrong, I can always ask my older brother for help or call customer service.

또한 요즘 대부분의 전자기기는 비슷한 방식으로 작동한다. 만약 사용하다 문제가 있으면 오빠에게 물어보거나 고객 서비스 센터에 전화하면 된다.

Question 2. 통합형 문제 Integrated Speaking Task(Campus Life)

통합형 문제 2번은 대학의 정책이나 규정, 대학의 계획 등이 주제로 등장합니다. 지문을 읽는 시간은 지문 길이에 따라 45초 또는 50초가 주어집니다. 모의고사 A의 2번 문항 읽기 지문에 주어진 시간은 45초입니다. 먼저 지문을 해석해봅시다.

Reading Time: 45 seconds

Renovation of Library Basement Dining Facility
도서관 지하 식당 시설 보수

Due to a significant increase in student numbers over the past few years, the congestion in the dining facility located in the library's basement has progressively worsened. The lack of sufficient seating during meal times has been further compounded by students using the dining area for studying and group activities. Additionally, concerns have been raised about the durability and safety of the current furnishings. To address these issues, the school administration has decided to renovate the library's dining area and update the furniture to better accommodate the needs of our students.

최근 몇 년간 학생 수가 급격히 증가해 도서관 지하에 위치한 식당이 점점 혼잡해지고 있다. 식사 시간에 사용할 좌석이 부족한 상황에 학생들이 식당을 공부와 그룹 활동을 위해 사용하면서 이 문제가 더욱 악화되고 있다. 또한, 현재 가구의 내구성과 안전성에 대한 우려가 제기되었다. 이러한 문제들을 해결하고 학생들의 필요를 더 잘 반영하기 위해 학교 행정부는 식당을 보수하고 가구를 교체하기로 결정했다.

45초간 읽기 지문에서 주요 내용을 파악해 최대한 완전한 문장으로 적어두는 걸 권합니다. 문장으로 적어두면 문법 오류나 버벅거림 없이 답변을 깔끔하게 시작할 수 있습니다.

Reading Note
the school administration has decided to renovate the library's dining area and update the furniture

이제 두 사람의 대화를 들어봅시다. 필기할 때는 들리는 단어를 적는 게 아니라 핵심이라 파악되는 내용을 써두어야 합니다. 고득점을 받기 위해서는 최대한 많은 세부 사항을 듣고 적어두어야 하니 손을 바삐 움직이세요! 만약 어떤 내용이 중요한지, 중요하지 않은지 구분하기 어렵다면 혹은 필기하는 동안 대화의 내용이 잘 들리지 않는다면 리스닝 영역을 더 열심히 공부해야 합니다.

W: I've been waiting for this to happen! The school should renovate the dining area as soon as possible.
드디어 수리하는구나! 학교에서 가능한 한 빨리 식당을 수리해주면 좋겠어.

M: Really? I don't go to that area that often. I didn't know there were so many students.
정말? 나는 그곳에 자주 가지 않는데. 거기에 학생들이 그렇게 많은 줄 몰랐어.

W: Don't be silly. The dining area in the library's basement is the most popular place on campus. I know there are a few other options, but the library is right in the center of the campus, and it has the most extensive menu. I've always felt the dining area is quite small for what they offer.
무슨 소리야. 도서관 지하의 식당은 캠퍼스에서 가장 인기 있는 장소잖아. 다른 선택지도 있긴 하지만 도서관은 캠퍼스 중심에 있고, 가장 메뉴가 다양하다고. 나는 항상 식당이 제공하는 것에 비해 크기가 작다고 생각했어.

M : I understand, but when the weather's nice, I prefer eating outside.
그렇구나. 근데 나는 날씨가 좋을 때는 주로 야외에서 밥을 먹거든.

W: Sure, but if it rains or snows, the library is the best option. And I'm so glad that they've decided to change the furniture. I can't wait to see the new look of the place.
그래. 그런데 만약 비가 오거나 눈이 오면 도서관으로 가는 게 제일 나아. 학교에서 가구도 바꾼다고 하니 너무 좋다. 새로 단장한 모습을 얼른 보고 싶어.

M: Don't you think it's a waste of money to just replace them all?
그런데 그냥 다 교체하는 건 돈 낭비라고 생각하지 않아?

W: Not really. The notice mentioned concerns about the durability and safety of the current furnishings, but if you had been there often, you'd know that many of them actually need leveling.
별로. 안내문에 현재 사용하는 가구의 내구성과 안전성에 우려가 제기되었다고 쓰여 있잖아. 네가 거기 자주 갔으면 가구가 수평이 안 맞는다는 걸 알 텐데.

M: Yes, but can't they just fix those pieces? It's going to be cheaper that way.
그렇긴 한데 그냥 고장 난 것들을 고치면 안 되나? 그러면 더 저렴할 텐데.

W: Sure, but some of them are cheap plastic chairs, and I once saw a chair break under a man while he was sitting on it. He wasn't hurt, but he could have been.
그런 방법도 있지. 그런데 일부는 값싼 플라스틱 의자거든. 한번은 어떤 남자애가 앉은 의자가 부서지는 걸 봤어. 걔가 다치진 않았는데, 다칠 수도 있었지.

M: Well, that sounds dangerous. I guess the school has made the right decision.
그건 좀 위험하게 들리는데. 학교가 올바른 결정을 내린 모양이네.

Reading Note	Listening Note
the school administration has decided to renovate the library's dining area and update the furniture	w - good most popular place on campus most extensive menu rains/snows - the best option change furniture - good many - need leveling cheap plastic chairs - break - dangerous

미리 준비된 템플릿을 활용해 답변해봅시다. 변경된 정책은 어떤 것인지 짧게 설명한 후 학생의 의견을 상세하게 전달해야 합니다. 적절하게 시간 배분하는 것도 잊지 마세요. 정책 설명은 10초, 학생의 의견과 그 첫 번째 이유는 35초까지, 두 번째 이유는 60초까지 설명해야 합니다. 평소 연습 시 60초를 넘어간다면 초시계를 보고 답변하는 연습을 하세요.

답변을 돕는 템플릿

According to the notice,/The notice says the university has decided to … [변경된 정책]
In the conversation between the two students, the woman/man says/agrees/disagrees … [학생의 의견]
First, she/he points out that … [첫 번째 이유]
Second, she/he says … [두 번째 이유]

답변할 때는 필기한 내용에서 벗어나지 않는 걸 추천합니다. 내가 한 필기를 중심으로 어떻게 잘 이어서 말할지 집중적으로 연습해야 합니다. 이제 샘플 답안을 확인해봅시다.

Sample Response 5_3

The notice says the school administration has decided to renovate the library's dining area and update the furniture. In the conversation between the two students, the woman says it is a good idea.
안내문에는 학교 행정부가 도서관의 식당을 보수하고 가구를 교체하기로 결정했다고 쓰여 있다. 두 학생의 대화에서 여학생은 학교의 결정이 좋은 생각이라고 말한다.

First, she points out that the dining area is the most popular place on campus, and it offers the most extensive menu. In particular, she says that this place is the best spot when it rains or snows.
먼저, 그녀는 그곳이 캠퍼스에서 가장 인기 있는 장소이고, 가장 많은 메뉴를 제공한다고 말했다. 특히 비나 눈이 올 때 이 장소가 최고의 선택지라고 언급한다.

Second, she's pleased about the school's decision to change the furniture. She notes that many of the current chairs and tables need leveling. Moreover, she mentions that some cheap plastic chairs pose a safety risk because they could break.
두 번째로, 그녀는 가구를 바꾸기로 한 학교의 결정에 만족스러워한다. 그녀는 많은 가구가 수평이 맞지 않다는 걸 지적했으며, 일부 값싼 플라스틱 의자들은 깨질 수 있어 위험하다고 말한다.

Question 3. 통합형 문제 Integrated Speaking Task(Lecture)

통합형 문제 3번은 자연과학, 사회과학, 인문학 등 다양한 분야에서 발췌한 읽기 지문과 짧은 강의가 출제됩니다. 지문을 읽는 시간은 지문 길이에 따라 45초 또는 50초가 주어집니다. 모의고사 A의 3번 문항 읽기 지문에 주어진 시간은 45초입니다. 먼저 지문을 해석해봅시다.

Reading Time: 45 seconds

Sustaining Innovation
지속적 혁신

Many companies have continually improved their products and services through incremental updates and enhancements, which has led to the steady growth of their industries throughout the 21st century. This process, known as sustaining innovation, involves making continual improvements to existing products, processes, or services without fundamentally changing the market landscape. Sustaining innovations typically focus on enhancing product performance, adding new features, or reducing costs, thereby extending the life cycle of existing markets and products.

많은 기업이 지속적인 업그레이드와 보완을 통해 자사의 제품 및 서비스를 계속 향상해왔다. 이 과정은 21세기 동안 산업의 꾸준한 성장을 이끌었다. 이러한 과정을 지속적 혁신이라고 한다. 지속적 혁신은 기존 제품, 프로세스 또는 서비스에 지속적인 개선을 더하는 걸 말하며, 시장 환경을 근본적으로 변화시키지는 않는다. 지속적 혁신은 보통 제품 성능의 향상, 새로운 기능의 추가 또는 비용의 절감에 초점을 맞춰 기존 시장과 제품의 수명 주기를 연장한다.

45초간 읽기 지문에서 주요 내용을 파악해 최대한 완전한 문장으로 적어두는 걸 권합니다. 문장으로 적어두면 문법 오류나 버벅거림 없이 답변을 깔끔하게 시작할 수 있습니다.

Reading Note

sustaining innovation
making continual improvements to existing products (processes, or services)

이제 교수의 강의를 들어봅시다. 필기할 때는 들리는 단어를 적는 게 아니라 핵심이라 파악되는 내용을 써두어야 합니다. 어떤 내용이 중요한지, 중요하지 않은지 구분하기 어렵다면 스피킹이 아닌 리스닝 영역을 더 열심히 공부해야 합니다.

Professor: Today, we're delving into a fascinating concept that's critical to the continuous growth and evolution of businesses and industries. It's called sustaining innovation. Unlike disruptive innovation, which radically changes and creates new markets, sustaining innovation is more about the incremental improvements that companies make to their existing products, services, and processes. These enhancements are designed not to upset the current market but to ensure that a product or service remains competitive and continues to meet the evolving needs of consumers.

교수: 오늘은 비즈니스와 산업의 지속적인 성장과 발전에 필수적인 개념에 대해 알아보겠습니다. 바로 지속적 혁신입니다. 파괴적 혁신이 시장을 완전히 바꾸고 새로운 시장을 만드는 거라면, 지속적 혁신은 기업이 기존 제품, 서비스 및 프로세스를 점진적으로 개선하는 걸 의미합니다. 이러한 개선 사항들은 현재 시장에 혼란을 주지 않으면서도, 제품이나 서비스가 경쟁력을 유지하고 소비자의 요구 사항이 변하더라도 계속 이를 만족시키도록 설계되었습니다.

Now, let's look at some examples to better understand this concept. First, consider the smartphone industry. Over the past two decades, smartphones have evolved significantly. Initially, a smartphone was merely a device combining the functions of a mobile phone and a PDA. However, through the process of sustaining innovation, manufacturers have incrementally improved their products. They've enhanced screen resolution, battery life, and camera quality while introducing new features like fingerprint sensors and facial recognition. Each of these enhancements has made the smartphone more valuable and extended its market life without displacing the basic market structure for mobile phones.

이 개념을 더 잘 이해하기 위해 몇 가지 예를 들어보겠습니다. 먼저 스마트폰 산업을 생각해보세요. 지난 20년 동안 스마트폰은 크게 발전했습니다. 처음에 스마트폰은 단지 휴대폰과 PDA*의 기능을 결합한 장치에 불과했습니다. 하지만 지속적 혁신 과정을 통해, 제조사들은 제품을 점진적으로 개선했습니다. 화면 해상도, 배터리 수명, 카메라 품질을 향상시키고 지문 센서와 얼굴 인식 같은 새로운 기능을 도입했습니다. 이러한 업그레이드는 스마트폰을 더 가치 있게 만들고 시장 수명을 연장시켰지만 휴대폰 시장의 기본적인 구조를 대체하지는 않았습니다.

*PDA: 컴퓨터와 휴대폰 따위의 기능을 가진 휴대용 개인 단말기

Another example can be found in the automotive industry. Traditional car manufacturers continuously introduce new models each year that offer improved fuel efficiency, better safety features, and enhanced comfort. While these innovations may not revolutionize the entire automotive market, they play a critical role in sustaining the industry's growth by meeting the ever-changing demands of consumers and regulatory standards.

또 다른 예는 자동차 산업에서 찾아볼 수 있습니다. 전통적인 자동차 제조사들은 매년 연비가 개선되고 안전 기능과 편안함이 향상된 새 모델을 지속적으로 출시합니다. 이러한 혁신들이 전체 자동차 시장을 혁명적으로 변화시키지는 않지만, 소비자의 지속적으로 변하는 요구와 규제 기준을 충족함으로써 산업의 성장을 지원하는 중요한 역할을 합니다.

Sustaining innovation is vital for companies to maintain their market position and profitability. It involves a deep understanding of customer needs and a commitment to continuous improvement. This type of innovation may not be as glamorous or as noticeable as launching a brand-new product category, but it is equally important for long-term business success.

지속적 혁신은 기업이 시장 위치와 수익성을 유지하기 위해 필수적입니다. 이는 고객의 요구를 깊이 이해하고 지속적인 개선에 관심이 있어야 가능한 일입니다. 이 형태의 혁신은 새로운 제품군을 출시하는 것만큼 화려하거나 눈에 띄지 않을 수 있지만, 장기적인 비즈니스 성공에 있어서는 마찬가지로 중요합니다.

Reading Note	Listening Note
sustaining innovation making continual improvements to existing products (processes, or services)	incremental improv remain competitive 1. smartphone industry first - mobile phone + PDA incrementally improved screen res. batter, cam qual. (fingerpri sen, face recog.) phone - more valuable 2. automotive industry car - new models fuel effici. safety feat. comfort meet demands of consu

미리 준비된 템플릿을 활용해 답변해봅시다. 읽기 지문에서 언급된 새로운 개념과 그 정의를 짧게 설명한 후 강의에서 등장한 예시를 상세하게 전달해야 합니다. 적절하게 시간 배분하는 것도 잊지 마세요. 개념과 정의 설명은 10초, 첫 번째 예시는 35초까지, 두 번째 예시는 60초까지 설명해야 합니다. 평소 연습 시 60초를 넘어간다면 초시계를 보고 답변하는 연습을 하세요.

답변을 돕는 템플릿

- 듣기 강의에서 개념에 대한 예시가 두 개 나오는 경우

  The professor talks about … [새로운 개념 + 정의].
  He gives two examples to explain this concept.
  First, …
  Second, …

  According to the reading passage, … [새로운 개념 + 정의].
  In the lecture, the professor gives two examples to explain this concept.
  First, …
  Second, …

- 듣기 강의에서 실험이 나오는 경우

  The professor talks about … [새로운 개념 + 정의].
  He describes an experiment (that he conducted) to prove this concept.
  In the experiment, students/participants/subjects were asked to do …
  First, …
  Second, …

- 듣기 강의에서 교수의 개인적인 일화가 예시로 나오는 경우

  The professor talks about … [새로운 개념 + 정의].
  He tells his personal story to explain this concept.

답변할 때는 필기한 내용에서 벗어나지 않아야 합니다. 내용을 전체적으로 깔끔하게 정리하는 게 아니라 방금 들은 내용을 그대로, 마치 앵무새처럼 전달하기만 하면 됩니다. 따라서 내가 한 필기를 위에서 아래로, 왼쪽에서 오른쪽으로 어떻게 잘 이어서 말할지 집중적으로 연습하세요. 또한 별로 중요하지 않은 내용을 필기했다고 판단되는 경우 필기하는 도중 혹은 준비 시간에 해당 부분을 선으로 빠르게 그어 보이지 않도록 하는 게 좋습니다. 막상 답변 시간이 되면 긴장도가 올라가 준비할 때는 '읽지 말아야지'라고 생각한 부분도 읽어버리게 되거든요.

필기해둔 단어만 보고 답변하기가 어렵다면 적어둔 단어 주변에 도움이 될 만한 단어들, 예컨대 동사나 목적어 등을 써보거나 혹은 완전한 문장으로 스크립트를 작성해보는 것도 좋습니다. 스크립트를 직접 작성해보고 단어를 추가로 필기해 말하는 연습을 부단히 반복하다 보면 더 이상 스크립트로 답변을 작성하지 않아도 곧바로 말할 수 있게 됩니다.

Sample Response 5_4

The professor talks about sustaining innovation. This process involves making continual improvements to existing products. He emphasizes that to remain competitive in the market, this process is very important. He gives two examples to explain this concept.

교수는 지속적 혁신에 대해 설명한다. 이 과정은 기존 제품을 지속적으로 개선하는 것을 포함한다. 그는 시장에서 경쟁력을 유지하기 위해 이 과정이 매우 중요하다고 강조한다. 이 개념을 설명하기 위해 두 가지 예를 든다.

The first example he provides is the smartphone industry. When the smartphone first came out, it was just a combination of a mobile phone and a PDA. However, the industry incrementally improved the product by enhancing screen resolution, battery life, and camera quality. As a result, phones are more valuable these days.

첫 번째 예로는 스마트폰 산업을 든다. 스마트폰이 처음 출시되었을 때, 그것은 단지 휴대폰과 PDA의 결합에 불과했다. 그러나 업계는 화면 해상도, 배터리 수명 및 카메라 품질 등을 향상시키며 제품을 점진적으로 개선했다. 결과적으로, 오늘날의 휴대폰은 더 가치가 있다.

The second example is the automotive industry. Car manufacturers introduce new models every year with improved fuel efficiency, safety, and comfort. By continually improving existing products, companies can meet evolving consumer demands.

두 번째 예는 자동차 산업이다. 자동차 제조 업체들은 매년 연비, 안전성 및 편안함이 개선된 새 모델을 소개한다. 기존 제품을 지속적으로 개선함으로써, 회사는 변화하는 소비자 요구를 충족할 수 있다.

Question 4. 통합형 문제 Integrated Speaking Task(Lecture)

통합형 문제 4번은 3번 문항과 마찬가지로 자연과학, 사회과학, 인문학 등 다양한 분야에서 발췌한 짧은 강의가 출제됩니다. 읽기 지문은 제공되지 않으니 곧바로 교수의 강의를 들어봅시다. 마찬가지로 필기할 때는 들리는 단어를 적는 게 아니라 핵심이라 파악되는 내용을 써두어야 합니다. 어떤 내용이 중요한지, 중요하지 않은지 구분하기 어렵다면 스피킹이 아닌 리스닝 영역을 더 열심히 공부해야 합니다.

Professor: Today, we will explore a fundamental concept in psychology known as locus of control. It's about where we believe control comes from. Some people think they can control a lot of what happens to them. Others believe that most things are out of their hands. There are two types of locus of control: internal and external. Individuals with an internal locus of control believe that their actions and decisions significantly influence the outcomes of their lives. On the other hand, those with an external locus of control feel that their lives are predominantly shaped by external factors, circumstances beyond their control, or sheer luck.

교수: 오늘은 심리학에서 매우 중요한 개념인 통제 위치에 대해 알아봅시다. 이 개념은 통제가 어디서 오는지에 대한 우리의 생각을 다루고 있습니다. 어떤 사람은 자신의 삶에서 일어나는 많은 일을 스스로 통제할 수 있다고 생각합니다. 반면, 다른 사람은 대부분의 일들이 자신의 손을 벗어나 있다고 믿습니다. 통제 위치에는 내적, 외적 두 가지 유형이 있습니다. 내적 통제 위치를 가진 사람은 자신의 행동과 결정이 삶의 결과에 상당한 영향을 미친다고 생각합니다. 반면, 외적 통제 위치를 가진 사람은 자신의 삶이 주로 외부 요인, 통제할 수 없는 상황 혹은 순수한 운에 의해 결정된다고 느낍니다.

Say two people are facing the same situation at the workplace. They are both up for a promotion, and the female worker has an internal locus of control. She credits her achievement to her own work and abilities because she has an internal locus of control. As a result, she is confident that her hard work will result in a promotion. She also believes that if she does not succeed, she simply needs to put in more effort. People who have an internal locus of control are more confident in the face of obstacles and are more likely to succeed at work.

두 사람이 직장에서 같은 상황에 놓여 있다고 가정합시다. 두 사람은 모두 승진 후보에 올랐습니다. 그리고 여성 근로자는 내적 통제 위치자입니다. 그녀는 내부에 통제 위치를 가지고 있기 때문에 자신의 성취를 자기가 한 일과 능력 덕이라고 생각합니다. 따라서 그녀는 자신의 노력이 승진이라는 결과를 낳을 거라고 자신합니다. 또한 승진하지 못한다고 해도 단순히 노력을 더 많이 하면 될 거라 믿습니다. 내적 통제 위치자는 장애물에 직면할 때 더 자신감이 넘치며, 직장에서 성공할 가능성이 더 높습니다.

Now, let's consider the other person, a male worker, who has an external locus of control. He attributes his success to luck or fate. As a result, he is less inclined to put in the necessary effort to learn and progress. He believes that the promotion is mainly out of his hands and that other influences, such as chance or the boss's whims, will determine if he gets the job. He may not put as much effort into earning the promotion since he does not believe he can improve the situation through his own efforts. However, every cloud has a silver lining. If he doesn't get it, he might be kinder to himself than those who have a strong internal locus of control.

이제 다른 사람을 살펴봅시다. 남성 근로자이며 그는 외적 통제 위치자입니다. 그는 자신의 성공을 운이나 운명의 결과로 돌립니다. 그 결과, 배움과 발전을 위해 노력을 쏟지 않는 경향이 있습니다. 그는 승진이 자신의 통제 밖에 있으며, 우연 또는 상사의 변덕 등 다른 영향이 승진을 결정할 거라고 믿습니다. 자신의 노력으로 상황을 개선할 수 있다고 생각하지 않으므로 그는 승진을 위해 그다지 큰 노력을 하지 않을 수 있습니다. 그러나 이와 같은 특징을 가진 사람에게도 긍정적인 면이 있습니다. 강한 내적 통제 위치를 가진 사람들과 달리 그는 승진하지 못한다고 해도 자신을 모질게 대하지 않습니다.

Listening Note

locus of control
where control comes
two types
internal L of C - action > outcome (influence)
external L of C - shaped by external factors, x control
same situ, workplace, 2 ppl up for promotion

female, internal - credit achiv to her own work/abilities
hard work - promotion
x succeed - put more effort!
confident - obstacles

male, external
success - luck, fate
less, effort
promotion - out of his hands
x much effort, x believe he can improve the situ thru effort

미리 준비된 템플릿을 활용해 답변해봅시다. 적절하게 시간 배분하는 것도 잊지 마세요. 개념과 정의 설명은 10초, 첫 번째 예시는 35초까지, 두 번째 예시는 60초까지 설명해야 합니다. 평소 연습 시 60초를 넘어간다면 초시계를 보고 답변하는 연습을 하세요.

답변을 돕는 템플릿

• 듣기 강의에서 개념에 대한 예시가 두 개 나오는 경우

The professor talks about … [새로운 개념 + 정의].
He gives two examples to explain this concept.
First, …
Second, …

According to the reading passage, … [새로운 개념 + 정의].
In the lecture, the professor gives two examples to explain this concept.
First, …
Second, …

• 듣기 강의에서 실험이 나오는 경우

The professor talks about … [새로운 개념 + 정의].
He describes an experiment (that he conducted) to prove this concept.
In the experiment, students/participants/subjects were asked to do …
First, …
Second, …

• 듣기 강의에서 교수의 개인적인 일화가 예시로 나오는 경우

The professor talks about … [새로운 개념 + 정의].
He tells his personal story to explain this concept.

답변할 때는 필기한 내용에서 벗어나지 않는 걸 추천합니다. 내가 한 필기를 중심으로 어떻게 잘 이어서 말할지 집중적으로 연습해야 합니다.

Sample Response 5_5

In the lecture, the professor is talking about a concept called locus of control. It refers to where we think control comes from. There are two categories: internal and external locus of control.

강의에서 교수는 통제 위치라는 개념에 대해 이야기하고 있다. 이는 어디에서 통제가 비롯되었다고 생각하는지를 뜻한다. 여기에는 내적 통제와 외적 통제라는 두 가지 범주가 있다.

The professor gives an example to explain this further. Two people at the workplace are in the same situation. They are both up for a promotion, but their actions and thoughts are quite different.

교수는 이 개념을 더 설명하기 위해 예를 든다. 직장에서 두 사람은 같은 상황에 처해 있다. 두 사람 모두 승진을 앞두고 있지만 그들의 행동과 생각은 사뭇 다르다.

The first person, who has an internal locus of control, credits her achievement to her own work and abilities. She believes that hard work will lead to a promotion, and if she fails, she is willing to put in more effort. This person remains confident even when faced with obstacles.

내적 통제 위치를 가진 첫 번째 사람은 성취를 자신이 해낸 일과 능력 덕분으로 생각한다. 그녀는 노력이 승진으로 이어질 거라 믿으며, 성공하지 못한다면 기꺼이 더 많이 노력한다. 이 사람은 걸림돌이 있더라도 자신감을 유지한다.

The other one, who has an external locus of control, thinks success comes from luck or fate. He tends to make less effort because he believes this promotion is out of his hands. Also, he doesn't believe that he can improve the situation through effort because his locus of control is external.

외적 통제 위치를 가진 또 다른 한 사람은 성공이 운이나 운명에서 비롯된다고 생각한다. 그는 이번 승진이 그의 통제 밖에 있다고 믿기 때문에 덜 노력하는 경향이 있다. 또한 그는 외부에 통제 위치를 두기 때문에 노력을 통해 상황을 개선할 수 있다고 믿지 않는다.

스피킹 영역 모의고사 B

모의고사를 시작하기 전 준비물이 있습니다. 실제 시험처럼 필기구와 백지를 준비하세요. 모의시험 후 직접 답변을 확인할 수 있도록 녹음기도 준비해주세요. 모든 문제는 실전처럼 타이머를 사용하실 것을 권합니다.

Speaking Section | Directions

The following section of the test will last approximately 17 minutes. During the test, you will need a recording device to play back and listen to your responses.

In this section, you will be asked to answer four speaking questions. Question number one will ask about a familiar topic. The other three questions will ask about short conversations and lectures. It is advised that you take notes as you listen to the conversations and lectures. The questions and the reading passages are printed in the book. The time allotted for preparing and delivering your response is indicated below each question. Make sure to provide complete answers to all the questions.

Question 1 of 4

6_1

You will now be asked to express your thoughts on a familiar topic. You will have 15 seconds to prepare your response and 45 seconds to speak after hearing the question.

Do you agree or disagree with the following statement? Good friends always make the best roommates.

Preparation Time: 15 Seconds

Response Time: 45 Seconds

Question 2 of 4

6_2

In this question, you will read a short passage about a campus situation and then listen to a talk on the same topic. You will then answer a question using information from both the reading passage and the talk. After you hear the question, you will have 30 seconds to prepare your response and 60 seconds to speak.

The university is planning to purchase online materials for its music library. Read the announcement. You have 45 seconds to read the announcement. Begin reading now.

Reading Time: 45 seconds

Music Library to Purchase Online Materials

To make the most of its space, the school's music library has announced that it will now allocate the majority of its budget to acquiring digital materials. Along with this shift, the library has added 20 new computers to help students find and print the materials they need. This approach allows the library to offer a broader range of collections. Up to 30 students can check out digital books at the same time, for up to a month. The Head Librarian expects these changes to make the library more efficient for everyone since the digital format significantly reduces the physical space needed for storage.

Question 2 of 4

Now listen to two students as they discuss the announcement.

Question 2 of 4

The man expresses his opinion of the library's policy on purchasing online materials. State his opinion and explain the reasons he gives for holding that opinion.

Preparation Time: 30 Seconds

Response Time: 60 Seconds

Question 3 of 4

6_3

In this question, you will read a short passage on an academic subject and then listen to a talk on the same topic. You will then answer a question using information from both the reading passage and the talk. After you hear the question, you will have 30 seconds to prepare your response and 60 seconds to speak.

Now read the passage about cognitive dissonance. You have 45 seconds to read the passage. Begin reading now.

Reading Time: 45 seconds

Cognitive dissonance

People experience mental conflict when their behaviors and beliefs do not align. This mental conflict, known as cognitive dissonance, sometimes happens when an individual holds two contradictory beliefs. It can immediately lead to changes in behavior, beliefs, and attitudes. To alleviate this discomfort, some individuals convince themselves that there is no conflict. By convincing themselves and rationalizing the conflicting situations, people can minimize the mental discomfort caused by the contradiction.

Question 3 of 4

Now listen to a lecture on this topic in a psychology class.

Question 3 of 4

Using the example from the lecture, explain what cognitive dissonance is and how it affects people's behavior.

Preparation Time: 30 Seconds

Response Time: 60 Seconds

Question 4 of 4

6_4

In this question, you will listen to part of a lecture. You will then be asked to summarize important information from the lecture. After you hear the question, you will have 20 seconds to prepare your response, and 60 seconds to speak.

Now listen to part of a talk in a zoology class.

Question 4 of 4

Using points and examples from the lecture, describe the social structures of baboons.

Preparation Time: 20 Seconds

Response Time: 60 Seconds

스피킹 영역 모의고사 B 풀이

이제 모의고사 풀이를 시작하겠습니다. 답변을 녹음한 파일을 준비해 샘플 답안과 비교해보세요.

Question 1. 독립형 문제 Independent Speaking Task

수험자는 질문에 제시된 두 가지 행동이나 의견, 상황 중 하나를 택합니다. 그리고 그 이유를 구체적인 근거를 들어 말하면 됩니다. 보통 두 개 전후의 근거를 들어서 답변할 수 있습니다. 답변 준비 시간은 총 15초가 주어지며, 이때 보통 다섯 개 전후의 단어를 필기할 수 있습니다.

Do you agree or disagree with the following statement? Good friends always make the best roommates.

다음 주장에 동의하는가? 좋은 친구는 항상 최고의 룸메이트다.

My Response

Brainstorming(답변에 참고할 단어를 써보세요)

단어 1:

단어 2:

단어 3:

단어 4:

단어 5:

Script(단어만으로 문장을 이어 말하기 힘들다면, 대본을 써보는 것도 좋습니다)

앞 문제의 샘플 답안을 살펴봅시다.

Sample Response 7_1

I agree with the statement that good friends make the best roommates.

나는 좋은 친구가 최고의 룸메이트라는 말에 동의한다.

First of all, best friends often have shared interests—whether it's fishing, golfing, or playing computer games. Living together in the same room or a studio apartment means you'll spend more time enjoying these activities together.

우선, 가장 친한 친구들은 낚시, 골프, 컴퓨터 게임 등 주로 관심사를 공유한다. 같은 방이나 작은 아파트에서 함께 산다는 건 이러한 활동을 함께 즐기며 더 많은 시간을 보낼 수 있다는 걸 의미한다.

Secondly, living with someone outside your family for the first time means you'll need to learn how to resolve conflicts. It can be awkward to discuss sensitive issues like cleaning shared spaces or setting quiet hours with roommates. However, if my roommate is my best friend, I can bring up these topics more freely and comfortably.

두 번째로, 가족이 아닌 사람과 처음으로 함께 살게 되면 갈등을 해결하는 방법을 배워야 한다. 공유 공간을 청소하거나 조용히 해야 하는 시간을 정하는 것과 같은 민감한 문제들을 논의하는 게 어색할 수 있다. 하지만 만약 룸메이트가 내 절친한 친구라면 이런 이야기들을 더 자유롭고 편안하게 꺼낼 수 있다.

다른 형식의 답안도 보도록 하겠습니다. 두 개의 근거를 들어 설명하는 게 아닌 하나의 긴 예시를 통해 답변할 수도 있습니다. 아래 답안을 참고하세요.

Sample Response 7_2

As much as I'd like to agree with the statement, I have to disagree based on my personal experience. When I was in college, I shared an apartment with my best friends, Brandy and Karl. I've known them since kindergarten, and our families are close. However, looking back, I don't have fond memories of the time we lived together near campus. I prefer to keep my dishes clean and the floors free of cans and pizza boxes, but they didn't seem to mind the mess they made. Karl, in particular, enjoyed hosting parties every Friday and Saturday. Whenever he invited lots of friends over to our apartment, it would become incredibly noisy and distracting.

좋은 친구는 항상 최고의 룸메이트라는 말에 매우 동의하고 싶지만, 개인적인 경험에 비춰봤을 때 그 말에 반대할 수밖에 없다. 대학교에 다닐 때 나는 가장 친한 친구인 브랜디와 칼과 함께 아파트를 썼다. 우리는 유치원 때부터 알고 지냈고, 우리들의 가족도 서로 잘 알고 지낸다. 하지만 돌이켜보면 우리가 학교 근처에서 함께 살았던 시절에 대한 좋은 기억이 전혀 없다. 나는 설거지도 주기적으로 하고 바닥에 캔이나 피자 상자가 나뒹굴지 않는 편을 선호하는데, 내 친구들은 그런 걸 별로 개의치 않았다. 특히 칼은 매주 금요일과 토요일에 파티를 여는 걸 좋아했다. 많은 친구를 아파트로 초대하곤 했는데 그럴 때마다 아파트가 엄청나게 시끄럽고 산만해졌다.

Question 2. 통합형 문제 Integrated Speaking Task(Campus Life)

통합형 문제 2번은 대학의 정책이나 규정, 대학의 계획 등이 주제로 등장합니다. 지문을 읽는 시간은 지문 길이에 따라 45초 또는 50초가 주어집니다. 모의고사 B의 2번 문항 읽기 지문에 주어진 시간은 45초입니다. 먼저 지문을 해석해봅시다.

Reading Time: 45 seconds

Music Library to Purchase Online Materials

음악 도서관의 온라인 자료 구매

To make the most of its space, the school's music library has announced that it will now allocate the majority of its budget to acquiring digital materials. Along with this shift, the library has added 20 new computers to help students find and print the materials they need. This approach allows the library to offer a broader range of collections. Up to 30 students can check out digital books at the same time, for up to a month. The Head Librarian expects these changes to make the library more efficient for everyone since the digital format significantly reduces the physical space needed for storage.

도서관 내 공간을 더 잘 사용하기 위해 학교의 음악 도서관은 앞으로 온라인 자료를 구매하는 데 대부분의 예산을 쓸 예정이다. 또한 스무 대의 새 컴퓨터를 추가로 제공하므로 학생들은 필요한 자료를 찾고 인쇄할 수 있다. 이번 변화로 인해 도서관이 훨씬 더 많은 도서를 제공하게 된다. 온라인 도서는 최대 30명의 학생이 동시에 한 달까지 대출할 수 있다. 도서관장은 디지털 형식을 도입함으로써 도서를 보관하는 데 필요한 물리적 공간이 크게 줄어들어, 모두를 위해 도서관이 더 효율적으로 운영될 것으로 기대한다.

45초간 읽기 지문에서 주요 내용을 파악해 최대한 완전한 문장으로 적어두는 걸 권합니다. 문장으로 적어두면 문법 오류나 끊김 없이 답변을 깔끔하게 시작할 수 있습니다.

Reading Note
the school's music library will use the majority of its budget to buy digital materials

이제 두 사람의 대화를 들어봅시다. 필기할 때는 들리는 단어를 적는 게 아니라 핵심이라 파악되는 내용을 써두어야 합니다. 고득점을 받기 위해서는 최대한 많은 세부 사항을 듣고 적어두어야 하니 손을 바삐 움직이세요! 만약 어떤 내용이 중요한지, 중요하지 않은지 구분하기 어렵다면 혹은 필기하는 동안 대화의 내용이 들리지 않는다면 리스닝 영역을 더 열심히 공부해야 합니다.

W: Did you see the notice about the new changes in the school's music library?
학교 음악 도서관과 관련한 새로운 공지 봤어?

M: Yes, I got an email from the school about it.
응, 학교에서 메일이 왔더라고.

W: I've just got back from the library. They're installing new computers and printers already.
도서관에서 방금 돌아오는 길이야. 벌써 새로운 컴퓨터랑 프린터를 설치하고 있더라.

M: Oh, they've already purchased the new equipment. Great!
와, 벌써 새 장비를 샀나 보네. 잘됐다!

W: It's not great. Now I have to read books on a screen. It's so annoying.
잘되긴 무슨. 이제 화면으로 책을 읽어야 하잖아. 너무 짜증 나.

M: Well, yes, looking at screens for too long can definitely be tough on the eyes. But there's something you might not know about. The digital books provided by the library are quite unique. The email says they come with an audio playback feature, so you can have the content read out to you. And also, there's a feature where you can listen to music that's related to the content in the books. This way, you can enjoy both the story and the music that goes along with it, all without straining your eyes on a screen.
음, 맞아. 화면을 오래 보는 건 정말 눈에 안 좋긴 해. 근데 너가 몰랐을 텐데, 도서관에서 빌릴 수 있는 디지털 책이 진짜 특별해. 메일을 보니까 오디오 재생 기능이 있어서 내용을 대신 들려준대. 게다가 책 내용에 맞는 음악도 들을 수 있게 되어 있어. 이런 식으로 하면 화면을 쳐다보면서 눈을 아프게 할 필요 없이 이야기도 듣고, 관련 음악도 즐길 수 있지.

W: Really? That does sound nice.
그래? 그것도 괜찮은 것 같네.

M: And I'm excited about the expanded collection. I used to have to go to other schools to borrow books. Now that I'm working on my graduate thesis, this is perfect timing.

Just yesterday, I wanted to check out 'A Geometry of Music' by Dmitri Tymoczko, you know, one of the most famous books in music theory. But our library didn't even have one. Our music library's collection hasn't been that great, you know.
게다가 책도 훨씬 더 많이 구매한다고 하잖아. 예전에는 책을 빌리려고 다른 학교에 갔거든. 지금 대학원 논문을 작업 중인데 정말 좋은 타이밍에 바뀌는 것 같아. 어제만 해도 드미트리 티모치코Dmitri Tymoczko의 《A Geometry of Music》이라는 책을 빌리고 싶었거든. 너도 알다시피 음악 이론에서 유명한 책 중 하나잖아. 그런데 우리 도서관에는 한 권도 없더라고. 우리 학교 음악 도서관에는 책이 별로 없는 것 같아.

W: When you put it that way, it's starting to sound like a good idea.
그렇게 말하니까 정말 좋은 변화 같네.

Reading Note	Listening Note
the school's music library will use the majority of its budget to buy digital materials	M - good idea audio playb feat. read out content listen t music related story + music strain x can purchase more materials graduate thesis collection - not particularly good

미리 준비된 템플릿을 활용해 답변해봅시다. 변경된 정책은 어떤 것인지 짧게 설명한 후 학생의 의견을 상세하게 전달해야 합니다. 적절하게 시간 배분하는 것도 잊지 마세요. 정책 설명은 10초, 학생 의견과 그 첫 번째 이유는 35초까지, 두 번째 이유는 60초까지 설명해야 합니다. 평소 연습 시 60초를 넘어간다면 초시계를 보고 답변하는 연습을 하세요.

답변을 돕는 템플릿

According to the notice,/The notice says the university has decided to … [변경된 정책]
In the conversation between the two students, the woman/man says/agrees/disagrees … [학생의 의견]
First, she/he points out that … [첫 번째 이유]
Second, she/he says… [두 번째 이유]

답변할 때는 필기한 내용에서 벗어나지 않는 걸 추천합니다. 내가 한 필기를 중심으로 어떻게 잘 이어서 말할지 집중적으로 연습해야 합니다.

Sample Response 7_3

The notice says that from now on, the school's music library will use the majority of its budget to buy digital materials.

공고문에 따르면 앞으로 학교 음악 도서관은 예산의 대부분을 디지털 자료 구입에 사용할 것이라고 한다.

In the conversation between the two students, the man says that this change is a great idea.

두 학생의 대화에서 남학생은 이 변화가 아주 좋은 생각이라고 말한다.

First, he states that students do not have to worry about straining their eyes since digital books provide audio playback features. These features can read out the content. Moreover, users can listen to music related to the content, adding to the convenience.

우선 그는 학생들이 눈 피로에 대해 걱정할 필요가 없다고 말한다. 디지털 책은 내용을 읽어주는 오디오 재생 기능을 제공하기 때문이다. 또한 사용자는 내용과 관련된 음악을 들을 수 있어서 편리함을 더한다.

Second, he seems to think the library can purchase more materials this way. He's working on a graduate thesis, so he thinks new books and materials would really help. He also points out that the school's collection is not particularly great.

두 번째로, 그는 도서관이 이런 방식으로 더 많은 자료를 구입할 수 있다고 생각하는 것 같다. 그는 대학원 논문을 쓰고 있어서 새로운 책과 자료가 정말 도움이 될 거라고 생각한다. 학교에서 소장하고 있는 도서가 별로 많지 않다고 지적하기도 한다.

Question 3. 통합형 문제 Integrated Speaking Task(Lecture)

통합형 문제 3번은 자연과학, 사회과학, 인문학 등 다양한 분야에서 발췌한 읽기 지문과 짧은 강의가 출제됩니다. 지문을 읽는 시간은 지문 길이에 따라 45초 또는 50초가 주어집니다. 모의고사 B의 3번 문항 읽기 지문에 주어진 시간은 45초입니다. 먼저 지문을 해석해봅시다.

Reading Time: 45 seconds

Cognitive Dissonance

인지부조화

People experience mental conflict when their behaviors and beliefs do not align. This mental conflict, known as cognitive dissonance, sometimes happens when an individual holds two contradictory beliefs. It can immediately lead to changes in behavior, beliefs, and attitudes. To alleviate this discomfort, some individuals convince themselves that there is no conflict. By convincing themselves and rationalizing the conflicting situations, people can minimize the mental discomfort caused by the contradiction.

사람들은 자기 행동과 신념이 일치하지 않을 때 정신적 갈등을 경험한다. 인지부조화로 알려진 이 정신적 갈등은 개인이 두 가지 상반된 신념을 가질 때 가끔 발생한다. 이는 곧바로 행동, 신념, 그리고 태도의 변화로 이어질 수 있다. 불편을 완화하기 위해 어떤 이들은 갈등이 없다고 자신을 설득한다. 스스로 설득하고 갈등 상황을 합리화함으로써 사람들은 모순으로 인한 정신적 불편을 최소화할 수 있다.

45초간 읽기 지문에서 주요 내용을 파악해 최대한 완전한 문장으로 적어두는 걸 권합니다. 문장으로 적어두면 문법 오류나 끊김 없이 답변을 깔끔하게 시작할 수 있습니다.

Reading Note

Cognitive Dissonance
People experience mental conflict when their behaviors and beliefs do not align.

이제 교수의 강의를 들어봅시다. 필기할 때는 들리는 단어를 적는 게 아니라 핵심이라 파악되는 내용을 써두어야 합니다. 어떤 내용이 중요한지, 중요하지 않은지 구분하기 어렵다면 스피킹이 아닌 리스닝 영역을 더 열심히 공부해야 합니다.

Professor: Let me tell you my personal story about how I dealt with cognitive dissonance. To be honest with you, I love doughnuts, but I don't eat them very often. When I want to have them, I usually have them at breakfast so that I can burn them off for the rest of the day.

교수: 인지부조화를 어떻게 해결했는지에 대한 저의 개인적인 이야기를 들려드리겠습니다. 솔직히 말해서, 저는 도넛을 매우 좋아하지만 자주 먹지는 않습니다. 도넛을 먹고 싶을 때면 남은 하루 동안 열량을 태워버릴 수 있도록 보통 아침에 먹습니다.

When I was in college, I was on a diet for several months. Right after graduating from high school, I realized I had gained more than 20 pounds. So, I decided to do something about it. I made strict workout plans and scheduled my meals and snacks. I heard that if I wanted to really help my digestion, I had to eat the right foods and the right amounts. For a while, I was able to stick to my plan. When I went to the grocery store, I checked all the nutrition facts labels and scanned the shelves for healthy brands. I weighed myself every morning, and after three weeks of rigorous exercise, I had only lost four and a half pounds. Realizing this, I lost my patience.

제가 대학에 다닐 때, 몇 달 동안 다이어트를 한 적이 있습니다. 고등학교를 졸업하고 보니 20파운드(약 9킬로그램) 정도 체중이 불었습니다. 그래서 살을 빼기로 결심한 겁니다. 운동 계획을 꼼꼼하게 세웠고, 식사하고 간식을 먹는 시간대를 정해두었습니다. 소화를 잘하려면 적절한 음식을 적절한 양만큼 먹어야 한다고 들었습니다. 한동안은 계획을 잘 지킬 수 있었습니다. 식료품점에서는 제품의 영양 성분 표시를 모두 확인했고, 건강한 브랜드가 있는지 살폈습니다. 매일 아침 체중을 쟀으며 3주간의 혹독한 운동 후에 겨우 4.5파운드(약 2킬로그램)를 감량할 수 있었습니다. 그 사실을 깨닫게 되자 인내심이 바닥났습니다.

That day, after having lunch with my friends, I went straight to the donut cafe on campus. I devoured three donuts in a row before I came to my senses. I can't remember a time when I hated myself more than I did that afternoon. On the way back home, I kept telling myself that I didn't actually intend to be so strict about it. If I worked out harder tomorrow, I could get back on track. In other words, I made excuses for my binge eating just so I wouldn't have to feel bad about it. The day after that, I went to the gym at 8 a.m. as always, still believing that cheating a little bit was okay. At least in my mind, I had resolved the conflict.

그날 친구들과 점심을 먹은 뒤 곧장 교내에 있는 도넛 가게로 향했습니다. 그리고 도넛 세 개를 연달아 먹어 치운 후에 정신이 들었습니다. 그날 오후보다 나 자신이 더 싫었던 때는 없었어요. 집으로 돌아오는 길에 사실 나는 그렇게까지 식단을 관리할 의도는 없었다고 되뇌었습니다. 내일 운동을 더 열심히 하면 다시 원래대로 돌아갈 수 있다고요. 폭식을 한 것에 대해 낙담하지 않기 위해 스스로 핑계를 댄 셈입니다. 그다음 날, 언제나처럼 아침 여덟 시에 체육관에 갔습니다. 여전히 그 정도의 폭식은 괜찮다고 생각하면서요. 적어도 마음속으로는 이렇게 갈등을 해결할 수 있었습니다.

Reading Note	Listening Note
Cognitive Dissonance People experience mental conflict when their behaviors and beliefs do not align.	personal story dealt with love donuts college, diet strict workout, schedule meals & snacks nutrition facts, healthy brands aft 3 wks - lose only 4, 1/2 pounds patience x donut cafe ate 3 donuts telling himself - X intend 2 b strict rationalize resolve the conflict in his mind

미리 준비된 템플릿을 활용해 답변해봅시다. 읽기 지문에서 언급된 새로운 개념과 그 정의를 짧게 설명한 후 강의에서 등장한 예시를 상세하게 전달해야 합니다. 적절하게 시간 배분하는 것도 잊지 마세요. 개념과 정의 설명은 10초, 첫 번째 예시는 35초까지, 두 번째 예시는 60초까지 설명해야 합니다. 평소 연습 시 60초를 넘어간다면 초시계를 보고 답변하는 연습을 하세요.

답변을 돕는 템플릿

- 듣기 강의에서 개념에 대한 예시가 두 개 나오는 경우

  The professor talks about … [새로운 개념 + 정의].
  He gives two examples to explain this concept.
  First, …
  Second, …

  According to the reading passage, … [새로운 개념 + 정의].
  In the lecture, the professor gives two examples to explain this concept.
  First, …
  Second, …

- 듣기 강의에서 실험이 나오는 경우

The professor talks about … [새로운 개념 + 정의].
He describes an experiment (that he conducted) to prove this concept.
In the experiment, students/participants/subjects were asked to do …
First, …
Second, …

- 듣기 강의에서 교수의 개인적인 일화가 예시로 나오는 경우

The professor talks about … [새로운 개념 + 정의].
He tells his personal story to explain this concept.

답변할 때는 필기한 내용에서 벗어나지 않아야 합니다. 내용을 전체적으로 깔끔하게 정리하는 게 아니라 방금 들은 내용을 그대로, 마치 앵무새처럼 전달하기만 하면 됩니다. 따라서 내가 한 필기를 위에서 아래로, 왼쪽에서 오른쪽으로 어떻게 잘 이어서 말할지 집중적으로 연습하세요. 또한 별로 중요하지 않은 내용을 필기했다고 판단되는 경우 필기하는 도중 혹은 준비 시간에 해당 부분을 선으로 빠르게 그어 보이지 않게 하는 게 좋습니다. 막상 답변 시간이 되면 긴장도가 올라가므로 준비할 때는 '읽지 말아야지'라고 생각한 부분도 읽어버리게 되거든요.

필기해둔 단어만 보고 답변하기가 어렵다면 적어둔 단어 주변에 도움이 될 만한 단어들, 예컨대 동사나 목적어 등을 써보거나 혹은 완전한 문장으로 스크립트를 작성해보는 것도 좋습니다. 스크립트를 직접 작성해보고 단어를 추가로 필기해 말하는 연습을 부단히 반복하다 보면 더 이상 스크립트로 답변을 작성하지 않아도 곧바로 말할 수 있게 됩니다.

Sample Response 🎧 7_4

The lecture talked about cognitive dissonance. It is a mental conflict people experience when their behaviors and beliefs do not align.

강의는 인지부조화에 대해 이야기했다. 이는 사람들이 자신의 행동과 믿음이 일치하지 않을 때 경험하는 정신적 갈등을 말한다.

In the lecture, the professor told us his story and how he dealt with it. When he was in college, he was on a diet. At first, he said he followed strict workouts and scheduled meals. For example, whenever he went to the store, he would check the nutrition facts and look for healthy brands.

강의에서 교수는 자신의 이야기를 들려주며 어떻게 이 불편에 대처했는지 말했다. 대학에 다닐 때 그는 다이어트를 한

적이 있다. 처음에 그는 엄격한 운동과 식사 계획을 따랐다고 말했다. 예를 들어 그는 장을 보러 갈 때마다 음식의 영양 성분을 확인하고 건강한 브랜드를 찾곤 했다.

However, after three weeks, he had only lost four and a half pounds. He was somewhat upset, so he went to the donut cafe on campus and ate three donuts. Afterward, he felt a strong sense of guilt. On his way home, he kept telling himself that he hadn't originally intended to be so strict with his diet. He rationalized his behavior to resolve the inner conflict he was feeling.

하지만 3주 후 그는 겨우 4.5파운드(약 2킬로그램)를 감량했다. 그는 속상한 나머지 도넛 가게로 가서 세 개의 도넛을 먹었다. 그 후 그는 강한 죄책감을 느꼈다. 집으로 돌아오는 길에 그는 원래 그렇게 엄격하게 식단을 지킬 의도가 없었다고 스스로 설득했다. 교수는 내적 갈등을 해결하기 위해 자기 행동을 합리화했다.

Question 4. 통합형 문제 Integrated Speaking Task(Lecture)

통합형 문제 4번은 3번 문항과 마찬가지로 자연과학, 사회과학, 인문학 등 다양한 분야에서 발췌한 짧은 강의가 출제됩니다. 읽기 지문은 제공되지 않으니 곧바로 교수의 강의를 들어봅시다. 마찬가지로 필기할 때는 들리는 단어를 적는 게 아니라 핵심이라 파악되는 내용을 써두어야 합니다. 어떤 내용이 중요한지, 중요하지 않은지 구분하기 어렵다면 스피킹이 아닌 리스닝 영역을 더 열심히 공부해야 합니다.

Professor: Did everyone do the reading assignment? Good. Then I'd like to briefly go over the fascinating world of baboon societies today. Baboons are interesting not only because of their similarities to humans in social structures but also because of how they manage and navigate these structures for survival and group cohesion.

교수: 교재는 다 읽어왔나요? 좋습니다. 그럼, 오늘은 개코원숭이 사회에 대해 간단히 살펴봅시다. 개코원숭이는 인간과 비슷한 사회 구조 때문에 흥미로울 뿐만 아니라 생존과 집단 응집을 위해 이러한 구조를 관리하고 조율하는 방법도 흥미롭습니다.

First, it's essential to understand that the hierarchy in baboon troops is predominantly male-dominated. By the way, baboon troops are large, social groups of baboons that live, travel, and forage together in a complex hierarchical structure. The alpha male is usually the leader of the troop, often not the biggest or strongest but the most intelligent and socially adept. He maintains order and mediates conflicts. In terms of maintaining order, the alpha male must continuously monitor the interactions within the troop. This involves breaking up fights, preventing bullying, and ensuring that all members get a chance to feed and rest. He acts as a regulator, maintaining a balance between competition and cooperation within the group. His presence and authority help to mitigate excessive aggression and ensure that social norms are respected, creating a safer environment for all, especially for the young and vulnerable.

우선 개코원숭이 부대의 위계질서는 남성 위주라는 점을 이해할 필요가 있습니다. 개코원숭이 부대는 복잡한 위계 구조 속에서 함께 살고, 여행하고, 먹이를 찾는 거대한 사회집단입니다. 알파 수컷은 보통 부대의 리더이며, 반드시 가장 크거나 강하지는 않지만 가장 지적이고 사회적으로 능숙한 개체입니다. 그는 질서를 유지하고 갈등을 중재합니다. 질서를 유지하기 위해 알파 수컷은 부대 내의 상호작용을 지속적으로 감시해야 합니다. 이는 싸움을 멈추게 하고, 괴롭힘을 방지하고, 모든 구성원이 음식을 먹고 쉴 수 있는 기회를 갖도록 하는 걸 포함합니다. 리더는 그룹 내 경쟁과 협력 사이의 균형을 유지하는 규제자 역할을 합니다. 리더의 존재와 권위는 과도한 공격성을 완화하고 사회적 규범이 존중되도록 해 특히 어린 개체와 취약한 개코원숭이들에게 더 안전한 환경을 만듭니다.

Next, his leadership is paramount during migration and when escaping predators. The alpha male must navigate through unfamiliar territories, find safe passages, and make quick decisions in response to threats. He leads the troop to water sources, foraging areas, and sleeping sites, all while keeping an eye out for predators. His ability to lead effectively during these times is critical; a wrong decision can expose the troop to dangers or result in the loss of valuable resources. His leadership ensures the group's safety and cohesion, guiding them through challenges and uncertainties.

다음으로, 알파 수컷의 리더십은 이동하는 동안과 포식자에게서 탈출할 때 가장 중요합니다. 알파 수컷은 낯선 영역을 탐색하고, 안전한 통로를 찾고, 위협에 대응해 빠른 결정을 내려야 합니다. 그는 포식자들이 있는지 경계하면서 동시에 그룹을 물과 먹이가 있는 곳, 잠을 잘 수 있는 곳으로 인도합니다. 이 시기 동안에는 효과적으로 그룹을 이끌 수 있는 능력이 매우 중요합니다. 잘못된 결정은 그룹을 위험에 노출시키거나 귀중한 자원을 잃는 결과를 초래할 수 있습니다. 그의 리더십은 어려움과 불확실성을 이겨내며 커뮤니티의 안전과 응집력을 보장합니다.

Listening Note

baboon societies
survival, group cohesion

male-dominated, baboon troops. live, travel, forage together
alpha male - leader - x strongest O most intelligent
monitor interactions, x fights, x bully, feed/rest

leadership - paramo
migration, escape preda.
navigate - unfam terri, safe passa, quick deci
water, forage, sleep
prevent danger
guide

미리 준비된 템플릿을 활용해 답변해봅시다. 적절하게 시간 배분하는 것도 잊지 마세요. 개념과 정의 설명은 10초, 첫 번째 예시는 35초까지, 두 번째 예시는 60초까지 설명해야 합니다. 평소 연습 시 60초를 넘어간다면 초시계를 보고 답변하는 연습을 하세요.

답변을 돕는 템플릿

- 듣기 강의에서 개념에 대한 예시가 두 개 나오는 경우

  The professor talks about … [새로운 개념 + 정의].
  He gives two examples to explain this concept.
  First, …
  Second, …

  According to the reading passage, … [새로운 개념 + 정의].
  In the lecture, the professor gives two examples to explain this concept.
  First, …
  Second, …

- 듣기 강의에서 실험이 나오는 경우

  The professor talks about … [새로운 개념 + 정의].
  He describes an experiment (that he conducted) to prove this concept.
  In the experiment, students/participants/subjects were asked to do …
  First, …
  Second, …

- 듣기 강의에서 교수의 개인적인 일화가 예시로 나오는 경우

  The professor talks about … [새로운 개념 + 정의].
  He tells his personal story to explain this concept.

답변할 때는 필기한 내용에서 벗어나지 않는 걸 추천합니다. 내가 한 필기를 중심으로 어떻게 잘 이어서 말할지 집중적으로 연습해야 합니다.

Sample Response 🎧 7_5

In the lecture, the professor talks about baboon societies. Baboons manage their social structures to ensure survival and maintain group cohesion.

교수는 강의에서 개코원숭이의 사회 구조에 관해 설명한다. 개코원숭이는 생존을 보장하고 결속을 유지하기 위해 사회 구조를 관리한다.

First, their groups are mostly male-dominated and called baboon troops. They live, travel, and forage together. The alpha male, the leader, is often not the strongest one but the most intelligent. The leader monitors interactions within the group to prevent fights and bullying. He also ensures the group members feed and rest well.

우선 개코원숭이 그룹은 대부분 남성이 지배하며, 개코원숭이 부대라고 불린다. 그들은 함께 살고, 여행하며, 먹이를 찾는다. 알파 수컷, 즉 리더는 종종 가장 강한 개체가 아니라 가장 지능이 높은 개체이다. 리더는 그룹 내 싸움이나 괴롭힘을 방지하기 위해 상호작용을 유심히 살펴본다. 그는 또한 그룹 구성원들이 잘 먹고 쉴 수 있도록 해준다.

Second, the alpha male's leadership can be a deciding factor when they migrate or escape from predators. He is expected to navigate through unfamiliar areas, find safe passages, and make quick decisions. The leader ensures the group has access to water, food, and resting places. At the same time, the alpha should prevent danger and guide the group in the safest way possible.

둘째, 알파 수컷의 리더십은 그룹이 이주하거나 포식자로부터 도망칠 때 결정적인 요소가 된다. 그는 낯선 지역을 탐색하고, 안전한 통로를 찾고, 신속한 결정을 내려야 한다. 리더는 그룹이 물, 음식, 그리고 휴식 장소에 접근할 수 있도록 해야 한다. 동시에, 알파 수컷은 위험을 예방하고 가능한 가장 안전한 방식으로 그룹을 안내해야 한다.

PART 2

WRITING SECTION

라이팅 영역 소개

토플 라이팅 영역은 실제 영어권 대학에서 수학할 때 필요한 영어 글쓰기 능력을 평가합니다. 총 두 개의 문제가 출제되며 1번 문항은 강의를 요약해야 하는 통합형 문제Integrated Writing Task가, 2번 문항은 온라인 수업 토론에서 주어진 주제에 대한 의견을 진술하는 토론형 문제Academic Discussion Task가 출제됩니다.

Question 1. 통합형 문제 Integrated Writing Task

통합형 문제에서는 학술적 주제에 관한 지문을 읽은 후 동일 주제에 관한 강의를 듣습니다. 강의 내용은 지문과 상충하거나 지문을 뒷받침하는 내용으로 이뤄집니다. 이어 강의 내용에 나오는 요점을 요약하고, 지문의 요점과 어떤 관계가 있는지 설명하는 글을 쓰면 됩니다. 먼저 아래 읽기 지문을 3분 안에 읽고 요점을 필기해봅시다.

Reading Time: 3 minutes

Bycatch is the unintentional capture of marine animals that are not the intended target of a fishing operation. It is a major issue in the fishing industry and has significant environmental and economic consequences. Bycatch can include marine species that are endangered, threatened, or of low commercial value, as well as non-target species that are discarded because they are undersized or not suitable for human consumption. To address this problem, various methods have been developed to effectively reduce the amount of bycatch.

One effective way to reduce bycatch is through the use of fishing gear modifications. For example, fishers can use circle hooks instead of traditional J-hooks, which have been shown to significantly reduce the amount of bycatch. Additionally, the use of turtle excluder devices(TEDs) in shrimp trawls has been effective in reducing sea turtle bycatch by allowing them to escape the net.

Another method to reduce bycatch is through the implementation of fishing regulations. For example, seasonal fishing closures and gear restrictions have been shown to reduce the amount of bycatch in certain areas. By limiting the time and area in which fishing can occur, fish populations have time to recover, and the likelihood of bycatch is decreased.

Governmental fisheries management plans can also serve as a strategy for reducing bycatch. These plans may incorporate various measures, such as establishing catch quotas, setting clear goals to reduce accidental catches, and mandating the use of certain gear types designed to minimize bycatch. By implementing these plans, fishers are encouraged to use more sustainable fishing practices that minimize bycatch.

My Note

✍ **주요 내용 필기**

읽기 지문의 주장:

주장에 대한 근거 1:

주장에 대한 근거 2:

주장에 대한 근거 3:

지문을 읽은 후 이어서 강의를 듣습니다. 다음 파일명을 참고해 강의를 들어봅시다.

8_1

My Note

✍ **주요 내용 필기**

강의 주장:

주장에 대한 근거 1:

주장에 대한 근거 2:

주장에 대한 근거 3:

강의가 종료되면 읽기 지문이 다시 나타나며 문제가 제시됩니다.

You have 20 minutes to organize and write your response. Your writing will be evaluated based on the quality of your prose and how effectively it outlines the points made in the lecture in relation to the reading passage. A strong response will typically range from 150 to 225 words.

답변을 정리하고 작성하는 데 20분이 주어진다. 에세이는 읽기 자료와 관련된 강의 내용을 얼마나 효과적으로 설명하는지, 그리고 문장이 얼마나 자연스럽고 명확한지에 따라 평가된다. 좋은 답변의 길이는 일반적으로 150에서 225단어 사이이다.

답안 작성 시간은 20분이 주어집니다. 타이머를 사용해 시험 때와 같은 환경을 조성한 후 라이팅 통합형 문제를 풀어보세요. 강의에서 들었던 내용을 위주로 글을 구성해야 한다는 점을 잊지 마세요.

My Response

자, 이제 읽기 지문을 해석해보고 강의도 자세히 살펴보도록 합시다.

Bycatch is the unintentional capture of marine animals that are not the intended target of a fishing operation. It is a major issue in the fishing industry and has significant environmental and economic consequences. Bycatch can include marine species that are endangered, threatened, or of low commercial value, as well as non-target species that are discarded because they are undersized or not suitable for human consumption. To address this problem, various methods have been developed to effectively reduce the amount of bycatch.

혼획은 어획 작업에서 의도된 대상이 아닌 해양 동물을 포획하는 것을 말한다. 이는 어업에서 발생하는 주요한 문제이며 환경적, 경제적으로 중요한 결과를 낳는다. 혼획은 멸종 위기에 처해 있거나, 위협을 받거나, 상업적 가치가 낮은 종을 포함할 수 있으며, 크기가 작거나 사람이 먹기에 적합하지 않기 때문에 폐기되는 비표적 종을 포함할 수 있다. 이 문제를 해결하기 위해 혼획의 양을 효과적으로 줄이기 위한 다양한 방법들이 개발되었다.

One effective way to reduce bycatch is through the use of fishing gear modifications. For example, fishers can use circle hooks instead of traditional J-hooks, which have been shown to significantly reduce the amount of bycatch. Additionally, the use of turtle excluder devices(TEDs) in shrimp trawls has been effective in reducing sea turtle bycatch by allowing them to escape the net.

혼획을 줄이기 위한 한 가지 효과적인 방법은 낚시 도구를 개조하는 것이다. 예를 들어 어부들은 전통적인 제이 훅을 사용하는 대신 서클 훅을 사용할 수 있는데, 이는 혼획의 양을 상당히 감소시키는 것으로 나타났다. 또한 새우잡이 그물에 거북 보호 장치(TED)를 사용하여 거북이 그물을 벗어나도록 하면 바다거북의 혼획을 감소시키는 데 효과가 있다.

Another method to reduce bycatch is through the implementation of fishing regulations. For example, seasonal fishing closures and gear restrictions have been shown to reduce the amount of bycatch in certain areas. By limiting the time and area in which fishing can occur, fish populations have time to recover, and the likelihood of bycatch is decreased.

혼획을 줄이는 또 다른 방법은 어업 규제를 시행하는 것이다. 예를 들어 계절적으로 어업을 폐쇄하거나 낚시 도구를 제한하면 특정 지역에서 혼획이 감소하는 것으로 나타났다. 물고기를 잡을 수 있는 시기와 지역을 제한하면 어류 개체 수가 회복될 시간이 생기고 혼획 가능성도 낮아진다.

Governmental fisheries management plans can also serve as a strategy for reducing bycatch. These plans may incorporate various measures, such as establishing catch quotas, setting clear goals to reduce accidental catches, and mandating the use of certain gear types designed to minimize bycatch. By implementing these plans, fishers are encouraged to use more sustainable fishing practices that minimize bycatch.

정부의 어업 관리 계획 또한 혼획을 줄이는 전략이 될 수 있다. 이 계획은 어획량 제한, 우발적 어획을 줄이기 위한 명확한 목표 설정, 혼획을 최소화하도록 설계된 특수 장비 사용 의무화 등 다양한 조치를 포함할 수 있다. 이와 같은 계획이 실행되면 어업인들에게 혼획을 최소화하는 보다 지속 가능한 관행을 선택하도록 장려할 수 있다.

주어진 3분 동안 우리는 무엇을 해야 할까요? 통합형 문제의 읽기 지문을 읽을 때는 글쓴이의 주장이 무엇인지, 또 그 근거 세 가지는 무엇인지 잘 살펴야 합니다. 이 글은 '혼획Bycatch'의 정의와 이를 줄이는 세 가지 방안에 대해 이야기하고 있습니다. 밑줄이 그어진 부분들은 답변할 때 반드시 참고해야 하는 주요 정보에 해당합니다. 그럼 아래와 같이 필기해두고 강의를 들으러 갑시다!

Reading Note

To address bycatch(unintentional capture of marine animals)
various methods have been developed

1st solution
the use of fishing gear modifications
ex) circle hooks instead of J-hooks
ex) use of turtle excluder devices (TEDs) in shrimp trawls

2nd solution
fishing regulations
ex) seasonal fishing closures and gear restrictions

3rd solution
Governmental fisheries management plans
ex) establishing catch quotas, setting clear goals to reduce accidental catches, mandating the use of certain gear types

이제 교수의 강의를 함께 봅시다.

Professor: Contrary to popular belief, bycatch may not be as significant an issue in the fishing industry as often portrayed. Many of the animals caught as bycatch are neither endangered nor threatened, and their populations are not substantially impacted by incidental catch.

교수: 일반적 통념과 달리 혼획은 종종 묘사되는 것만큼 어업에서 심각한 문제가 아닐 수도 있습니다. 혼획으로 잡힌 많은 동물은 멸종 위기에 처해 있지 않고 위협을 받지도 않으며, 개체 수 역시 큰 영향을 받지 않습니다.

Now, let's go through the solutions together. Firstly, using fishing gear modifications like circle hooks and turtle excluder devices to reduce bycatch is not a sustainable solution. These measures may reduce bycatch to some extent, but they don't address the underlying issues such as overfishing, habitat destruction, and pollution. Rather than focusing solely on reducing bycatch, we should aim for comprehensive sustainable fishing practices that address these root causes.

자, 이제 해결 방안을 하나씩 살펴봅시다. 첫째, 서클 훅과 거북 보호 장치 등과 같은 낚시 도구 개조는 혼획을 줄이는 지속 가능한 해결책이 아닙니다. 이러한 조치는 혼획을 어느 정도 줄일 수 있지만, 어류 남획, 서식지 파괴, 오염 등의 근본적인 문제를 해결하지는 못합니다. 혼획을 줄이는 데만 집중하기보다는 이러한 근본 원인을 해결하는 포괄적이고 지속 가능한 어업 관행을 지향해야 합니다.

Next, existing fishing regulations have proven to be ineffective in significantly reducing bycatch. Many of these regulations are difficult to enforce, and there's limited evidence to show they've made a meaningful impact. Instead of relying solely on regulations, we should create incentives for the fishing industry to adopt more sustainable practices, such as targeting areas known to have lower bycatch rates.

다음으로 기존의 어업 규제는 혼획을 의미 있게 감소시키는 데 효과가 없는 것으로 입증되었습니다. 이러한 규제의 상당수는 집행이 어렵고, 의미 있는 영향이 있었다는 증거가 제한적입니다. 규제에만 의존할 게 아니라 더 낮은 혼획률을 보이는 지역을 지원하는 등 어업 산업이 보다 지속 가능한 관행을 채택하도록 인센티브를 마련해야 합니다.

Lastly, governmental fisheries management plans often fall short of effectively addressing the issue. These plans tend to prioritize economic considerations over environmental concerns, failing to provide adequate protection for vulnerable species. Furthermore, there's scant evidence that these top-down approaches have been successful in reducing bycatch. In light of this, we should empower local communities to take a more active role, which could involve implementing sustainable fishing practices and monitoring bycatch within their local fishing grounds.

마지막으로, 정부의 어업 관리 계획은 이 문제를 효과적으로 해결하지 못하는 경우가 많습니다. 정부 계획은 환경 문제보다 경제적 요인을 우선시하는 경향이 있으며, 취약한 종에 대한 적절한 보호를 제공하지 못합니다. 게다가 이러한 하향식 접근법이 혼획을 줄이는 데 성공했다는 증거는 많지 않습니다. 이러한 점에서 우리는 지역 사회가 지역 어장 내에서 지속 가능한 어업 관행과 혼획 모니터링을 실시하는 등 보다 적극적인 역할을 할 수 있도록 힘을 실어주어야 합니다.

Listening Note

bycatch
not significant issue

1st solution (using fishing gear modifications)
not sustainable
x address underlying issues (overfishing, habitat destruction, and pollution)

instead -> comprehensive sustainable fishing practices - address root causes

2nd solution (fishing regulations)
ineffective - difficult to enforce
instead -> create incentives for the fishing industry to adopt more sustainable practices

3rd solution (governmental fisheries)
fall short
gov plans - prioritize economic considerations - failing to provide protection for vulnerable species
instead -> empower local communities - sustainable fishing practices and monitoring bycatch

이제 지문의 내용과 강의 내용을 모두 정리했습니다. 평소 필기할 때 아래와 같이 읽기 지문과 강의를 필기한 내용이 대조적으로 보이도록 구성하면 내용이 한눈에 들어오므로 에세이 작성 시간을 절약할 수 있습니다.

	Reading Note	Listening Note
주장	To address bycatch(unintentional capture of marine animals) various methods have been developed	bycatch not significant issue
근거 1	1st solution the use of fishing gear modifications ex) circle hooks instead of J-hooks ex) use of turtle excluder devices (TEDs) in shrimp trawls	1st solution (using fishing gear modifications) not sustainable x address underlying issues (overfishing, habitat destruction, and pollution) instead -> comprehensive sustainable fishing practices - address root causes
근거 2	2nd solution fishing regulations ex) seasonal fishing closures and gear restrictions	2nd solution (fishing regulations) ineffective - difficult to enforce instead -> create incentives for the fishing industry to adopt more sustainable practices

근거 3	3rd solution Governmental fisheries management plans ex) establishing catch quotas, setting clear goals to reduce accidental catches, mandating the use of certain gear types	3rd solution (governmental fisheries) fall short gov plans - prioritize economic considerations - failing to provide protection for vulnerable species instead -> empower local communities - sustainable fishing practices and monitoring bycatch

위와 같이 필기가 완성되었다면 이제 글을 작성해봅시다. ETS는 통합형 문제의 답안에 150~225개 단어를 사용하라고 권하고 있습니다. 세부 사항이 충분히 포함된 좋은 답변은 평균 220~250개 단어를 사용합니다.

Sample Response

The lecturer addresses the topic of viable solutions for reducing bycatch, arguing that the bycatch problem is not as severe as commonly believed. He challenges the effectiveness of all three solutions mentioned in the reading passage—fishing gear modifications, fishing regulations, and government plans.

교수는 혼획을 줄이기 위한 실행 가능한 해결책을 주제로 다루며 혼획이 모두가 생각하는 것만큼 심각한 문제가 아니라고 논한다. 그는 읽기 지문에 언급된 세 가지 해결책인 낚시 도구 개조, 어업 규제, 정부 계획의 효과에 모두 이의를 제기한다.

First, the professor explains that the solution which involves using fishing gear modifications, is not sustainable since it does not address any underlying issues such as overfishing, habitat destruction, and pollution. Instead, he suggests adopting comprehensive sustainable fishing practices to address the root causes of bycatch. This argument rebuts the reading passage's claim that using circle hooks instead of J-hooks or utilizing devices such as TEDs will reduce the amount of bycatch.

첫째로, 교수는 낚시 도구를 개조한다는 방안은 지속 가능하지 않다고 설명한다. 왜냐하면 이는 어류 남획, 서식지 파괴, 오염 등의 근본적인 문제를 해결하지 못하기 때문이다. 대신 포괄적이고 지속 가능한 어업 관행을 도입해 혼획의 근본 원인을 해결하자고 제안한다. 이러한 주장은 제이 훅 대신 서클 훅을 사용하거나 거북 보호 장치와 같은 장치를 사용하는 게 혼획의 양을 감소시킬 것이라는 본문의 주장을 반박한다.

Moving on to fishing regulations, the professor argues that they are ineffective as they are difficult to enforce. Alternatively, he proposes incentivizing the fishing industry to adopt more sustainable practices. Thus, he contradicts the claim presented in the reading passage that fishing regulations such as seasonal fishing closures and gear restrictions will solve the bycatch issue.

다음으로, 교수는 현행 어업 규제는 시행이 어렵기 때문에 실효성이 없다고 지적한다. 대신 그는 어업이 보다 지속 가능한 관행을 채택할 수 있도록 인센티브를 주자고 제안한다. 따라서 그는 지문에서 제시한 계절적 어업 폐쇄, 도구 제한 등의 어업 규제가 혼획 문제를 해결할 것이라는 주장을 반박한다.

Lastly, the professor argues that government plans tend to prioritize economic considerations, failing to protect vulnerable species. Therefore, empowering local communities to adopt sustainable fishing practices and monitor bycatch can be far more beneficial. This idea contradicts the reading passage's claim that governmental fisheries management plans—such as establishing catch quotas and mandating specific gear types—have been successful.

마지막으로, 교수는 정부 계획이 경제적인 고려를 우선시하는 경향이 있고, 취약한 어종을 보호하지 못한다고 주장한다. 따라서 지역 사회가 지속 가능한 어업 관행을 채택하고 혼획을 모니터링할 수 있도록 권한을 부여하는 게 훨씬 더 유익할 수 있다. 이러한 생각은 어획량을 제한하고 특정 도구 사용을 의무화하는 것과 같은 정부의 어업 관리 계획이 성공적이었다는 지문의 주장을 반박한다.

통합형 문제는 아래와 같이 미리 준비된 템플릿을 적절히 변형해 활용하면 답하기 조금 더 수월합니다. 답안에는 교수가 전개한 주장과 근거를 집중적으로 정리해야 합니다. 따라서 답안의 각 단락은 강의와 읽기 지문의 비율을 2 대 1로 유지하는 걸 추천해드리며, 강의를 들을 때 세부 사항을 잘 필기할 것을 권합니다.

답변을 돕는 템플릿

The professor(lecturer) addresses the topic of [주제]. He/she discusses/argues [강의의 주장]. This point casts doubt on the reading passage's claim that [지문의 주장].

First, the professor explains/claims/says that [강의의 근거1]. This argument rebuts the reading passage's claim that [지문의 근거1].

Next, the professor argues/points out that [강의의 근거2]. Thus, he/she contradicts the claim presented in the reading passage that [지문의 근거2].

Lastly, the professor (again) suggests/asserts that [강의의 근거3]. This statement refutes the claim made in the reading passage that [지문의 근거3].

✍ 교수의 주장을 말하는 경우

The professor claims … (~가 사실이라고 주장하다)
The professor contends … (~라고 강력히 주장하다)
The professor asserts … (~가 사실임을 강하게 주장하다)
The professor maintains … (~가 사실임을 계속 주장하다)
The professor states … (~라고 분명히 말하다)
The professor insists … (~가 사실이라 주장하다)
The professor holds a view that … (~라는 생각을 갖다)
The professor reasons that … (~라고 추론, 판단하다)
The professor posits that … (~가 사실이라고 상정하다)

✍ 교수가 어떤 내용을 추측하는 경우

The professor speculates … (~라 짐작하다)
The professor assumes … (~가 사실일 것으로 추정하다)
The professor presumes … (~가 사실일 것으로 추정하다)
The professor surmises … (~라고 추측하다)
The professor suggests … (~라고 제안하다)
The professor infers … (~라고 추론하다)
The professor proposes … (~라는 생각을 제시하다)

✍ 설득력 있는 이유나 의견을 제시하는 경우

The professor puts forward a cogent reason … (설득력 있는 이유)
The professor presents a compelling argument … (설득력 있는 주장)
The professor offers a persuasive rationale … (설득력 있는 이유)
The professor gives a solid reason … (확실한 근거)
The professor makes a strong case … (강력한 논거)
The professor sets forth a solid rationale … (확실한 이유)

✍ 주장이 설득력/근거가 없음을 표현하는 경우

The argument (stated in the reading passage) is baseless … (근거가 없는)
The theory is groundless … (근거가 없는)
The claim is unfounded … (근거가 없는)
The idea is unsubstantiated … (입증되지 않은)
The assertion is unsupported … (입증되지 않은)
The solution is specious … (사실처럼 보이지만 실은 거짓인)
The concept is misguided … (잘못된)

The solution sounds questionable … (미심쩍은)
The theory doesn't hold water … (이치에 맞지 않는)
The idea is not convincing … (설득력이 없는)

✍ 읽기 지문에 나오는 내용과 반대됨을 나타내는 경우

This explanation directly contradicts what the reading passage indicates.
This claim conflicts with what the reading passage indicates.
This claim opposes what the reading passage indicates.
This explanation disagrees with what the reading passage indicates.
This information undermines what the reading passage indicates.
This claim refutes what the reading passage indicates.
This claim rebuts what the reading passage indicates.
This counters the reading passage's claim.

✍ 배제된 옵션에 대해서 말하는 경우

This solution has been ruled out by the professor. (배제하다)
This theory has been excluded by the professor. (배제하다)
This explanation has been discarded by the professor. (폐기하다)
This solution has been dismissed by the professor. (묵살하다)
This idea has been discounted by the professor. (무가치한 것으로 치부하다)
This idea has been refuted by the professor. (반박하다)
This idea has been rejected by the professor. (거부하다)

Question 2. 토론형 문제 Academic Discussion Task

토론형 문제에서는 수업 중 교수와 학생의 토론 장면을 보여줍니다. 교수와 학생의 스크립트는 약 200단어 전후로 구성되어 있으며 수험자는 주어진 10분 동안 아래와 같은 스크립트를 읽은 후 자신의 의견을 밝혀야 합니다. 토론형 문제는 크게 두 가지 유형으로 출제됩니다. 첫 번째로 제시문에 동의하는지, 동의하지 않는지 묻는 질문이 출제됩니다(예를 들어 '어린아이들에게 휴대폰 사용을 허용해도 되는가?'). 두 번째로는 문제 사항이 제시되며 문제를 해결하는 방법을 묻는 질문이 나올 수 있습니다(예를 들어 '가장 심각한 환경 문제를 고르고 그 해결 방법을 서술하라').

답안에는 나의 주장, 그리고 그 주장에 대한 근거나 이유를 두세 가지 포함하는 게 좋습니다. 동일한 주장을 단어만 바꿔서 반복하지 않도록 유의해야 하며, 근거나 이유는 항상 구체적으로 작성해야 합니다. 아래 예시 문제를 함께 봅시다.

Write a response to your professor's question, participating in the active dialogue of the class lecture.

In your response, you should include:
- *express your opinion and support it*
- *make a contribution to the ongoing discussion*

For a response to be deemed effective, it should contain at least 100 words.

Doctor Potter

In today's interconnected world, schools play a crucial role in preparing students for a globalized society. As educators, we must consider what knowledge and skills are essential for our students to navigate this complex landscape. With that in mind, I'd like you to discuss the following question before our next class: What should schools teach to best equip their students for success in a globalized society?

Emily

In my opinion, one fundamental aspect that schools should prioritize is teaching students about their heritage and roots. Understanding one's cultural background not only fosters a sense of identity but also promotes tolerance and respect for diverse perspectives. In a globalized society, where interactions with people from various cultures are commonplace, this knowledge can facilitate meaningful cross-cultural communication and cooperation.

Lucas

I believe that schools should also focus on equipping students with practical skills that transcend cultural boundaries. In a globalized society, communication skills, critical thinking, adaptability, and problem-solving abilities are essential. These skills enable students to effectively collaborate with individuals from diverse backgrounds.

토론형 문제에 임할 때는 효율적인 시간 관리가 매우 중요합니다. 교수님의 발언은 대체로 서론과 본론이 혼재되어 있기 때문에, 본론에 집중하는 게 효과적입니다. 모든 부분을 세심하게 읽을 필요는 없으며, 학생들의 발언도 마찬가지입니다. 가장 이상적인 접근 방법은 다음과 같습니다. 먼저 교수님의 질문을 읽고, 이어서 바로 브레인스토밍을 시작하세요. 중요한 건 브레인스토밍 과정에서 생각난 단어 다섯 개에서 열 개를 화면에 기록하는 것입니다. 이후 학생들의 의견을 살펴보되, 첫 줄만 읽어서 나의 아이디어와 겹치는 부분이 있는지 정도만 확인합니다. 겹치지 않는다면 그 아이디어를 그대로 사용하고, 겹친다면 예시를 변형해 글을 구성하면 됩니다. 이 과정은 1~2분 이내에 완료할 수 있도록 연습하는 게 바람직합니다.

이제 곧 글을 직접 써볼 텐데요. 이때 기억해야 할 두 가지 주요 습관은 다음과 같습니다. **첫째, 글을 쓰면서 떠오르는 단어를 곧바로 사용해야 합니다.** 처음 생각나는 단어 대신 더 적절한 단어나 동의어를 고민하는 데 시간을 허비하면 안 됩니다. **둘째, 글을 쓰는 도중에 이전 부분으로 돌아가 수정하는 행위는 금물입니다.** 앞으로만 진행하며, 글이 100단어를 넘으면 그때 처음부터 다시 점검하는 게 좋습니다.
위 질문에서 교수는 세계화된 사회에서 학생들이 성공하기 위해 학교는 무엇을 가르쳐야 하는지 묻고 있습니다. 교수의 질문과 학생의 의견이 화면에 뜨는 것과 동시에 10분짜리 스톱워치가 작동합니다. 타이머를 사용해 시험 때와 같은 환경(맞춤법 검사 프로그램이나 사전, 파파고, 구글 번역기 사용은 금지)을 조성한 후 토론형 문제를 풀어보세요. 나의 의견을 밝히고 최대한 구체적으로 작성해야 한다는 점을 잊지 마세요.

My Response

Doctor Potter: In today's interconnected world, schools play a crucial role in preparing students for a globalized society. As educators, we must consider what knowledge and skills are essential for our students to navigate this complex landscape. With that in mind, I'd like you to discuss the following question before our next class: What should schools teach to best equip their students for success in a globalized society?

포터 박사: 오늘날과 같이 상호 연결된 세계에서 학교는 학생들이 사회에 나갈 준비를 하는 데 중요한 역할을 합니다. 교육자로서 우리는 이 복잡한 환경을 헤쳐 나가기 위해 학생들에게 어떤 지식과 기술이 필수적인지 고려해야 합니다. 이 점을 염두에 두고 다음 수업 전까지 다음 질문에 관해 논의해봅시다. 세계화된 사회에서 학생들이 성공하기 위해 학교는 무엇을 가르쳐야 할까요?

Emily: In my opinion, one fundamental aspect that schools should prioritize is teaching students about their heritage and roots. Understanding one's cultural background not only fosters a sense of identity but also promotes tolerance and respect for diverse perspectives. In a globalized society, where interactions with people from various cultures are commonplace, this knowledge can facilitate meaningful cross-cultural communication and cooperation.

에밀리: 제 생각에 학교가 우선시해야 할 한 가지 기본적인 측면은 학생들에게 그들의 유산과 뿌리에 대해 가르치는 것입니다. 자신의 문화적 배경을 이해하는 건 정체성을 강화하고, 다양한 관점에 대한 관용과 존중을 장려합니다. 다양한 문화권 사람들과의 교류가 일상화된 세계화 사회에서 이러한 지식은 의미 있는 문화 간 의사소통과 협력을 촉진할 수 있습니다.

Lucas: I believe that schools should also focus on equipping students with practical skills that transcend cultural boundaries. In a globalized society, communication skills, critical thinking, adaptability, and problem-solving abilities are essential. These skills enable students to effectively collaborate with individuals from diverse backgrounds.

루카스: 학교에서는 문화적 경계를 넘는 실용적인 능력을 가르쳐야 한다고 생각합니다. 세계화된 사회에서 의사소통 능력, 비판적 사고력, 적응력, 문제 해결력은 필수입니다. 이러한 기술을 통해 학생들은 다양한 배경을 가진 사람들과 효과적으로 협력할 수 있습니다.

먼저 중간 점수(20점 전후)를 받을 것으로 예상되는 샘플 답안을 살펴봅시다.

Sample Response(Low score sample)

I agree with Emily because I also think that understanding cultural background foster a sense of identity and also promotes tolerance and respect for diverse perspectives.

However, but there is another side she not see. I think student have to learn cultural difference through culture classes at school. For example, someone is Korean person, he should learn about Japanese culture, and if person is an American person, he should learn about Chinese culture. I learned a lots from my culture classes when I was a high school. I know about Mexico culture and Japan culture from school. Thank these classes, I understand my Japanese friend, Miko. My friend Miko is from Japan. That's why I can study with her and work with her without a problem. If I not understand her and think bad because her culture, it is a big problem.

에밀리의 의견에 동의합니다. 왜냐하면 저 또한 문화적 배경을 이해하는 게 정체성을 강화하고, 다양한 관점에 대한 관용과 존중을 장려한다고 생각하기 때문입니다. 하지만 그녀가 간과한 면이 있습니다. 제 생각에 학생들은 학교에서 문화 수업을 통해 문화적 차이를 배워야 합니다. 예를 들어 한국인은 일본 문화에 대해 배워야 하고, 미국인이라면 중국 문화에 대해 배워야 합니다. 저는 고등학교 때 문화 수업을 통해 많은 걸 배웠습니다. 저는 멕시코 문화와 일본 문화에 대해 알고 있습니다. 이 수업 덕분에 일본인 친구 미코를 이해하게 되었습니다. 제 친구 미코는 일본에서 왔습니다. 그래서 저는 그녀와 함께 공부하고 문제 없이 함께 일할 수 있습니다. 문화 때문에 제가 그녀를 이해하지 못하고 나쁘게 생각한다면 큰 문제가 될 것입니다.

이제 위 답안을 평가해볼까요? 다음 두 가지 기준을 참고해 직접 평가해봅시다.

1. 글의 구조와 아이디어 전개

1) 나의 주장을 간결하게 요약한 주제문(Thesis Statement)이 포함되었는지 확인합니다. 주제문은 독자를 배려하는 여러 방법 중 하나입니다. 학문적 글쓰기에서는 반드시 글의 초입에 내 주장을 간결하게 한두 문장으로 써주어야 합니다.
2) 주요 아이디어(Main Idea) 또는 주장에 대한 근거(Supporting Points)가 잘 전개되었는지 확인합니다.
3) 문장과 단락 사이의 원활한 흐름과 논리적 진행을 위해 적절히 연결어(Transitional Words/Phrases)를 사용했는지 확인합니다.

2. 영어의 사용(문법 및 용법)

1) 사용된 어휘와 단어 종류가 다양한지 확인합니다. 어휘 사용이 제한적이거나 문맥에 어울리지 않을 때 감점 요소가 됩니다.
2) 문장의 문법 구조가 올바른지 확인합니다. 주어나 동사, 관사 등이 빠졌거나, 올바르지 않은 시제나 전치사를 쓰지 않았는지 확인합니다. 상세한 점검 요소는 다음과 같습니다.

① 문장의 구조를 제대로 갖추고 있지 않은 경우

- 문장의 조각(Sentence Fragments)

  Running through the park.

  이 구문에는 주어와 동사 또는 동사가 없습니다. 올바른 문장으로 수정하면 다음과 같습니다.

  → Running through the park every morning helps me clear my mind.

→ Running through the park, he suddenly stopped to admire the stunning array of flowers.

Because I was late.
이 구문에는 주절이 없습니다. 올바른 문장으로 수정하면 다음과 같습니다.
→ I rushed to the meeting because I was late.
→ Because I was late, I missed the beginning of the presentation.

• 접속사나 관계사 없이 여러 문장이 한꺼번에 붙어있는 모양(Run–on sentences)
I love to read I read every day.
두 개의 문장이 접속사 또는 관계사 없이 한 문장처럼 붙어 있습니다. 올바른 문장으로 수정하면 다음과 같습니다.
→ I love to read because it relaxes me.

It's getting late, we should probably head home.
두 개의 문장이 접속사 또는 관계사 없이 쉼표로만 연결됩니다. 올바른 문장으로 수정하면 다음과 같습니다.
→ It's getting late. We should probably head home.

• 의미가 명확하지 않은 문장 또는 단어(Confusing Sentences/Words)
Flying planes can be dangerous.
이 문장은 의미가 모호합니다. 'Flying planes'는 '비행기를 날리는 것' 또는 '날고 있는 비행기'로 해석될 여지도 있습니다. 따라서 이 문장은 다음과 같이 수정하는 게 좋습니다.
→ Piloting an airplane can be dangerous.
(여기서 'piloting'이라는 단어는 비행기를 조종하는 행위를 명확하게 나타냅니다)

While I was walking, which I do every morning before breakfast because it's good for my health, I saw a bird, which reminded me of my childhood, when I used to watch birds with my grandfather, who was a keen birdwatcher.
쉼표와 접속사가 너무 많아 문장이 과도하게 복잡합니다. 올바른 문장으로 수정하면 다음과 같습니다.
→ I go for a walk every morning before breakfast because it's good for my health. This morning, I saw a bird. It reminded me of my childhood when I used to watch birds with my grandfather, a keen birdwatcher.

I saw the Eiffel Tower walking through Paris.
수식하는 구문의 위치가 잘못되어 마치 '에펠탑이 파리를 걸어 다니는 것'처럼 해석될 수 있습니다. 올바른 문장으로 수정하면 다음과 같습니다.
→ Walking through Paris, I saw the Eiffel Tower.

② 주어와 동사의 수, 시제 등의 일치

She **write** a letter. → She **writes** a letter. (주어와 동사의 수 일치)
I **am go** to the store yesterday. → I **went** to the store yesterday. (시제 일치)
He has **break** the glass. → He has **broken** the glass. (완료형)
I am **eaten** dinner. → I am **eating** dinner. (진행형)

③ 관사의 적절한 사용
She had banana for lunch. → She had **a** banana for lunch. (a 누락)
He is **an** university student. → He is **a** university student. (a, an 혼동)
I met **the** interesting person today. → I met **an** interesting person today. (a, the 혼동)
The poverty is a big problem worldwide. → Poverty is a big problem worldwide. (쓸모없는 the)
She is best student in class. → She is **the** best student in the class. (the 누락)

④ 전치사의 적절한 사용
We will meet on Friday **at** the morning. → We will meet on Friday **in** the morning.
He waited **in** the bus stop. → He waited **at** the bus stop.
We discussed **about** the problem. → We discussed the problem.
She looks **up to** the information on the internet. → She looks **up** the information on the internet.
*409페이지에서 '반드시 암기해야 하는 전치사 구문'을 참고해 전치사를 추가로 학습하세요!

⑤ 대명사의 적절한 사용
문장에서 명확한 대명사의 선행어가 없으면 독자가 혼란스러울 수 있습니다. 대명사는 명사를 대체하기 위해 쓰이므로 반드시 어떤 명사를 대체하는지 명확하게 글을 써야 합니다. 예를 들어 다음과 같은 문장을 봅시다.

*The teacher gave the books to the students, and **they** were heavy.*
이 문장에서는 복수형 명사를 대신한 'they'가 책(books)을 가리키는지 학생들(students)을 가리키는지 불분명합니다. 올바른 문장으로 수정하면 다음과 같습니다.
→ The teacher gave the books to the students, and **the books** were heavy.

또 다음과 같은 문장을 봅시다.

*When Janet and Susan went shopping, **she** found a great deal.*
이 문장에서는 'she'가 누구를 지칭하는지 모호합니다. 올바른 문장으로 수정하면 다음과 같습니다.
→ When Janet and Susan went shopping, **Janet** found a great deal.

⑥ 올바른 품사 사용
'잘못된 품사 사용'이란 문장에서 단어가 잘못된 품사로 사용되는 문법적 오류를 말합니다. 영어에서 주요 품사는 명사, 동사, 형용사, 부사, 대명사, 전치사, 접속사, 감탄사입니다. 단어를 잘못된 범주로

사용하면 문법적으로 올바르지 않거나 말이 되지 않는 문장이 될 수 있습니다.
I had a very **peace** sleep. → I had a very **peaceful** sleep. (명사가 아닌 형용사 사용)
She has a strong belief in **succeed.** → She has a strong belief in **success.** (동사가 아닌 명사 사용)
He showed great **brave** during the rescue. → He showed great **bravery** during the rescue.
(형용사 대신 명사 사용)

⑦ 대문자 사용법, 구두법, 누락된 단어 또는 오타
I **recieved** an invitation. → I **received** an invitation. (오타)
She is a **well respected** leader. → She is a **well-respected** leader. (하이픈 추가)
She bought apples, oranges, **and**, bananas. → She bought apples, oranges, **and** bananas.
(쉼표 사용 오류)

유진쌤의 평가

1. 글의 구조와 아이디어 전개

1) 나의 주장을 간결하게 요약한 주제문(Thesis Statement)이 포함되었는지 확인합니다.
→ 401페이지 답안은 주제문을 명확히 밝히지 않습니다. 에밀리의 의견에 동의하며 시작하는 것은 괜찮지만 내 주장을 간결하게 요약한 주제문을 다음과 같이 넣어준다면 더 좋은 에세이가 될 것입니다.

원문: I agree with Emily because I also think that understanding cultural background foster a sense of identity and also promotes tolerance and respect for diverse perspectives. However, but there is another side she not see. I think student have to learn cultural difference through culture classes at school.
수정본: While understanding one's cultural background is crucial for fostering a sense of identity and respect, <u>it is equally important to learn about other cultures in school settings to promote global understanding and enhance cooperation among students from diverse backgrounds.</u>

2) 주요 아이디어(Main Idea) 또는 주장에 대한 근거(Supporting Points)가 잘 전개되었는지 확인합니다.
→ 수험자는 서로간 이해와 존중을 위해 서로 다른 문화에 대해 배우는 것의 중요성을 이야기합니다. 예시로 언급된 '고등학교 시절 문화 수업을 통해 일본인 친구 미코를 이해하게 된 사례'는 주장과 어느 정도 연관성이 있습니다. 하지만 이 예시는 다른 문화권의 친구와 상호작용하는 방법에 초점을 맞추고 있습니다. 따라서 이 일화는 세계화된 사회에서 성공한 사례 또는 세계화된 사회에서 성공을 위해 나아가는 경우로 보기에는 다소 무리가 있습니다.

3) 문장과 단락 사이의 원활한 흐름과 논리적 진행을 위해 적절히 연결어(Transitional Words/Phrases)를 사용했는지 확인합니다.
→ 401페이지 답안은 'For example', 'However' 등 논리의 흐름을 연결해주는 단어들이 적절히 포함되어 있습니다.

2. 영어의 사용(문법 및 용법)

1) 사용된 어휘와 단어 종류가 다양한지 확인합니다. 어휘 사용이 제한적이거나 문맥에 어울리지 않을 때 감점 요소가 됩니다.

→ 수험자는 비교적 기본적인 수준의 단어만을 사용하고 있습니다. 'understanding cultural background', 'promotes tolerance and respect', 그리고 'diverse perspectives'와 같은 표현들이 있긴 하지만 모두 문제에서 제공된 구문이므로 수험자의 단어 실력을 측정할 때 고려되지 않을 가능성이 높습니다.

2) 문장의 문법 구조가 올바른지 확인합니다. 주어나 동사, 관사 등이 빠졌거나, 올바르지 않은 시제나 전치사를 쓰지는 않았는지 확인합니다.

→ 총 일곱 개의 상세한 점검 요소 중 401페이지 답안에 등장하는 오류만 일부 선정해 살펴보도록 하겠습니다.

① 문장의 구조를 제대로 갖추고 있지 않은 경우

• 의미가 명확하지 않은 문장 또는 단어(Confusing Sentences/Words)

원문: For example, someone is Korean person, he should learn about Japanese culture, … (if 누락)

수정: For example, if someone is Korean, he should learn about Japanese culture, …

② 주어와 동사의 수, 시제 등의 일치

원문: I also think that understanding cultural background foster … (주어와 동사 수 일치)

수정: I also think that understanding cultural background fosters …

원문: … student have … (주어와 동사 수일치)

수정: … students have/a student has …

③ 관사의 적절한 사용

원문: … when I was a high school.

수정: … when I was in high school.

④ 전치사의 적절한 사용

원문: Thank these classes … (thanks 철자 오류, to 누락)

수정: Thanks to these classes …

⑥ 올바른 품사 사용

원문: Mexico culture

수정: Mexican culture

⑦ 대문자 사용법, 구두법, 누락된 단어 또는 오타

원문: However, but there is another side she not see. (however와 but 중복, 동사 누락)

수정: However, there is another side that she does not see.

원문: If I not understand her … (동사 누락)
수정: If I do/did not understand her …

원문: I learned a lots … (철자 오류)
수정: I learned a lot …

이제 높은 점수(26점 이상)를 받을 것으로 예상되는 샘플 답안을 보겠습니다.

Sample Response(High score sample)

I believe that the foremost consideration is equipping students with language skills. In today's globalized world, effective communication and collaboration call for proficiency in international languages such as English, French, or Spanish. Let me give you a brief personal example. I worked as a part-time engineer this summer at a multinational corporation, teaming up with people from various parts of the world, each speaking their native languages, including French, several African languages, Turkish, and more. Although our mother tongues differed, our common language for communication was English. Hence, for seamless international collaboration, mastery of a foreign language skill is a must. Furthermore, there is another reason for students to start learning international languages in school. Achieving fluency in a foreign language often requires years of practice, and by the time they graduate and enter the workforce, they will not have enough time or energy for language learning. For example, my uncle, a technical artist in Seoul, aspires to join major U.S. firms such as Ubisoft and Electronic Arts. However, proficiency in English is a prerequisite for applying to these companies. Therefore, he is intensively studying English speaking and writing; however, due to his full-time job and family responsibilities, it will take a very long time for him to become proficient.

가장 중요한 고려 사항은 학생들이 언어 능력을 갖추게 하는 것입니다. 오늘날 세계화된 시대에서 효과적인 의사소통과 협업을 하려면 영어, 프랑스어 그리고 스페인어와 같은 국제적인 언어에 능숙해야 합니다. 개인적인 경험을 짧게 말해보겠습니다. 저는 올여름 다국적 기업에서 프랑스어, 몇몇 아프리카 언어, 터키어 등 다양한 모국어를 가진 세계 여러 곳의 사람들과 팀을 이뤄 파트타임 엔지니어로 일했습니다. 비록 모국어는 다르지만, 우리의 의사소통을 위한 공통 언어는 영어였습니다. 따라서 원활한 국제적 협업을 위해서는 외국어 능력의 숙달은 필수입니다. 더욱이 학생들이 학교에서 외국어를 배워야 하는 또 다른 이유가 있습니다. 외국어를 유창하게 구사하는 데는 종종 수년의 연습이 필요한데, 학교를 졸업하고 직장에 들어갈 때쯤에는 언어를 배울 시간이나 에너지가 부족해집니다. 예를 들어 서울에서 테크니컬 아티스트로 근무하는 제 삼촌은 유비소프트나 일렉트로닉 아츠와 같은 주요 미국 회사에 입사하기를 간절히 원합니다. 하지만 이와 같은 회사에 지원하기 위해서는 영어 능력이 필요합니다. 삼촌은 영어 말하기와 쓰기를 집중적으로 공부하고 있지만, 정규직으로 일하고 있는 직장과 가정 내 책임 때문에,

영어에 능숙해질 때까지 매우 오랜 시간이 걸릴 것입니다.

마찬가지로 402페이지의 두 가지 기준으로 답안을 평가해봅시다.

유진쌤의 평가

1. 글의 구조와 아이디어 전개

1) 나의 주장을 간결하게 요약한 주제문(Thesis Statement)이 포함되었는지 확인합니다.

→ 위 답안은 주제문(I believe that the foremost consideration is equipping students with language skills.)을 명확히 밝히고 있으며 전체 에세이가 어떤 방향으로 흘러갈지 독자에게 충분한 힌트를 줍니다.

2) 주요 아이디어(Main Idea) 또는 주장에 대한 근거(Supporting Points)가 잘 전개되었는지 확인합니다.

→ 수험자는 글로벌 사회에서 효과적인 의사소통을 위한 언어 능력의 필요성을 강조합니다. 다양한 근무 환경에서 언어 능력의 실용적인 적용 및 이점을 보여주는 개인적 경험을 공유했으며, 학생들이 일찍이 학교에서 외국어 학습을 시작해야 하는 이유를 가족의 예를 들어 설득력을 높이고 있습니다.

3) 문장과 단락 사이의 원활한 흐름과 논리적 진행을 위해 적절히 연결어(Transitional Words/Phrases)를 사용했는지 확인합니다.

→ 407페이지 답안에는 'Let me give you a brief personal example', 'Hence', 'Furthermore' 등 논리의 흐름을 연결해주는 단어들이 적절히 포함되어 있습니다.

2. 영어의 사용(문법 및 용법)

1) 사용된 어휘와 단어 종류가 다양한지 확인합니다. 어휘 사용이 제한적이거나 문맥에 어울리지 않을 때 감점 요소가 됩니다.

→ 이 답안은 어휘 사용에서 높은 점수를 받을 것으로 예상됩니다. 수험자는 'multinational corporation', 'proficiency', 'collaboration', 'fluency', 'technical artist' 등 다양하고 구체적인 어휘를 사용해 주장을 효과적으로 전달합니다. 또한, 국제 언어와 관련된 특정 단어들(English, French, Spanish)도 적절히 활용했습니다. 전반적으로 주제에 적합한 단어를 사용해 읽는 이에게 정보를 명확하게 전달합니다.

2) 문장의 문법 구조가 올바른지 확인합니다. 주어나 동사, 관사 등이 빠졌거나, 올바르지 않은 시제나 전치사를 쓰지는 않았는지 확인합니다.

→ 사용된 문장들의 구조가 명확하며, 주어와 동사의 일치, 올바른 관사 사용, 시제의 일관성 등을 잘 유지하고 있습니다.

반드시 암기해야 하는 전치사 구문

한국어와 영어는 문법적으로 다른 면이 상당히 많습니다. 그 중에서도 전치사는 한국어에 직접적으로 대응되는 구조가 없어 전치사의 개념을 처음부터 이해해야 합니다. 또한 같은 전치사가 다양한 상황과 문맥에 따라 여러 의미로 사용돼서 한국어를 모국어로 하는 학생들에게 혼란을 줄 수 있습니다. 따라서 전치사를 잘 활용하려면 다양한 문장을 통해 전치사가 실제 어떻게 사용되는지 문맥 속에서 이해하는 과정이 선행되어야 합니다. 이후 반복적으로 문장을 보고 분석하면서 자주 사용하는 전치사의 쓰임을 잘 기억할 수 있도록 노력해야 합니다. 아래에는 영어를 모국어로 사용하는 사람들이 평소 대화에서 자주 사용하는 전치사구를 수록했습니다. 기본이 되는 표현들이니 반드시 외워두세요!

agree **with** someone/something ~에 동의하다

I agree with your point. 나는 당신의 견해에 동의한다.
He agrees with the new policy. 그는 새 정책에 동의한다.

apologize **for** something ~에 대해 사과하다

He apologized for being late. 그는 늦은 것을 사과했다.
She apologized for the misunderstanding. 그녀는 오해한 것을 사과했다.

apply **for** something ~에 지원하다

She applied for the job. 그녀는 그 일에 지원했다.
I applied for a scholarship. 나는 장학금에 지원했다.

argue **with** someone ~와 싸우다

I don't want to argue with you. 나는 당신과 싸우고 싶지 않다.
She didn't want to argue with her brother. 그녀는 그녀의 남동생과 싸우고 싶지 않았다.

arrive **at** a place ~에 도착하다

We arrived at the station. 우리는 역에 도착했다.
They arrived at the beach at sunrise. 그들은 일출 때 해변에 도착했다.

ask **for** something ~을 요청하다

He asked for directions. 그는 길을 물었다.
She asked for a refund. 그녀는 환불을 요청했다.

be accompanied **by** someone/something ~을 동반하다

The meal was accompanied by a fine wine. 식사는 좋은 와인과 함께 제공되었다.

The concert was accompanied by a spectacular light show. 콘서트는 화려한 조명 쇼를 동반했다.

be accused **of** something ~로 기소되다, 비난받다

He was accused of theft. 그는 도둑질로 기소되었다.

She was accused of plagiarism in her latest thesis. 그녀는 최신 논문을 표절한 것으로 비난받았다.

be accustomed **to** someone/something ~에 익숙하다

She is accustomed to waking up early. 그녀는 일찍 일어나는 데 익숙하다.

He's become accustomed to working late nights. 그는 늦은 밤에 일하는 데 익숙해졌다.

be adapted **to** someone/something ~에 적응하다

They've adapted well to the new environment. 그들은 새 환경에 잘 적응했다.

The plant has adapted well to indoor conditions. 그 식물은 실내 조건에 잘 적응했다.

be addicted **to** something ~에 중독되다

He is addicted to video games. 그는 비디오 게임에 중독되었다.

She is addicted to online shopping. 그녀는 온라인 쇼핑에 중독되었다.

be admired **for** something ~로 인해 존경받다

She is admired for her courage. 그녀는 그녀의 용기로 인해 존경받는다.

He is admired for his dedication to charity work. 그는 자선 활동에 대한 헌신 때문에 존경받는다.

be afraid **of** someone/something ~을 무서워하다

He is afraid of spiders. 그는 거미를 무서워한다.

She is afraid of heights. 그녀는 높은 곳을 무서워한다.

be amazed **at** someone/something ~에 놀라다

She was amazed at the performance. 그녀는 그 공연에 감탄했다.

They were amazed at the natural beauty of the park. 그들은 공원의 자연 경관에 깜짝 놀랐다.

be angry **about** something ~에 대해 화가 났다

He's angry about the decision. 그는 그 결정에 화가 났다.

She's angry about the cancelled flight. 그녀는 비행이 취소되어서 화가 났다.

be angry **at** someone/something ~에 화가 났다

She's angry at the situation. 그녀는 그 상황 때문에 화가 났다.

He's angry at the computer for crashing. 그는 컴퓨터가 고장 난 것에 화가 났다.

be angry with someone ~에게 화가 났다

He is angry with his teammate. 그는 그의 팀원에게 화가 났다.

She is angry with her friend for breaking her promise. 그녀는 약속을 어긴 친구에게 화가 났다.

be annoyed with someone/something ~에 짜증나다

She was annoyed with the delay. 그녀는 지연에 짜증이 났다.

He was annoyed with the constant noise. 그는 끊임없는 소음에 짜증이 났다.

be anxious about something ~에 대해 불안하다

She was anxious about the meeting. 그녀는 회의에 대해 불안해 했다.

He is anxious about his job interview. 그는 그의 면접에 대해 불안해 한다.

be anxious for something ~에 대해 염려하다

They were anxious for the results. 그들은 결과를 기다리며 불안해 했다.

They are anxious for the safety of the travelers. 그들은 여행자들의 안전을 염려한다.

be appreciative of someone/something ~에 감사하다

He was appreciative of your help. 그는 당신이 도와준 것에 대해 감사해 했다.

They are appreciative of the community's support. 그들은 커뮤니티의 지원에 감사함을 느낀다.

be/feel ashamed of someone/something ~을 부끄럽게 생각하다

He felt ashamed of his mistake. 그는 그의 실수를 부끄럽게 생각했다.

She felt ashamed of her behavior at the party. 그녀는 파티에서의 행동을 부끄럽게 생각했다.

be aware of someone/something ~을 알고 있다

Are you aware of the risks? 어떤 위험이 있는지 알고 있나요?

He wasn't aware of the changes in the schedule. 그는 일정 변경을 모르고 있었다.

be bad at something ~을 못하다

I'm bad at drawing. 난 그림 잘 못 그린다.

He's bad at cooking. 그는 요리를 못한다.

believe in someone/something ~을 믿다

Do you believe in ghosts? 당신은 유령의 존재를 믿나요?

She believes in hard work and perseverance. 그녀는 열심히 일하고 인내하는 게 중요하다고 믿는다.

belong to someone/something ~의 것이다

This book belongs to me. 이 책은 내 것이다.

The dog belongs to the neighbors. 그 개는 이웃집 개다.

benefit **from** someone/something ~로부터 이익을 얻다

We could benefit from more research. 더 많은 연구를 하면 좋을 것이다.

You can benefit from regular exercise. 정기적으로 운동을 하면 건강에 좋을 것이다.

blame **for** something ~에 대해 비난받다

She was blamed for the mistake. 그녀는 그 실수 때문에 비난을 받았다.

He was blamed for the loss of the game. 그는 경기에 져서 비난을 받았다.

boast **about** someone/something ~에 대해 자랑하다

He always boasts about his achievements. 그는 항상 그의 성과를 자랑한다.

She always boasts about her travels around the world. 그녀는 항상 세계 각지를 여행한 것을 자랑한다.

be bored **with** someone/something ~이 지루하다

I was bored with the routine. 나는 일상이 지루했다.

He's bored with his current job. 그는 현재 직업을 지루해 한다.

be busy **with** someone/something ~으로 바쁘다

I'm busy with work. 나는 일로 바쁘다.

She's busy with her studies. 그녀는 공부로 바쁘다.

consist **of** something ~로 구성되다

The team consists of five members. 팀은 다섯 명의 멤버로 구성된다.

The course consists of several modules. 이 과정은 여러 모듈로 구성된다.

care **about** someone/something ~에 대해 관심이 있다

Do you care about the environment? 당신은 환경에 대해 관심이 있나요?

He cares deeply about animal welfare. 그는 동물 복지에 대해 관심이 많다.

complain **about** someone/something ~에 대해 불평하다

She complained about the noise. 그녀는 소음에 대해 불평했다.

He complained about the service at the restaurant. 그는 식당의 서비스에 대해 불평했다.

concentrate **on** someone/something ~에 집중하다

I need to concentrate on my work. 나는 내 일에 집중할 필요가 있다.

She needs to concentrate on her studies. 그녀는 그녀의 공부에 집중할 필요가 있다.

contribute **to** someone/something ~에 기여하다

He contributed to the discussion. 그는 토론에 기여했다.

She contributed ideas to the team project. 그녀는 팀 프로젝트에 아이디어를 냈다.

be capable **of** doing something ~을 할 수 있는 능력이 있다

They are capable of winning. 그들은 이길 수 있는 능력이 있다.

She is capable of solving complex problems. 그녀는 복잡한 문제를 해결할 수 있는 능력이 있다.

be careful **with** someone/something ~을 조심하다

Be careful with glass. 유리를 조심하세요.

Be careful with your words in sensitive situations. 민감한 상황에서는 말을 조심하세요.

be comfortable **with** someone/something ~에 만족하다, 편하게 여기다

Are you comfortable with the plan? 이 계획에 만족하십니까?

They were comfortable with the new plan. 그들은 새로운 계획에 만족했다.

be committed **to** someone/something ~에 전념하다

They are committed to quality. 그들은 품질에 많은 신경을 쓰고 있다.

She is committed to her yoga practice. 그녀는 요가 수련에 전념하고 있다.

be compatible **with** someone/something ~와 호환된다

This software is compatible with my device. 이 소프트웨어는 내가 쓰는 기기와 호환된다.

The charger is compatible with various phone models. 이 충전기는 다양한 휴대폰 모델과 호환된다.

be concerned **about** someone/something ~에 대해 걱정하다

They are concerned about the changes. 그들은 변화에 대해 걱정한다.

He is concerned about the environment. 그는 환경에 대해 걱정한다.

be confident **in** someone/something ~에 자신이 있다

She is confident in her abilities. 그녀는 그녀의 능력에 자신이 있다.

They are confident in the success of the project. 그들은 프로젝트가 성공할 거라 믿는다.

be conscious **of** someone/something ~을 의식하다

He's very conscious of his health. 그는 그의 건강에 매우 신경을 쓴다.

She is conscious of her impact on her team. 그녀는 자신이 팀에 미치는 영향을 신경 쓴다.

be content **with** someone/something ~에 만족하다

She's content with her life. 그녀는 그녀의 삶에 만족한다.

He's content with the results of the project. 그는 프로젝트 결과에 만족한다.

be contrary **to** something ~와 상반되다

This is contrary to our agreement. 이것은 우리가 합의한 것과 상반된다.

Her opinion is contrary to popular belief. 그녀의 의견은 대중적인 믿음과 상반된다.

be crazy **about** someone/something ~에 미치다, 큰 관심이 있다

He's crazy about football. 그는 축구에 큰 관심이 있다.

She's crazy about classical music. 그녀는 클래식 음악에 큰 관심이 있다.

be critical **of** someone/something ~에 대해 비판적이다

Critics were critical of the movie. 비평가들은 그 영화에 비판적이었다.

She was critical of the government's policies. 그녀는 정부의 정책에 비판적이었다.

be curious **about** someone/something ~에 대해 궁금하다

They were curious about the announcement. 그들은 발표에 대해 궁금해 했다.

He's always curious about the new technology. 그는 항상 새로운 기술에 대해 궁금해 한다.

decide **on** something ~을 결정하다

They haven't decided on a date yet. 그들은 아직 날짜를 결정하지 않았다.

We need to decide on a strategy for the project. 우리는 프로젝트에 대한 전략을 결정할 필요가 있다.

depend **on** someone/something ~에 달렸다

It all depends on the weather. 모든 것은 날씨에 달렸다.

Success in this game depends on teamwork. 이 게임에서의 성공은 팀워크에 달렸다.

dream **of** doing something ~을 꿈꾸다

She dreams of becoming a doctor. 그녀는 의사가 되기를 희망한다.

He dreams of traveling the world. 그는 세계 여행을 꿈꾼다.

be delighted **with** someone/something ~에 매우 기쁘다

He was delighted with the gift. 그는 그 선물을 받고 매우 기뻤다.

She was delighted with the surprise party. 그녀는 깜짝 파티에 매우 기뻤다.

be dependent **on** someone/something ~에 의존하다

The outcome is dependent on several factors. 결과는 여러 요인에 달렸다.

The plant is dependent on sunlight for growth. 식물은 성장을 위해 햇빛에 의존한다.

be devoted **to** someone/something ~에 헌신적이다

He's devoted to his family. 그는 그의 가족에게 헌신적이다.

She's devoted to her research. 그녀는 그녀의 연구에 헌신적이다.

be different **from** someone/something ~와 다르다

This is different from the last time. 이번은 지난 번과 다르다.

His approach is different from hers. 그의 접근 방식은 그녀의 것과 다르다.

be disappointed **in** someone/something ~에 실망하다

I was disappointed in the results. 나는 결과에 실망했다.

They were disappointed in the cancellation of the event. 그들은 행사 취소에 실망했다.

be dissatisfied **with** someone/something ~에 불만이다

She was dissatisfied with the results. 그녀는 결과에 불만이었다.

He was dissatisfied with the quality of the product. 그는 제품 품질에 불만이었다.

be distracted **by** someone/something ~에 의해 산만해지다

He was distracted by the noise. 그는 소음 때문에 산만해졌다.

She was distracted by her phone during the meeting. 그녀는 회의 중에 전화가 와서 방해받았다.

be eager **for** something ~을 기대하다

She's eager for the results. 그녀는 결과를 기대하고 있다.

He's eager for the weekend. 그는 주말을 기대하고 있다.

be eligible **for** something ~에 자격이 있다

I was eligible for a loan. 나는 대출을 신청할 자격이 있었다.

They are eligible for the competition. 그들은 대회에 참여할 자격이 있다.

be engaged **in** something ~에 종사하다

They are engaged in meaningful work. 그들은 의미 있는 일을 하고 있다.

She is engaged in advanced research. 그녀는 첨단 연구에 참여하고 있다.

be enthusiastic **about** something ~에 열정적이다

They are enthusiastic about the new project. 그들은 새 프로젝트에 열정적이다.

He's enthusiastic about learning new languages. 그는 새로운 언어를 배우는 데 열정적이다.

be envious **of** someone/something ~을 부러워하다

He was envious of her success. 그는 그녀의 성공을 부러워했다.

She was envious of his artistic talent. 그녀는 그의 예술적 재능을 부러워했다.

be excited **about** something ~에 대해 흥분하다, 기대하다

I'm excited about the trip. 나는 여행이 기대된다.

We're excited about the new opportunities. 우리는 새로운 기회를 갖게 되어 기쁘다.

focus **on** something ~에 집중하다

We need to focus on the main issue. 우리는 주요 문제에 집중해야 한다.

It's important to focus on your goals. 당신의 목표에 집중하는 게 중요하다.

be familiar with something ~을 잘 알다
Are you familiar with this software? 이 소프트웨어를 잘 아나요?
Are you familiar with the local traditions? 당신은 현지 전통을 잘 아나요?

be famous for something ~로 유명하다
Paris is famous for its cuisine. 파리는 요리의 도시로 유명하다.
Switzerland is famous for its watches. 스위스는 시계로 유명하다.

be fascinated by someone/something ~에 매료되다
She's fascinated by ancient history. 그녀는 고대 역사에 매료되었다.
He's fascinated by space exploration. 그는 우주 탐사에 매료되었다.

be fond of someone/something ~을 좋아하다
I'm very fond of chocolate. 나는 초콜릿을 매우 좋아한다.
They're very fond of hiking. 그들은 하이킹을 매우 좋아한다.

be frightened of someone/something ~을 무서워하다
I am frightened of heights. 나는 높은 곳을 무서워한다.
He is frightened of dogs. 그는 개를 무서워한다.

be frustrated with someone/something ~에 좌절하다
I was very frustrated with him. 나는 그가 매우 답답했다.
They're frustrated with the lack of communication. 그들은 소통 부족에 좌절했다.

be good at something ~에 능하다, 잘한다
She is good at painting. 그녀는 그림 그리기에 능하다.
He is good at solving puzzles. 그는 퍼즐을 푸는 데 능하다.

be grateful for someone/something ~에 감사하다
We're grateful for your help. 우리는 당신의 도움에 감사하다.
I'm grateful for the opportunity. 나는 이 기회를 감사하고 있다.

be grateful to someone for something ~의 ~에 감사하다
I'm grateful to you for your support. 나는 당신의 지원에 감사하다.
She's grateful to her teacher for the guidance. 그녀는 그녀의 선생님의 지도에 감사하다.

be guilty of something ~의 유죄 판결을 받다
He was found guilty of the crime. 그는 그 범죄에 유죄 판결을 받았다.
She was found guilty of fraud. 그녀는 사기죄로 유죄 판결을 받았다.

be hopeful **about** something ~에 대해 희망적이다

We are hopeful about the future. 우리는 미래에 대해 희망적이다.

They are hopeful about the success of the new product. 그들은 신제품의 성공에 희망적이다.

insist **on** doing something ~을 고집하다

He insists on paying for dinner. 그는 저녁 식사 비용을 지불하겠다고 고집한다.

She insists on doing everything her way. 그녀는 모든 것을 자기 방식대로 하겠다고 고집한다.

be impatient **with** someone/something ~에 참을성이 없다

She's impatient with delays. 그녀는 기다리는 것을 잘 못한다.

Customers have grown impatient with the repeated delays. 고객들은 계속되는 지연으로 인내가 바닥났다.

be impressed **by** someone/something ~에 감명받다

They were impressed by her knowledge. 그들은 그녀의 지식에 감명받았다.

She was impressed by the beauty of the landscape. 그녀는 풍경의 아름다움에 감명받았다.

be impressed **with** someone/something ~에 감명받다

They were impressed with the presentation. 그들은 그 프레젠테이션에 감명받았다.

I was impressed with the efficiency of the team. 나는 팀의 효율성에 감명받았다.

be inspired **by** someone/something ~에 영감을 얻다

He was inspired by the speech. 그는 연설에 영감을 얻었다.

She was inspired by the beauty of nature. 그녀는 자연의 아름다움에 영감을 얻었다.

be interested **in** someone/something ~에 관심이 있다

He's interested in history. 그는 역사에 관심이 있다.

They are interested in environmental conservation. 그들은 환경 보호에 관심이 있다.

be intimidated **by** someone/something ~에 위축되다

She's intimidated by the challenge. 그녀는 어려운 상황에 위축되어 있다.

He was intimidated by the high level of competition. 그는 엄청난 경쟁에 겁을 먹었다.

be involved **in** something ~에 참여하다

He's involved in charity work. 그는 자선 활동에 참여하고 있다.

They're involved in community service. 그들은 지역사회 봉사에 참여하고 있다.

be irritated **by** someone/something ~에 짜증 나다

He was irritated by the interruption. 그는 방해를 받고 짜증이 났다.

She was irritated by the constant noise. 그녀는 끊임없는 소음에 짜증이 났다.

be jealous of someone/something ~을 질투하다, 매우 부러워하다

He's jealous of their success. 그는 그들의 성공을 질투한다.

She was jealous of her friend's new car. 그녀는 친구의 새 차를 매우 부러워했다.

be known for something ~로 알려져 있다

She is known for her expertise. 그녀는 전문가로 알려져 있다.

Brazil is known for its vibrant culture. 브라질은 활기찬 문화로 알려져 있다.

laugh at someone/something ~을 비웃다

Don't laugh at my mistakes. 내 실수를 비웃지 마세요.

She laughed at the joke. 그녀는 그 농담을 듣고 웃었다.

be married to someone ~와 결혼하다

He is married to a doctor. 그는 의사와 결혼했다.

He is married to a teacher. 그는 교사와 결혼했다.

be necessary for something ~에 필요하다

Patience is necessary for success. 성공에는 인내가 필요하다.

Water is necessary for life. 생명에는 물이 필요하다.

be obsessed with someone/something ~에 집착하다

She's obsessed with fashion. 그녀는 패션에 집착한다.

He's obsessed with perfecting his skills. 그는 기술을 쌓는 데 집착한다.

be opposed to someone/something ~에 반대하다

She is opposed to the idea. 그녀는 그 아이디어에 반대한다.

Many are opposed to the new policy. 많은 사람들이 새로운 정책에 반대한다.

be/feel overwhelmed by someone/something ~에 압도당하다

She felt overwhelmed by the workload. 그녀는 업무량에 압도당했다고 느꼈다.

They felt overwhelmed by the city's fast pace. 그들은 그 도시의 빠른 속도에 압도당했다.

be pleased about something ~에 만족하다

I'm pleased about the progress. 나는 진행 상황에 만족한다.

She's pleased about the new changes. 그녀는 새로운 변화에 만족한다.

be pleased with someone/something ~에 만족하다

They were pleased with the outcome. 그들은 결과에 만족했다.

He was pleased with his team's performance. 그는 그의 팀의 성과에 만족했다.

be preoccupied with someone/something ~에 몰두하다

He's preoccupied with his work. 그는 그의 일에 몰두하고 있다.

She's preoccupied with planning her wedding. 그녀는 그녀의 결혼식 계획에 몰두하고 있다.

be prepared for something ~에 준비되다

Are you prepared for the exam? 시험 준비가 되었나요?

They are prepared for the business meeting. 그들은 비즈니스 미팅을 할 준비가 되어 있다.

be proud of someone/something ~에 자부심을 가지다

They are proud of their work. 그들은 그들이 하는 일에 자부심을 가지고 있다.

He's proud of his cultural heritage. 그는 그의 문화적 유산에 자부심을 가지고 있다.

be qualified for something ~에 적합하다

She is qualified for the position. 그녀는 그 업무에 적합하다.

He is qualified for the scholarship. 그는 장학금을 받을 자격이 있다.

be similar to someone/something ~와 비슷하다

This taste is similar to apple. 이 맛은 사과 맛과 비슷하다.

His style is similar to traditional painting techniques. 그의 스타일은 전통적인 회화 기법과 비슷하다.

be sorry for something ~에 대해 미안하다

He's sorry for his actions. 그는 그의 행동을 미안해 한다.

She's sorry for the misunderstanding. 그녀는 오해한 것을 미안해 한다.

be suspicious of someone/something ~을 의심하다

She became suspicious of his behavior. 그녀는 그의 행동을 의심하게 되었다.

Dogs are suspicious of strangers. 개들은 낯선 사람을 의심한다.

be talented in something ~에 재능이 있다

He is talented in music. 그는 음악에 재능이 있다.

She is talented in writing. 그녀는 글쓰기에 재능이 있다.

be thankful for someone/something ~에 감사하다

We're thankful for the support. 우리는 지원에 감사하고 있다.

I'm so thankful for my family. 가족들에게 너무 감사하다.

be tired of someone/something ~에 지치다

She is tired of waiting. 그녀는 기다리는 것에 지쳤다.

He's tired of the same routine every day. 그는 매일 같은 일상에 지쳤다.

라이팅 토론형 연습문제

글쓰기 연습을 할 때는 먼저 다음을 염두에 두세요. 요즘에는 기술이 발전해 다양한 방법을 활용해서 글을 쓸 수 있지만, 책이나 다른 정보를 참고할 수 없는 시험인 만큼, 내 글쓰기 실력을 객관적으로 판단하고 키워가는 게 가장 중요합니다. 인터넷 검색을 통해 필요한 정보나 예시를 찾는 건 좋지만, 문장을 그대로 복사해 사용하는 건 피해야 합니다. 또한, 글을 대신 써주는 번역 프로그램 사용은 아예 권장하지 않습니다. 그래멀리와 같은 문법 확인 프로그램을 사용할 때는, 단순히 글을 수정하는 것에 만족하지 말고, 자신이 얼마나 많은 실수를 했는지를 기록하며 추적하는 게 중요합니다.

라이팅 토론형 문제는 단 10분만 주어지기 때문에 깊게 생각하기보다는 빠르게 생각하고 답을 내야 합니다. 30초 안에 교수가 제시한 문제를 파악한 후, 약 30초에서 1분 안에 신속하게 의견을 정리해야 합니다. 또한, 브레인스토밍은 별도의 종이에 쓰기보다는 답안을 작성해야 하는 PC 화면에 영어 단어를 써두고 글쓰기에 활용하는 게 좋습니다. 이 과정은 스피킹 독립형 문제를 푸는 것과 유사하게 응답의 속도와 효율성을 고려해 접근해야 합니다.

답안을 모두 작성한 후에는 기술의 도움을 받지 않고 아래 사항을 스스로 확인해보세요.

- 논리: 지나치게 의식의 흐름대로 쓰지 않도록 유의합니다. 짧은 시간이지만 설득력 있는 근거와 예시를 들었는지 충분히 생각해봅니다.
- 문법: 관사나 주어, 동사의 수 일치, 전치사, 시제 등 기본적인 문법을 틀리지 않았는지 점검합니다. 추가로 철자나 구두점, 대문자와 소문자 사용에도 문제가 없는지 확인하세요.
- 다양한 문장의 구조: 주어 + 동사 또는 주어 + 동사 + 목적어로 이루어진 단문이 너무 많지 않은지 확인합니다. 단문은 적절한 접속사와 관계사를 사용해 복문으로 만들어보세요.
- 단어의 사용: 일부러 어려운 단어를 사용할 필요는 없습니다. 문맥에 맞는 적절한 단어를 사용했는지 확인해보고, 동일한 단어를 너무 많이 사용했다면 동의어 사전이나 AI의 도움을 받아 다양한 단어를 학습합니다.

PRACTICE QUESTION 1

Dr. Johnson

As university graduates prepare to enter the workforce, one important decision they face is whether to work for a large corporation, a smaller company, or possibly a start-up. Both options come with their own sets of advantages and disadvantages. Over the next few weeks, we'll delve deeper into this subject. For today, please consider the benefits of each option and then tell me which one you'd recommend for a university graduate and why.

Tiffany

If I had to recommend one, I would lean towards a large company. The stability, structured growth opportunities, and comprehensive training programs can be invaluable for someone just starting. It is an environment where you can learn the ropes without being thrown into the deep end, which can be especially beneficial for those who are not yet fully confident in their professional skills.

Kyle

I would recommend starting at a small company. The opportunities for hands-on experience, a wide variety of tasks, and more immediate recognition can be incredibly beneficial for a recent graduate. It is a fast-track way to develop a diverse skill set, and the close-knit work environment can offer a level of mentorship and guidance that is hard to find in a large corporation.

My Response

PRACTICE QUESTION 2

Dr. Anderson

In recent times, we have witnessed an unprecedented surge in technological advancements, which also seem to be replacing human jobs at a rapid pace. In light of this, I invite you to discuss the following: If technology continues to take away jobs, should the government opt for offering subsidies to the affected people, or should it lean towards providing affordable or even free job training?

Nina

Offering subsidies might seem like a solution, providing immediate relief to those who lost their jobs. However, this could create dependency, and people might not feel motivated to upgrade their skills or seek alternative employment. In the long run, it will be more beneficial if the government focuses on providing free or low-cost job training. This way, people can acquire new skills, making them more adaptable and employable in a changing job market.

Mason

While I understand Nina's point, it is essential to strike a balance. In the immediate aftermath of job losses, people need financial assistance to sustain themselves; therefore, subsidies can be crucial. However, these subsidies should be paired with an encouragement or requirement to receive job training. By doing so, we ensure immediate relief and also prepare individuals for future employment opportunities.

My Response

PRACTICE QUESTION 3

Dr. Serena

In recent times, there has been significant debate on educational paradigms, especially in the realm of higher education. As we dive into this topic, I'd like you to consider the question: Should class attendance in colleges be optional, with the understanding that grades would solely be based on exams or assignments, or should it remain mandatory for all students?

Ryan

Making class attendance optional for college students will help them manage their time effectively and determine what learning methods work best for them. Many students, especially in this digital age, may find they learn better through online resources or self-study methods, such as video lectures, e-books, interactive simulations, online discussion forums, and virtual labs.

Casey

While I understand the need for flexibility, making attendance optional might risk depriving students of collaborative learning and meaningful classroom discussions that can't be replicated through self-study. Mandatory attendance ensures that students are exposed to a variety of perspectives and fosters a deeper understanding of the subject. It's not just about passing exams but about holistic learning.

My Response

PRACTICE QUESTION 4

Dr. Anderson

In our current era, we are constantly weighing the balance between boosting our economies and ensuring the longevity of our natural environment. As we delve into this topic in the coming sessions, I'd like you to reflect on where you stand in this debate. Should we give precedence to economic growth, even if it might come at the expense of our environment? Or should we prioritize environmental protection, even if it means slowing down economic progress?

Aria

I believe that one of the primary challenges of our time is the increasing degradation of natural habitats due to industrialization. If we prioritize economic growth without considering the environment, we might end up causing irreversible damage. Thus, I think there's a pressing need to invest in sustainable technologies and green businesses. By doing this, we can achieve economic growth without compromising the well-being of our planet.

Leo

While I understand the concerns about environmental degradation, economic growth is crucial for improving the living standards of millions, especially in developing countries. Perhaps the middle ground would be to ensure that the growth is inclusive and sustainable. Governments could incentivize industries to adopt cleaner technologies and be more energy efficient.

My Response

PRACTICE QUESTION 5

Dr. Ellen

In our contemporary educational climate, there's a pressing need to identify new methods that can aid learning for our younger students in both primary and secondary schools. Over the next few sessions, let's dive into this subject. One aspect I would like you to consider is the use of journal writing. Is journal writing a beneficial activity to enhance learning experiences for these students?

Aria

To be honest, I find journal writing to be quite overrated, especially for younger students. Kids at the primary level are still grappling with basic literacy skills, and adding journaling might just overwhelm them. If students are pushed to write, they might start seeing writing more as a tiresome duty than an enjoyable activity.

Leo

While I respect Aria's viewpoint, I feel there's another angle to consider. The question is not whether journal writing is beneficial, but whether some more pressing subjects or activities should be prioritized. Perhaps instead of journal writing, students could be exposed to more hands-on experiences like STEM(Science, Technology, Engineering, Mathematics) projects or art workshops. These might offer more tangible skills and experiences.

My Response

PRACTICE QUESTION 6

Dr. Eleanor

In this digital age, the entertainment industry has witnessed a seismic shift, and as we progress further, one can't help but consider the fate of traditional entertainment venues. As we start this discussion, let's think about the future of theaters. Do you believe they will remain relevant, or are they destined to fade away in favor of online streaming platforms and home entertainment systems?

Cameron

I believe theaters provide an experience that is unique and irreplaceable. The shared experience of watching a film on a big screen with an audience, the sound systems, and the ambiance are elements that can't be replicated at home. While there may be a decrease in the number of theaters, they will not disappear entirely. Instead, they might evolve to offer more luxurious and immersive experiences to attract audiences.

Alexis

Online streaming platforms not only allow viewers to choose what they want to watch but also offer a plethora of choices at a fraction of the cost of a theater ticket. Furthermore, advancements in home theater systems mean people can have high-quality cinematic experiences in the comfort of their homes. Although I don't believe theaters will vanish entirely, they will become a niche market, catering to enthusiasts rather than the general public.

My Response

PRACTICE QUESTION 7

Dr. Harrison

In the modern corporate world, retaining talent is more crucial than ever. Over the next few weeks, we will be exploring various strategies that companies can employ to ensure their employees remain engaged and committed. I'd like you to propose an effective strategy that companies might use to enhance their employee retention.

Aria

One effective strategy is investing in continuous professional development programs for employees. This could encompass a range of activities from workshops, courses, and mentoring sessions, allowing employees to constantly upgrade their skills. When employees feel they are growing and learning, they are more likely to stay committed to the organization, knowing that it supports their personal and professional growth.

Leo

An impactful approach would be to prioritize employee well-being and work-life balance. By offering benefits like flexible working hours, remote work options, and mental health support, companies can show that they genuinely care about their employees' overall well-being. When employees feel cared for and supported holistically, they are more likely to remain loyal and committed to the organization.

My Response

PRACTICE QUESTION 8

Dr. Martinez

In our rapidly evolving urban landscapes, the topic of public transportation and its accessibility is becoming increasingly vital. As we delve into city planning and public policy over the next few weeks, I'd like you to contemplate: Should public transit systems be made available at no cost to everyone? Would it be an equitable solution, or are there hidden repercussions?

Jasmine

I'm in favor of free public transportation primarily because of its potential to significantly reduce pollution. When public transit is made more accessible to everyone, it encourages people to opt for buses or trains over personal vehicles. This shift can lead to fewer cars on the road, resulting in decreased carbon emissions and better air quality. It's an essential step toward building greener cities.

Leon

While the idea of free public transportation sounds appealing, there are economic challenges to consider. Running these services requires funding, and if fare revenue disappears, that financial burden shifts elsewhere, possibly leading to increased taxes. There's also the risk of overburdening the system if everyone starts using it more frequently. Balancing cost and demand would be crucial.

My Response

PRACTICE QUESTION 9

Dr. Anderson

In today's corporate landscape, companies must think beyond profits and consider the broader societal impact they can have. As we delve deeper into this topic, I would like you to consider the various avenues through which a company can make a tangible positive impact. What, in your opinion, are the best ways for a company to do so?

Sophia

I believe that one of the most impactful ways a company can contribute to society is through educational initiatives. By providing scholarships, funding schools, or even offering internships and training programs, companies can uplift communities and foster future leaders. Education paves the way for sustained positive change, and a company that supports this can leave a lasting legacy.

Leo

I feel that companies can make a significant impact by actively supporting and investing in local communities. Initiatives like building infrastructure, providing employment opportunities, and facilitating skill development can transform the lives of many. When a company becomes a pillar of support for its local community, it creates a ripple effect of positive change that extends beyond immediate surroundings.

My Response

PRACTICE QUESTION 10

Dr. Amanda

In today's fast-paced world, enhancing the quality of life for citizens remains a major concern for governments. Over the next sessions, we will explore various ways governments can improve the lives of their people. To initiate our dialogue, please share some strategies or initiatives that a government could implement to support its citizens, spanning domains such as healthcare, education, infrastructure, job opportunities, and more. Elaborate on the potential impact of these approaches.

Sophia

One area that stands out to me is healthcare. Governments can make strides by introducing universal healthcare systems, ensuring every citizen, irrespective of their financial standing, can access crucial medical services. Alongside this, mental health initiatives should also be prioritized, with more counseling centers, and awareness campaigns.

Liam

I concur with Sophia on healthcare, but I'd also like to emphasize the role of education. By allocating more resources to public schools and modernizing curricula, we can prepare our youth for the challenges of tomorrow. Additionally, governments could launch job training programs, especially in emerging industries, making sure that citizens remain employable in a changing economic landscape.

My Response

라이팅 토론형 연습문제 풀이

자, 이제 샘플 답안을 확인해봅시다. 샘플 답안은 약 150단어로 이루어져 있습니다. 시험에서 라이팅 영역 26점 이상을 목표로 한다면 150단어를 기준으로 글을 쓰는 연습을 하세요. 답안 작성을 완료한 후에는 아래 약점 리스트를 활용해 내 글이 가진 단점과 실수를 스스로 파악해봅시다. 반드시 내가 직접 첨삭한 이후에 AI 프로그램을 사용해 영어 문법 및 맞춤법을 확인하세요. 실제 시험에서는 AI 프로그램 사용이 금지되어 있으니 내 글을 직접 고치는 연습을 반드시 해보아야 합니다.

나의 에세이 평가 체크리스트

□ 브레인스토밍에 1분이 넘게 걸렸다.

□ 교수의 질문을 빠르게 파악하지 못했다.

□ 학생들의 의견은 첫 줄만 읽고 빠르게 파악하고 넘어가야 하는데 너무 천천히 읽었다.

□ 이야기 전개가 매끄럽지 못했다.

□ 논리에 오류가 있었다.

□ 관사를 누락하거나 잘못 썼다.

□ 전치사를 누락하거나 잘못 썼다.

□ 대명사를 누락하거나 잘못 썼다.

□ 철자 실수를 했다.

□ 적절하지 않은 단어를 사용했다.

□ 주어와 동사의 수 일치를 하지 못했다.

□ 시제 오류가 있었다.

PRACTICE QUESTION 1

Dr. Johnson

As university graduates prepare to enter the workforce, one important decision they face is whether to work for a large corporation, a smaller company, or possibly a start-up. Both options come with their own sets of advantages and disadvantages. Over the next few weeks, we'll delve deeper into this subject. For today, please consider the benefits of each option and then tell me which one you'd recommend for a university graduate and why.

대학 졸업생들은 취업 준비를 하면서 대기업에서 일할지, 소규모 회사나 스타트업에서 일할지 결정하는 중요한 선택에 직면하게 됩니다. 각 선택에는 모두 장단점이 있습니다. 앞으로 몇 주 동안, 이 주제에 대해 깊이 다뤄볼 예정입니다. 오늘은 각 선택의 이점을 고려해보고, 대학 졸업생에게 어떤 것을 추천하는지, 또 그 이유는 무엇인지 말해봅시다.

Tiffany

If I had to recommend one, I would lean towards a large company. The stability, structured growth opportunities, and comprehensive training programs can be invaluable for someone just starting. It is an environment where you can learn the ropes without being thrown into the deep end, which can be especially beneficial for those who are not yet fully confident in their professional skills.

만약 한 곳을 추천해야 한다면, 저는 대기업을 추천하겠습니다. 안정성, 체계적인 성장 기회, 그리고 종합적인 교육 프로그램은 처음 일을 시작하는 사람에게 매우 소중한 것들입니다. 어려운 상황을 직면하지 않고 요령을 터득할 수 있는 환경이므로 아직 전문 기술에 자신이 없는 사람들에게 특히 유익할 수 있습니다.

Kyle

I would recommend starting at a small company. The opportunities for hands-on experience, a wide variety of tasks, and more immediate recognition can be incredibly beneficial for a recent graduate. It is a fast-track way to develop a diverse skill set, and the close-knit work environment can offer a level of mentorship and guidance that is hard to find in a large corporation.

저는 소규모 회사에서 시작하는 걸 추천합니다. 실무 경험의 기회, 다양한 업무, 그리고 더 빠른 (타인으로부터의) 인정은 최근 졸업한 학생에게 매우 유익할 수 있습니다. 이는 다양한 기술을 개발하는 빠른 방법이며, 다른 직원들과의 긴밀한 업무 관계는 대기업에서 찾기 어려운 멘토 역할과 지침을 제공할 수 있습니다.

Sample Response

Choosing one's first workplace is a pivotal moment for any college graduate. Both options mentioned by the professor have their advantages. Because start-ups are usually small companies, only a few people are on a team. It is easier to build rapport and cooperate more closely. On the other hand, big companies hire people from all around the world. Therefore, if a person works at a big company, they can meet more diverse people from different backgrounds, not to mention the learning opportunities from new talent. Of the two career paths, it is better for new graduates to start their careers in a big company. Established companies have strict manuals and work processes. Thus, new graduates can learn basic skills such as setting up schedules and making business documents. Moreover, by working at a large company, new graduates can observe their senior colleagues and learn good work ethics and efficient workflows.

대학 졸업생에게 첫 직장을 선택하는 건 중요한 순간입니다. 교수님이 언급한 주제와 관련해 말해보자면, 두 선택지 모두 장점이 있습니다. 스타트업은 보통 소규모이기 때문에 팀이 소수로 구성되어 있습니다. 이로 인해 직원 간에 더 쉽게 유대감을 형성하고 긴밀하게 협력할 수 있습니다. 반면, 대기업은 전 세계에서 직원을 고용하기 때문에, 대기업에서 일한다면 다양한 배경을 가진 사람들을 만날 수 있고, 능력이 뛰어난 사람들로부터 배울 기회도 많습니다. 두 옵션 중 하나를 선택해야 한다면, 대학이나 대학교를 갓 졸업한 사람들은 대기업에서 커리어를 시작하는 게 좋겠습니다. 대기업은 엄격한 매뉴얼과 업무 프로세스를 가지고 있습니다. 따라서 졸업생은 일정 설정이나 업무 문서 작성과 같은 기본 기술을 배울 수 있습니다. 또한, 대기업에서 일하면 다른 선배들을 관찰하며 좋은 직업 윤리와 효율적인 업무 흐름을 배울 수 있습니다.

꼭 기억하세요!

college graduate 대학 졸업생 **start-ups** 스타트업 **small companies** 소규모 회사 **build rapport** 관계를 맺다, 친분을 쌓다 **big companies/(well) established companies** 대기업 **learning opportunities** 학습 기회 **strict manuals** 엄격한 매뉴얼 **work processes** 작업 과정 **set up schedules** 일정을 세우다 **business documents** 업무 문서 **work ethics** 직업 윤리 **efficient workflows** 효율적인 업무 흐름

PRACTICE QUESTION 2

Dr. Anderson

In recent times, we have witnessed an unprecedented surge in technological advancements, which also seem to be replacing human jobs at a rapid pace. In light of this, I invite you to discuss the following: If technology continues to take away jobs, should the government opt for offering subsidies to the affected people, or should it lean towards providing affordable or even free job training?

최근 우리는 기술의 급속한 발전과 더불어, 이러한 기술 발전이 인간의 일자리를 빠르게 대체하고 있는 걸 목격하고 있습니다. 이와 관련해 다음과 같은 주제를 가지고 논의해보고자 합니다. 기술이 계속해서 일자리를 대체한다면, 정부는 기술 발전으로 인해 직업을 잃은 사람들에게 보조금을 제공해야 할까요, 아니면 저렴한 가격 또는 무료로 직업 훈련을 제공하는 쪽으로 나아가야 할까요?

Nina

Offering subsidies might seem like a solution, providing immediate relief to those who lost their jobs. However, this could create dependency, and people might not feel motivated to upgrade their skills or seek alternative employment. In the long run, it will be more beneficial if the government focuses on providing free or low-cost job training. This way, people can acquire new skills, making them more adaptable and employable in a changing job market.

일자리를 잃은 사람들에게 즉각적인 구호를 제공하는 보조금이 해결책처럼 보일 수도 있습니다. 하지만 이는 의존성을 야기할 수 있으며, 사람들이 기술을 업그레이드하거나 다른 직장을 찾을 동기를 얻지 못할 수 있습니다. 장기적으로 볼 때, 정부가 무료 또는 저렴한 직업 훈련을 제공하는 데 중점을 두는 게 더 유익할 것입니다. 이렇게 하면 사람들이 새로운 기술을 습득해 변화하는 고용 시장에서 더욱 적응력 있고, 고용할 만한 인재가 될 수 있습니다.

Mason

While I understand Nina's point, it is essential to strike a balance. In the immediate aftermath of job losses, people need financial assistance to sustain themselves; therefore, subsidies can be crucial. However, these subsidies should be paired with an encouragement or requirement to receive job training. By doing so, we ensure immediate relief and also prepare individuals for future employment opportunities.

니나의 의견을 이해하지만, 균형을 맞추는 게 필수적이라 생각합니다. 일자리를 잃은 직후, 사람들은 생계를 유지하기 위해 재정적 지원이 필요하기 때문에 보조금은 매우 중요할 수 있습니다. 그러나 이러한 보조금은 직업 훈련을 받도록 장려하거나 요구하는 것과 결합해야 합니다. 이렇게 함으로써, 즉각적으로 구호를 제공하고 동시에 사람들이 미래의 고용 기회에 대비할 수 있도록 준비시킵니다.

Sample Response

These days, many people are indeed losing their jobs due to advanced technologies, which are creating chaos in the labor market and personal lives. In this case, the government has to offer both options — providing financial support and re-training — based on individual circumstances. For instance, if young people lose their jobs due to technological innovations, they should be re-trained to join the workforce immediately. Young people are often credited with having more mental agility and physical abilities to learn something new in a short period. Even if new jobs require various essential skills, including time management and more advanced knowledge, young workers can handle them. Therefore, they will take advantage of free training. On the contrary, when older individuals, such as those in their 50s or above, lose their jobs because of technological advances, they should be given a basic income from the government for a while. Older workers may face physical and cognitive challenges that make re-training more difficult. However, they still need income to pay their bills. While receiving financial support from the government, they can take care of themselves for a while and then move on to a new job or retire if possible.

요즘 많은 사람이 첨단 기술로 인해 일자리를 잃고, 이에 따라 노동 시장과 개인 생활에 혼란이 발생하고 있습니다. 이런 상황에서 정부는 상황에 따라 두 가지 옵션인 재정 지원과 재교육을 제공해야 합니다. 예를 들어 젊은 사람들이 기술 혁신으로 인해 일자리를 잃었다면, 그들은 즉시 노동 시장에 재진입하기 위해 재교육을 받아야 합니다. 젊은이들은 보통 짧은 기간 내에 새로운 걸 배울 수 있는 정신적 민첩성과 신체적 능력을 가지고 있다고 평가받습니다. 새로운 직업이 시간 관리와 더욱 심화한 지식을 포함한 다양한 필수 기술을 요구하더라도, 젊은 노동자들은 이를 감당할 수 있습니다. 따라서, 젊은 노동자들은 무료 교육의 혜택을 받을 것입니다. 반면에, 기술 발전으로 인해 일자리를 잃은 50대 이상의 높은 연령의 사람들은 잠깐 동안 정부로부터 기본 소득을 받아야 합니다. 연령이 높은 노동자들은 재교육을 더 어렵게 만드는 신체적, 인지적 문제를 겪을 수 있습니다. 그러나 그들은 여전히 생활비를 지불하기 위한 소득이 필요합니다. 정부로부터 재정 지원을 받는 동안, 그들은 잠시 자신을 돌볼 시간이 생기고, 이후 가능하다면 새로운 직업으로 옮겨가거나 은퇴할 수도 있습니다.

꼭 기억하세요!

advanced technologies 첨단 기술 **the labor market** 노동 시장 **personal lives** 개인 생활 **technological innovations** 기술 혁신 **join the workforce** 노동력에 합류하다 **be credited with something** (~의 공로를) 인정받다 **mental agility** 정신적 민첩성 **time management** 시간 관리 **take advantage of something** ~을 활용하다 **basic income from the government** 정부에서 주는 기본 소득 **physical and cognitive challenges** 신체 및 인지적 문제 **if possible** 가능하다면

PRACTICE QUESTION 3

Dr. Serena

In recent times, there has been significant debate on educational paradigms, especially in the realm of higher education. As we dive into this topic, I'd like you to consider the question: Should class attendance in colleges be optional, with the understanding that grades would solely be based on exams or assignments, or should it remain mandatory for all students?

최근에, 특히 고등 교육 분야에서 교육 패러다임에 대한 중요한 논쟁이 있었습니다. 이 주제에 대해 더 깊이 생각해보기 위해 다음 질문을 고려해보세요. 대학에서 강의 참석은 선택적이어야 하며, 오직 시험 또는 과제에만 기반을 두고 성적을 매겨야 할까요, 아니면 모든 학생이 필수적으로 수업에 참석하도록 해야 할까요?

Ryan

Making class attendance optional for college students will help them manage their time effectively and determine what learning methods work best for them. Many students, especially in this digital age, may find they learn better through online resources or self-study methods, such as video lectures, e-books, interactive simulations, online discussion forums, and virtual labs.

대학생들에게 수업을 선택적으로 참석하게 하면, 학생들이 시간을 효과적으로 관리하고 자신에게 가장 잘 맞는 학습 방법을 결정하는 데 도움이 될 것입니다. 특히 지금과 같은 디지털 시대에는 많은 학생이 비디오 강의, 전자책, 상호작용이 가능한 시뮬레이션, 온라인 토론 포럼, 가상 실험실 등과 같은 온라인 강의 자료나 자기 주도적 학습을 통해 더 잘 배울 수 있다는 사실을 깨달을지도 모릅니다.

Casey

While I understand the need for flexibility, making attendance optional might risk depriving students of collaborative learning and meaningful classroom discussions that can't be replicated through self-study. Mandatory attendance ensures that students are exposed to a variety of perspectives and fosters a deeper understanding of the subject. It's not just about passing exams but about holistic learning.

유연성이 중요하다는 걸 이해하지만, 수업 출석을 선택 사항으로 하면 학생들이 협동 학습과 교실 내 의미 있는 토론의 기회를 잃을 수 있습니다. 이런 경험들은 자기 주도적 학습으로는 얻을 수 없는 것들입니다. 출석을 의무화함으로써 학생들은 다양한 관점을 접하게 되고, 과목에 대한 이해를 더욱 깊게 할 수 있습니다. 단순히 시험을 통과하는 걸 넘어서, 전인적인 학습을 하는 게 중요합니다.

Sample Response

Since class attendance can have various benefits, university students should be required to attend classes, and their attendance should also be graded on top of exams and assignments. The first benefit is enhanced concentration on educational material. In a classroom setting, where professors stand on a podium in front of students, distractions are minimized. Furthermore, most classes do not allow the use of phones, thereby providing an environment free of distractions such as computer games and social media apps. Another crucial benefit of attending in-person classes is the opportunity to utilize expensive state-of-the-art equipment. For instance, consider the experience of computer science majors like myself. Our primary focus includes building computer servers for global companies that serve millions of users. Constructing this type of server farm requires extensive theoretical knowledge and practical experience. Given the high cost of maintaining a server center, attending a class proves to be immensely beneficial for students. If an optional attendance policy is implemented, students who opt out will miss this invaluable opportunity to get hands-on experience.

수업 출석이 다양한 이점을 가지고 있기 때문에 대학생들은 수업에 참여해야 하며, 출석은 시험, 과제와 나란히 평가 기준이 되어야 합니다. 수업 출석의 첫 번째 이점은 교육 자료에 대한 집중력 향상입니다. 교수가 학생들 앞 강단에 서 있는 교실 환경에서는 산만함이 최소화됩니다. 또한, 대부분의 수업에서는 휴대폰 사용을 허용하지 않아 컴퓨터 게임이나 소셜 미디어 앱과 같은 방해 요소가 없는 환경을 제공합니다. 대면 수업에 참여하는 또 다른 중요한 이점은 비싼 최첨단 장비를 활용할 수 있는 기회입니다. 예를 들어 컴퓨터 과학 전공자로서 저의 주요 관심사는 수백만 명의 사용자를 가진 글로벌 회사를 위한 컴퓨터 서버를 구축하는 것입니다. 이런 종류의 서버 팜을 구축하려면 광범위한 이론적 지식과 실전 경험이 필요합니다. 서버 센터를 유지하는 데 드는 비용이 많기 때문에, 수업에 참여하는 건 학생들에게 매우 유익합니다. 만약 출석을 선택적으로 하는 정책이 시행된다면, 수업에 참여하지 않는 학생들은 이런 소중한 실습 기회를 놓칠 것입니다.

꼭 기억하세요!

class attendance 수업 출석 **enhanced concentration** 향상된 집중력 **educational material** 교육 자료 **environment free of distractions** 방해가 없는 환경 **in-person classes** 대면 수업 **state-of-the-art equipment** 최첨단 장비 **computer science major** 컴퓨터 과학 전공(자) **server farms** 서버 팜(컴퓨터 서버와 운영 시설을 모아둔 곳) **theoretical knowledge** 이론적 지식 **practical experience** 실용적 경험 **hands-on experience** 실습 경험

PRACTICE QUESTION 4

Dr. Anderson

In our current era, we are constantly weighing the balance between boosting our economies and ensuring the longevity of our natural environment. As we delve into this topic in the coming sessions, I'd like you to reflect on where you stand in this debate. Should we give precedence to economic growth, even if it might come at the expense of our environment? Or should we prioritize environmental protection, even if it means slowing down economic progress?

현시대에 우리는 경제를 활성화하는 것과 자연 환경의 지속 가능성을 보장하는 것 사이의 균형을 지속해서 고려하고 있습니다. 앞으로의 수업에서 이 주제를 더 심도 있게 다루게 될 텐데, 이 논쟁과 관련해 여러분이 어떤 입장에 있는지 생각해보길 바랍니다. 환경을 희생시키더라도 경제 성장에 우선순위를 둬야 할까요, 아니면 경제 발전이 늦어지더라도 환경 보호를 우선시해야 할까요?

Aria

I believe that one of the primary challenges of our time is the increasing degradation of natural habitats due to industrialization. If we prioritize economic growth without considering the environment, we might end up causing irreversible damage. Thus, I think there's a pressing need to invest in sustainable technologies and green businesses. By doing this, we can achieve economic growth without compromising the well-being of our planet.

우리 시대의 주된 도전 과제 중 하나는 산업화로 인해 자연 서식지가 점점 파괴되고 있는 것입니다. 환경을 고려하지 않고 단순히 경제 성장에만 초점을 맞춘다면, 우리는 돌이킬 수 없는 손상을 초래할 위험이 있습니다. 그렇기 때문에 지속 가능한 기술과 친환경 사업에 투자하는 게 매우 중요하다고 생각합니다. 이를 통해 우리는 지구의 건강을 해치지 않으면서 경제적 성장을 달성할 수 있을 것입니다.

Leo

While I understand the concerns about environmental degradation, economic growth is crucial for improving the living standards of millions, especially in developing countries. Perhaps the middle ground would be to ensure that the growth is inclusive and sustainable. Governments could incentivize industries to adopt cleaner technologies and be more energy efficient.

환경 파괴에 대한 우려를 충분히 이해하지만, 특히 개발 도상국에서는 경제 성장이 수백만 명의 생활 수준 향상에 매우 중요합니다. 아마도 이에 대한 절충안은 포괄적이며 지속적인 성장이 될 것입니다. 정부는 산업체들이 더 깨끗한 기술을 도입하고 에너지 효율성을 높이도록 유도할 수 있습니다.

Sample Response

It has always been tough to choose between protecting the ecosystem and advancing businesses and technologies, but I agree with Aria on this. If this question had been asked 100 years ago, I would have said sacrificing the environment for the advancement and prosperity of human civilizations might have been acceptable. However, we are living in the 21st century, and my response differs: we need to protect the environment at all costs for two pivotal reasons. First, many animals are going extinct and losing their natural habitats because of excessive development. Each animal plays a significant role in the food chain. If any of them gradually or permanently disappears from the chain, it will lead to food shortages, climate change, and ecological imbalance. Second, due to technological and industrial development, people's overall health is declining. For instance, it is a widely known fact that people living near factories suffer from incurable respiratory and vascular diseases. Planting more trees in urban and industrial areas can be a significant step towards mitigating this issue since trees act as natural air filters, absorbing pollutants and providing cleaner air.

생태계를 보호하느냐 아니면 비즈니스와 기술 발전에 중점을 두느냐는 항상 어려운 선택이었지만, 이 문제에 관해서는 아리아의 의견에 동의합니다. 만약 이 질문이 100년 전에 제기되었다면, 인류 문명의 향상과 번영을 위해 환경을 희생하는 것은 용인될 수 있다고 생각했을 것입니다. 하지만, 우리는 21세기에 살고 있고, 제 생각은 다릅니다. 우리는 두 가지 중요한 이유 때문에 무슨 수를 써서라도 환경을 보호해야 합니다. 첫째, 과도한 개발로 인해 많은 동물들이 멸종 위기에 처하고 자연 서식지를 잃고 있습니다. 각각의 동물은 먹이 사슬에서 중요한 역할을 하며, 이들 중 어느 하나라도 점차 또는 영원히 사라지면 식량 부족, 기후 변화, 생태계 불균형을 초래할 것입니다. 둘째, 기술 및 산업의 발전으로 인해 사람들의 전반적인 건강 상태가 나빠지고 있습니다. 예를 들어 공장 근처에 사는 사람들이 치료하기 어려운 호흡기 및 혈관 질환을 앓고 있다는 사실은 널리 알려져 있습니다. 도시 및 산업 지역에서 나무를 더 많이 심으면 이러한 문제를 완화하는 데 큰 도움이 될 수 있습니다. 나무들이 자연적인 공기 여과기로 작용해 오염물질을 흡수하고 더 깨끗한 공기를 제공하기 때문입니다.

꼭 기억하세요!

protect the ecosystem 생태계를 보호하다 **sacrifice the environment** 환경을 희생시키다 **prosperity of human civilizations** 인류 문명의 번영 **in the 21st century** 21세기에 **protect something at all costs** 무슨 일이 있어도 ~을 보호하다 **pivotal reasons** 중대한 이유 **go extinct** 멸종하다 **natural habitats** 자연 서식지 **excessive development** 과도한 개발 **the food chain** 먹이 사슬 **food shortage** 식량 부족 **climate change** 기후 변화 **ecological imbalance** 생태 불균형 **technological and industrial development** 기술 및 산업 발전 **incurable diseases** 난치병 **respiratory diseases** 호흡기 질환 **vascular diseases** 혈관 질환 **urban and industrial areas** 도시 및 산업 지역 **mitigate an issue** 문제를 완화하다 **air filters** 공기 여과기(필터) **absorb pollutants** 오염물질을 흡수하다

PRACTICE QUESTION 5

Dr. Ellen

In our contemporary educational climate, there's a pressing need to identify new methods that can aid learning for our younger students in both primary and secondary schools. Over the next few sessions, let's dive into this subject. One aspect I would like you to consider is the use of journal writing. Is journal writing a beneficial activity to enhance learning experiences for these students?

요즘 교육 환경에서는 초등학교와 중등학교 학생들의 학습을 지원할 새로운 방법이 매우 절실합니다. 앞으로 몇 차례 수업 동안, 이 주제를 자세히 다뤄봅시다. 여러분이 고려해봤으면 하는 한 가지 방법은 일기 쓰기입니다. 학생들의 학습 경험을 향상하는 데 일기 쓰기가 도움이 될까요?

Aria

To be honest, I find journal writing to be quite overrated, especially for younger students. Kids at the primary level are still grappling with basic literacy skills, and adding journaling might just overwhelm them. If students are pushed to write, they might start seeing writing more as a tiresome duty than an enjoyable activity.

솔직히 말해서, 저는 특히 어린 학생들에게는 일기 쓰기가 과대 평가된 활동이라고 생각합니다. 초등학생들은 아직 기본적인 읽기와 쓰기 기술을 배우는 단계라서 일기 쓰기를 추가하면 아이들에게는 부담이 될 수 있습니다. 만약 학생들이 글쓰기를 강요받는다면, 그들은 쓰기를 즐거운 활동이 아니라 귀찮은 일로 여길 수 있습니다.

Leo

While I respect Aria's viewpoint, I feel there's another angle to consider. The question is not whether journal writing is beneficial, but whether some more pressing subjects or activities should be prioritized. Perhaps instead of journal writing, students could be exposed to more hands-on experiences like STEM(Science, Technology, Engineering, Mathematics) projects or art workshops. These might offer more tangible skills and experiences.

아리아의 견해를 존중하지만, 다른 관점도 고려할 필요가 있습니다. 문제는 일기 쓰기가 유익한지 아닌지가 아니라, 더 시급한 과목이나 활동이 우선되어야 하는지 여부입니다. 일기 쓰기 대신에 학생들에게 STEM(과학, 기술, 공학, 수학) 프로젝트나 아트 워크숍과 같은 실용적인 경험을 제공하는 게 더 좋을 수 있습니다. 이러한 활동들은 더 구체적인 기술과 경험을 제공합니다.

Sample Response

These days, most school curricula include journaling as part of language learning opportunities. I also strongly believe journal writing is a worthwhile activity for students, especially in terms of learning. The first reason is the improvement of language skills through writing. Writing requires students to look up words in a dictionary and learn new vocabulary, which is particularly crucial for elementary and secondary school students. Additionally, by keeping a journal, students can practice expressing their ideas and thoughts in words, which benefits them in schoolwork, such as essay assignments and lab reports. Furthermore, journaling can also help enhance mental health, thereby contributing to their overall academic performance. For instance, when recounting aggravating or upsetting incidents, students can experience the therapeutic effects of journaling. Writing down their feelings allows them to vent and ultimately redirect negative energy and emotions toward contemplation and deep thinking.

요즘 대부분의 학교 교육 과정에는 언어 학습 기회의 일부로 일기 쓰기가 포함돼 있습니다. 저 역시 학생들에게, 특히 학습 측면에서 일기 쓰기가 가치 있는 활동이라고 강력히 믿고 있습니다. 첫 번째 이유는 쓰기를 통한 언어 능력 향상입니다. 쓰기 활동은 학생들이 사전을 찾아보고 새로운 어휘를 배우게 하는데, 이는 특히 초등학생과 중학생에게 중요합니다. 또한, 일기를 쓰면서 학생들은 자기 생각과 아이디어를 글로 표현하는 연습을 할 수 있어서 에세이 과제나 실험 보고서 같은 학교 과제에도 도움이 됩니다. 게다가 일기 쓰기는 정신 건강을 증진해, 전반적인 학업 성취도에 기여할 수 있습니다. 예를 들어 짜증 나거나 속상한 일을 기록할 때, 학생들은 일기 쓰기에서 치유 효과를 경험할 수 있습니다. 자신의 감정을 적어내려가면서 기분을 해소하고, 부정적인 에너지와 감정을 성찰과 깊은 사고로 전환할 수 있게 됩니다.

꼭 기억하세요!

school curricula 학교 교육 과정 **language learning opportunities** 언어 학습 기회 **a worthwhile activity** 가치 있는 활동 **look up words** (사전, 인터넷 등에서) 단어를 찾다 **learn new vocabulary** 새 어휘를 배우다 **express something in words** 말/글로 ~을 표현하다 **schoolwork** 학교 과제 **essay assignments** 에세이 과제 **lab reports** 실험 보고서 **enhance mental health** 정신 건강을 향상시키다 **academic performance** 학업 성취도 **recount** (경험한 것에 대해) 이야기하다 **aggravating incidents** 짜증 나는(화나는) 일 **upsetting incidents** 속상한 일 **therapeutic effects** 치유 효과 **vent** 분출하다, 분통을 터뜨리다 **contemplation** 사색, 성찰 **deep thinking** 깊은 사고

PRACTICE QUESTION 6

Dr. Eleanor

In this digital age, the entertainment industry has witnessed a seismic shift, and as we progress further, one can't help but consider the fate of traditional entertainment venues. As we start this discussion, let's think about the future of theaters. Do you believe they will remain relevant, or are they destined to fade away in favor of online streaming platforms and home entertainment systems?

디지털 시대에 들어서며 엔터테인먼트 산업은 근본적인 변화를 맞이했습니다. 이러한 변화 속에서 우리는 전통적인 엔터테인먼트 장소들의 미래를 생각하지 않을 수 없게 됐습니다. 이번 논의에서는 영화관의 미래에 대해 함께 고민해봅시다. 영화관이 앞으로도 여전히 중요한 역할을 할 것이라고 생각하나요, 아니면 온라인 스트리밍 플랫폼과 가정용 엔터테인먼트 시스템의 대중화에 밀려 점차 사라질 것으로 보나요?

Cameron

I believe theaters provide an experience that is unique and irreplaceable. The shared experience of watching a film on a big screen with an audience, the sound systems, and the ambiance are elements that can't be replicated at home. While there may be a decrease in the number of theaters, they will not disappear entirely. Instead, they might evolve to offer more luxurious and immersive experiences to attract audiences.

저는 영화관이 제공하는 경험이 독특하고 대체 불가능하다고 생각합니다. 관객들과 함께 큰 스크린으로 영화를 보는 공유된 경험, 사운드 시스템, 그리고 그 분위기는 집에서는 재현할 수 없는 요소들입니다. 영화관의 수가 줄어들 수는 있지만, 완전히 사라지지는 않을 것입니다. 오히려 관객들을 모으기 위해 더 고급스럽고 몰입도 높은 경험을 제공하도록 진화할 것입니다.

Alexis

Online streaming platforms not only allow viewers to choose what they want to watch but also offer a plethora of choices at a fraction of the cost of a theater ticket. Furthermore, advancements in home theater systems mean people can have high-quality cinematic experiences in the comfort of their homes. Although I don't believe theaters will vanish entirely, they will become a niche market, catering to enthusiasts rather than the general public.

온라인 스트리밍 플랫폼은 시청자들이 원하는 걸 선택할 수 있을 뿐 아니라, 영화관 티켓 비용의 일부만으로 다양한 선택지를 제공합니다. 또한, 홈시어터 시스템의 발전으로 사람들은 집에서 고품질의 영화 경험을 편안하게 즐길 수 있습니다. 영화관이 완전히 사라질 거라 생각하지는 않지만, 일반 대중보다는 애호가들을 대상으로 하는 장소가 될 거라 예상합니다.

Sample Response

Considering the differences in cost and available content options, there will come a time when people entirely stop going to theaters to watch movies and instead choose to pay for online streaming services. The first reason is the price of movie tickets. About 15 years ago, when I was in high school, I could watch a movie at a theater for only four dollars. Now I have to pay around 15 to 20 dollars per movie. Of course, the cinema provides more focused environments and advanced audio and visual technologies. However, the prices of popular streaming services, such as Netflix and Hulu, are around 10 to 15 dollars a month, making movie tickets seem excessively expensive. Secondly, people nowadays prefer watching movies in the comfort of their own homes. They do not need to travel, pay for parking, or spend time finding a parking spot. Thirdly, streaming services offer a wide selection of content, including movies, cartoons, and dramas. On the other hand, a movie ticket only allows a viewer to watch one movie. Additionally, they cannot rewatch that movie in the theater without paying again.

비용과 콘텐츠 선택의 폭을 고려할 때, 사람들이 영화관 대신 전적으로 온라인 스트리밍 서비스를 선택하는 시대가 올 것 같습니다. 첫째로, 영화 티켓 가격을 생각해보세요. 제가 고등학교에 다닐 때인 15년 전에는 영화관에서 4달러만 내면 영화를 볼 수 있었는데, 지금은 한 편에 15~20달러나 됩니다. 물론 영화관은 집중할 수 있는 환경과 고급 오디오 및 시각 기술을 제공하지만, 넷플릭스나 훌루 같은 스트리밍 서비스는 한 달에 10~15달러로 영화 티켓에 비해 훨씬 저렴합니다. 둘째로, 요즘 사람들은 집에서 편안하게 영화를 보는 걸 더 선호합니다. 이동하거나 주차비를 내고, 주차 자리를 찾는 등의 불편함 없이 말이죠. 셋째로, 스트리밍 서비스는 영화, 만화, 드라마 등 다양한 콘텐츠를 제공합니다. 반면, 영화관 티켓은 단 한 편의 영화만 볼 수 있고, 이미 본 영화를 다시 보려면 또다시 비용을 내야 합니다.

꼭 기억하세요!

focused environments 집중 환경 **advanced audio and visual technologies** 고급 오디오 및 시각 기술 **in the comfort of something** ~의 편안함 속에서 **pay for parking** 주차료를 지불하다 **find a parking spot** 주차 자리를 찾다 **a wide selection** 다양한 선택(지) **rewatch** 다시 보기, 다시 보다

PRACTICE QUESTION 7

Dr. Harrison

In the modern corporate world, retaining talent is more crucial than ever. Over the next few weeks, we will be exploring various strategies that companies can employ to ensure their employees remain engaged and committed. I'd like you to propose an effective strategy that companies might use to enhance their employee retention.

오늘날의 기업 환경에서는 인재를 유지하는 게 더욱더 중요해졌습니다. 앞으로 몇 주에 걸쳐 직원들을 더욱 업무에 참여시키고 헌신하도록 만들기 위해 회사들이 사용하는 다양한 전략들을 살펴볼 것입니다. 직원 유지를 향상할 수 있는 효과적인 전략에 대한 여러분의 생각을 듣고 싶습니다.

Aria

One effective strategy is investing in continuous professional development programs for employees. This could encompass a range of activities from workshops, courses, and mentoring sessions, allowing employees to constantly upgrade their skills. When employees feel they are growing and learning, they are more likely to stay committed to the organization, knowing that it supports their personal and professional growth.

직원들을 위한 지속적인 전문성 개발 프로그램에 투자하는 건 효과적인 전략 중 하나입니다. 이는 워크숍, 강좌, 멘토링 세션 등 다양한 활동을 포함하며, 직원들이 지속해서 기술을 향상할 수 있게 해줍니다. 직원들은 스스로가 성장하고 배우고 있다고 느낄 때 조직에 더 충실할 가능성이 높습니다. 회사가 자신의 개인적, 전문적 성장을 지원한다고 여기기 때문입니다.

Leo

An impactful approach would be to prioritize employee well-being and work-life balance. By offering benefits like flexible working hours, remote work options, and mental health support, companies can show that they genuinely care about their employees' overall well-being. When employees feel cared for and supported holistically, they are more likely to remain loyal and committed to the organization.

직원들의 복지와 일과 생활의 균형을 우선순위에 두는 게 중요합니다. 탄력적인 근무시간, 재택근무 옵션, 정신 건강 지원 등을 제공함으로써 회사는 직원들의 전반적인 건강과 행복을 진심으로 생각하고 있다는 메시지를 전달할 수 있습니다. 회사가 직원을 소중하게 여긴다고 느낄 때, 또 다양한 지원을 받을 때, 그들은 조직에 더욱 충성하고 헌신하게 됩니다.

Sample Response

Offering a variety of non-financial perks is a powerful strategy for companies aiming to retain their workforce. These benefits significantly boost employee satisfaction and add convenience to their daily lives. Globally recognized companies like Google, Facebook, and Instagram are known for adopting this approach to maintain their top talent. In addition to financial compensation, such benefits greatly contribute to employee contentment. For example, providing a complimentary gym and swimming center on-site eliminates the need for employees to travel for workouts or spend hefty membership fees. It also offers an opportunity to engage in healthy activities with colleagues. Additionally, considering the widespread preference for nutritious meals, offering free, appetizing lunches at the office is highly appealing. Over time, perks like on-site gyms, free lunches, and even complimentary hair salons can become essential to an employee's lifestyle. This integration of benefits into daily life makes changing jobs akin to relocating to a new house or neighborhood, rather than merely switching employers.

회사가 직원들을 붙잡아두려면 급여 외의 다양한 비금전적 혜택을 제공하는 게 아주 효과적이라고 생각합니다. 이런 혜택은 직원들의 만족도와 일상생활의 편리함을 엄청나게 높여줍니다. 구글이나 페이스북, 인스타그램 같은 세계적인 기업들도 우수 인재들을 잡기 위해 이런 혜택을 많이 제공하고 있습니다. 금전적 혜택 외에도, 이런 것들이 직원들에게 큰 만족감을 줄 수 있습니다. 예를 들어 일터에 무료 헬스장과 수영장이 있다면 따로 운동하러 가거나 비싼 회비를 낼 필요가 없습니다. 동료들과 같이 운동할 수도 있습니다. 게다가 요즘에는 많은 사람들이 건강한 식사를 중요하게 생각한다는 점을 고려했을 때, 사무실에서 제공하는 맛있는 무료 점심은 정말 매력적입니다. 시간이 지나면 헬스장이나 점심, 심지어 무료 미용실 같은 혜택이 직원들 삶의 일부가 될 것입니다. 이런 혜택들이 일상생활에 자연스럽게 스며들면, 직장을 옮기는 게 단순히 고용주를 바꾸는 게 아니라, 새집이나 새 동네로 이사 가는 것과 같은 느낌을 주게 됩니다.

꼭 기억하세요!

non-financial perks 비금전적 혜택 **daily lives** 일상생활 **globally recognized companies** 세계적으로 인정받는 회사들 **top talent** 최고의 인재 **financial compensation** 금전적 보상 **employee contentment** 직원 만족도 **complimentary gym** 무료 체육관 **on-site** 현장에 **hefty fees** 비싼 요금 **change jobs** 직업을 바꾸다 **akin to something** ~와 유사한 **relocate to a new house** 새 집으로 이사하다

PRACTICE QUESTION 8

Dr. Martinez

In our rapidly evolving urban landscapes, the topic of public transportation and its accessibility is becoming increasingly vital. As we delve into city planning and public policy over the next few weeks, I'd like you to contemplate: Should public transit systems be made available at no cost to everyone? Would it be an equitable solution, or are there hidden repercussions?

빠르게 변화하는 도시 환경에서 대중교통과 그것의 접근성 문제가 점점 더 중요해지고 있습니다. 앞으로 몇 주간 도시 계획과 공공 정책에 대해 자세히 살펴보면서, 다음 질문에 대해 생각해보세요. 대중교통을 모두에게 무료로 제공하는 게 좋을까요? 그것이 공정한 방안일까요, 아니면 우리가 몰랐던 부작용이 있을까요?

Jasmine

I'm in favor of free public transportation primarily because of its potential to significantly reduce pollution. When public transit is made more accessible to everyone, it encourages people to opt for buses or trains over personal vehicles. This shift can lead to fewer cars on the road, resulting in decreased carbon emissions and better air quality. It's an essential step toward building greener cities.

무료 대중교통을 지지하는 주된 이유는 바로 오염을 크게 줄일 수 있기 때문입니다. 누구나 쉽게 대중교통을 이용할 수 있게 되면, 사람들이 개인 차량 대신 버스나 기차를 더 많이 이용하게 될 것입니다. 그러면 도로 위에 다니는 차량 수가 줄게 되고, 따라서 탄소 배출도 줄고, 공기 질도 개선할 수 있습니다. 이는 더 친환경적인 도시를 만드는 주요한 방법이라고 생각합니다.

Leon

While the idea of free public transportation sounds appealing, there are economic challenges to consider. Running these services requires funding, and if fare revenue disappears, that financial burden shifts elsewhere, possibly leading to increased taxes. There's also the risk of overburdening the system if everyone starts using it more frequently. Balancing cost and demand would be crucial.

무료로 대중교통을 제공한다는 생각은 매력적이지만, 경제적인 문제도 생각해야 합니다. 이런 서비스를 유지하기 위해선 자금이 필요한데, 운임 수입이 없어지면 그 재정적 부담은 다른 곳으로 옮겨가게 되고, 결국 세금이 올라갈 수도 있습니다. 게다가 모두가 대중교통을 더 자주 이용하게 되면 시스템이 감당하기 힘들어질 위험도 있습니다. 비용과 수요 사이에서 균형을 찾는 게 매우 중요할 거라 봅니다.

Sample Response

In a contemporary city, public transportation systems have become a cornerstone of sustainable living. However, considering high maintenance costs and fairness issues, public transit systems should never be free for all citizens. First, if taxes are the sole revenue for maintaining public transportation systems instead of collected fares, the quality of the systems will greatly decline. To provide public transit, governments spend a huge amount of money to build new roads and maintain a great number of vehicles. However, if public transportation systems were free to use, they would experience budget constraints. Consequently, the number of routes could be canceled, or the maintenance of buses or subways could be neglected, posing potential safety concerns. Secondly, there is also a matter of fairness to consider, as not everyone uses public transportation. In small cities, in particular, to enjoy comfortable and convenient trips, people prefer to use their cars for grocery shopping or commuting. If tax money were allocated to providing free public transit, individuals who do not use it at all would be very displeased.

현대 도시에서 대중교통은 지속 가능한 생활의 기반이 되었습니다. 그러나 높은 유지비와 공정성 문제를 고려할 때, 대중교통 시스템을 모든 시민에게 무료로 제공해서는 안 됩니다. 첫째, 요금 대신 세금만으로 대중교통 시스템을 유지한다면 그 품질이 크게 떨어질 것입니다. 대중교통을 제공하기 위해 정부는 새로운 도로를 건설하고 다수의 차량을 유지하는 데 많은 돈을 씁니다. 하지만 대중교통이 무료가 된다면 예산 제약을 겪게 될 것이고, 그 결과로 노선이 줄어들거나 버스나 지하철의 유지 보수가 소홀해져 안전 문제가 발생할 수 있습니다. 둘째, 모든 사람이 대중교통을 사용하지는 않는다는 점에서 공정성 문제도 있습니다. 특히 작은 도시에서는 사람들이 편안하게 장을 보고 출퇴근을 하기 위해 개인 차량을 선호합니다. 무료로 대중교통을 제공하기 위해 세금을 사용한다면, 대중교통을 전혀 사용하지 않는 사람들은 매우 불만족스러워할 것입니다.

꼭 기억하세요!

contemporary city 현대 도시 **cornerstone** 기초, 초석 **sustainable living** 지속 가능한 생활 **maintenance costs** 유지비 **fairness issues** 공정성 문제 **public transit systems** 대중교통 시스템 **revenue** 수익 **collected fares** 징수한 요금 **build new roads** 새로운 도로를 건설하다 **maintain vehicles** 차량을 유지하다 **budget constraints** 예산 제약 **potential safety concerns** 잠재적 안전 문제 **a matter of fairness** 공정성 문제 **grocery shopping** 장보기 **commuting** 통근 **tax money** 세금

PRACTICE QUESTION 9

Dr. Anderson

In today's corporate landscape, companies must think beyond profits and consider the broader societal impact they can have. As we delve deeper into this topic, I would like you to consider the various avenues through which a company can make a tangible positive impact. What, in your opinion, are the best ways for a company to do so?

오늘날 기업 환경에서 회사들은 경제적 이익뿐 아니라 사회 전반에 미칠 수 있는 영향도 고려해야 합니다. 앞으로 이 주제에 대해 더 깊게 다루는 동안, 회사가 사회에 긍정적이고 가시적인 영향을 미칠 수 있는 다양한 방법을 생각해봅시다. 여러분이 생각했을 때 회사가 이를 달성하기 위한 최선의 방법은 어떤 것들이 있을까요?

Sophia

I believe that one of the most impactful ways a company can contribute to society is through educational initiatives. By providing scholarships, funding schools, or even offering internships and training programs, companies can uplift communities and foster future leaders. Education paves the way for sustained positive change, and a company that supports this can leave a lasting legacy.

제 생각에 회사가 사회에 큰 영향을 미칠 수 있는 방법 중 하나는 교육 프로그램에 힘쓰는 것입니다. 장학금을 주거나 학교에 돈을 기부하거나, 심지어 인턴십이나 교육 프로그램을 제공하는 것만으로도 회사는 지역 사회를 발전시키고 미래의 리더들을 키울 수 있습니다. 교육은 지속 가능한 긍정적인 변화를 조성하고, 이런 일에 앞장서는 회사는 오래 기억될 유산을 남길 수 있습니다.

Leo

I feel that companies can make a significant impact by actively supporting and investing in local communities. Initiatives like building infrastructure, providing employment opportunities, and facilitating skill development can transform the lives of many. When a company becomes a pillar of support for its local community, it creates a ripple effect of positive change that extends beyond immediate surroundings.

저는 회사들이 지역 사회에 적극적으로 지원하고 투자함으로써 큰 영향을 끼칠 수 있다고도 생각합니다. 인프라 구축, 일자리 제공, 개인의 기술 향상을 지원하는 것과 같은 이니셔티브*는 많은 사람들의 삶을 변화시킬 수 있습니다. 회사가 지역 사회의 기둥이 되면, 인접한 주변 환경을 넘어서는 긍정적인 파급 효과를 만들어냅니다.

*이니셔티브: 문제 해결 또는 목적 달성을 위한 새로운 계획

Sample Response

There are mainly two things that a company can do to have a positive influence on society: safeguarding the environment and donating money. First of all, their operations should be conducted in a way that protects and preserves the environment. They should adhere to strict regulations on energy usage and waste disposal to maintain ecological balance. If the ecosystem loses its balance, it will lead to irreversible consequences such as food shortages and climate change. Second, businesses can regularly donate money for good causes. This not only aids in addressing societal issues but also enhances the corporate image, fostering trust and loyalty among consumers. By strategically aligning their donations with causes that match their core values and customer base, companies can create a powerful impact in the communities they serve. For instance, a technology firm in South Korea might focus on supporting university educational programs in technology and innovation, reflecting its commitment to fostering future talents in the tech industry. This approach not only helps develop the necessary skills among young people but also aligns with the company's area of expertise, creating a synergy between its business objectives and social responsibilities.

회사가 사회에 좋은 영향을 끼치는 방법에는 크게 두 가지가 있습니다. 환경 보호와 기부가 있는데, 우선, 회사 운영은 환경 보호와 보존을 염두에 두어야 합니다. 에너지 사용과 폐기물 처리에 엄격한 규정을 적용해 생태계 균형을 지켜야 합니다. 생태계가 균형을 잃으면 식량 부족이나 기후 변화 같은 되돌릴 수 없는 결과를 초래할 수 있습니다. 두 번째로, 기업은 정기적으로 좋은 목적을 위해 사회에 기부할 수 있습니다. 이는 사회 문제를 해결하는 데 도움이 될 뿐 아니라, 기업 이미지를 개선하고 소비자들 사이에서 신뢰와 충성도를 높이는 데에도 기여합니다. 회사의 핵심 가치와 고객층에 부합하는 일에 기부함으로써, 기업은 해당 커뮤니티에 강력한 영향을 미칠 수 있습니다. 예를 들어 한국의 기술 회사가 대학의 기술과 혁신 분야 교육 프로그램을 지원할 경우, 기술 산업의 미래 인재를 육성하려는 그들의 의지를 보여줄 수 있습니다. 이 방식은 청년들이 필요한 기술을 키우는 데 도움이 될 뿐 아니라, 회사의 전문성과도 잘 맞기 때문에 사업 목표와 사회적 책임 사이에 시너지 효과를 낼 수 있습니다.

꼭 기억하세요!

safeguard the environment 환경을 (분실·손상 등에 대비하여) 보호하다 **operations** (회사, 조직 등의) 운영 **preserve the environment** 환경을 보존하다 **strict regulations** 엄격한 규제 **waste disposal** 폐기물 처리 **ecological balance** 생태계 균형 **irreversible consequences** 되돌릴 수 없는 결과 **climate change** 기후 변화 **good causes** 좋은 (사회적인) 운동, 목적 **corporate image** 기업 이미지 **core values** 핵심 가치 **customer base** 고객 기반 **area of expertise** 전문 분야 **a synergy** 시너지 **business objectives** 사업 목표 **social responsibilities** 사회적 책임

PRACTICE QUESTION 10

Dr. Amanda

In today's fast-paced world, enhancing the quality of life for citizens remains a major concern for governments. Over the next sessions, we will explore various ways governments can improve the lives of their people. To initiate our dialogue, please share some strategies or initiatives that a government could implement to support its citizens, spanning domains such as healthcare, education, infrastructure, job opportunities, and more. Elaborate on the potential impact of these approaches.

요즘같이 빠르게 변화하는 세상에서 정부는 항상 시민들의 삶의 질을 높이기 위해 노력하고 있습니다. 앞으로의 수업에서는 정부가 어떻게 하면 사람들의 삶을 개선할 수 있는지 다양한 방법을 살펴볼 예정입니다. 이번 대화를 시작하기에 앞서 국민들의 삶을 지원할 수 있는 정부의 전략이나 이니셔티브에 대해 얘기해봅시다. 보건, 교육, 인프라, 일자리 제공 등 여러 분야에서 어떤 영향을 미칠 수 있는지 자세히 설명하세요.

Sophia

One area that stands out to me is healthcare. Governments can make strides by introducing universal healthcare systems, ensuring every citizen, irrespective of their financial standing, can access crucial medical services. Alongside this, mental health initiatives should also be prioritized, with more counseling centers, and awareness campaigns.

제가 특히 중요하다고 생각하는 분야는 바로 보건 분야입니다. 정부는 모든 시민이 개인의 재정적 상황에 상관없이 필수적인 의료 서비스에 접근할 수 있도록 보편적 의료 서비스 시스템을 도입함으로써 큰 발전을 이룰 수 있습니다. 이와 함께 정신 건강과 관련한 이니셔티브도 우선시되어야 합니다. 더 많은 상담 센터뿐 아니라 정신 건강에 관한 관심을 높일 수 있는 캠페인이 필요합니다.

Liam

I concur with Sophia on healthcare, but I'd also like to emphasize the role of education. By allocating more resources to public schools and modernizing curricula, we can prepare our youth for the challenges of tomorrow. Additionally, governments could launch job training programs, especially in emerging industries, making sure that citizens remain employable in a changing economic landscape.

소피아가 말한 보건 서비스의 중요성에 대해 동의합니다. 하지만 교육의 역할도 강조하고 싶습니다. 공립학교에 더 많은 자원을 할당하고 교육 과정을 현대화하면 미래를 위해 청소년들을 대비시킬 수 있습니다. 또한, 정부는 특히 신흥 산업 분야와 관련한 직업 훈련 프로그램을 제공할 수도 있습니다. 이를 통해 시민들은 변화하는 경제 상황에서도 고용 자격을 갖출 수 있게 됩니다.

Sample Response

I believe there are mainly two ways for the government to help its citizens improve their quality of life: providing green spaces and improving transportation. Firstly, creating and maintaining green spaces such as parks and gardens is vital to enhancing the overall quality of people's lives. People can benefit from these green spaces through activities such as regular exercise, relaxation, and recreation. These places also serve as community hubs where people can gather, fostering social interactions and a sense of community. Second, improving public transportation and bicycle roads will also bring positive outcomes. Enhanced public transit systems make it easier for people to commute without relying on private vehicles. They not only help to alleviate traffic jams but also contribute significantly to lowering carbon emissions and improving air quality. Additionally, well-designed bike roads will encourage more people to choose cycling as a mode of transportation, promote a healthier lifestyle, and further reduce negative environmental impact.

정부가 시민들의 삶의 질을 높이는 데 도움을 줄 방법은 크게 두 가지라고 생각합니다. 녹지 공간 제공과 교통 개선이 있는데, 첫째로, 공원이나 정원과 같은 녹지 공간을 만들고 유지하는 것은 사람들의 전반적인 삶의 질을 향상하는 데 중요합니다. 이러한 녹지 공간에서 사람들은 정기적인 운동, 휴식 및 여가를 즐길 수 있습니다. 또한, 커뮤니티 중심지로 작용해 사람들이 모이고 사회적 상호작용을 증진하며, 공동체 의식을 형성하는 장소가 됩니다. 둘째로, 대중교통과 자전거 도로를 개선하는 것도 긍정적인 결과를 가져올 것입니다. 대중교통 시스템이 개선되면 사람들이 개인 차량에 의존하지 않고 통근할 수 있게 됩니다. 이것은 교통 체증 완화뿐 아니라 탄소 배출 감소와 공기 질 개선에도 크게 기여합니다. 또한, 잘 설계된 자전거 도로는 더 많은 사람들이 교통수단으로 자전거를 선택하게 하고, 건강한 생활 방식을 촉진하며 환경에 미치는 부정적인 영향을 더 줄일 것입니다.

꼭 기억하세요!

quality of life 삶의 질 **green spaces** 녹지 공간 **regular exercise** 정기적인 운동 **relaxation** 휴식 **recreation** 여가 **community hubs** 커뮤니티 허브(중심지) **social interactions** 사회적 상호작용 **sense of community** 공동체 의식 **bicycle roads** 자전거 도로 **alleviate traffic jams** 교통 체증을 완화하다 **carbon emissions** 탄소 배출 **air quality** 공기 질 **healthier lifestyle** 건강한 생활 방식

라이팅 토론형 추가 연습 문제

다음 주제를 이용해 더 다양하게 라이팅 토론형 문제를 연습해보세요. 아래 문제들은 기출 변형으로, 비판적 사고와 논리적 추론을 발전시킬 수 있도록 설계되었습니다. 지면상의 한계로 학생들의 토론 내용은 생략하고, 교수의 질문만 실었습니다. 시험 준비 기간이 짧다면 반드시 100단어 이상의 에세이를 작성하지 않아도 좋습니다. 그러나 간단한 브레인스토밍을 통해 주제에 대한 자기 생각을 꼭 정리해보세요.

Academic Discussion Question 1: 유아 교육 vs. 대학 교육

In our ongoing discussions about national development, we are shifting our focus to early childhood education this week. It is often debated whether a government should prioritize funding for the education of very young children (ages five to ten) over university education. I would like you to consider which option you believe would contribute more significantly to the successful development of a country.

Academic Discussion Question 2: 우주 탐사 vs. 지구 문제 해결

As we continue our discussions on how to allocate resources and make priorities this week, we need to consider the debate surrounding governmental spending on space exploration versus addressing more urgent needs on Earth. Some people advocate for substantial investment in exploring outer space while others believe these funds should be directed toward solving pressing issues on Earth. Consider both ideas and share your opinion on how governments should prioritize their spending.

Academic Discussion Question 3: 공공장소 흡연 금지의 영향

In our discussions on public health and policy, we turn our focus to smoking regulations. Many countries have introduced bans on smoking in public places and office buildings. This week, I want you to consider the implications of such bans. Do you think prohibiting smoking in these areas is a beneficial rule or an infringement on personal freedom? Discuss your views on whether this policy helps or hinders society.

Academic Discussion Question 4: 현대 문제 해결을 위한 역사 지식의 중요성

This week, we will talk about the importance of historical context in solving modern challenges. The premise that understanding the past is essential for navigating present and future issues is widely discussed in many places. I would like you to think about this concept and discuss how historical knowledge can be a valuable asset in solving modern problems.

Academic Discussion Question 5: 예술 지원 vs. 환경 보호

In our next discussion, we will explore corporate responsibility and resource allocation. A company has to decide whether to allocate some of its funds to support the arts or to protect the environment. Both areas are important, but I believe the choice reflects the company's values and priorities. I would like you to think about this decision and argue which option you believe the company should choose.

Academic Discussion Question 6: 역사적 건물 보존 vs. 현대적 구조물 건설

In our ongoing discussion on urban development and cultural preservation, we are examining an important decision that many cities face: Should a city preserve its old, historic buildings or demolish them to build modern structures? This decision can greatly influence a city's identity and future. Consider the benefits of preserving historical architecture versus replacing it with modern buildings, and present your ideas.

Academic Discussion Question 7: 휴식과 스트레스 해소 방법

In this week's discussion, we will explore different methods of relaxation and stress reduction. Many people believe that the most effective way to truly relax and relieve stress is by spending time alone. I invite you to consider and discuss whether solitude is indeed the best approach for relaxation, or if other methods might be more effective.

Academic Discussion Question 8: 유아 교육에서 협력 학습의 중요성

In our current educational system, it is crucial to explore the most effective learning methods for young children, especially those aged 5 to 10. Over the next few weeks, we will discuss various pedagogical strategies that may improve learning experiences. Today, I would like you to consider the benefits of collaborative learning. Specifically, think about why it might be beneficial for children in this age group.

Academic Discussion Question 9: 친구와 유대감을 쌓는 방법

In our discussions on relationships this week, we focus on the ways to improve friendship. People often find that shared experiences, whether joyful activities like plays and trips or collaborative efforts like solving problems together, can enhance friendships. I want you to think about and discuss which activities you believe are most effective in deepening the bonds between friends.

Academic Discussion Question 10: 기술 사용 증가와 아동의 창의성 발달

As part of our discussions on modern advancements, we turn our focus to the intersection of technology and child development. A growing concern is that the increase in technology usage may be negatively affecting children's creativity. I invite you to think about and discuss whether the rise of technology harms the creativity of children.

Academic Discussion Question 11: 일상생활을 기록하는 소셜 미디어 사용의 함의

In our ongoing discussion of digital culture and its effects, we turn our attention to the use of social media for recording daily life. Opinions are divided on this topic: some view the practice as narcissistic, while others see it as a legitimate form of self-expression. Consider and discuss the implications of using social media to chronicle personal experiences. Is it an act of self-indulgence or a way to communicate one's identity and experiences?

Academic Discussion Question 12: 어린이와 비디오 게임

In our upcoming sessions, we will tackle a variety of social and psychological topics. Today, let's focus on a contentious debate surrounding children and video games. I would like you to consider the argument that video games serve as an unproductive diversion for children and discuss whether there are beneficial alternatives that could better utilize their time.

Academic Discussion Question 13: 학생 성과와 교사 보상의 관계

For our discussion session, we will be exploring innovative ideas in the field of education. Today, I would like you to consider the proposition that the compensation of teachers should be aligned with the educational outcomes of their students. Reflect on this approach and discuss whether it could effectively enhance educational standards and student learning.

Academic Discussion Question 14: 교사 개인의 사회·정치적 신념 공유의 적절성

Today, we are exploring an interesting topic in education: the appropriateness of teachers sharing their personal social or political beliefs in the classroom. We will look into why it might be important for teachers to maintain professional neutrality and discuss whether this approach promotes a more unbiased educational environment.

Academic Discussion Question 15: 학생의 교사 평가 참여

In our upcoming chats about educational reforms, we will be diving into the idea of students getting involved in evaluating their teachers. Let's consider the potential benefits and challenges of this practice and discuss whether it could enhance the quality of teaching and learning environments in schools.

Academic Discussion Question 16: 글로벌 사회에서 학생들의 성공을 위한 학교의 역할

In today's interconnected world, schools play a crucial role in preparing students for a globalized society. As educators, we must consider what knowledge and skills are essential for our students to navigate this complex landscape. With that in mind, I would like you to discuss the following question before our next class: What should schools teach to best equip their students for success in a globalized society?

Academic Discussion Question 17: 광고 캐스팅

Let's dive into a discussion about advertising. It is interesting to think about whether celebrities or ordinary people are more effective in ads. We will be exploring this topic more in the coming weeks, but for now, I would love to hear your initial thoughts. Do you think marketers should use celebrities or ordinary people for their advertisements, and why?

Academic Discussion Question 18: 고등학교 교육 과정에서 가장 중요한 과목

High school is a crucial time when students acquire essential knowledge that can influence their future. The curriculum covers a wide range of subjects, but as our world changes rapidly, the importance of each subject might shift. Over the next few weeks, we will explore the importance of different subjects in high school. For now, could you please share your thoughts on which subject you believe is the most critical for today's high school students and why?

Academic Discussion Question 19: 과학 지식의 독점 vs. 과학 지식의 공유

Should scientific knowledge be kept exclusive, or should we encourage sharing it with others? This question is key to how we manage innovations, patent rights, and collaborations. Let's think about this: What happens when scientific knowledge is monopolized compared to when it is shared more openly?

Academic Discussion Question 20: 화석 연료 사용에 대한 벌금 부과

As we all know, global environmental challenges are escalating rapidly. Over the next few weeks, we will explore innovative ways to potentially address these issues. To kick off our discussion today, I would like to ask: Do you think that imposing fines on the use of fossil fuels is an effective strategy to reduce environmental pollution?

Academic Discussion Question 21: 자기 주도 학습 vs. 전통적 교사 학습

In our upcoming discussions, we will explore the different approaches to learning: self-directed study versus traditional learning with a teacher. Consider the advantages and challenges of each method and decide which one you believe is more effective, providing specific reasons for your preference.

Academic Discussion Question 22: 농촌 지역에서 자전거 헬멧 착용 의무화의 필요성

In our next session, we will delve into the topic of safety regulations in rural areas, specifically whether local governments should mandate the use of helmets for cyclists. Consider the potential benefits and drawbacks of such a regulation, and discuss whether you believe it would be an effective safety measure.

Academic Discussion Question 23: 자녀 교육을 위한 유학

Over the next few weeks, we will explore the practice of sending children to foreign countries for their education. I would like each of you to consider the various aspects of this trend. Specifically, think about the potential advantages and disadvantages it presents for both the children and their families. Share your thoughts on whether you believe this is a beneficial approach.

Academic Discussion Question 24: 조기 외국어 교육

Today, let's discuss the idea of children starting to learn a foreign language as soon as they begin school. Over the next few weeks, we will explore the benefits and challenges of early language education. I would like each of you to consider whether you think it is beneficial for children to start learning a foreign language right from the start of their schooling. Share your thoughts and reasoning on this topic.

Academic Discussion Question 25: 조기 코딩 교육

Today, let's talk about the idea of kids learning to code as soon as they start school. Over the next few weeks, we will look into the potential benefits and challenges of introducing coding at an early age. Think about whether you believe it is a good idea for children to start learning to code right from the beginning of their education. Share your thoughts and reasons on this topic.

Academic Discussion Question 26: 성공의 기준

Today, let's dive into the notion that success is only measured by how much money someone makes. Over the next few weeks, we will explore what success means from different angles. Do you agree with this idea? Why or why not? Share your thoughts and the reasons behind them.

Academic Discussion Question 27: 학습 후 이해 vs. 학습 후 암기

Today, let's discuss the importance of understanding ideas and concepts versus memorizing facts when learning something new. Over the next few weeks, we will explore different approaches to learning and their effectiveness. I would like each of you to consider whether you believe understanding concepts is more crucial than memorizing facts and why. Share your thoughts and provide reasons for your viewpoint.

Academic Discussion Question 28: 갭 이어의 장단점

Today, let's talk about the idea of students taking a gap year to work or travel after high school and before starting university. Over the next few weeks, we will examine the potential pros and cons of this approach. Do you think taking a year off is beneficial for students? Why or why not? Share your thoughts and reasons.

Academic Discussion Question 29: 평생 고용의 장단점

In today's fast-evolving job market, high employee turnover is a significant challenge for many companies. Over the next few weeks, we are going to explore various strategies that might help enhance employee retention. Let's start this discussion by thinking about the concept of lifelong employment within a company. What do you think are the main benefits and pitfalls of this approach?

Academic Discussion Question 30: 직업 만족도 vs. 높은 급여

In today's fast-paced work environment, many of us are finding that job satisfaction often matters more than a big paycheck. Over the next few weeks, we will dive into why finding joy in what you do could be more rewarding than just the numbers on your salary slip. To start, let's talk about the value of being happy at work. Which do you think is better: prioritizing job satisfaction or chasing a higher salary? How might your choice impact your life and career?

Academic Discussion Question 31: 리더십은 타고나는가, 배울 수 있는가?

In today's competitive world, the nature of effective leadership is often a hot topic. Over the next few weeks, we will be exploring the idea that leadership is an innate trait rather than a skill that can be learned. To start our discussion, let's consider the notion that true leadership comes naturally and cannot be taught. Which do you think is more accurate: that leadership can be developed through experience and education, or that it is something one is simply born with?

Academic Discussion Question 32: 공부 방법을 알려주는 수업의 장단점

In the realm of higher education, universities are always on the lookout for ways to boost student success. Recently, a university found that first-year students often struggle with effective study habits. To tackle this, they have proposed making study skills courses mandatory for all freshmen, sparking some debate. As we begin our discussion, let's weigh the pros and cons of this requirement. How might mandatory study skills courses affect student performance and overall academic success? What are the potential advantages and disadvantages of such a mandate?

Academic Discussion Question 33: 고등 교육의 접근성

In today's society, the accessibility of higher education is a hotly debated topic. Some argue that college or university education should be open to everyone, regardless of background or financial situation. Over the next few weeks, we will be exploring this idea and its implications. What are the potential benefits and challenges of making higher education available to everyone?

Academic Discussion Question 34: 교수 급여 인상과 교육 질 향상의 상관관계

In the ongoing pursuit of better academic quality, universities are considering various strategies, including raising professor salaries. Over the next few weeks, we will explore this idea and its potential impacts. Let's start by discussing whether increasing salaries could enhance the quality of education.

How might this financial investment affect faculty motivation and the overall academic experience for students? What are the potential benefits and drawbacks of focusing on salary increases for professors?

Academic Discussion Question 35: 교내 자금 분배

In the quest to balance academic and extracurricular activities, universities often face the challenge of allocating funds effectively. Some argue that universities should provide equal financial support to student sports activities and university libraries. Over the next few weeks, we will be examining this perspective and its implications. To start our discussion, I would like you to consider the idea that sports programs should receive the same amount of funding as libraries. How might this approach impact student life, academic performance, and the overall university experience?

Academic Discussion Question 36: 대학 교육의 다양성과 전문성의 균형

In the landscape of higher education, universities take different approaches to curriculum design. Some institutions require students to take a broad range of courses across various subjects, while others emphasize specialization in a single field. What are the potential benefits and challenges of each model, and how can universities strike a balance to best support their students' academic and professional goals?

Academic Discussion Question 37: 대면 의사소통의 장단점

In today's digital age, communication methods have greatly diversified, yet some argue that face-to-face interaction remains the most effective form of communication. Over the next few weeks, we will be exploring this perspective and comparing it with other communication methods such as letters, emails, and phone calls. To begin our discussion, I would like you to consider the potential advantages and challenges of relying on face-to-face communication. Also, in what situations might other forms of communication be more appropriate?

Academic Discussion Question 38: 영화와 텔레비전 프로그램의 영향

Over the next few weeks, we will delve into the topic of the impact of movies and television programs on young people's behavior. I would like each of you to examine the various effects this media can have. Specifically, consider both the negative and positive influences these forms of entertainment might exert on youth. Share your thoughts on whether you believe the impacts are more detrimental or beneficial.

Academic Discussion Question 39: 광고를 통해 본 국가 문화의 이해

Let's talk about how advertising shows different aspects of a country. Think about what ads can tell us about a nation's culture, values, and economy. Consider how much advertising reflects or influences social norms and priorities. What do you think about the role of advertising as a way to see into a culture? Share your thoughts on this.

Academic Discussion Question 40: 어린이 대상 텔레비전 광고 금지

Over the next few weeks, we will discuss whether TV ads targeting young children should be banned. Think about how these ads might help or harm young children and their families. Share your opinions on whether you think these kinds of ads should be allowed.

Academic Discussion Question 41: 텔레비전 시청이 가족 및 친구 간 소통에 미치는 영향

In our next session, we will discuss the idea that television has changed the way friends and family communicate. Think about how watching TV might affect relationships and whether this impact is mostly negative. Share your thoughts on whether you believe television really gets in the way of good communication among friends and family.

Academic Discussion Question 42: 글로벌 이슈에 대한 인식의 중요성

In our upcoming discussions, we will explore the importance of being informed about global events, even if they seem unlikely to impact your daily life. Consider the advantages of staying informed about international affairs and decide whether you believe it is essential to be aware of such events. Provide specific reasons for your stance on the importance of global awareness.

Academic Discussion Question 43: 노년기에 하는 새로운 도전의 장단점

Over the next few weeks, we will delve into the idea that it might be better for older people to take risks and explore new things compared to younger people. As we explore this topic, consider the advantages or potential drawbacks of this perspective. Please share your thoughts on whether you agree or disagree with this statement, and explain why you hold your particular viewpoint.

Academic Discussion Question 44: 세대 간 학습 가능성

Today, we will explore the notion that there is nothing young people can teach older people. As we delve into this topic, consider whether this statement holds true across various aspects of knowledge and experience. Please share your thoughts on whether you agree or disagree with this idea, and explain why.

Academic Discussion Question 45: 박물관 탐방의 매력

Let's delve into a discussion about cultural exploration. Many people make it a point to visit museums when they travel to new places. Over the next few weeks, we will be exploring this behavior more thoroughly, but for now, I would love to hear your initial thoughts. Why do you think people are drawn to visit museums when they travel? What do you believe motivates this common travel habit?

Academic Discussion Question 46: 여행이 우리에게 제공하는 것

Let's start a conversation about the benefits of travel. It is interesting to think about whether traveling within one's own country offers more advantages than going abroad. Over the next few weeks, we will be exploring this topic more thoroughly, but for now, I would love to hear your initial thoughts. Do you think there are greater advantages to exploring one's own country compared to foreign travel? Why or why not?

Academic Discussion Question 47: 가이드 투어의 장점

In our ongoing discussions about travel experiences, we are shifting our focus to the methods of traveling. It's often debated whether the best way to travel is in a group led by a tour guide. I would like you to consider whether this approach to travel offers more benefits compared to traveling solo or in a less structured group. Please share your thoughts on why you believe traveling with a guided tour might be the most effective way to experience new places.

Academic Discussion Question 48: 문제 해결 전략

In our discussions about personal and professional growth, we're turning our attention this week to problem-solving strategies. There's a common debate about whether it's more effective to rely on one's own knowledge and experience to tackle challenges, or to seek advice from others. I would like you to consider which approach you believe is more beneficial for successful problem resolution.

Academic Discussion Question 49: 현대인의 건강 관리

As we continue our discussions on health and wellness trends this week, we need to consider the claim that maintaining good health is easier now than it was in the past. Some people argue that advances in medicine, technology, and access to information have simplified the process of staying healthy, while others might highlight new challenges such as lifestyle diseases or information overload. Consider both perspectives and share your opinion on whether it truly is easier to maintain good health today compared to earlier times.

Academic Discussion Question 50: 인구 동향과 미래 전망

This week, as part of our ongoing dialogues on future trends and challenges, we turn our attention to population dynamics. Specifically, the assertion that in twenty years there will be fewer people than there are today. This perspective suggests a decline in global population figures due to various factors. Evaluate the reasons that might lead to such a scenario and the implications it could have on societies and governments.

Academic Discussion Question 51: 즐거움과 책임의 균형

In our series of discussions about lifestyle and societal values, we turn our focus to the balance between personal enjoyment and fulfilling serious duties and obligations. There's a prevailing opinion that people today allocate too much of their time to personal enjoyment rather than addressing more pressing responsibilities. Delve into the reasons behind this trend and the potential impacts it may have on personal and societal progress.

Academic Discussion Question 52: 젊은 세대의 정치 참여

With ongoing discussions about resource allocation and setting priorities, it's important to explore the level of interest in politics among the younger generation. There's a growing debate about whether young people are becoming more engaged in political matters or if their interest is waning. As we evaluate this topic, think about the implications of youth engagement on future policies and societal changes. Share your views on whether you think young people are more involved in politics today compared to previous generations.

Academic Discussion Question 53: 교사에 대한 사회적 가치 변화

This week, we're looking at how society views teachers. Some say teachers were valued more in the past than they are now. Let's think about what has caused this change. Consider things like changes in society, the economy, and education policies. Discuss whether you think this shows a shift in what society values and what it could mean for education in the future.

라이팅 영역 모의고사 A

이제 라이팅 영역 모의고사를 풀어보겠습니다. 라이팅 영역 모의고사에서 제공되는 오디오 파일에는 읽기 지문을 읽는 시간과 교수의 강의가 포함되어 있습니다. 파일을 재생한 후, 성우의 안내에 따라 문제를 풀어보세요.

모의고사를 시작하기 전 준비물이 있습니다. 실제 시험처럼 필기구와 백지를 준비하세요. 모든 문제는 실전처럼 타이머를 사용해 작성할 것을 권합니다.

Writing Section | Directions

The following section of the test will last approximately 35 minutes. You will need a device to type and submit your responses within the given timeframe. In this section, you will be tasked with completing two writing assignments.

Task 1: Integrated Writing Task
First, you will read a short passage(3 minutes to read). Following this, you will listen to a short lecture related to the same topic as the passage. It is advised that you take notes as you read and listen. You will be asked to summarize the points from the lecture and relate them to points made in the reading passage. You will have 20 minutes to prepare and write your response.

Task 2: Academic Discussion Task
You are required to write a response to your professor's question, participating in the active dialogue of the class lecture. You will have 10 minutes to complete this task.

Ensure that your responses are well-organized and clear, and address all parts of the respective tasks. Grammar, vocabulary, coherence, and overall effectiveness will be considered during the evaluation.

Integrated Writing Task

You have 3 minutes to read the passage.

Reading Time: 3 minutes

Marco Polo's journey to Asia in the 13th century is often questioned for its authenticity, but several factors support the notion that it is a true story. From corroborating accounts by other travelers to the depth of the cultural and economic information Polo provided, the evidence strongly suggests that Marco Polo did indeed make the epic journey he described.

One of the main reasons to believe in the authenticity of Marco Polo's journey is the detailed accounts he provided, later compiled into 'The Travels of Marco Polo.' This book serves as a comprehensive log, mentioning various cultures, economic systems, and items like spices and silk that were largely unknown in Europe at the time. The complexity and richness of detail make it difficult to dismiss the account as purely imaginative or fraudulent. Polo even provided details that were later confirmed by other explorers and traders, adding to the credibility of his story.

Further evidence supporting the truth of Marco Polo's journey is found in Chinese records. Marco Polo claimed to have served in the court of Kublai Khan, the Mongol ruler of China. While the Chinese records do not specifically mention Marco Polo, they do document the presence of foreign dignitaries in Kublai Khan's court around the time Polo would have been there. This aligns with Polo's claims and provides historical context that supports the truth of his story.

Lastly, the impact of Marco Polo's journey on European knowledge and exploration cannot be overstated. His accounts inspired other explorers like Christopher Columbus to seek new routes to Asia, fueling the Age of Exploration. The introduction of new goods described in his accounts, such as spices and silk, also had a significant impact on European economies and trading systems. The substantial and wide-ranging impacts of Polo's accounts would be hard to explain if his journey were not genuine.

Listen to part of a lecture on the topic you've just read about.

9_1

You have 20 minutes to organize and write your response. Your writing will be evaluated based on the quality of your prose and how effectively it outlines the points made in the lecture in relation to the reading passage. A strong response will typically range from 150 to 225 words.

You have 20 minutes to respond.

Academic Discussion Task

Write a response to your professor's question, participating in the active dialogue of the class lecture.

In your response you should include:
- *express your opinion and support it*
- *make a contribution to the ongoing discussion*

For a response to be deemed effective, it should contain at least 100 words.

You have 10 minutes to respond.

Doctor Potter

These days, we see varied age groups and experience levels coexisting and collaborating. One unconventional idea that's been gathering momentum is the concept of younger employees mentoring their senior coworkers. What are your thoughts on this approach? Could it lead to increased productivity and innovation, or might there be potential pitfalls?

Emily

I believe that younger employees mentoring senior coworkers can be a great way to bridge the generational gap. Younger individuals can bring fresh perspectives on technology or introduce emerging trends that senior coworkers are not familiar with. This mentorship can provide a space for cross-generational learning, promoting better understanding and teamwork within the organization.

Lucas

While I see the merit in what Emily is suggesting, I also think there is a potential risk of undermining the experience and knowledge that senior employees bring. If not implemented correctly, it might lead to feelings of resentment or devaluation. Instead of a one-way mentorship, we should consider mutual mentoring, where both sides learn from each other's strengths.

라이팅 영역 모의고사 A 풀이

이제 모의고사 풀이를 시작하겠습니다. 샘플 답안과 스스로 작성한 답안을 비교해 어떤 부분을 수정 및 보완해야 하는지 꼼꼼히 체크하시기 바랍니다.

나의 에세이 평가 체크리스트

- □ 브레인스토밍에 1분이 넘게 걸렸다.
- □ 교수의 질문을 빠르게 파악하지 못했다.
- □ 학생들의 의견은 첫 줄만 읽고 빠르게 파악하고 넘어가야 하는데 너무 천천히 읽었다.
- □ 이야기 전개가 매끄럽지 못했다.
- □ 논리에 오류가 있었다.
- □ 관사를 누락하거나 잘못 썼다.
- □ 전치사를 누락하거나 잘못 썼다.
- □ 대명사를 누락하거나 잘못 썼다.
- □ 철자 실수를 했다.
- □ 적절하지 않은 단어를 사용했다.
- □ 주어와 동사의 수 일치를 하지 못했다.
- □ 시제 오류가 있었다.

Question 1. 통합형 문제 Integrated Writing Task

수험자는 학술적 주제에 관한 지문을 읽은 후 동일 주제에 관한 강의를 듣습니다. 강의 내용은 지문과 상충하거나 혹은 지문을 뒷받침하는 내용으로 이뤄집니다. 먼저 지문을 해석해봅시다.

Reading Time: 3 minutes

Marco Polo's journey to Asia in the 13th century is often questioned for its authenticity, but several factors support the notion that it is a true story. From corroborating accounts by other travelers to the depth of the cultural and economic information Polo provided, the evidence strongly suggests that Marco Polo did indeed make the epic journey he described.

마르코 폴로Marco Polo가 13세기에 아시아를 여행했다는 사실은 종종 사실 여부가 의심받지만, 몇몇 요인들은 그것이 실화임을 뒷받침한다. 다른 여행자들의 증언뿐 아니라 폴로가 제공한 문화적, 경제적 정보의 깊이를 보면 폴로가 정말로 그가 묘사한 바와 같이 장대한 여행을 했다는 사실을 강하게 시사한다.

One of the main reasons to believe in the authenticity of Marco Polo's journey is the detailed accounts he provided, later compiled into 'The Travels of Marco Polo.' This book serves as a comprehensive log, mentioning various cultures, economic systems, and items like spices and silk that were largely unknown in Europe at the time. The complexity and richness of detail make it difficult to dismiss the account as purely imaginative or fraudulent. Polo even provided details that were later confirmed by other explorers and traders, adding to the credibility of his story.

마르코 폴로의 여행이 진짜라 믿는 주요한 이유 중 하나는 그가 제공한 상세한 설명 때문이며 이것은 후에 《동방견문록The Travels of Marco Polo》으로 편찬되었다. 이 책은 당시 유럽에서 많이 알려지지 않았던 다양한 나라의 문화와 경제 체제, 향신료나 비단 등의 품목을 소개하는 종합적인 일지 역할을 한다. 이야기의 복잡성과 풍부함 때문에 이를 순전히 상상력이나 거짓으로 치부하기는 어렵다. 폴로는 심지어 후에 다른 탐험가들과 무역상들에 의해 확인된 이야기까지 제공해 신빙성을 더했다.

Further evidence supporting the truth of Marco Polo's journey is found in Chinese records. Marco Polo claimed to have served in the court of Kublai Khan, the Mongol ruler of China. While the Chinese records do not specifically mention Marco Polo, they do document the presence of foreign dignitaries in Kublai Khan's court around the time Polo would have been there. This aligns with Polo's claims and provides historical context that supports the truth of his story.

여행의 진위성을 뒷받침하는 추가적인 증거는 중국 문서에서 발견되었다. 마르코 폴로는 중국의 몽골 통치자인 쿠빌라이 칸의 궁정에서 일했다고 주장했다. 중국 기록들은 마르코 폴로의 이름을 구체적으로 언급하지는 않지만, 폴로가 그곳에 있었을 무렵 쿠빌라이 칸의 궁정에 외국 고위 관리들이 있었다는 기록이 있다. 이것은 폴로의 주장과 일치하며, 그의 이야기가 사실임을 뒷받침하는 역사적 맥락을 제공한다.

Lastly, the impact of Marco Polo's journey on European knowledge and exploration cannot be overstated. His accounts inspired other explorers like Christopher Columbus to seek new routes to Asia, fueling the Age of Exploration. The introduction of new goods described in his accounts, such as spices and silk, also had a significant impact on European economies and trading systems. The substantial and wide-ranging impacts of Polo's accounts would be hard to explain if his journey were not genuine.

마지막으로 마르코 폴로의 여행이 유럽의 지식과 탐험에 미친 영향은 아무리 과장해도 지나치지 않다. 그의 기록은 크리스토퍼 콜럼버스Christopher Columbus와 같은 탐험가들이 아시아로 가는 새로운 항로를 찾도록 영감을 주었고, 이것은 대항해 시대를 부채질했다. 그의 기록에 나오는 향신료와 비단 등의 새로운 상품 도입은 유럽 경제와 무역 제도에도 큰 영향을 미쳤다. 폴로의 여행이 사실이 아니라면 그의 기록이 보여준 상당하고 광범위한 영향은 설명하기 어려울 것이다.

3분간 지문을 읽으면서 주요 내용을 파악해 필기해둡니다.

Reading Note

Marco Polo's journey to Asia in the 13th century - a true story

reason 1
detailed accounts (complexity and richness of detail)
mentioning various cultures, economic systems, and items like spices and silk that were largely unknown in Europe at the time

reason 2
Marco Polo claimed to have served in the court of Kublai Khan
Chinese records - the presence of foreign dignitaries in Kublai Khan's court

reason 3
the impact of Marco Polo's journey on European knowledge and exploration
His accounts inspired other explorers

이제 강의를 들어봅시다. 지문에서 읽은 내용을 보충하거나 혹은 반대하는 내용이 나올 걸 예상하고 최대한 많은 세부 사항을 필기하세요. 필기할 때는 들리는 단어를 적는 게 아니라 핵심이라 파악되는 내용을 써두어야 합니다. 어떤 내용이 중요한지, 중요하지 않은지 구분하기 어렵다면 리스닝 영역을 더 열심히 공부해야 합니다.

Professor: Today, we're going to discuss the doubts surrounding Marco Polo's journey to Asia. While many argue that his travels are genuine, there are significant reasons to question each piece of the commonly presented evidence. Let's break them down one by one.

교수: 오늘은 마르코 폴로의 아시아 여행을 둘러싼 의혹에 대해 알아보겠습니다. 많은 사람이 그의 여행이 진짜 이야기라고 주장하지만, 흔히 제시되는 증거들 각각에 의문을 제기할 만한 타당한 이유가 있습니다. 그에 대해 하나씩 이야기해 봅시다.

Some claim that Marco Polo's detailed accounts in 'The Travels of Marco Polo' stand as irrefutable proof of his journey. But let's think critically here. Just because a tale is detailed doesn't necessarily make it true. Many historical fictions are rich in detail yet entirely fabricated. We instead need to consider the possibility that Polo might have sourced some of his information from other traders or storytellers he encountered in Europe.

《동방견문록》에 담긴 자세한 설명이 그의 여행에 대한 반박할 수 없는 증거라고 주장하는 사람들도 있습니다. 하지만 잘 생각해봅시다. 이야기가 상세하다고 해서 반드시 사실이 되는 건 아닙니다. 많은 역사적인 소설이 풍부한 이야기를 다루지만, 완전히 조작된 것들입니다. 대신 우리는 폴로가 유럽에서 만난 다른 상인이나 이야기꾼으로부터 정보의 일부를 얻었을 가능성을 생각해볼 필요가 있습니다.

Now, onto the Chinese records. While historical accounts from China often show similarities with details of Marco Polo's stay, it's essential to note that Chinese records don't directly mention his name or reference him. Serving in the court of Kublai Khan would have been a significant role, especially for a foreigner. The mere reference to 'foreign dignitaries' is ambiguous and cannot be conclusively linked to Polo. It's more plausible that Marco Polo could have crafted his stories by gleaning bits and pieces of information about the Mongol empire and its courtly life from other sources.

자, 중국 기록에 관해서도 이야기해볼까요? 중국의 역사적인 기록들은 폴로의 체류와 관련한 세부 사항과 다소 유사하지만, 중국 기록들이 그의 이름을 직접 언급하거나 인용하지 않는다는 점을 유의할 필요가 있습니다. 쿠빌라이 칸의 궁정에서 일하는 건 특히 외국인에게 중요한 역할이었을 것입니다. '외국의 고위 인사'에 대한 단순한 언급은 진위성을 판단하기에는 모호하며 폴로와 완전히 연결해 생각하기도 힘듭니다. 마르코 폴로가 몽골 제국 및 그 궁중 생활에 대한 정보를 다른 출처로부터 조금씩 얻어 그의 이야기를 만들었을 가능성이 더 큽니다.

The third point often cited is the profound influence Marco Polo had on European exploration. But correlation doesn't always imply causation. It's a stretch to solely credit Marco Polo's accounts for the Age of Exploration. The desire for spices, silks, and new trade routes had been brewing in Europe long before Polo's accounts became popular. Remember, exploration was driven largely by economic and political motivations. It's simplistic to assume that Polo's tales alone could spur an entire era of exploration.

자주 언급되는 세 번째 주장은 마르코 폴로가 유럽인들의 탐험에 깊은 영향을 미쳤다는 것입니다. 그러나 상관관계가 항상 인과 관계를 의미하는 건 아닙니다. 마르코 폴로의 기록만이 대항해 시대를 여는 데 독자적으로 기여했다고 보는 건 과장된 주장입니다. 향신료, 비단, 그리고 새로운 무역로에 대한 유럽의 욕구는 폴로의 기록이 널리 퍼지기 훨씬 전부터 있었습니다. 유념하세요. 탐험은 주로 경제적이고 정치적 동기에 의해 주도되었습니다. 폴로의 이야기만으로 대항해 시대가 활성화되었다고 가정하는 건 지나치게 단순한 생각입니다.

Listening Note

significant reasons to question evidence

reason 1
The Travels of Marco Polo - irrefutable proof?
detail = true (X)
historical fiction - detailed - but fake
could be stories from other traders or storytellers

reason 2
absence of Marco Polo's name
no direct reference to him
serve in court - a significant role
foreign dignitaries - ambiguous - not Polo
Polo made up stories - info - Mongol empire, courtly life

reason 3
correlation - causation - diff
desire 4 spices, silks, and new trade routes in Europe, b4 Polo
explo - economic / political motivations
tale - spur an era of exploration X (simplistic)

지문의 내용과 강의 내용을 모두 정리했습니다. 이제 샘플 답안을 봅시다. 필기해둔 내용에서 크게 벗어나지 않게 다음과 같이 작성하시면 됩니다.

Sample Response

The professor addresses the topic of the authenticity of Marco Polo's journey. He argues that it is questionable whether Marco Polo actually traveled to Asia. This casts doubt on the reading passage's claim that his accounts of the journey to Asia in the 13th century are true.

교수는 마르코 폴로 여행의 진위에 대한 주제를 다룬다. 그는 실제로 마르코 폴로가 아시아를 여행했는지 여부가 의문스럽다고 주장하며, 13세기에 아시아를 여행하고 작성한 마르코 폴로의 기록이 실제 이야기라는 읽기 지문의 주장에 의문을 제기한다.

First, the professor doesn't agree with the notion that 'The Travels of Marco Polo' is irrefutable proof of his travels. Although his story offers detailed accounts, detail doesn't necessarily equate to truth. For instance, many historical fictions are detailed but fictitious. The lecturer instead believes that the accounts are derived from stories of other traders or storytellers. This argument rebuts the reading passage's claim that the complexity and richness of detail make the story true.

먼저 교수는 《동방견문록》이 그의 여행의 명백한 증거라는 것에 동의하지 않는다. 그의 이야기는 자세하지만, 세부적인 내용이 있다고 해서 반드시 진실을 의미하는 건 아니다. 예를 들어 많은 역사 소설은 구체적이지만 허구이다. 교수는 대신 이러한 기록들이 다른 상인이나 이야기꾼들의 이야기에서 유래했다고 믿는다. 이 주장은 세부 사항의 복잡성과 풍부함이 이야기를 진실로 만든다는 읽기 지문의 주장을 반박한다.

Next, the professor points out the absence of Marco Polo's name from historical records. Since Polo claimed to have served a significant role in the court, having no direct reference to him in any record seems implausible. Moreover, the mention of 'foreign dignitaries' in Chinese records is too ambiguous to serve as conclusive evidence. Therefore, the professor infers that Polo made up stories from information about the Mongol empire and courtly life. He thus challenges the reading passage's claim that Chinese records noting the presence of foreign dignitaries in Kublai Khan's court imply Polo's existence.

다음으로, 교수는 역사 기록에서 마르코 폴로의 이름이 빠져 있다고 지적한다. 폴로가 궁중에서 중요한 역할을 수행했다고 주장했으므로, 어떤 기록에서도 그에 대한 직접적인 언급이 없다는 건 믿기 어렵다. 게다가 중국 기록에서의 '외국 고위 인사'에 대한 언급은 결정적 증거로 사용하기에는 너무 모호하다. 따라서 교수는 폴로가 몽골 제국과 궁중 생활에 대한 정보를 바탕으로 이야기를 지어냈다고 추론한다. 따라서 그는 쿠빌라이 칸의 궁중에서 외국 고위 인사의 존재를 기록한 중국 기록이 폴로의 존재를 시사한다는 읽기 지문의 주장에 반대한다.

Lastly, he asserts that while Polo's stories existed during a time of increased exploration, this correlation should not be mistaken for causation. There had already been a desire for spices, silks, and new trade routes in Europe, spurred by economic and political motivations. This statement refutes the reading passage's claim that Marco Polo's journey greatly impacted European knowledge and exploration.

마지막으로, 그는 폴로의 이야기가 탐험이 증가하던 시기에 존재했지만, 이 상관관계를 인과 관계로 착각해서는 안 된다고 주장한다. 이미 경제적, 정치적 동기에 의해 향신료와 비단, 그리고 새로운 무역로에 대한 욕구가 유럽에 존재했었다. 이 주장은 마르코 폴로의 여행이 유럽의 지식과 탐험에 큰 영향을 미쳤다는 읽기 지문의 주장을 반박한다.

395페이지에서 다루었던 라이팅 통합형 템플릿을 참고해주세요. 미리 준비한 템플릿은 파란색, 지문을 읽고 강의를 들으며 필기한 내용은 회색으로 강조했습니다. 템플릿을 잘 암기해두고 필기만 제대로 한다면 통합형 과제는 손쉽게 정복할 수 있습니다. 모든 문장을 패러프레이징할 필요는 없으니, 표현을 바꾸는 것에 과도하게 신경 쓰기보다 강의에서 최대한 많은 세부 사항을 들을 수 있도록 훈련하세요. 만약 필기한 내용이 부족하거나 오류가 있는 경우 리딩과 리스닝 영역을 더 열심히 공부하셔야 합니다. 경험상 리딩, 리스닝 영역의 점수가 안정적으로 25점 이상일 때 통합형 문제를 성공적으로 해낼 수 있습니다.

Sample Response

The professor addresses the topic of the authenticity of Marco Polo's journey. He argues that it is questionable whether Marco Polo actually traveled to Asia. This casts doubt on the reading passage's claim that his accounts of the journey to Asia in the 13th century are true.

First, the professor doesn't agree with the notion that 'The Travels of Marco Polo' is irrefutable proof of his travels. Although his story offers detailed accounts, detail doesn't necessarily equate to truth. For instance, many historical fictions are detailed but fictitious. The lecturer instead believes that the accounts are derived from stories of other traders or storytellers. This argument rebuts the reading passage's claim that the complexity and richness of detail make the story true.

Next, the professor points out the absence of Marco Polo's name from historical records. Since Polo claimed to have served a significant role in the court, having no direct reference to him in any record seems implausible. Moreover, the mention of 'foreign dignitaries' in Chinese records is too ambiguous to serve as conclusive evidence. Therefore, the professor infers that Polo made up stories from information about the Mongol empire and courtly life. He thus challenges the reading passage's claim that Chinese records noting the presence of foreign dignitaries in Kublai Khan's court imply Polo's existence.

Lastly, he asserts that while Polo's stories existed during a time of increased exploration, this correlation should not be mistaken for causation. There had already been a desire for spices, silks, and new trade routes in Europe, spurred by economic and political motivations. This statement refutes the reading passage's claim that Marco Polo's journey greatly impacted European knowledge and exploration.

Question 2. 토론형 문제 Academic Discussion Task

토론형 문제에서는 수업 중 교수와 학생들의 토론 장면을 보여줍니다. 교수와 학생들의 스크립트는 약 200단어 전후로 구성되어 있으며 수험자는 주어진 10분 동안 아래와 같은 스크립트를 읽은 후 자신의 의견을 밝혀야 합니다. 토론형 문제는 크게 두 가지 유형으로 출제됩니다. 첫 번째로 제시문에 동의하는지, 동의하지 않는지 묻는 질문이 출제됩니다(예를 들어 '어린아이들에게 핸드폰 사용을 허용해도 되는가?'). 두 번째로는 문제 사항이 제시되며 문제를 해결하는 방법을 묻는 질문이 나올 수 있습니다(예를 들어 '가장 심각한 환경 문제를 고르고 그 해결 방법을 서술하라').

Doctor Potter

These days, we see varied age groups and experience levels coexisting and collaborating. One unconventional idea that's been gathering momentum is the concept of younger employees mentoring their senior coworkers. What are your thoughts on this approach? Could it lead to increased productivity and innovation, or might there be potential pitfalls?

요즘 직장에서는 다양한 경험을 가진 다양한 연령대의 사람들이 함께 일합니다. 최근 주목을 받는 새로운 아이디어 중 하나는 젊은 직원들이 선배 동료를 멘토링하는 것입니다. 이 접근법에 대해 어떻게 생각하나요? 이 아이디어가 생산성과 혁신을 높일 수 있을까요, 아니면 잠재적인 함정이 있을까요?

Emily

I believe that younger employees mentoring senior coworkers can be a great way to bridge the generational gap. Younger individuals can bring fresh perspectives on technology or introduce emerging trends that senior coworkers are not familiar with. This mentorship can provide a space for cross-generational learning, promoting better understanding and teamwork within the organization.

젊은 직원들이 선배 동료를 멘토링하는 건 세대 간 격차를 해소하는 데 좋다고 생각합니다. 젊은 사람들은 기술에 대한 새로운 관점을 제시하거나 선배 동료들이 익숙하지 않을 수 있는 새로운 트렌드를 알려줄 수 있습니다. 이러한 멘토링은 여러 세대가 함께 학습할 수 있는 공간을 제공해 조직 내 구성원들이 서로를 더 잘 이해하고 협동할 수 있도록 합니다.

Lucas

While I see the merit in what Emily is suggesting, I also think there is a potential risk of undermining the experience and knowledge that senior employees bring. If not implemented correctly, it might lead to feelings of resentment or devaluation. Instead of a one-way mentorship, we should consider mutual mentoring, where both sides learn from each other's strengths.

에밀리의 제안도 일리가 있지만 선배들이 줄 수 있는 경험과 지식을 과소평가하는 잠재적 위험도 있다고 생각합니다. 멘토링 방식이 잘못될 경우 적의가 생기거나 서로를 무시한다는 생각이 들 수도 있습니다. 일방적인 멘토링 대신 양측이 서로의 강점을 배울 수 있는 상호 멘토링을 고려하는 게 좋을지도 모릅니다.

이제 샘플 답안을 봅시다.

Sample Response

I believe that it is a good idea to encourage younger staff to mentor senior coworkers for various reasons. First, young people are often credited with thinking outside the box, unencumbered by traditional business methods. Therefore, when mentoring senior workers, younger staff can come up with innovative ideas to tackle a range of challenges. Second, young workers are more familiar with new technologies. This past summer, I worked as an electrician at a multinational corporation for three months. During my time there, I participated in training sessions where seniors taught juniors and vice versa. Being trained as an intern, I acquired essential skills in idea organization, business document preparation, and time management. Additionally, while I trained my senior coworkers, I showed them how to integrate new AI technologies into traditional methods, thus accelerating workflows. Third, younger workers can learn through teaching. Answering questions from those they mentor allows junior staff to deepen their understanding of their primary field.

저는 젊은 직원들이 상급 직원을 멘토링하는 걸 장려하는 게 여러 이유로 좋은 생각인 것 같습니다. 첫째로, 젊은 직원들은 종종 전통적인 비즈니스 방법에 얽매이지 않고 기발한 아이디어를 생각해내는 것으로 알려져 있습니다. 따라서, 상급 직원들을 멘토링할 때, 젊은 직원들은 다양한 문제를 해결하기 위한 혁신적인 아이디어를 끌어낼 수 있습니다. 둘째로, 젊은 직원들은 새로운 기술에 더 익숙합니다. 지난여름, 저는 다국적 기업에서 3개월 동안 전기기사로 일했습니다. 그곳에서 저는 선배가 후배를 가르치고, 반대로 후배가 선배를 가르치는 훈련 세션에 참여했습니다. 인턴으로 훈련받는 동안 저는 아이디어 조직화, 업무 문서 준비, 시간 관리에 필요한 기술을 습득했습니다. 반면 제가 상급 직원들을 멘토링할 때는 새로운 AI 기술을 전통적인 방법에 통합하는 방법을 보여주어 업무 속도를 높였습니다. 마지막으로, 젊은 직원들은 가르치는 활동을 통해 더 배울 수 있습니다. 그들이 멘토링하는 사람들의 질문에 답함으로써, 주니어급의 직원들은 자기 주요 분야를 더 깊이 이해할 수 있습니다.

토론형 문제의 답안을 작성하는 방법은 크게 세 가지가 있습니다. 방금 풀이했던 주제를 이용해 다양한 답변의 형태를 간단히 살펴봅시다.

주제: Younger employees mentoring senior coworkers: can this boost productivity and innovation, or might it lead to potential challenges?

젊은 직원이 선배 직원에게 멘토링을 제공하는 것이 생산성과 혁신을 높일 수 있는가, 아니면 문제를 일으킬 가능성이 있는가?

첫 번째로, 학생들이 낸 아이디어에 동의하며 나만의 이유와 예시를 추가할 수 있습니다.

I agree with Emily's view that younger employees mentoring senior coworkers can bridge the generational gap. This cross-generational mentorship fosters mutual learning, understanding, and teamwork within the organization. (Emily의 의견에 동의하기) For example, in my previous job, we had a young colleague named Alex, who was very skilled in utilizing advanced data analytics software. On the other hand, our senior coworker, Sarah, had a lot of industry experience, but she wasn't as up-to-date with the most recent technology. Alex stepped in and started mentoring Sarah on how to use these tools. After a few weeks, Sarah became much more efficient at analyzing data. This not only boosted her productivity but also gave her the confidence to tackle more technology-driven projects. (나만의 예시 추가하기)

두 번째로, 학생이 낸 아이디어에 반대하며 이유를 들어 반박할 수도 있습니다.

While I understand Emily's point of view, I believe there are significant challenges when younger employees mentor senior coworkers. (Emily의 의견에 반대하기) For example, in my previous job, we had a young colleague named Alex. He was extremely good at using advanced data analytics software. Our senior coworker, Sarah, had lots of industry experience, but she was not as familiar with the latest technology. When Alex began mentoring Sarah, it initially seemed promising. However, soon, Sarah felt uncomfortable taking advice from someone with much less experience. Despite Alex's efforts, Sarah struggled to adapt to the new technology, feeling overwhelmed and frustrated. This negatively impacted her confidence and overall productivity. (이유 및 예시 추가하기)

마지막으로, 학생이 낸 아이디어는 언급하지 않고 내 의견만 주장해도 됩니다.

> Younger employees often bring fresh ideas and new skills to the table. They are usually more familiar with the latest technology and trends, which can help senior coworkers stay updated. I believe this exchange can lead to a more innovative and efficient workplace in the long run. For example, a young employee might introduce new software that streamlines tasks, saving time and effort. By mentoring their senior colleagues, they can share their knowledge and improve productivity. Surely, this mentoring approach isn't always without its challenges. Some senior employees might not like taking advice from someone younger and less experienced. However, with enough care and company guidance, everyone can feel valued and respected.

셋 중 어떤 방법이 나에게 가장 적절할지는 다양한 주제로 연습하면서 직접 파악해야 합니다. 다만 학생들이 제시한 의견 외에 좋은 생각이 나지 않는다면 부담 없이 첫 번째 혹은 두 번째 방법을 사용하도록 하세요!

라이팅 영역 모의고사 B

모의고사를 시작하기 전 준비물이 있습니다. 실제 시험처럼 필기구와 백지를 준비하세요. 모든 문제는 실전처럼 타이머를 사용해 작성할 것을 권합니다.

Writing Section | Directions

The following section of the test will last approximately 35 minutes. You will need a device to type and submit your responses within the given timeframe. In this section, you will be tasked with completing two writing assignments.

Task 1: Integrated Writing Task
First, you will read a short passage(3 minutes to read). Following this, you will listen to a short lecture related to the same topic as the passage. It is advised that you take notes as you read and listen. You will be asked to summarize the points from the lecture and relate them to points made in the reading passage. You will have 20 minutes to prepare and write your response.

Task 2: Academic Discussion Task
You are required to write a response to your professor's question, participating in the active dialogue of the class lecture. You will have 10 minutes to complete this task.

Ensure that your responses are well-organized and clear, and address all parts of the respective tasks. Grammar, vocabulary, coherence, and overall effectiveness will be considered during the evaluation.

Integrated Writing Task

You have 3 minutes to read the passage.

Reading Time: 3 minutes

The idea of human habitation on Mars has been the subject of scientific research for many years. Although the concept is captivating, several significant challenges make Mars colonization a very difficult venture. While various proposals exist to overcome these obstacles, it remains a daunting task with numerous barriers.

Resource Scarcity
One of the most significant challenges is the scarcity of crucial resources such as water and oxygen. Mars lacks the abundant natural resources that we take for granted on Earth. For example, water is mostly found in the form of ice on Mars and would require substantial energy to extract and purify for human consumption and agriculture. A self-sustaining habitat would need a closed-loop system to recycle these vital resources, which is currently beyond our technological capabilities.

Radiation Exposure
Another hindrance to Mars habitation is the threat of radiation. Mars's thin atmosphere is insufficient to shield against harmful solar and cosmic radiation, posing a serious risk to human health. Long-term exposure could lead to severe health problems, including an increased risk of cancer. To mitigate this, habitats would require thick walls made of materials that can effectively block radiation, which adds complexity, weight, and cost to any Mars mission.

Psychological Factors
Lastly, the psychological effects of extended periods of isolation and confinement in a hostile environment should not be underestimated. A Mars mission would take several months just to reach the destination, followed by a lengthy stay to justify the cost and risks involved. Extended periods away from Earth, in a confined space with a small group of people, can lead to psychological issues like depression, anxiety, and interpersonal conflicts. These factors add another layer of complexity to the already immense challenges of Mars colonization.

Listen to part of a lecture on the topic you've just read about.

10_1

You have 20 minutes to organize and write your response. Your writing will be evaluated based on the quality of your prose and how effectively it outlines the points made in the lecture in relation to the reading passage. A strong response will typically range from 150 to 225 words.

You have 20 minutes to respond.

Academic Discussion Task

Write a response to your professor's question, participating in the active dialogue of the class lecture.

In your response you should include:
• express your opinion and support it
• make a contribution to the ongoing discussion

For a response to be deemed effective, it should contain at least 100 words.

You have 10 minutes to respond.

Doctor Potter

This week, we're delving into the topic of youth employment. Specifically, we're interested in discussing whether teenagers should have part-time jobs while still in high school. Some argue that early work experiences provide invaluable life skills, while others believe they may be detrimental to academic success and personal development. What are your thoughts? Do you think teenagers should have part-time jobs?

Emily

I believe teenagers should have part-time jobs. These early work experiences not only provide them with extra income but also equip them with essential life skills like time management, responsibility, and interpersonal communication. These are skills that are not always taught in a classroom setting but are invaluable in the 'real world.'

Lucas

I have mixed feelings about teenagers having part-time jobs. While I understand the benefits that Emily mentioned, like learning responsibility and earning extra money, I also think that part-time jobs can add stress and take time away from academic pursuits. Teenagers are already juggling their schoolwork, extracurricular activities, and social lives.

라이팅 영역 모의고사 B 풀이

이제 모의고사 풀이를 시작하겠습니다. 샘플 답안과 스스로 작성한 답안을 비교해 어떤 부분을 수정 및 보완해야 하는지 꼼꼼히 체크하시기 바랍니다.

나의 에세이 평가 체크리스트

- □ 브레인스토밍에 1분이 넘게 걸렸다.
- □ 교수의 질문을 빠르게 파악하지 못했다.
- □ 학생들의 의견은 첫 줄만 읽고 빠르게 파악하고 넘어가야 하는데 너무 천천히 읽었다.
- □ 이야기 전개가 매끄럽지 못했다.
- □ 논리에 오류가 있었다.
- □ 관사를 누락하거나 잘못 썼다.
- □ 전치사를 누락하거나 잘못 썼다.
- □ 대명사를 누락하거나 잘못 썼다.
- □ 철자 실수를 했다.
- □ 적절하지 않은 단어를 사용했다.
- □ 주어와 동사의 수 일치를 하지 못했다.
- □ 시제 오류가 있었다.

Question 1. 통합형 문제 Integrated Writing Task

수험자는 학술적 주제에 관한 지문을 읽은 후 동일 주제에 관한 강의를 듣습니다. 강의 내용은 지문과 상충하거나 혹은 지문을 뒷받침하는 내용으로 이뤄집니다. 먼저 지문을 해석해봅시다.

Reading Time: 3 minutes

The idea of human habitation on Mars has been the subject of scientific research for many years. Although the concept is captivating, several significant challenges make Mars colonization a very difficult venture. While various proposals exist to overcome these obstacles, it remains a daunting task with numerous barriers.

인류가 화성에 거주한다는 생각은 수년 동안 과학 연구의 주제였습니다. 이 아이디어는 흥미롭지만, 화성 식민지화에는 여러 큰 도전 과제가 있어 실현이 매우 어렵습니다. 이런 장애물을 극복할 방안들이 제시되기는 했지만, 여전히 많은 어려움을 안고 있는 과제입니다.

Resource Scarcity

One of the most significant challenges is the scarcity of crucial resources such as water and oxygen. Mars lacks the abundant natural resources that we take for granted on Earth. For example, water is mostly found in the form of ice on Mars and would require substantial energy to extract and purify for human consumption and agriculture. A self-sustaining habitat would need a closed-loop system to recycle these vital resources, which is currently beyond our technological capabilities.

자원 부족

가장 큰 도전 과제 중 하나는 물과 산소 같은 중요 자원의 부족입니다. 화성은 지구에서 당연하게 여겨지는 풍부한 자연 자원이 부족합니다. 예를 들어, 화성에서는 물이 주로 얼음 형태로 존재해 인간의 소비와 농업을 위해 사용하려면 많은 에너지를 들여 추출하고 정화해야 합니다. 자급자족이 가능한 거주지에는 이러한 필수 자원을 재활용할 수 있는 폐쇄형 시스템이 필요한데, 이는 현재 우리 기술로는 불가능한 일입니다.

Radiation Exposure

Another hindrance to Mars habitation is the threat of radiation. Mars's thin atmosphere is insufficient to shield against harmful solar and cosmic radiation, posing a serious risk to human health. Long-term exposure could lead to severe health problems, including an increased risk of cancer. To mitigate this, habitats would require thick walls made of materials that can effectively block radiation, which adds complexity, weight, and cost to any Mars mission.

방사선 노출

화성 거주의 또 다른 장애는 방사선 위협입니다. 화성의 얇은 대기층은 해로운 태양 및 우주 방사선으로부터 인간을 보호하기에 충분하지 않아 건강에 심각한 위험을 초래합니다. 장기간 노출되면 암 위험 증가를 포함한 심각한 건강 문제로 이어질 수 있습니다. 이 문제를 해결하기 위해 거주지에 방사선을 잘 차단할 수 있는 두꺼운 벽을 설치해야 하는데, 이는 화성 탐사 임무를 더 복잡하고 무거우며 비싸게 만들 것입니다.

Psychological Factors

Lastly, the psychological effects of extended periods of isolation and confinement in a hostile environment should not be underestimated. A Mars mission would take several months just to reach the destination, followed by a lengthy stay to justify the cost and risks involved. Extended periods away from Earth, in a confined space with a small group of people, can lead to psychological issues like depression, anxiety, and interpersonal conflicts. These factors add another layer of complexity to the already immense challenges of Mars colonization.

심리적 요인

마지막으로, 적대적 환경에서의 장기간 격리와 감금의 심리적 영향은 과소평가되어서는 안 됩니다. 화성 임무는 도착지에 도달하는 데까지 몇 개월이 걸리며, 그 후에는 비용과 위험을 정당화하기 위해 긴 체류가 필요합니다. 지구에서 멀리 떨어진 곳에서, 제한된 공간에 소수의 사람과 장기간 함께하게 되면 우울증, 불안, 대인관계 갈등 같은 심리적 문제를 야기할 수 있습니다. 이러한 요인들은 이미 어려운 화성 식민지화에 또 다른 복잡성을 추가합니다.

3분간 지문을 읽으면서 주요 내용을 파악해 필기해둡니다.

Reading Note

human habitation on Mars - X

challenge 1
resource scarcity - crucial resources - water & oxygen
water - ice
energy to extract, purify
self-sustaining - impossible

chal 2
radiation exposure - threat, radiation

thin atmos - solar, cosmic radiation - health prob (ex. cancer risk)
(solution) thick walls - complex, heavy, expensive

chal 3
psychological
↑isolation, confinement
several months + lengthy stay
depression, anxiety, interpersonal conflicts

이제 강의를 들어봅시다. 지문에서 읽은 내용을 보충하거나 혹은 반대하는 내용이 나올 걸 예상하고 최대한 많은 세부 사항을 필기하세요. 필기할 때는 들리는 단어를 적는 게 아니라 핵심이라 파악되는 내용을 써두어야 합니다. 어떤 내용이 중요한지, 중요하지 않은지 구분하기 어렵다면 리스닝 영역을 더 열심히 공부해야 합니다.

Professor: Today, we're going to discuss the topic of Mars colonization, which is often portrayed as highly improbable. I've read the points arguing against it—resource scarcity, radiation risks, psychological factors, and technological readiness. But let's delve into why each of these arguments may not be as rock-solid as they seem.

교수: 오늘은 종종 불가능한 것으로 묘사되는 화성 식민지화에 대해 논의하려고 합니다. 자원 부족, 방사선 위험, 심리적 요인, 기술 준비 부족 등 식민화에 반대하는 여러 주장들을 읽어봤습니다. 하지만 각 주장은 보기보다 확고하지 않을 수도 있다는 점에 대해 좀 더 자세히 알아보겠습니다.

Firstly, let's discuss the notion that resource scarcity on Mars makes colonization infeasible. While it's true that Mars is not as resource-rich as Earth, we're already developing technologies to overcome these challenges. Did you know NASA's rover has the technology to convert Mars's CO2-rich atmosphere into oxygen? The point here is that while Mars lacks certain resources, it's not devoid of them. We can use what's available in creative ways.

먼저, 화성의 자원 부족이 식민지화를 불가능하게 만든다는 생각부터 살펴봅시다. 화성이 지구만큼 자원이 풍부하지 않은 건 사실이지만, 이러한 도전을 극복하기 위해 이미 여러 기술을 개발하고 있습니다. 예를 들어 NASA의 로버*가 화성의 이산화탄소가 풍부한 대기를 산소로 전환하는 기술을 갖고 있다는 사실, 알고 계셨나요? 여기서 중요한 점은 화성에는 특정 자원이 부족하긴 하지만 전혀 없는 것은 아니라는 겁니다. 우리는 화성에 있는 것들을 창의적으로 활용할 수 있습니다.

*로버: 행성의 환경, 자원 등을 탐사하는 장비

Next, let's discuss the radiation issue. Critics argue that the thin Martian atmosphere offers little protection against harmful solar and cosmic radiation. However, what if I told you that we're looking into constructing habitats underground? Or even using Martian soil and water as radiation shields? These materials are abundant on Mars and could offer practical solutions to the radiation problem.

다음으로, 방사선 문제에 대해 논의해보겠습니다. 화성 식민지화를 비판하는 사람들은 화성의 얇은 대기층이 해로운 태양 및 우주 방사선으로부터 인간을 충분히 보호하지 못한다고 주장합니다. 하지만, 우리가 지하에 거주지를 건설하는 방법을 모색하고 있다거나, 화성의 토양과 물을 방사선 차폐재로 사용할 수 있다면 어떨까요? 이러한 재료들은 화성에 풍부하게 있으며 방사선 문제에 실용적인 해결책을 제공할 수 있습니다.

Finally, let's move on to psychological factors. The mental toll of living on Mars is often highlighted, given the isolation and extreme conditions. While it's a valid concern, it's also an area of extensive research and preparation. Astronaut training already includes coping strategies for isolation and confinement. Furthermore, emerging technologies like virtual reality could make mental health easier to manage. Remember, humans have lived in some very hostile environments on Earth and adapted psychologically.

마지막으로, 심리적 요인에 대해 이야기해봅시다. 격리와 극한의 환경 때문에 화성에서의 생활이 주는 정신적 부담이 자주 강조됩니다. 이는 타당한 우려이지만, 광범위한 연구와 준비가 되어 있는 영역이기도 합니다. 이미 우주비행사를 위한 훈련에는 격리와 감금 상황에서의 대처 전략이 포함되어 있습니다. 또한, 가상 현실과 같은 신흥 기술은 정신 건강 관리를 더 쉽게 해줍니다. 인간은 지구에서도 매우 적대적인 환경에서 살아왔고 심리적으로 잘 적응해왔다는 걸 기억해야 합니다.

Listening Note

RC arguments - not as rock-solid

1

not as resource rich as Earth - but...

NASA's rover - convert Mars's CO2 into Oxy

use resources in creative ways

2

constructing habitats underground

Martian soil & water - shield - abundant on Mars (practical sol.)

3

extensiv research, prep - coping strategies (ast - training)

virtual reality - manage mental

already experienced hostile envi. survived.

지문의 내용과 강의 내용을 모두 정리했습니다. 이제 샘플 답안을 봅시다. 필기해둔 내용에서 크게 벗어나지 않게 아래와 같이 작성하시면 됩니다.

Sample Response

The lecturer explained why Mars colonization is not entirely impossible, casting doubts on the points mentioned in the reading passage, including resource scarcity, radiation exposure, and psychological factors. This argument is supported by three main reasons.

교수는 화성 식민지화가 전혀 불가능한 건 아니라고 설명하며, 읽기 지문에 언급된 몇 가지 지점들, 즉 자원 부족, 방사선 노출, 그리고 심리적 요인들에 의문을 제기했다. 이 논쟁은 세 가지 주요 이유에 의해 지지된다.

First of all, although Mars does not have as many resources as Earth, resource scarcity can be addressed in creative ways. For example, NASA's rover can transform Mars's CO2-rich atmosphere into oxygen. This innovation demonstrates a potential solution for humans to overcome resource-related challenges on Mars. This directly refutes the assertion in the reading passage that Mars lacks crucial resources such as water and oxygen, making self-sustainability impossible.

첫째로, 화성이 지구만큼 많은 자원을 가지고 있지는 않지만, 자원 부족 문제는 창의적인 방법으로 해결할 수 있다. 예를 들어 NASA의 로버가 화성의 이산화탄소가 풍부한 대기를 산소로 변환할 수 있다는 것을 생각해보자. 이런 혁신은 인간이 화성에서 자원 관련 문제를 극복할 수 있는 가능성을 보여준다. 이것은 읽기 자료에서 화성이 물과 산소와 같은 중요한 자원이 부족하며 자급자족이 불가능하다는 주장을 직접 반박한다.

Secondly, the professor mentioned the consideration of constructing habitats underground. Moreover, Martian soil and water, which are abundant on Mars, can be used as radiation shields. This contradicts the reading's claim that, due to Mars's thin atmosphere, humans will be exposed to radiation. The reading suggests that thick walls should be constructed to solve this.

둘째로, 교수는 사람들이 지하에 서식지를 건설하는 걸 고려하고 있다고 언급했다. 게다가, 화성에 풍부한 토양과 물은 방사선 차단막으로 사용될 수 있다. 이것은 읽기 자료에 언급된 것과 모순되는데, (읽기 지문에서는) 화성의 얇은 대기 때문에 인간이 방사능에 노출될 것이며 이를 해결하기 위해 두꺼운 벽을 세워야 한다고 말하고 있다.

Thirdly, there has been extensive research and preparation for surviving in space. Astronauts are trained with coping strategies for mental distress. Furthermore, with the advancement of new technologies such as virtual reality, it has become possible to manage mental health in these extreme conditions. Therefore, the lecture's emphasis on mental health strategies effectively counters the claim in the reading passage that long-term isolation and confinement will inevitably lead to unmanageable depression, anxiety, and interpersonal conflicts.

셋째로, 우주에서의 생존을 위한 광범위한 연구와 준비가 이뤄지고 있으며, 우주비행사들은 정신적 스트레스에 대처하기 위한 전략을 훈련받고 있다. 더욱이 가상 현실과 같은 새로운 기술의 발달로 이러한 극한 환경에서 정신 건강을 관리할 수 있게 되었다. 따라서 강의에서 강조한 정신 건강을 지키기 위한 전략은 장기간의 고립과 감금이 불가피하게 우울증, 불안, 그리고 대인관계의 갈등을 야기할 것이라는 읽기 지문의 주장에 효과적으로 대응한다.

미리 준비한 템플릿은 파란색, 지문을 읽고 강의를 들으며 필기한 내용은 회색으로 강조했습니다. 템플릿을 잘 암기해두고 필기만 제대로 한다면 통합형 문제는 손쉽게 정복할 수 있습니다. 모든 문장을 패러프레이징할 필요는 없으니, 표현을 바꾸는 것에 과도하게 신경 쓰기보다 강의에서 최대한 많은 세부 사항을 들을 수 있도록 훈련하세요. 만약 필기한 내용이 부족하거나 오류가 있는 경우 리딩과 리스닝 영역을 더 열심히 공부하셔야 합니다. 경험상 리딩, 리스닝 영역의 점수가 안정적으로 25점 이상일 때 통합형 문제를 성공적으로 해낼 수 있습니다.

Sample Response

The lecturer explained why Mars colonization is not entirely impossible, casting doubts on the points mentioned in the reading passage, including resource scarcity, radiation exposure, and psychological factors. This argument is supported by three main reasons.

First of all, although Mars does not have as many resources as Earth, resource scarcity can be addressed in creative ways. For example, NASA's rover can transform Mars's CO2-rich atmosphere into oxygen. This innovation demonstrates a potential solution for humans to overcome resource-related challenges on Mars. This directly refutes the assertion in the reading passage that Mars lacks crucial resources such as water and oxygen, making self-sustainability impossible.

Secondly, the professor mentioned the consideration of constructing habitats underground. Moreover, Martian soil and water, which are abundant on Mars, can be used as radiation shields. This contradicts the reading's claim that, due to Mars's thin atmosphere, humans will be exposed to radiation. The reading suggests that thick walls should be constructed to solve this.

Thirdly, there has been extensive research and preparation for surviving in space. Astronauts are trained with coping strategies for mental distress. Furthermore, with the advancement of new technologies such as virtual reality, it has become possible to manage mental health in these extreme conditions. Therefore, the lecture's emphasis on mental health strategies effectively counters the claim in the reading passage that long-term isolation and confinement will inevitably lead to unmanageable depression, anxiety, and interpersonal conflicts.

Question 2. 토론형 문제 Academic Discussion Task

토론형 문제에서는 수업 중 교수와 학생들의 토론 장면을 보여줍니다. 교수와 학생들의 스크립트는 약 200단어 전후로 구성되어 있으며 수험자는 주어진 10분 동안 아래와 같은 스크립트를 읽은 후 자신의 의견을 밝혀야 합니다. 토론형 문제는 크게 두 가지 유형으로 출제됩니다. 첫 번째로 제시문에 동의하는지, 동의하지 않는지 묻는 질문이 출제됩니다(예를 들어 '어린아이들에게 핸드폰 사용을 허용해도 되는가?'). 두 번째로는 문제 사항이 제시되며 문제를 해결하는 방법을 묻는 질문이 나올 수 있습니다(예를 들어 '가장 심각한 환경 문제를 고르고 그 해결 방법을 서술하라').

Doctor Potter

This week, we're delving into the topic of youth employment. Specifically, we're interested in discussing whether teenagers should have part-time jobs while still in high school. Some argue that early work experiences provide invaluable life skills, while others believe they may be detrimental to academic success and personal development. What are your thoughts? Do you think teenagers should have part-time jobs?

이번 주는 청소년 고용에 대해 다루고 있습니다. 특히, 고등학생이 아르바이트를 해야 하는지에 대한 토론을 해보면 좋을 것 같습니다. 어떤 사람들은 직장 경험을 미리 해보면 생활에 필요한 중요한 기술을 배울 수 있다고 주장하는 반면, 다른 이들은 학업과 개인적 발전에 해가 될 수 있다고 믿습니다. 이에 관해 어떻게 생각하나요? 청소년들이 아르바이트를 해야 한다고 생각하나요?

Emily

I believe teenagers should have part-time jobs. These early work experiences not only provide them with extra income but also equip them with essential life skills like time management, responsibility, and interpersonal communication. These are skills that are not always taught in a classroom setting but are invaluable in the 'real world.'

저는 청소년들이 아르바이트를 해야 한다고 생각합니다. 미리 직장 경험을 하면 추가 수입을 벌 수 있을 뿐 아니라 시간 관리, 책임감, 의사소통과 같은 필수적인 생활 기술을 갖추게 됩니다. 이러한 기술들은 학교에서 항상 가르치진 않지만 '현실 세계'에서는 매우 중요합니다.

Lucas

I have mixed feelings about teenagers having part-time jobs. While I understand the

benefits that Emily mentioned, like learning responsibility and earning extra money, I also think that part-time jobs can add stress and take time away from academic pursuits. Teenagers are already juggling their schoolwork, extracurricular activities, and social lives.
청소년들이 아르바이트를 하는 것에 대해 저는 상반된 감정을 가지고 있습니다. 에밀리가 언급한 대로 아이들이 책임감을 배우고 추가 수입을 얻을 수 있다는 이점은 이해하지만, 아르바이트가 스트레스를 더하고 학업에 투자할 시간을 빼앗을 수 있다고 생각합니다. 청소년들은 이미 학교 공부와 방과 후 활동, 사회 생활을 병행하고 있습니다.

이제 샘플 답안을 봅시다.

Sample Response

I believe that as long as part-time jobs do not interfere with their studies, teenagers can benefit from having a part-time job. First, teenagers will acquire skills in scheduling and time management, fostering greater responsibility. Many teenagers tend to make plans but fail to stick to them since there is usually no adverse consequence. However, in a work setting, they are required to adhere to fixed schedules. For instance, when I was 17, I worked as a server in a local restaurant for about a year. My shift started at 7 a.m., but because it was too early for me, I was late for the morning meeting more than a couple of times. My boss was deeply disappointed in me, and the other servers avoided talking to me for a while. From this experience, I learned the value of responsibility and strived not to let down my coworkers, who were also my friends. Moreover, earning their own money helps teenagers appreciate the value of money and encourages them to spend their income wisely. When relying solely on their parents' money, they are more likely to squander it on impractical and useless items. However, if they understand the value of money and practice budgeting, they will grow up to be more financially responsible adults.
제 생각에는 공부에 지장을 주지 않는 선에서 아르바이트는 청소년들에게 유익할 수 있다고 생각합니다. 첫째, 청소년들은 시간 관리, 일정 관리와 같은 기술을 습득해 책임감을 더 키울 수 있습니다. 많은 청소년이 계획을 세우기는 하지만 나쁜 결과가 없을 때는 계획을 지키지 못하는 경우가 많습니다. 하지만 직장에서는 정해진 일정을 준수해야 합니다. 예를 들어 저는 열일곱 살 때 약 1년 동안 동네 식당에서 서버로 일했습니다. 제 근무는 오전 일곱 시에 시작되었지만, 제게는 너무 이른 시간이라 몇 번이나 아침 회의에 늦었습니다. 이 때문에 제 상사는 실망했고, 다른 아르바이트생들은 한동안 저와 대화를 하려고 하지 않았습니다. 이 경험을 통해 저는 책임감의 중요성을 깨달았고, 친구들이기도 한 저의 동료들을 실망시키지 않기 위해 노력했습니다. 더욱이 스스로 돈을 벌게 되면 청소년들은 돈의 가치를 인식하고 수입을 현명하게 사용하게 됩니다. 부모님이 주는 용돈만 사용하는 경우 아이들은 실용적이지 않고 불필요한 물건에 돈을 낭비할 가능성이 높습니다. 그러나 돈의 가치를 이해하고 예산을 짜는 연습을 하게 되면, 아이들은 재정적으로 더 책임감 있는 성인으로 성장할 것입니다.

라이팅 토론형 에세이를 작성할 때는 문맥상 적절한 예시를 하나 정도 더해주는 게 좋습니다. 개인적인 일화를 추가하면 주장을 더욱 설득력 있게 만들 수 있습니다. 앞에서 다룬 주제에서는 청소년기에 아르바이트를 했던 경험이 책임감을 키우는 데 어떻게 도움이 되었는지 구체적으로 서술하는 게 좋습니다. 실제 사례가 없다면, 토론 주제인 '고등학교 학생들이 아르바이트를 해야 하는지 논하라'에 맞춰 다음과 같은 가상 시나리오를 만들어 상황을 설명할 수 있습니다.

Ara, a high school friend of mine, has always excelled academically. However, she recognized a gap in her practical skills and decided to address this by working part-time at a local bookstore during her vacation. At first, adapting to the bookstore's environment proved challenging for her. Yet, as time passed, she became more confident. This adaptability was especially put to the test during the hectic Christmas season, as she had to manage numerous customer requests. Although she was initially overwhelmed, Ara quickly learned to prioritize her tasks efficiently. Throughout these experiences, she greatly improved her interpersonal abilities. She became adept at quickly recognizing what customers needed and suggesting the perfect books for them.

내 고등학교 친구 아라는 학교에서의 성적은 우수하지만, 실제 직장에서 필요한 기술과 경험이 부족하다고 느껴 방학 동안 지역 서점에서 아르바이트를 시작했습니다. 처음에는 서점의 분위기에 적응하는 데 어려움을 겪었지만, 점차 자신감을 얻었다고 합니다. 특히 한번은, 크리스마스 시즌 동안 서점이 매우 바쁠 때, 아라는 많은 고객을 도와야 했습니다. 처음에는 고객들의 다양한 요구에 당황했지만, 곧 아라는 효율적으로 일에 우선순위를 정하는 법을 배웠습니다. 그녀는 고객들과의 대화에서 필요한 책을 정확히 파악하고, 친절하고 신속하게 응대하면서 대인관계 기술을 크게 향상했습니다.

이러한 가상 시나리오는 에세이 내에서 주장을 뒷받침하는 데 사용될 수 있으며, 실제 사례가 부족할 때 효과적인 대안이 될 수 있습니다.

마치며

이 책은 '바른독학영어 시리즈'의 마지막 책입니다. 여정의 마지막에 서서 돌아보니, 지금까지 써온 페이지들은 단순한 글자의 나열이 아닌 제가 만나온 수많은 학생의 꿈과 희망, 도전의 기록임을 깨닫습니다. 이번 책에서 다룬 '토플'이라는 주제 역시 단순히 영어 시험을 넘어 많은 분들과 제가 함께한 긴 여정이 되었습니다. 이 책은 앞으로 이 길을 걸을 수많은 이들을 보살펴줄 지도이며, 저는 단지 그 길을 안내하는 숙련된 여행자일 뿐입니다.

제가 이 책을 쓸 수 있었던 건 14년이란 세월 동안 함께 해준 많은 학생들 덕분입니다. 그들의 질문과 열정, 때로는 좌절과 실패가 이 책의 각 페이지에 온기와 생명을 불어넣었습니다. 이 책이 지금의 모습을 갖추게 된 건, 이 순간 이 글을 보고 있을 여러분에 앞서 도전했던 많은 선배의 경험과 피드백 덕분입니다. 그들의 소중한 기여가 풍부하고 실용적인 가이드를 완성했습니다. 이 기회를 빌려 인연이 닿았던 모든 학생에게 감사의 말을 전합니다.

지금 하고 계신 공부는 누구에게나 힘든 공부입니다. 학교 활동, 직장 생활 또는 육아를 병행하면서 오롯이 공부에만 전념할 수 없는 상황에 있는 분들이 대부분이겠지요. 그래서 더욱 시간을 아끼면서 많은 공부를 할 수 있는 든든한 참고 자료를 만들고 싶었습니다. 이 책에는 다양한 예시들이 포함되어 있어 아주 다채로운 표현과 기발한 답변을 접하고 배울 수 있습니다. 토플 점수뿐 아니라 영어 실력을 늘리는 데도 도움이 되는 자료니 자주 펼쳐주세요.

마지막으로 특별히 감사를 전하고 싶은 이들이 있습니다. '바른독학영어 시리즈'를 가능하게 해주신 학생분들과 채널 구독자분들, 또한 저를 믿고 이 긴 여정에 동참해준 서사원 출판사의 대표님과 편집자분들, 그리고 늘 저를 지지해주는 가족에게 진심 어린 감사의 마음을 전합니다. 이토록 좋은 사람들의 믿음과 격려, 조언이 없었다면 이 책은 존재하지 않았을 겁니다. 그럼, 여러분의 미래에도 무한한 성공과 행복이 가득하기를 기원합니다.

2024년

피유진

바른독학영어(바독영) 시리즈 3

나 혼자만 알고 싶은 영어책 토플맛

초판 1쇄 인쇄 2024년 8월 10일
초판 1쇄 발행 2024년 8월 15일

지은이 피유진

대표 장선희 **총괄** 이영철
책임편집 오향림 **기획편집** 현미나, 한이슬, 정시아
디자인 양혜민, 최아영 **외주디자인** 이창욱
마케팅 최의범, 김경률, 유효주, 박예은
경영관리 전선애

펴낸곳 서사원 **출판등록** 제2023-000199호
주소 서울시 마포구 성암로 330 DMC첨단산업센터 713호
전화 02-898-8778 **팩스** 02-6008-1673
이메일 cr@seosawon.com
네이버 포스트 post.naver.com/seosawon
페이스북 www.facebook.com/seosawon
인스타그램 www.instagram.com/seosawon

ISBN 979-11-6822-314-1 13740